물권법 제2부

1905 제2·5권
보성전문학교 교과서번역사업 5
고려대학교 仁星기금 후원

물권법 제2부

박만서 강술
명순구 옮김

KOREA
UNIVERSITY
PRESS
고려대학교
출판문화원

인성기금

"인성기금은 유휘성 회장이
고려대학교에 기부하여 조성된 연구기금입니다"

머리말

고려대학교가 개교 110주년을 맞이한 2015년 고려대학교와 대한민국의 역사가 의미있게 교차하는 부분을 연구 · 정리한다는 목적으로 "1905" 시리즈를 창설했다. 그 사업의 일환으로 보성전문학교 교과서 번역 사업을 시작한 것이 2017년이었다. 2017년 《민법총론(民法總論)》(제2 · 1권)을 출간한 이후, 2018년 《물권법 제1부(物權法 第一部)》(제2 · 2권), 2019년 《국가학(國家學)》(제2 · 3권)을 출간한 데 이어 2020년에는 《행정법대의(行政法大意)》(제2 · 4권)가 빛을 보았다. 이에 이어서 이번에 《물권법 제2부(物權法 第二部)》(제2 · 5권)를 출간하게 된 것이다.

한민족 역사의 격동기에 설립된 보성전문은 민족의 미래를 이끌어갈 인재들을 길러내기 위하여 근대적 실용학문을 본격적 · 체계적으로 교수한 고등교육기관이다. 그러므로 보성전문에서 시행된 교육과 연구는 대한민국의 학문사(學問史)에 진한 방점을 찍어야 할 부분이다. 이와 같이 보성전문의 교과서는 우리나라 근대 학문의 초기 모방재판소검사국 변호사로 등록하였다. 1921년 10월 조선변호사협회 평의원을 역임하였다.

이 번역서는 인성기금(仁星基金)의 후원의 결과이다. 이 기금은 유휘성 회장님께서 고려대학교 법학전문대학원에 조성해 주신 연구진흥기금이다. 유 회장님의 후원이 없었다면 이 사업을 시작할 수 없었다. 대한민국과 고려대학교의 역사를 소중히 여기시는 유 회장님의 안목에 깊은 감사의 마음을 드린다.

2021년 1월

명순구

머리말

고려대학교가 개교 110주년을 맞이한 2015년 고려대학교와 대한민국의 역사가 의미있게 교차하는 부분을 연구 · 정리한다는 목적으로 “1905” 시리즈를 창설했다. 그 사업의 일환으로 보성전문학교 교과서 번역 사업을 시작한 것이 2017년이었다. 2017년 《민법총론(民法總論)》(제2 · 1권)을 출간한 이후, 2018년 《물권법 제1부(物權法 第一部)》(제2 · 2권), 2019년 《국가학(國家學)》(제2 · 3권)을 출간한 데 이어 2020년에는 《행정법대의(行政法大意)》(제2 · 4권)가 빛을 보았다. 이에 이어서 이번에 《물권법 제2부(物權法 第二部)》(제2 · 5권)를 출간하게 된 것이다.

한민족 역사의 격동기에 설립된 보성전문은 민족의 미래를 이끌어갈 인재들을 길러내기 위하여 근대적 실용학문을 본격적 · 체계적으로 교수한 고등교육기관이다. 그러므로 보성전문에서 시행된 교육과 연구는 대한민국의 학문사(學問史)에 진한 방점을 찍어야 할 부분이다. 이와 같이 보성전문의 교과서는 우리나라 근대 학문의 초기 모습을 보여주는 매우 귀중한 자료이다. 그러나 많은 한자어, 언문일치가 되지 않은 문장 스타일, 종서 형식의 인쇄 등으로 인해 요즘 사람들이 그 내용을 이해하기가 쉽지 않다. 그러므로 보성전문 교과서 번역 사업은 학문을 하는 사람들과 자료를 공유하기 위한 작업의 일환이다. 이 사업은 우리나라에 있어서 법학 · 경제학 · 경영학의 초기 모습을 정확히 인식하는 계기를 제공한다. 보성전문 교과서 번역 사업이 성숙 단계에 이르면 저자에 관한 연구, 교과서의 계보에 관한 연구 등 심도있는 후속 작업을 수행할 수 있을 것이다. 이 사업은 대한민국 학문사의 시계바늘을 지금보다 훨씬 뒤로 돌려 학문 수준을 높이는 계기가 될 것이다.

이번에 출간하는 "1905" 시리즈 제2 · 5권은 《물권법 제2부(物權法 第二部)》이다. 보성전문 교과서 물권법은 제1부와 제2부의 두 책으로 구성되어 있다. 제1부에서는 물권총론, 기본물권(점유권 · 소유권), 용익물권을 설명하며, 제2부는 담보물권을 다룬다. 대부분의 보성전문 교과서가 그러하듯 《물권법 제2부》에도 저자가 박만서(朴晩緖)라는 것 외에는 출판연도 · 출판사 등 다른 출판사항에 대한 기록이 붙어있지 않다.[1] 저자 박만서에 대해서는

1 김봉희, 《한국 개화기 서적 문화연구》, 이화여자대학교 출판부, 1999, 221면은 이 책이 1907년 普成社(이용익 선생이 보성전문과 함께 설립한 출판사)에서 출판된 것으로 소개하고 있음.

한국학중앙연구원의 한국역대인물종합정보시스템에 아래와 같이 소개되어 있다.[2]

1879년(고종 16) 6월 1일～1924년 4월 25일. 일제 강점기 법조인. 본관은 반남(潘南)이고, 출생지는 전라남도 나주(羅州)이다.

1895년(고종 32) 5월 관비유학생으로 일본에 유학하여 1896년(건양 1) 12월 게이오의숙[慶應義塾: 현 게이오기주쿠대학] 보통과를 졸업하였다. 1897년(광무 1) 2월 도쿄법학원에 입학해 1900년(광무 4) 7월 법률과를 졸업하였다. 1900년(광무 4) 9월 일본 고베구[神戶區]재판소와 지방재판소 등에서 견습하다가 1901년(광무 5) 8월 귀국하였다. 1906년(광무 10) 3월 법부 법률기초위원에 위촉되었다. 1906년(광무 10) 9월 평리원 판사로 임용되었고, 12월부터 형법교정관과 법관양성소 교관을 겸임하였다. 1907년(융희 1) 3월 평리원 판사와 법률기초위원 · 법관양성소 교관을 그만 두었다. 1907년(융희 1) 8월 다시 평리원 판사로 임용되어 법관양성소 교관을 겸하였다. 1908년(융희 2) 7월 경성지방재판소 판사로 전임하였다가 11월에 사직하였다. 1909년(융희 3) 6월 경성지

2 http://people.aks.ac.kr/front/dirSer/ppl/pplView.aks?pplId=PPL_7HIL_A1879_1_0024125&curSetPos=0&curSPos=0&category=dirSer&isEQ=true&kristalSearchArea=P, 방문: 2020. 1. 16.

방재판소검사국 변호사로 등록하였다. 1921년 10월 조선변호사협회 평의원을 역임하였다.

이 번역서는 인성기금(仁星基金)의 후원의 결과이다. 이 기금은 유휘성 회장님께서 고려대학교 법학전문대학원에 조성해 주신 연구진흥기금이다. 유 회장님의 후원이 없었다면 이 사업을 시작할 수 없었다. 대한민국과 고려대학교의 역사를 소중히 여기시는 유 회장님의 안목에 깊은 감사의 마음을 드린다.

2021년 1월

명순구

차례

物權法第二部

朴晚緖　講述

第一章　總論

物權法大體에對ᄒᆞ야ᄂᆞᆫ法學通論及民法總論과物權法第一部에서임의研究ᄒᆞ신바어니와今에此法即從되ᄂᆞᆫ物權을講述홈에當ᄒᆞ야物權全體에通ᄒᆞᄂᆞᆫ原則性質을略說홈이無用의事가아님으로思量ᄒᆞ기玆에時間을不惜ᄒᆞ고數條를說明코져ᄒᆞ노라

(一)物權은物을支配ᄒᆞᄂᆞᆫ權利라　物權定義에對ᄒᆞ야或은物上에直接으로行ᄒᆞᄂᆞᆫ權利라ᄒᆞ고或은物을目的ᄒᆞᄂᆞᆫ權利라ᄒᆞ고或은物에셔利益을受ᄒᆞᄂᆞᆫ權利라ᄒᆞ고或은何人의게던지對抗ᄒᆞᄂᆞᆫ絶對的權利라ᄒᆞ야學者間에議論이有ᄒᆞ나余ᄂᆞᆫ物權은物을支配ᄒᆞᄂᆞᆫ權利라ᄒᆞ노니凡權利가有ᄒᆞ면其主體가有ᄒᆞ고其內容이有ᄒᆞᆯ지라物權은物을支配ᄒᆞᄂᆞᆫ것이內容이되야物權이一般權利中에特別ᄒᆞᆫ種類를形成홈은實로此點에在ᄒᆞ니라所謂物의支配라ᄒᆞᄂᆞᆫ者ᄂᆞᆫ物을人의意思에服從케홈을意味홈으로써物權者ᄂᆞᆫ其權利의目的된物에對

물권법 제2부

박만서 강술

제1장 총 론

물권법의 큰 줄기는 법학통론 및 민법총론과 물권법 제1부에서 이미 연구한 바이겠지만, 이제 이 법, 곧 종된 물권을 강의하면서 물권 전체를 관통하는 원칙과 성질을 간략히 설명하는 것이 쓸모없는 일은 아니라고 생각한다. 이에 여기서 시간을 아끼지 않고 몇 가지를 설명하고자 한다.

〈1〉 물권은 물건을 지배하는 권리이다: 물권의 정의에 대하여 더러는 물건 위에 직접 행사하는 권리라고 하고, 더러는 물건을 목적으로 하는 권리라고 하고, 더러는 물건에서 이익을 받는 권리라고 하고, 더러는 누구에게든지 대항할 수 있는 절대적인 권리라고 하여, 학자 간에 논의가 있다. 그러나 나는 물권은 물건을 지배하는 권리라고 말한다. 일반적으로 권리가 있으면 그 주체가 있고 그 내용이 있을 것이다. 물권은 물건을 지배하는 것이 내용이 되며, 물권이 보통의 권리 중에서 특별한 종류를 형성하는 것은 실로 이 점에 있다. 이른바 물건의 지배란 것은 물건을 사람의 의사에 복종하게 함을 의미하며, 이로써 물권자는 그 권리의 목적인 물건에 대

ᄒᆞ야自己의意思를行ᄒᆞ야其生活上의需要를供ᄒᆞᄂᆞᆫ法律上의能力을享有ᄒᆞ니라

(二)物權은對世的權利라　權利에ᄂᆞᆫ主體內容外에其權利의對抗을受ᄒᆞᄂᆞᆫ客體가又有ᄒᆞ니權利ᄂᆞᆫ반다시對手人이有홈을要ᄒᆞᆯ지오對手人이無ᄒᆞᆫ權利ᄂᆞᆫ想像치못ᄒᆞᆯ지니故로一般權利ᄂᆞᆫ總히人으로써客體로ᄒᆞᄂᆞᆫ同時에物權도亦人이其客體됨을知ᄒᆞᆯ지라然이나物權은權利者와物의關係가直接이되야權利目的된物을支配홈에當ᄒᆞ야他人의介入을要치아니홈으로物權에ᄂᆞᆫ特定ᄒᆞᆫ對手人이無ᄒᆞ고一般人이皆其客體가되야特定ᄒᆞᆫ人으로ᄒᆞ야곰特定ᄒᆞᆫ行爲를爲케ᄒᆞᄂᆞᆫ義務를負케홈이아니오一般人으로ᄒᆞ야곰物權者의支配關係를侵害치못ᄒᆞᄂᆞᆫ消極的義務를負케홈에止ᄒᆞᄂᆞ니物權이對世權됨이此에在ᄒᆞ고債權과相異홈이亦此點에在ᄒᆞ니라

(三)物權은財產權이라　吾人의享有ᄒᆞᄂᆞᆫ私權은身分權과財產權의二個로大別홈을得ᄒᆞᄂᆞ니財產權이라ᄒᆞᄂᆞᆫ者ᄂᆞᆫ可히處分ᄒᆞᆯ만ᄒᆞᆫ權利라凡人이人된體格으로生ᄒᆞ면人된資略이必有ᄒᆞ야人格權과親族權을無理로取得지도못ᄒᆞ

하여 자기의 의사를 실행하여 그의 생활상 필요에 이바지하는 법률상의 능력을 향유한다.

〈2〉 물권은 대세적 권리이다: 권리에는 주체, 내용 외에 그 권리의 대항을 받는 객체도 있는데, 권리는 반드시 상대방이 있어야 하고 상대방이 없는 권리는 상상하지 못할 것이다. 그러므로 보통의 권리는 모두 사람을 객체로 하는 동시에 물권도 또한 사람이 객체가 됨을 알 수 있다.[1] 그러나 물권은 권리자와 물건의 관계가 직접적이어서 권리의 목적이 된 물건을 지배할 때 타인의 개입이 필요하지 않기 때문에 물권에는 특정한 상대방이 없고 일반인이 모두 그 객체가 된다. 그리하여 특정한 사람으로 하여금 특정한 행위를 하게 하는 의무를 지우는 것이 아니고 일반인으로 하여금 물권자의 지배관계를 침해하지 못하는 소극적 의무를 지우는 데 그치므로, 물권이 대세권임은 여기에 있고 채권과 다른 점이 또한 이 점에 있다.

〈3〉 물권은 재산권이다: 우리가 향유하는 사권은 신분권과 재산권 두 개로 대별될 수 있는데, 재산권이란 것은 처분할 수 있는 권리이다. 무릇 사람이 사람의 몸을 갖추어 태어나면 반드시 사람다운 자격[2]이 있는데, 인격권과 친족권은 억지로 취득하지도 못하

1 여기서 '객체'의 의미는 사람이 권리 행사의 상대방이 될 수 있다는 것이지, 오늘날과 같이 권리의 대상을 의미하는 것이 아님에 주의. 이하 모든 주는 옮긴이 주임.
2 원문은 '資略'으로 표기되어 있음.

며抛棄讓渡치도못ᄒᆞᄃᆡ財產權은此와異ᄒᆞ야吾人은可히有ᄒᆞᆷ도得ᄒᆞ고可히不有ᄒᆞᆷ도得ᄒᆞᄂᆞ니無ᄒᆞ야도人된身分에缺處가毫無ᄒᆞ고有ᄒᆞ야도人된身分에附加ᄒᆞᆷ이無ᄒᆞᆯ지며다만此權利가有ᄒᆞ면吾人의本來享有ᄒᆞᄂᆞᆫ能力이其範圍가一屬擴張될ᄲᅮᆫ이라故로物權도亦財產權이되야吾人身分에分離치못ᄒᆞᆯ關係가無ᄒᆞᆫ以上에ᄂᆞᆫ一朝取得ᄒᆞᆫ後라도此ᄅᆞᆯ抛棄ᄒᆞ거나讓與ᄒᆞ야處分權을行ᄒᆞᆷ은論을不待ᄒᆞᆯ지니라

(四)物權은有體物을要ᄒᆞᆷ　物이라ᄒᆞᆷ은有體物即不動產動產을謂ᄒᆞᆷ이오物權은直接으로物上에行ᄒᆞᄂᆞᆫ權利이니其存立에ᄂᆞᆫ權利의目的된有體物이有ᄒᆞᆷ을要ᄒᆞᆷ은勿論이오其有體物은特定됨을要ᄒᆞᆯ지라何者오權利者와權利의目的된有體物間에直接의關係가生ᄒᆞᆷ에ᄂᆞᆫ其有體物이特定ᄒᆞ여야可히其權利ᄅᆞᆯ行使ᄒᆞᆯ지니債權과差點이亦此에在ᄒᆞ니라

(五)物權은物上請求權을生ᄒᆞᆷ　物權은特定ᄒᆞᆫ對手人이無ᄒᆞ고다만一般人으로ᄒᆞ야곰不行爲의義務ᄅᆞᆯ負케ᄒᆞᆷ에不過ᄒᆞ고此ᄅᆞᆯ侵害ᄒᆞᄂᆞᆫ者가有ᄒᆞᆫ時에特定ᄒᆞᆫ人의게對ᄒᆞ야特定ᄒᆞᆫ行爲不行爲ᄅᆞᆯ要求ᄒᆞᄂᆞᆫ權利가始生ᄒᆞ야物權者ᄂᆞᆫ

고 포기하거나 양도하지도 못한다. 그렇지만 재산권은 이와 달리 우리가 가질 수도 있고 갖지 못할 수도 있는데, 없더라도 사람이란 신분에는 모자란 데가 전혀 없고 있어도 사람이란 신분에 더해질 것이 없다. 다만 재산권이 있으면 우리가 본래 향유하는 능력의 범위가 한층 확장될 뿐이다. 그러므로 물권도 또한 재산권이 되어 우리 신분과 분리하지 못할 관계가 없는 이상, 하루아침에 취득한 뒤라도 이를 포기하거나 양도하여 처분권을 행사할 수 있음은 더 논할 것도 없다.

〈4〉 물권은 유체물이 있어야 한다: 물건이란 유체물, 곧 부동산과 동산을 말한다. 그리고 물권은 직접 물건 위에 행사하는 권리로 그 존립에는 권리의 목적인 유체물이 있어야 함은 물론이고 그 유체물은 특정되어야 할 것이다. 왜냐하면 권리자와 권리의 목적인 유체물 간에 직접적인 관계가 발생하려면 그 유체물이 특정되어야 권리를 행사할 수 있을 것이기 때문으로, 채권과의 차이점이 또한 여기에 있다.

〈5〉 물권은 물권적 청구권[1]을 발생시킨다: 물권은 특정한 상대방이 없고 다만 일반인으로 하여금 부작위의 의무를 지게 함에 불과하며, 이를 침해하는 자가 있는 때에 특정한 사람에 대하여 특정한 작위나 부작위[2]를 요구하는 권리가 비로소 발생한다. 그리하여 물권자는

1 원문은 '物上請求權'이다.
2 원문은 '行爲不行爲'이다.

境遇를隨ᄒᆞ야侵害者의게對ᄒᆞ야目的物의確認、返還、原狀回復、妨害排除、損害賠償等을請求ᄒᆞᄂᆞ니物上請求權이라홈과物上訴權이라稱홈이即是니라

(六)物權은追及權을生홈　吾人의有ᄒᆞᆫ權利가物權이된時ᄂᆞᆫ權利의目的된物이輾轉ᄒᆞ야何人手中에歸ᄒᆞ던지其物을追隨ᄒᆞ야權利를行ᄒᆞᄂᆞ니此를稱ᄒᆞ야追及權이라云ᄒᆞᄂᆞ니라假令乙이甲의所有田을冒認ᄒᆞ야丙의게賣ᄒᆞ고丙은丁의게轉賣ᄒᆞ야丁이此를占有ᄒᆞ얏스나眞正ᄒᆞᆫ所有者된甲은直接으로丁의게對ᄒᆞ야返還을請求홈을得ᄒᆞ고又甲이乙의게債權이有ᄒᆞ야其擔保로乙의所有田을抵當ᄒᆞᆫ境遇에乙이其田을賣却ᄒᆞ야丙의所有가되엿스나甲은其所有主의更迭을不關ᄒᆞ고其田地에抵當權을行홈을得ᄒᆞᄂᆞ니라

七)物權은優先權을生홈　吾人이某物에權利가有ᄒᆞᆫ時ᄂᆞᆫ他人은同一物上에同一ᄒᆞᆫ物權이나吾의物權과相容치못ᄒᆞᆯ他物權을取得지못ᄒᆞᆯ지라故로同一物上에時를異ᄒᆞ야數個의物權이設定되면其優劣은設定ᄒᆞᆫ前後를依ᄒᆞ야定홈이可ᄒᆞ니前에設定ᄒᆞᆫ權利ᄂᆞᆫ後에設定ᄒᆞᆫ權利에優先홈이原則이되야此를

경우에 따라 침해자에 대하여 목적물의 확인, 반환, 원상회복, 방해배제, 손해배상 등을 청구하는데, 물권적 청구권이란 것과 물권적 소권[1]이라고 부르는 것이 바로 그것이다.

〈6〉 물권은 추급권을 발생시킨다: 우리가 가진 권리가 물권인 때에는 권리의 목적인 물건이 전전양도되어 누구의 수중에 있든지 그 물건을 뒤쫓아가 권리를 행사할 수 있는데, 이를 추급권이라고 부른다. 가령 乙이 甲 소유의 밭을 자기 소유인 것처럼 속여 丙에게 매도하고 丙은 丁에게 전매하여 丁이 이를 점유하였으나, 진정한 소유자인 甲은 직접 丁에 대하여 반환을 청구할 수 있다. 또 甲이 乙에게 채권이 있어 그 담보로 乙 소유의 밭에 저당권을 설정한 경우에 乙이 그 밭을 매각하여 丙의 소유가 되더라도 甲은 소유자가 바뀐 것과 관계없이 그 밭에 대하여 저당권을 행사할 수 있다.

〈7〉 물권은 우선권을 발생시킨다: 우리가 어느 물건에 권리를 갖는 때에는 타인은 동일한 물건 위에 동일한 물권이나 나의 물권과 양립할 수 없는 다른 물권을 취득하지 못할 것이다. 그러므로 동일한 물건 위에 때를 달리하여 여러 개의 물권이 설정되면 그 우열은 설정 순서의 선후에 따라 정하는 것이 마땅하다. 따라서 앞에 설정된 권리는 뒤에 설정된 권리보다 우선하는 것이 원칙이 되어 이를

1 원문은 '物上訴權'이다.

優先權이라稱ᄒᆞᄂᆞ니라其理由ᄂᆞᆫ物이何人의支配權에服從된以上에ᄂᆞᆫ同一關係로他人의支配權에服從치못ᄒᆞᆯ것은事物의性質上明白ᄒᆞᆫᄃᆡ所謂一物에二主가無ᄒᆞᆫ格言이有ᄒᆞᆫ所以니라

物權의性質과物權의原則은大槪如斯ᄒᆞ나物權은主物權과從物權이有ᄒᆞ니主物權은獨立ᄒᆞ야도存在ᄒᆞᆯ만ᄒᆞᆫ者ᄅᆞᆯ云ᄒᆞ야所有權、地上權、及永小作權等을指ᄒᆞᆷ이오從物權은廣義로ᄂᆞᆫ他權利에從屬ᄒᆞ야獨立ᄒᆞ야ᄂᆞᆫ存在치못ᄒᆞᆯ物權을云ᄒᆞᆷ이니土地所有權에從屬된地役權도亦此從物權에入ᄒᆞᆯ者이며狹義로ᄂᆞᆫ債權辨報ᄅᆞᆯ擔保ᄒᆞ기爲ᄒᆞ야附隨로設定ᄒᆞᆫ物權이니留置權、質權、先取特權、抵當權等을指ᄒᆞᆷ이라此所謂物上擔保權이니此物權의物上擔保된性質ᄅᆞᆯ重視ᄒᆞ야民法中에債權擔保編을特定ᄒᆞ고對人擔保와共히規定ᄒᆞᆫ國도有ᄒᆞ니라

今에講述ᄒᆞᆯ物權法第二部ᄂᆞᆫ狹義의從物權即留置權、質權、先取特權、抵當權이니即債權에附從ᄒᆞᆫ物上擔保權이라故로玆에本論을說明ᄒᆞ기前에物上擔保라ᄒᆞᄂᆞᆫ者ᄅᆞᆯ說明코져ᄒᆞ노라

吾人이他人의게對ᄒᆞ야債務가有ᄒᆞ면吾人은吾人의財産으로써債務履行의責

우선권이라고 부른다. 그 이유는 물건이 누군가의 지배권에 복종된 이상 동일한 관계로 타인의 지배권에 복종할 수 없는 것은 사물의 성질상 명백한데 이른바 한 물건에 두 주인이 없다는 격언이 있기 때문이다.

물권의 성질과 물권의 원칙은 대개 이러하다. 그러나 물권은 주된 물권과 종된 물권이 있는데, 주된 물권은 독립적으로도 존재할 수 있는 것을 말하며 소유권, 지상권 및 영소작권 등을 가리킨다. 그리고 종된 물권은 광의로는 다른 권리에 종속되어 독립적으로는 존재할 수 없는 물권을 말하는데, 토지소유권에 종속된 지역권 또한 이 종된 물권에 들어가는 것이다. 협의로는 채권 변제를 담보하기 위하여 부수적으로 설정된 물권으로, 유치권, 질권, 선취특권, 저당권 등을 가리킨다. 이들은 이른바 물적 담보권으로, 이들 물권의 물적 담보라는 성질을 중시하여 민법 안에 채권담보편을 특별히 정하고 인적 담보와 함께 규정한 나라도 있다.

이제 강의할 물권법 제2부는 협의의 종된 물권, 곧 유치권, 질권, 선취특권, 저당권으로 곧 채권에 부종(附從)된 물적 담보권이다. 그러므로 여기서 본론을 설명하기 전에 물적 담보권이라는 것을 설명하고자 한다.

우리가 타인에 대하여 채무가 있으면 우리는 우리 재산으로 채무 이행의 책

任을負ᄒᆞᄂᆞ니債務者의財産은債權者의擔保인ᄃᆡ債務者가其債務를辨報치못ᄒᆞ면債權者ᄂᆞᆫ債務者의財産을賣却ᄒᆞ야其債權을受捧ᄒᆞᆯ權利가有ᄒᆞᆫ지라然이나債權은其効力이同等이되야物權과如ᄒᆞᆫ優先權이不生ᄒᆞᆷ으로同一債務者의게數人의債權者가有ᄒᆞ면債務者의總財産은即總債權者의共同擔保物이니各債權者ᄂᆞᆫ其財産에對ᄒᆞ야平等均一ᄒᆞ게權利를行ᄒᆞᆯᄲᅮᆫ이라於是에債務者의財産이若不足ᄒᆞ면債權額에比例ᄒᆞ야各債權者에게分配ᄒᆞ리니多少의損害가生ᄒᆞᄂᆞᆫ結果가生ᄒᆞᆯ더이오又債權은物權과如히追及權이無ᄒᆞᆷ으로債權者가其財産을他人의게讓渡ᄒᆞᆫ時ᄂᆞᆫ其財産은爾後로債權의擔保된性質을失ᄒᆞ야債權者ᄂᆞᆫ其財産에追隨ᄒᆞ야其擔保權을行ᄒᆞᆷ을不得ᄒᆞᆯ지니債務者의財産讓渡의行爲ᄂᆞᆫ債權者를常害ᄒᆞ야其權利를薄弱케ᄒᆞᄂᆞᆫ結果가生ᄒᆞᆷ이明白ᄒᆞ고又債務者가現在에ᄂᆞᆫ充分ᄒᆞᆫ資力이有ᄒᆞ고多額의債務도負擔치아니ᄒᆞ얏스나債務者ᄂᆞᆫ何時던지新債務를負擔ᄒᆞᆷ을得ᄒᆞ고財産을處分ᄒᆞᆷ도得ᄒᆞᆷ으로債務者가無資力者가되야完全ᄒᆞᆫ債權을受捧키不能ᄒᆞᆫ境遇에至ᄒᆞ리니故로債權者ᄂᆞᆫ前記ᄒᆞᆫ危險을避ᄒᆞ고其債權의辨報를確保ᄒᆞ기爲ᄒᆞ야特別ᄒᆞᆫ擔保를供케ᄒᆞ야全部나一部

임을 지므로, 채무자의 재산은 채권자의 담보이다. 그런데 채무자가 그 채무를 변제하지 못하면 채권자는 채무자의 재산을 매각하여 그 채권의 만족을 받을 권리가 있는 것이다. 그러나 채권은 그 효력이 동등하여 물권과 같은 우선권이 발생하지 않으므로 동일한 채무자에게 여러 명의 채권자가 있으면 채무자의 모든 재산은 곧 모든 채권자의 공동담보이다. 따라서 각 채권자는 그 재산에 대하여 평등하고 균일하게 권리를 행사할 뿐이다. 여기서 만약 채무자의 재산이 부족하면 채권액에 비례하여 각 채권자에게 분배될 것이므로 다소의 손해가 발생하는 결과를 낳을 터이다. 또 채권은 물권과 같이 추급권이 없으므로 채무자가 그의 재산을 타인에게 양도한 때에는 그 재산은 양도한 뒤로는 채권의 담보라는 성질을 잃고 채권자는 그 재산을 뒤쫓아가 그의 담보권을 행사할 수 없을 것이다. 따라서 채무자의 재산 양도행위는 언제나 채권자를 해하고 그 권리를 취약하게 하는 결과를 낳을 것이 명백하다. 또 채무자가 현재는 충분한 자력이 있고 다액의 채무도 부담하지 않았지만, 채무자는 언제든지 새로운 채무를 부담할 수 있고 재산을 처분할 수도 있으므로 채무자가 무자력자가 되어 채권의 완전한 만족을 받을 수 없게 될 것이다. 그러므로 채권자는 앞서 적은 위험을 피하고 그 채권의 변제를 확보하기 위하여 특별한 담보를 제공하게 하여 전부나 일부를豫防홈을得홀지라若特別擔保가有ᄒᆞ면債權者ᄂᆞᆫ債務者가新債務를負擔ᄒᆞ거나又ᄂᆞᆫ其財産을他人의게讓渡ᄒᆞᆫ境遇라도可히其債權의完全ᄒᆞᆫ受捧을得홀지니라

債權의鞏固를目的ᄒᆞᄂᆞᆫ特別擔保가對人擔保와物上擔保의二種이有ᄒᆞ니對人擔保ᄂᆞᆫ債務者以外의人으로ᄒᆞ야곰債務者가債務를履行치아니ᄒᆞᄂᆞᆫ境遇에代報ᄒᆞᄂᆞᆫ者이니保證債務가即是라債務者間의連帶와當事者意思로因ᄒᆞᆫ不可分債務도亦同一ᄒᆞᆫ作用으로出홈이오物上擔保ᄂᆞᆫ特定ᄒᆞᆫ物件을債務辨報의擔保로供ᄒᆞᄂᆞᆫ者이니即債務者나第三者로ᄒᆞ야곰特定ᄒᆞᆫ動産을供케ᄒᆞ야其上에質權을設ᄒᆞ고又債務者나第三者의所有不動産에質權이나抵當權을設定홈이오留置權과先取特權도亦同一ᄒᆞᆫ作用으로出ᄒᆞᆫ者인ᄃᆡ今에講述홀者ᄂᆞᆫ此物上擔保而已니라

物上擔保된從物權도亦物權本來의性質을從ᄒᆞ야優先權及追及權을生ᄒᆞᄂᆞ니라然이나此等物權中에ᄂᆞᆫ其効力이極히薄弱ᄒᆞᆫ者ㅣ有ᄒᆞ며其他物上擔保된物權은不可分權利로物上代位의特質이有ᄒᆞ나此等點은各種物上擔保를論홀時

를 예방할 수 있을 것이다. 만약 특별담보가 있으면 채권자는 채무자가 새로운 채무를 부담하거나 또는 그의 재산을 타인에게 양도한 경우라도 그 채권의 완전한 만족을 받을 수 있을 것이다.

채권을 견고히 할 것을 목적으로 하는 특별담보에는 인적 담보와 물적 담보의 두 가지가 있는데, 인적 담보는 채무자 이외의 사람으로 하여금 채무자가 채무를 이행하지 않는 경우에 대신 변제하게 하는 것으로 보증채무가 바로 그것이다. 채무자 간의 연대와 당사자의 의사로 인한 불가분채무 또한 동일한 작용에서 나왔다. 그리고 물적 담보는 특정한 물건을 채무 변제의 담보로 제공하는 것이다. 곧 채무자나 제3자로 하여금 특정한 동산을 제공하게 하여 그 위에 질권을 설정하거나 또는 채무자나 제3자 소유의 부동산에 질권이나 저당권을 설정하는 것이고, 유치권과 선취특권 또한 동일한 작용에서 나온 것이다. 이제 강의할 것은 이 물적 담보뿐이다.

물적 담보인 종된 물권 또한 물권 본래의 성질에 따라 우선권 및 추급권을 발생시킨다. 그러나 이들 물권 중에는 그 효력이 극히 취약한 것이 있으며 기타 물적 담보인 물권은 불가분적인 권리로 물상대위의 특질을 가진다. 그러나 이 점들은 각종 물적 담보를 논할 때

에詳說코져ᄒᆞ노라

第二章 留置權

第一節 留置權의性質

留置權이라ᄒᆞᄂᆞᆫ者ᄂᆞᆫ他人의物의占有者가其物에關ᄒᆞ야生ᄒᆞᆫ債權이有ᄒᆞᆫ時에其債權의辨報ᄅᆞᆯ受ᄒᆞ기ᄭᆞ지其物을留置ᄒᆞᄂᆞᆫ權利인ᄃᆡ物上擔保中가장薄弱ᄒᆞᆫ者ㅣ니라今에其性質을擧ᄒᆞ면

(一)留置權은他物權이오又從物權이라 留置權은留置權者가其債權의履行을確保ᄒᆞ기爲ᄒᆞ야他人의所有物上에有ᄒᆞᆫ物權이되ᄂᆞᆫ故로他物權되ᄂᆞᆫ同時에從物權의性質이有ᄒᆞ니라

(二)留置權은他人의物의占有者에屬ᄒᆞᆫ權利라 留置權은一種의他物權으로他人의所有物을目的ᄒᆞ야其名稱의示ᄒᆞᆷ과如히物을留置ᄒᆞᄂᆞᆫ權利이니他人의物의占有者라야此權利ᄅᆞᆯ享有ᄒᆞᄂᆞ니라何者오留置란者ᄂᆞᆫ自己의占有物을返還치아니ᄒᆞ고其占有ᄅᆞᆯ繼續ᄒᆞᆷ을意味ᄒᆞᆷ으로써此權利ᄅᆞᆯ行ᄒᆞᆷ에ᄂᆞᆫ其權利의目的된物을占有ᄒᆞᆷ이必要ᄒᆞᆷ은論을不待ᄒᆞᆯ지니라然이나占有者가此權

상세히 설명하고자 한다.

제2장 유치권

제1절 유치권의 성질

유치권이란 것은 타인 물건의 점유자가 그 물건에 관하여 발생한 채권을 가진 때에 그 채권의 변제를 받기까지 그 물건을 유치(留置)하는 권리로 물적 담보 중 가장 취약한 것이다. 이제 그 성질을 들면

〈1〉 유치권은 타물권이고 또 종된 물권이다: 유치권은 유치권자가 그 채권의 이행을 확보하기 위하여 타인의 소유물 위에 갖는 물권이므로 타물권인 동시에 종된 물권의 성질이 있다.

〈2〉 유치권은 타인 물건의 점유자에게 속한 권리이다: 유치권은 일종의 타물권으로 타인의 소유물을 목적으로 하여 그 명칭이 보여주는 것과 같이 물건을 유치하는 권리로, 타인 물건의 점유자라야 이 권리를 향유할 수 있다. 왜냐하면 유치란 것은 자기의 점유물을 반환하지 않고 그 점유를 계속함을 의미한다. 이로써 이 권리를 행사하려면 그 권리의 목적인 물건을 반드시 점유하여야 함은 더 논할 것도 없다. 그러나 점유자가 이 권

利를行홈에ᄂᆞᆫ適法으로目的物의占有를始作홈을要ᄒᆞᄂᆞ니其占有가不法行爲로始作ᄒᆞᆫ者ㅣ면此權利를行키不得ᄒᆞᄂᆞ니라何者오留置權은占有를繼續케ᄒᆞ야占有者의利益을保護홈이니公平ᄒᆞᆫ觀念으로基礎ᄒᆞᆫ者를保護ᄒᆞᄂᆞᆫ法律上恩典이라故로占有者가窃取、詐欺、脅迫等의不法行爲로占有ᄒᆞᆫ者ᄂᆞᆫ其占有物을返還ᄒᆞ야原狀에復케홈이正當ᄒᆞ니此에對ᄒᆞ야保護ᄒᆞᆯ理由가豈有ᄒᆞ리오

(三)留置權은目的物에關ᄒᆞ야生ᄒᆞᆫ債權이有ᄒᆞᆫ者의게屬ᄒᆞᆫ權利라 占有者가占有物上에留置權을行홈에ᄂᆞᆫ物의寄託者나物의所有者와其他占有物의返還을要求ᄒᆞᄂᆞᆫ相對者에對ᄒᆞ야債權만有ᄒᆞ면足ᄒᆞᆫ바ㅣ아니오其物에關ᄒᆞ야生ᄒᆞᆫ債權이有홈을반다시要ᄒᆞᄂᆞ니假令甲되ᄂᆞᆫ木工이乙의注文을受ᄒᆞ야器物을修繕ᄒᆞᆫ工錢의殘餘가十圓이有ᄒᆞᆫᄃᆡ又乙의注文을因ᄒᆞ야册床一個를修繕ᄒᆞ고其工錢二圓을領受ᄒᆞᆯ權利가有ᄒᆞ면甲은其册床에關ᄒᆞᆫ工錢二圓에對ᄒᆞ야만其册床을留置ᄒᆞᆯ權利가有ᄒᆞ고以前十圓의債權으로ᄂᆞᆫ其册床을留置홈을不得ᄒᆞᄂᆞ니其債權이物에關ᄒᆞ야生ᄒᆞᆫ者를要치아니ᄒᆞᄂᆞᆫ商法의留置權

리를 행사하려면 적법하게 목적물의 점유를 시작하여야 한다. 따라서 물건의 점유가 불법행위로 시작된 것이면 이 권리를 행사할 수 없다. 왜냐하면 유치권은 점유를 계속하게 하여 점유자의 이익을 보호하므로, 공평의 관념에 기초된 것을 보호하는 법률상의 특전이다. 그러므로 점유자가 절도, 사기, 협박 등의 불법행위로 점유한 것은 그 점유물을 반환하여 원상으로 회복시키는 것이 정당한데 어찌 이에 대하여 보호할 이유가 있겠는가?

〈3〉 유치권은 목적물에 관하여 발생한 채권을 가진 자에게 속한 권리이다: 점유자가 점유물 위에 유치권을 행사하려면 물건의 임치인이나 소유자, 기타 점유물의 반환을 요구하는 상대방에 대하여 채권만 있으면 족한 것이 아니고, 반드시 그 물건에 관하여 발생한 채권이 있어야 한다. 가령 목공 甲이 乙의 도급을 받아 도구를 수선하고 받은 공임의 나머지가 10원[1]이 있는데, 또 乙의 도급을 받아 책상 하나를 수선하고 공임 2원을 받을 권리가 있다고 하자. 그러면 甲은 그 책상에 관한 공임 2원에 대하여만 그 책상을 유치할 권리가 있고, 앞선 10원의 채권으로는 그 책상을 유치할 수 없다. 이는 채권이 물건에 관하여 발생한 것일 필요가 없는 상법의 유치권

1 '圓' 글자는 대한제국 시기 '원'으로 읽었음.

과相異ᄒᆞ니라

占有者가其占有物에關ᄒᆞ야生ᄒᆞᆫ債權에對ᄒᆞ야留置權을行ᄒᆞᄂᆞᆫ理由ᄂᆞᆫ何에在ᄒᆞ뇨蓋占有者가物의寄託者나所有者等에對ᄒᆞ야占有物에關ᄒᆞ야生ᄒᆞᆫ債權이有ᄒᆞᆫ時ᄂᆞᆫ占有者ᄂᆞᆫ一便으로債權을受捧ᄒᆞᄂᆞᆫ權利가有ᄒᆞᆫ同時에一便으로其物을返還ᄒᆞᄂᆞᆫ義務가有ᄒᆞᆫ者이라若互相間債權債務를各各履行케ᄒᆞ야占有者ᄂᆞᆫ其債權의捧不捧을不拘ᄒᆞ고相對者에게對ᄒᆞ야占有物返還의義務만履行치아니치못ᄒᆞ면占有者ᄂᆞᆫ此를由ᄒᆞ야損害를被ᄒᆞᆯ念慮가不無ᄒᆞᆯ지며且占有者의債權債務ᄂᆞᆫ俱是占有物에關ᄒᆞ야生ᄒᆞᆫ者으로互相牽連ᄒᆞᆫ者인즉債權債務를同時에履行케ᄒᆞᆷ이能히公平ᄒᆞᆫ原則에適合ᄒᆞ다謂ᄒᆞᆯ지니故로相對者가債務를履行치아니ᄒᆞ면占有者도亦損失危險에對ᄒᆞ야自己利益을防衛ᄒᆞ기爲ᄒᆞ야占有物返還의義務를履行치아니ᄒᆞ고仍爲留置ᄒᆞᆷ을得ᄒᆞᆷ이公平ᄒᆞ고且正當ᄒᆞ니라

留置權은占有物에關ᄒᆞ야生ᄒᆞᆫ債權과占有物返還의債務와互相牽連ᄒᆞᆫ者를要ᄒᆞᄂᆞ니故로目的物에關ᄒᆞ야生ᄒᆞᆫ債權이라도目的物占有前에取得ᄒᆞᆫ債權

과 다르다.

점유자가 그 점유물에 관하여 발생한 채권에 대하여 유치권을 행사하는 이유는 어디에 있는가? 대개 점유자가 물건의 임치인이나 소유자 등에 대하여 점유물에 관하여 발생한 채권을 가진 때에는 점유자는 한편으로는 채권의 만족을 받을 권리가 있는 동시에 한편으로는 그 물건을 반환할 의무가 있는 것이다. 만약 상호간에 채권과 채무를 각각 이행하게 함으로써, 점유자가 그 채권의 만족을 받는지 여부와 관계없이 상대방에 대하여 점유물을 반환할 의무만 이행하지 않게끔 하지 못한다면, 점유자는 이로 말미암아 손해를 입을 염려가 없지 않다. 또 점유자의 채권채무는 모두 점유물에 관하여 발생한 것으로서 상호 견련(牽連)되어 있으므로 채권채무를 동시에 이행하게 하는 것이 공평의 원칙에 적합하다고 말할 수 있다. 그러므로 상대방이 채무를 이행하지 않으면 점유자 또한 손실의 위험으로부터 자기의 이익을 방어하기 위하여 점유물 반환의 의무를 이행하지 않고 여전히 유치할 수 있게 하는 것이 공평하고 또 정당하다.

유치권은 점유물에 관하여 발생한 채권과 점유물 반환의 채무가 상호 견련되어 있어야 한다. 그러므로 목적물에 관하여 발생한 채권이라도 목적물 점유 이전에 취득한 채권과目的物返還債務는互相間牽連ᄒᆞᆫ바ㅣ無ᄒᆞᆫ즉各各履行ᄒᆞᆯ者이니留置權을依ᄒᆞ야保護ᄒᆞ는債權은目的物占有中에生ᄒᆞᆫ者를要ᄒᆞ고其以前에生ᄒᆞᆫ債權으로는留置權을行ᄒᆞᆷ을不得ᄒᆞᆯ바ㅣ니라

留置權에는廣狹二種의意義가有ᄒᆞ니廣義의留置權은二人이債權債務가互有ᄒᆞᆫ境遇에相對者가其債務를履行치아니ᄒᆞ면自己도亦債務를履行치아니ᄒᆞ고此를留置ᄒᆞ는權利를謂ᄒᆞᆷ이니雙務契約境遇에同時履行의抗辯은相對者의債務不履行을理由로ᄒᆞ야自己債務에屬ᄒᆞᆫ有體物의引渡를拒絶ᄒᆞᆷ과有體物以外의出給을不問ᄒᆞ고總히留置權의行使에不外ᄒᆞ며債權相殺의主張도亦留置權의行使라可謂ᄒᆞᆯ지오狹義의留置權은相對者의債務不履行을理由로ᄒᆞ야相對者의게出給ᄒᆞᆯ有體物의引渡를拒絶ᄒᆞ고相對者가其債務를履行ᄒᆞ기ᄭᆞ지此를占有ᄒᆞ는權을謂ᄒᆞᆷ이니今에論ᄒᆞᆯ바留置權은後者에屬ᄒᆞᆷ이라余의信ᄒᆞ는바는雙務契約의同時履行ᄒᆞ는抗辯과留置權은同一法理의觀念으로基礎되야其間에本質上差異가無ᄒᆞ나唯相對者의債務不履行을理由로ᄒᆞ야物의引渡를拒絶ᄒᆞ는權利는物의上에直接으로行ᄒᆞ는故로法律은留

과 목적물반환채무는 상호 견련된 것이 없어 각각 이행하여야 한다. 따라서 유치권에 의하여 보호되는 채권은 목적물 점유 중에 발생한 것이어야 하고 그 이전에 발생한 채권으로는 유치권을 행사할 수 없다.

유치권에는 광의와 협의 두 가지 의의가 있다. 광의의 유치권은 두 사람이 서로 채권채무를 가진 경우에 상대방이 그 채무를 이행하지 않으면 자기 또한 채무를 이행하지 않고 이를 유치하는 권리를 말한다. 즉 쌍무계약의 경우에 동시이행의 항변은 상대방의 채무불이행을 이유로 하여 자기 채무에 속한 유체물의 인도 거절과 유체물 이외의 출급(出給)을 불문하고 모두 유치권의 행사일 뿐이다. 그리고 채권 상계의 주장 또한 유치권의 행사라고 말할 수 있다. 협의의 유치권은 상대방의 채무불이행을 이유로 하여 상대방에게 내어줄 유체물의 인도를 거절하고 상대방이 그 채무를 이행하기까지 이를 점유하는 권리를 말한다. 지금 논할 유치권은 후자에 속한다. 내가 믿는 바로는 쌍무계약의 동시이행의 항변과 유치권은 동일한 법리의 관념으로 기초되어 그 사이에 본질적인 차이가 없다. 그러나 오직 상대방의 채무불이행을 이유로 하여 물건의 인도를 거절하는 권리는 물건 위에 직접 행사하므로, 법률이 유

置權이라ᄒᆞᄂᆞᆫ名稱下에一物權으로特히保護홈에不過ᄒᆞᆫ者로論ᄒᆞ노라

占有者가留置權을行홈에ᄂᆞᆫ其債權이辨報期에在홈을要ᄒᆞᄂᆞ니假令甲이乙의冊床을修繕ᄒᆞᄂᆞᆫᄃᆡ其工錢은何期限에授受ᄒᆞ기로特約이有ᄒᆞ면甲은修繕ᄒᆞᆫ後其工錢의債權은아직期限이未到홈으로乙의返還請求에對ᄒᆞ야冊床을留置홈을不得ᄒᆞᆯ지니라蓋占有者의債權이아직期限이未到ᄒᆞ면同時履行ᄒᆞᄂᆞᆫ者ㅣ아니니占有者ᄂᆞᆫ期限到達ᄒᆞᆫ占有物返還債務를履行ᄒᆞᆫ後에自己債權의期限到來를待ᄒᆞ야其辨報를受홈이當然ᄒᆞᆫ順序ㅣ니라然而此境遇에도오히려留置權을行케ᄒᆞ면相對者의期限未到ᄒᆞᆫ債務를强請ᄒᆞᄂᆞᆫ不公正이오況留置權은相對者의債務不履行에對ᄒᆞ야占有者를保護홈이니相對者의債務不履行이前提가되거ᄂᆞᆯ若相對者의債務가其期限이未到ᄒᆞ면債務不履行의問題가生ᄒᆞᆯ바ㅣ아니라故로占有者가此權利를行使ᄒᆞᆯ理由가無ᄒᆞ니라

(四)留置權은占有者가其債權의辨報를受ᄒᆞ기ᄭᆞ지占有物을留置ᄒᆞᄂᆞᆫ權利라　留置權은物上擔保中最弱ᄒᆞᆫ者인ᄃᆡ其名稱과如히占有物을다만抑留만ᄒᆞ야間接으로債權의辨報를催促ᄒᆞᆯ뿐이라債務者가其目的物을推去ᄒᆞ랴면

치권이라는 명칭 아래 하나의 물권으로 특별히 보호하는데 불과한 것으로 생각한다.

점유자가 유치권을 행사하려면 그 채권이 변제기에 있어야 한다. 가령 甲이 乙의 책상을 수선하는데 그 공임은 어떤 기한에 수수하기로 특약이 있다면, 그 공임채권은 아직 기한이 도래하지 않았으므로 甲은 수선을 한 후 乙의 반환청구에 대하여 책상을 유치할 수 없을 것이다. 대개 점유자의 채권이 아직 기한이 도래하지 않았다면 동시이행할 것이 아니다. 따라서 점유자는 기한이 도래한 점유물반환채무를 이행한 뒤에 자기 채권의 기한 도래를 기다려 변제를 받는 것이 당연한 순서이다. 그런데 이 경우에도 오히려 유치권을 행사할 수 있게 하면 기한이 도래하지 않은 상대방의 채무 이행을 억지로 청구하는 것이므로 불공정하다. 더구나 유치권은 상대방의 채무불이행에 대하여 점유자를 보호하는 것으로 상대방의 채무불이행이 전제가 되는데, 만약 상대방의 채무가 그 기한이 도래하지 않으면 채무불이행의 문제가 발생하지 않는다. 그러므로 점유자가 유치권을 행사할 이유가 없다.

〈4〉 유치권은 점유자가 그 채권의 변제를 받기까지 점유물을 유치하는 권리이다: 유치권은 물적 담보 가운데 가장 약한 것인데, 그 명칭과 같이 점유물을 억류하기만 함으로써 간접적으로 채권의 변제를 촉구할 뿐이다. 채무자가 그 목적물을 찾아가려면

自己의債務를辨報ᄒᆞᆷ을要ᄒᆞᄂᆞᆫ故로不得已ᄒᆞ야辨報ᄒᆞᆷ에至ᄒᆞ리니留置權者ᄂᆞᆫ質權者、抵當權者와如히目的物을賣却ᄒᆞ야其代金으로써優先辨報를受ᄒᆞᄂᆞᆫ權利ᄂᆞᆫ無ᄒᆞ나目的物을留置ᄒᆞᆷ에因ᄒᆞ야間接으로債權의辨報를催促ᄒᆞᄂᆞᆫ方便이有ᄒᆞ니普通債權에比ᄒᆞ면鞏固ᄒᆞᆫ効果가特有ᄒᆞ니라

(五)留置權은對世的權利라　留置權은絕對的으로何人의게던지對抗ᄒᆞᆯ만ᄒᆞᆫ對世的權利라學者中에占有物에關ᄒᆞ야債務를負擔ᄒᆞᆫ者가物의所有者가아닌時ᄂᆞᆫ留置權者ᄂᆞᆫ所有者의回復請求에對ᄒᆞ야留置權을主張치못ᄒᆞᆯ바ㅣ라論ᄒᆞᄂᆞᆫ者ㅣ有ᄒᆞ나債權의辨報를受ᄒᆞ기ᄭᆞ지其物을留置ᄒᆞᆷ을得ᄒᆞ야其對抗을受ᄒᆞᆯ人을制限ᄒᆞᆯ바ㅣ아니오又留置權도一物權되ᄂᆞᆫ以上에ᄂᆞᆫ物權原性質을從ᄒᆞ야對世的効力이生ᄒᆞ야對手人의何人됨을不問ᄒᆞᆯ바ㅣ니라

(六)留置權은不可分의權利라　此ᄂᆞᆫ留置權ᄲᅮᆫ아니라一般物上擔保의特質인ᄃᆡ留置權者ᄂᆞᆫ其債權全部의辨報ᄒᆞ기ᄭᆞ지目的物의全部에對ᄒᆞ야其權利를行ᄒᆞᆷ을得ᄒᆞᄂᆞ니此를換言ᄒᆞ면留置權은留置權者의債權全部及各部에對ᄒᆞ야不可分으로目的物全部上에存ᄒᆞ고債權의分割과及減縮은其債權을擔保

자기 채무를 변제하여야 하므로 부득이 변제하게 될 것이다. 따라서 유치권자는 질권자, 저당권자와 같이 목적물을 매각하여 그 대금으로 우선변제를 받는 권리는 없지만, 목적물을 유치함으로 인하여 간접적으로 채권의 변제를 촉구하는 방법이 있으므로 일반채권에 비하면 특별히 견고한 효과가 있다.

〈5〉 유치권은 대세적 권리이다: 유치권은 절대적으로 누구에게든지 대항할 수 있는 대세적 권리이다. 학자들 중에는 점유물에 관하여 채무를 부담한 자가 물건의 소유자가 아닌 때에는 유치권자는 소유자의 회복청구에 대하여 유치권을 주장하지 못하리라고 논하는 사람이 있다. 그러나 채권의 변제를 받기까지 그 물건을 유치할 수 있으므로 유치권의 대항을 받을 사람을 제한할 바가 아니고, 또 유치권도 하나의 물권인 이상 물권의 원래 성질에 따라 대세적 효력이 발생하여 상대방이 누구인지를 불문한다.

〈6〉 유치권은 불가분적 권리이다: 이는 유치권뿐 아니라 일반 물적 담보의 특질인데, 유치권자는 그 채권 전부를 변제받기까지 목적물 전부에 대하여 그 권리를 행사할 수 있다. 이를 바꾸어 말하면 유치권은 유치권자의 채권 전부 및 각 부분에 대하여 불가분적으로 목적물 전부 위에 존재하고 채권의 분할 및 감축은 그 채권을 담보

ᄒᆞᄂᆞᆫ留置物을分割ᄒᆞ거나又ᄂᆞᆫ其範圍를減縮ᄒᆞᄂᆞᆫ結果가不生ᄒᆞᄂᆞ니라 假令甲이乙의게對ᄒᆞ야冊床十個의修繕工錢十圓의債權이有ᄒᆞᆫ境遇에五圓을領收ᄒᆞ야도冊床十個에對ᄒᆞ야留置權은仍存ᄒᆞ고工錢을領收ᄒᆞ기前에冊床五個를爲先返還ᄒᆞ야도甲은殘存ᄒᆞᆫ五個에對ᄒᆞ야留置ᄒᆞᄂᆞᆫ權利가有ᄒᆞ고乙은其個數에應ᄒᆞ야五圓을報給ᄒᆞ고冊床의返還을要求ᄒᆞᆷ을不得ᄒᆞᄂᆞ니要ᄒᆞ건ᄃᆡ留置物의可分物과不可分物됨을不拘ᄒᆞ고目的物의全部나各部ᄂᆞᆫ不可分的으로債權의全額을擔保ᄒᆞᄂᆞᆫ者ㅣ니라

(七)留置權은法律의直接規定으로生ᄒᆞᆫ權利라　留置權은法律에定ᄒᆞᆫ要件이具備ᄒᆞ면行使ᄒᆞᆷ을得ᄒᆞᄂᆞᆫ者이오當事者의意思로써設定ᄒᆞᆷ을不得ᄒᆞᄂᆞ니라

第二節　留置權의効力

留置權의効力을論ᄒᆞᆷ에當ᄒᆞ야留置權者의權利와義務區別ᄒᆞ야說明코져ᄒᆞ노니留置權者의權利와義務를明케ᄒᆞ면即留置權의効力을明케ᄒᆞᄂᆞᆫ바로信ᄒᆞ노라

하는 유치물을 분할하거나 그 범위를 감축시키는 결과를 낳지 않는다. 가령 甲이 乙에 대하여 책상 열 개를 수선한 공임 10원의 채권이 있는 경우에 5원을 받더라도 책상 열 개에 대하여 유치권은 여전히 존재한다. 그리고 공임을 받기 전에 책상 다섯 개를 먼저 반환하더라도 甲은 나머지 다섯 개에 대하여 유치할 권리가 있으며, 乙은 그 개수에 따라 5원을 지급하고 책상의 반환을 요구할 수 없다. 요컨대 유치물이 가분물인지 불가분물인지와 관계없이 목적물 전부나 각 부분은 불가분적으로 채권 전액을 담보하는 것이다.

〈7〉 유치권은 법률이 직접 규정하여 발생하는 권리이다: 유치권은 법률에 정한 요건이 구비되면 행사할 수 있는 것이고 당사자의 의사로 설정할 수 없다.

제2절 유치권의 효력

유치권의 효력을 논하면서 유치권자의 권리와 유치권자의 의무를 구별하여 설명하고자 하는데, 유치권자의 권리와 의무를 명확히 하면 곧 유치권의 효력을 명확히 할 수 있다고 믿는다.

第一欵　留置權者의權利

留置權者ᄂᆞᆫ左의權利가有홈

(一)留置權者ᄂᆞᆫ其債權의全部辨報를受ᄒᆞ기ᄭᆞ지留置物全部의占有를依然繼續ᄒᆞᄂᆞᆫ權利가有홈　留置權者ᄂᆞᆫ質權者、抵當權者等과如히留置物을賣却ᄒᆞ야其代金으로債權을受捧홈을不得ᄒᆞ나債務者ᄂᆞᆫ任意로留置物을他人의게賣却홈을得ᄒᆞ고他債權者도亦留置物을競賣에付ᄒᆞ야此를其債權受捧에供ᄒᆞᄂᆞᆫ權이有ᄒᆞ나留置物의買受人은如何ᄒᆞᆫ境遇던지留置權者의게對ᄒᆞ야其債權을辨報치아니ᄒᆞ면留置物의交付를請求치못ᄒᆞᄂᆞ니라

日本民法을按ᄒᆞ야도留置權의効力이亦目的物留置ᄒᆞᄂᆞᆫ一點에在ᄒᆞ나競買法을觀ᄒᆞ면留置權者의게도亦目的物을競賣에付ᄒᆞᄂᆞᆫ權을與ᄒᆞ얏스니留置權者도亦目的物의處分權利가有홈이質權者、抵當權者와無異ᄒᆞ도다其賣却代金으로優先辨報를受ᄒᆞᄂᆞᆫ權利ᄂᆞᆫ無ᄒᆞ나其債權受捧ᄒᆞ기ᄭᆞ지ᄂᆞᆫ目的物을競買人의게引渡치아니ᄒᆞᄂᆞᆫ權利ᄂᆞᆫ有홈으로ᄡᅥ競買人은留置權者의게其債權을辨給ᄒᆞ고其買受ᄒᆞᆫ留置物을領收홈은必然ᄒᆞᆫ事勢이니留置權者ᄂᆞᆫ畢

제1관 유치권자의 권리

유치권자는 다음의 권리가 있다.

〈1〉 유치권자는 그 채권 전부의 변제를 받기까지 유치물 전부의 점유를 여전히 계속하는 권리가 있다: 유치권자는 질권자, 저당권자 등과 같이 유치물을 매각하여 그 대금으로 채권의 만족을 받을 수는 없으나, 채무자는 임의로 유치물을 타인에게 매각할 수 있고 다른 채권자 또한 유치물을 경매에 부쳐 그 채권의 만족을 받게 할 권리를 가진다. 그러나 유치물의 매수인은 어떠한 경우든지 유치권자에 대하여 그 채권을 변제하지 않으면 유치물의 교부를 청구하지 못한다.

일본 민법에 따르더라도 유치권의 효력이 목적물을 유치하는 점 하나에 있으나, 경매법을 보면 유치권자에게도 그 목적물을 경매에 부칠 권리를 주었으므로 유치권자 또한 목적물의 처분권이 있음이 질권자, 저당권자와 다를 바 없다. 그 매각대금으로 우선변제를 받을 권리는 없으나, 그 채권의 만족을 받기까지는 목적물을 경매절차의 매수인[1]에게 인도하지 않을 권리는 가진다. 이로써 경매절차의 매수인이 유치권자에게 그 채권을 변제하여 주고 매수한 유치물을 수령하는 것이 필연적이므로 유치권자는 마침

1 원문은 '競買人'임. 오늘날 민사집행법상 용어는 매수인이나, 경매로 매수하였음을 강조하기 위한 번역임.

竟其債權의辨報를受홈에至ᄒᆞ야實際에ᄂᆞᆫ目的物에對ᄒᆞ야優先辨報를受홈과其結果ᄂᆞᆫ同一ᄒᆞ니라

(二)留置權者ᄂᆞᆫ留置物에셔生ᄒᆫ果實에對ᄒᆞ야優先辨報를受ᄒᆞᄂᆞᆫ權이有홈果實中에ᄂᆞᆫ天然果實과法定果實이包含되야法定果實은留置權者가債務者의承諾을得ᄒᆞ고目的物을賃貸ᄒᆫ境遇에生ᄒᆞᄂᆞᆫ者이니留置權者ᄂᆞᆫ此一切의果實을收取ᄒᆞ야他債權者에優先ᄒᆞ야其債權受捧에充當홈을得ᄒᆞᄂᆞ니라蓋留置權者ᄂᆞᆫ本來物을留置ᄒᆞᄂᆞᆫ權利만有홈에不過ᄒᆞ니果實에對ᄒᆫ優先權은留置權의本質로生ᄒᆞᄂᆞᆫ當然効果가아니라然이나留置權者의게此權利를付與ᄒᆫ所以ᄂᆞᆫ無他ᄒᆞ니即留置權者ᄂᆞᆫ善良ᄒᆫ管理者의注意로留置物을保管ᄒᆞᄂᆞᆫ義務를負ᄒᆞᄂᆞᆫ故로其注意及勞務에對ᄒᆫ報酬로果實의收取權을與홈이니라

留置權者가留置物에셔生ᄒᆫ果實을其債權에充當홈에當ᄒᆞ야債權의利息에先充ᄒᆞ고剩餘가有ᄒᆫ時ᄂᆞᆫ此로써其元本에充當ᄒᆞᄂᆞᆫ者이라蓋債務者가元利金에對ᄒᆞ야若干金額을報給ᄒᆫ境遇에其金額이元利金에不足ᄒᆞ면利息에先

내 그 채권의 변제를 받기에 이르러, 실제로는 목적물에 대하여 우선변제를 받는 것과 동일한 결과가 된다.

〈2〉 유치권자는 유치물에서 발생한 과실에 대하여 우선변제를 받을 권리가 있다: 과실 중에는 천연과실과 법정과실이 포함되는데, 법정과실은 유치권자가 채무자의 승낙을 얻고 목적물을 임대한 경우에 발생하는 것으로 유치권자는 이 일체의 과실을 취득하여 다른 채권자보다 우선하여 그 채권의 만족을 받는 데 충당할 수 있다. 대개 유치권자는 본래 물건을 유치할 권리만 가지는 데 불과하며 과실에 대한 우선권은 유치권의 본질로부터 발생하는 당연한 효과가 아니다. 그러나 유치권자에게 이 권리를 부여한 까닭은 다른 것이 아니다. 곧 유치권자는 선량한 관리자의 주의로 유치물을 보관할 의무를 지므로 그 주의 및 노동에 관한 보수로 과실수취권을 주는 것이다.

유치권자가 유치물에서 발생한 과실을 그 채권에 충당할 때에는 채권의 이자에 먼저 충당하고 나머지가 있으면 원본에 충당하는 것이다. 대개 채무자가 원리금에 대하여 약간의 금액을 지급한 경우에 그 금액이 원리금에 미치지 못하면 이자에 먼저

充ᄒᆞᆫ然後에元本에充當ᄒᆞᆷ이債務辨報에關ᄒᆞᆫ普通順序ㅣ라故로此原則을留置物果實收取에適用ᄒᆞᆷ이正當ᄒᆞ니라

(三)留置權者ᄂᆞᆫ所有者로ᄒᆞ야곰占有物에關ᄒᆞ야支出ᄒᆞᆫ必要費와有益費를償還케ᄒᆞᄂᆞᆫ權利가有ᄒᆞᆷ　物의占有者가占有物에關ᄒᆞ야必要費나有益費를支出ᄒᆞᆫ時ᄂᆞᆫ所有者로ᄒᆞ야곰償還케ᄒᆞᄂᆞᆫ權利가有ᄒᆞ고占有者ᄂᆞᆫ其償還請求權에對ᄒᆞ야留置權을行ᄒᆞᆷ을得ᄒᆞᄂᆞᆫ바ㅣ라留置權者도他人所有物의占有者에不過ᄒᆞ니亦同一ᄒᆞᆫ原則을適用ᄒᆞᆷ이可ᄒᆞ니라

然이나留置權者ᄂᆞᆫ必要費에對ᄒᆞ야ᄂᆞᆫ其支出ᄒᆞᆫ費用의全部를所有者의게請求ᄒᆞᆷ을得ᄒᆞ되有益費에對ᄒᆞ야ᄂᆞᆫ其價格의增加가現存ᄒᆞᆫ境遇에限ᄒᆞ야所有者의選擇을從ᄒᆞ야其支出ᄒᆞᆫ金額이나增加額을償還케ᄒᆞᄂᆞᆫ權利만有ᄒᆞ고又所有者ᄂᆞᆫ有益費償還에對ᄒᆞ야相當ᄒᆞᆫ猶豫期限을裁判所에請求ᄒᆞᆷ을得ᄒᆞᄂᆞ니裁判所에셔其請求를認容ᄒᆞ면留置權者ᄂᆞᆫ期限의到來를待ᄒᆞ야費用의償還을受ᄒᆞᄂᆞᆫ權利가有ᄒᆞᆷ에至ᄒᆞᄂᆞᆫ故로此費用에對ᄒᆞ야ᄂᆞᆫ留置權을行ᄒᆞᆷ을不得ᄒᆞ야惡意의占有者와相似ᄒᆞ니라必要費ᄂᆞᆫ其目的物이所有者의게在ᄒᆞ야

충당한 다음에 원본에 충당하는 것이 채무변제에 관한 보통의 순서이다. 그러므로 이 원칙을 유치물의 과실수취에 적용하는 것이 정당하다.

〈3〉 유치권자는 소유자로 하여금 점유물에 관하여 지출한 필요비와 유익비를 상환하게 할 권리가 있다: 물건의 점유자가 점유물에 관하여 필요비나 유익비를 지출한 때에는 소유자로 하여금 상환하게 할 수 권리가 있고, 점유자는 그 상환청구권에 대하여 유치권을 행사할 수 있다. 유치권자도 타인 소유물의 점유자에 불과하므로 동일한 원칙을 적용함이 마땅하다.

그러나 유치권자는 필요비에 대하여는 지출한 비용 전부를 소유자에게 청구할 수 있으나, 유익비에 대하여는 그 가격의 증가가 현존한 경우에 한하여 소유자의 선택에 따라 지출된 금액이나 증가액을 상환하게 할 권리만 갖는다. 또 소유자는 유익비 상환에 대하여 상당한 유예기간을 재판소에 청구할 수 있는데, 재판소에서 그 청구를 인용하면 유치권자는 기한의 도래를 기다려 비용의 상환을 받을 권리를 갖게 된다. 그러므로 이 비용에 대하여는 유치권을 행사할 수 없어 악의의 점유자와 유사해진다. 필요비는 그 목적물 소유자로서도不得不支出될者이오若支出치아나ᄒᆞ면其目的物은或은陳弊消滅ᄒᆞᆯᄂᆞᆫ지도不知ᄒᆞᄂᆞᆫ故로全部의償還을請求ᄒᆞᄂᆞᆫ權이有ᄒᆞᄃᆡ留置權者ᄂᆞᆫ自己의物을占有ᄒᆞᄂᆞᆫ者ㅣ아니오다만債權의擔保로他人의物을抑留ᄒᆞᆷ에不過ᄒᆞ야債務者가報給ᄒᆞᄂᆞᆫ時에ᄂᆞᆫ何時던지其留置物을依舊返還ᄒᆞᆯ用意만ᄒᆞ면足ᄒᆞ거ᄂᆞᆯ自己의擅意로必要치아니ᄒᆞᆫ改良을加ᄒᆞᆷ이原所有者의本意에違反되ᄂᆞᆫ時도有ᄒᆞ니價額이增加치아니ᄒᆞᆫ境遇에ᄂᆞᆫ所有者로ᄒᆞ야금其費用을償還케ᄒᆞᆯ理由가無ᄒᆞ고若價額이增加된境遇에所有者가若無償으로其留置物을還推ᄒᆞ면此亦不當利得이라故로此를償還케호ᄃᆡ選擇權을與ᄒᆞ며且多額의有益費를支出ᄒᆞᆫ境遇에所有者로ᄒᆞ야곰即時償還케ᄒᆞ야留置權者가其費用을受ᄒᆞ기ᄭᆞ지目的物을留置케ᄒᆞ면所有者의게對ᄒᆞ야苛酷ᄒᆞᆫ結果가生ᄒᆞᄂᆞᆫ故로裁判所ᄂᆞᆫ留置權者의行爲와所有者의事勢를斟酌ᄒᆞ야所有者의請求를依ᄒᆞ야相當ᄒᆞᆫ猶豫期限을定ᄒᆞ야 留置權者를拘束ᄒᆞ고 所有者를保護ᄒᆞᆷ이 可ᄒᆞ니라

第二欵　留置權者의義務

도 지출하여야만 할 것이고 만약 지출하지 않으면 그 목적물은 더러는 묵거나 해지거나 소멸할지도 모르므로 전부의 상환을 청구할 권리가 있다. 그런데 유치권자는 자기의 물건을 점유하는 것이 아니고 다만 채권의 담보로 타인의 물건을 억류하는 데 불과하여 채무자가 지급하는 때에는 언제든지 그 유치물을 예전과 같이 반환할 마음만 먹으면 족하다. 따라서 자기 마음대로 불필요한 개량을 가하는 것이 원 소유자의 본래 의사에 반하는 때도 있으므로 가액이 증가되지 않은 경우에는 소유자로 하여금 그 비용을 상환하게 할 이유가 없다. 그리고 만약 가액이 증가된 경우에 소유자가 만약 무상으로 그 유치물을 되찾는다면 이 또한 부당이득이다. 그러므로 이를 상환하게 하되 선택권을 준다. 또 다액의 유익비를 지출한 경우에 소유자로 하여금 즉시 상환하게 하여 유치권자가 그 비용을 받기까지 목적물을 유치하게 할 수 있게 하면 소유자에게 가혹한 결과를 낳는다. 그러므로 재판소는 유치권자의 행위의 소유자의 상황을 참작하여 소유자의 청구에 따라 상당한 유예기간을 정하여 유치권자를 구속하고 소유자를 보호함이 마땅하다.

제2관 유치권자의 의무

(一)留置權者ᄂᆞᆫ善良ᄒᆞᆫ管理者의注意로써留置物을保管ᄒᆞᄂᆞᆫ責任이有ᄒᆞᆷ　善良ᄒᆞᆫ管理者의注意라ᄒᆞᆷ은用意周密ᄒᆞᆫ人이事務管理上에用ᄒᆞᄂᆞᆫ注意의義니留置權者ᄂᆞᆫ他人의所有物을占有ᄒᆞᆫ者인ᄃᆡ其占有ᄂᆞᆫ所有者의利益을爲ᄒᆞᆷ이아니오自己債權確保의必要로自己ᄅᆞᆯ爲ᄒᆞᄂᆞᆫ者이라自己의利益을爲ᄒᆞ야他人의物을占有ᄒᆞᆫ者ᄂᆞᆫ其責任이重ᄒᆞ야善良ᄒᆞᆫ管理者의注意로保管ᄒᆞᄂᆞᆫ義務가有ᄒᆞᆯ지니라故로留置權者가注意ᄅᆞᆯ懈怠히ᄒᆞ야留置物을或滅失毁損ᄒᆞ면債權에關ᄒᆞᆫ一般原則을從ᄒᆞ야損害ᄅᆞᆯ賠償ᄒᆞᄂᆞᆫ義務가有ᄒᆞ고且同一의理由로過失로毁損ᄒᆞ거나收取ᄅᆞᆯ懈怠히ᄒᆞᆫ果實에對ᄒᆞ야도亦其責에任ᄒᆞᄂᆞ니라

(二)留置權者ᄂᆞᆫ債務者의承諾이無ᄒᆞ면留置物을使用ᄒᆞ거나賃貸ᄒᆞ거나擔保에供ᄒᆞᆷ을不得ᄒᆞᆷ　留置權者ᄂᆞᆫ物을留置ᄒᆞᄂᆞᆫ權利만有ᄒᆞᆷ에不過ᄒᆞᆫ즉其物의使用收益處分ᄒᆞᄂᆞᆫ權이無ᄒᆞᆷ은明白ᄒᆞᆫ바ㅣ라故로留置權者가此等의行爲ᄅᆞᆯ爲ᄒᆞ랴면所有者된債務者의承諾을必經ᄒᆞᆷ을要ᄒᆞᆯ지오若擅行ᄒᆞ면純然ᄒᆞᆫ不法行爲이니其義務違背의制裁로債務者ᄂᆞᆫ留置權의消滅을請求ᄒᆞᄂᆞᆫ權이有

〈1〉 유치권자는 선량한 관리자의 주의로 유치물을 보관할 책임이 있다: 선량한 관리자의 주의란 주도면밀한 사람이 사무를 관리하는 데 쓰는 주의라는 의미이다. 유치권자는 타인의 소유물을 점유한 자이므로 그 점유는 소유자의 이익을 위한 것이 아니고 자기 채권 확보의 필요성 때문에 자기를 위하여 점유하는 것이다. 자기의 이익을 위하여 타인의 물건을 점유한 자는 그 책임이 무거워 선량한 관리자의 주의로 보관할 의무가 있을 것이다. 그러므로 유치권자가 주의를 게을리 하여 유치물을 더러 멸실하거나 훼손하면 채권에 관한 일반 원칙에 따라 손해를 배상할 의무가 있다. 또 동일한 이유로 과실(過失)로 훼손하거나 수취를 게을리 한 과실(果實)에 대하여도 그 책임을 진다.

〈2〉 유치권자는 채무자의 승낙이 없으면 유치물을 사용하거나 임대하거나 담보로 제공할 수 없다: 유치권자는 물건을 유치할 권리만 가지는 데 불과하므로 그 물건을 사용, 수익, 처분할 권리가 없음은 명백하다. 그러므로 유치권자가 이들 행위를 하려면 소유자인 채무자의 승낙을 반드시 거쳐야 할 것이다. 만약 함부로 이를 행하면 완전한 불법행위이므로 그 의무 위반에 대한 제재로 채무자는 유치권의 소멸을 청구할 권리가 있

ᄒᆞ니라

然이나前記ᄒᆞᆫ原則에例外가有ᄒᆞ니留置物이其性質上使用치아니ᄒᆞ면保存키不能ᄒᆞᆫ境遇에ᄂᆞᆫ留置權者ᄂᆞᆫ債務者의承諾이無ᄒᆞ야도使用ᄒᆞᄂᆞᆫ權利가有ᄒᆞᆯ뿐아니라使用ᄒᆞᄂᆞᆫ것이도리혀其義務가되ᄂᆞ니라何故오留置權者ᄂᆞᆫ善良ᄒᆞᆫ管理者注意의義務ᄅᆞᆯ負ᄒᆞᄂᆞᆫ者인則物의毁損이나滅失을豫防ᄒᆞᆷ에必要ᄒᆞᆫ措處ᄅᆞᆯ行ᄒᆞᆯ所以니라假令家屋은居處치아니ᄒᆞ면頹敗키易ᄒᆞ고乘馬ᄂᆞᆫ廐櫪에長繫ᄒᆞ면其用에不堪ᄒᆞᄂᆞ니故로留置權者ᄂᆞᆫ債務者의承諾이無ᄒᆞ야도此ᄅᆞᆯ必要의保存으로居處乘用ᄒᆞᆷ을得ᄒᆞᆯ지라然이나其必要ᄒᆞᆫ程度가如何ᄒᆞ며又他人으로도ᄒᆞ야곰使用케ᄒᆞᄂᆞᆫ權利가有ᄒᆞ고義務도有ᄒᆞᆯ지此問題에對ᄒᆞ야ᄂᆞᆫ各境遇의實際狀況을隨ᄒᆞ야決ᄒᆞᆯ事實上問題에屬ᄒᆞᆯ바ㅣ니라

第三節　留置權의消滅

留置權은左의事由ᄅᆞᆯ因ᄒᆞ야消滅되ᄂᆞ니

(一)留置權의目的物된物이滅失된時　此境遇ᄂᆞᆫ留置權이其存立에必要ᄒᆞᆫ目的物을缺ᄒᆞᆷ에至ᄒᆞᆫ故로消滅에歸ᄒᆞᆷ은論을不俟ᄒᆞᆯ지니라

다.

그러나 앞서 적은 원칙에 예외가 있다. 유치물이 그 성질상 사용하지 않으면 보존할 수 없는 경우에는 유치권자는 채무자의 승낙이 없어도 사용할 권리가 있을 뿐 아니라 사용하는 것이 도리어 그 의무가 된다. 왜냐하면 유치권자는 선량한 관리자의 주의의무를 지는 자이므로 물건의 훼손이나 멸실을 예방하는 데 필요한 조치를 하여야 하기 때문이다. 가령 가옥은 살지 않으면 무너지기 쉽고 말은 마구간에 오래 매어 두면 타고 다니기 어려워진다. 그러므로 유치권자는 채무자의 승낙이 없어도 이를 필요한 보존으로 거처로 삼거나 타고 다닐 수 있을 것이다. 그러나 그 필요한 정도가 어떠하며 또 타인도 사용하게 할 수 있는 권리가 있고 의무도 있는지의 문제에 대하여는 각 경우의 실제 상황에 따라 결정할 사실상의 문제에 속하는 것이다.

제3절 유치권의 소멸

유치권은 다음 사유로 인하여 소멸된다.

〈1〉 유치권의 목적물인 물건이 멸실된 때: 이 경우는 유치권이 그 존립에 필요한 목적물을 결여하기에 이르렀으므로 소멸하게 됨은 더 논할 것도 없다.

(二)主된債權이消滅된時　留置權은主된債權의辨報를確保홈으로써目的ᄒᆞᄂᆞᆫ從物이되야獨立으로存在키不能ᄒᆞᄂᆞ니故로主되ᄂᆞᆫ債權이消滅되면其同時에留置權도亦消滅되야其債權의消滅이辨報에基因홈과其他事由에基因홈은不問ᄒᆞᄂᆞ니라

留置權者가其債權의行使를懈怠히ᄒᆞᆫ結果其債權이消滅時效로因ᄒᆞ야消滅된境遇에도亦留置權이消滅되ᄂᆞ니留置權者가其權利의目的된物件을留置ᄒᆞᄂᆞᆫ間은債權의消滅時效가進行치아니ᄒᆞ나냐ᄒᆞᄂᆞᆫ問題가生ᄒᆞ리라此ᄂᆞᆫ無他ㅣ라留置權의行使ᄂᆞᆫ主되ᄂᆞᆫ債權의行使와恰似ᄒᆞᆫ外觀이有ᄒᆞᆫ故이나債權의行使ᄂᆞᆫ債權의本旨를依ᄒᆞ야債權者의게對ᄒᆞ야辨報를要求ᄒᆞ거나執行을請求ᄒᆞᄂᆞᆫ積極的行爲오留置物의留置ᄂᆞᆫ其債權을理由로ᄒᆞ야留置物返還의請求를拒絶ᄒᆞᄂᆞᆫ消極的抗辯方法에不過ᄒᆞ니留置權의行使와債權의行使ᄂᆞᆫ逈別ᄒᆞᆫ觀念에屬ᄒᆞᆫ者이오又留置權의行使가債權消滅時效의進行을妨害ᄒᆞ면債權者가其權利의行使를懈怠히ᄒᆞ야도目的物을占有ᄒᆞᆫ間은其債權이消滅時效에不羅ᄒᆞ야法律이消滅時效를設定ᄒᆞᆫ趣旨에違反홈에至ᄒᆞ리라故로

〈2〉 주된 채권이 소멸된 때: 유치권은 주된 채권의 변제를 확보하는 것을 목적으로 하는 종된 물권으로 독립하여 존재할 수 없다. 그러므로 채권이 소멸되면 그와 동시에 유치권 또한 소멸된다. 그 채권의 소멸이 변제에 기인하는지 다른 사유에 기인하는지는 불문한다.

유치권자가 그 채권 행사를 게을리 한 결과 그 채권이 소멸시효로 인하여 소멸된 경우에도 또한 유치권이 소멸된다. 유치권자가 그 권리의 목적인 물건을 유치하는 동안에는 채권의 소멸시효가 진행되지 않는가 하는 문제가 발생할 수 있다. 이는 다른 것이 아니라 유치권의 행사는 주된 채권의 행사와 유사한 외관이 있기 때문이다. 그러나 채권의 행사는 채권의 본래 취지에 따라 채무자에 대하여 변제를 요구하거나 집행을 청구하는 적극적 행위이고, 유치물의 유치는 그 채권을 이유로 하여 유치물 반환의 청구를 거절하는 소극적 항변 방법에 불과하다. 따라서 유치권의 행사와 채권의 행사는 아주 다른 관념에 속한 것이다. 또 유치권 행사가 채권의 소멸시효의 진행을 방해한다면 채권자가 그 권리의 행사를 게을리 하여도 목적물을 점유한 동안에는 그 채권이 소멸시효에 걸리지 않아 법률이 소멸시효를 설정한 취지에 어긋나게 될 것이다. 그러므로

日本法에도明文을特定ᄒᆞ야留置權의行使가時効中斷의理由가못됨을表明ᄒᆞ니라

(三)留置權者가目的物의占有를失ᄒᆞᆫ時　留置權은他人의物을占有ᄒᆞᄂᆞᆫ權利니留置物의占有ᄂᆞᆫ留置權에分離치못ᄒᆞᆯ關係가有ᄒᆞᆫ者ㅣ라故로留置權者가目的物의占有를失ᄒᆞ면其同時에其權利에必要ᄒᆞᆫ條件을缺ᄒᆞ야留置權은消滅에歸ᄒᆞᄂᆞ니라但占有者가其占有가侵奪된境遇에ᄂᆞᆫ回收訴權에依ᄒᆞ야其占有를回收ᄒᆞᆷ을得ᄒᆞᆷ으로써回收訴權을依ᄒᆞ야目的物을回收ᄒᆞᆫ留置權者ᄂᆞᆫ其留置權을繼續保有ᄒᆞ야喪失치아니ᄒᆞᆫ者로論ᄒᆞᆷ이可ᄒᆞ고留置權者가占有回收期間內에裁判外로目的物의占有를回收ᄒᆞ야도亦同論ᄒᆞᆯ지나留置權者가確定的으로物의占有를失ᄒᆞᆫ時ᄂᆞᆫ其留置權은絶對的消滅ᄒᆞ야後에其物이占有者手裡에再歸ᄒᆞᄂᆞᆫ事이有ᄒᆞ나留置權을復活ᄒᆞᆯ슈업ᄂᆞ니라

留置權者ᄂᆞᆫ要ᄒᆞ건ᄃᆡ一占有者에不外ᄒᆞ니留置物占有의得喪에對ᄒᆞ야ᄂᆞᆫ一般占有得喪에關ᄒᆞᆫ原則을適用ᄒᆞᆯ지라留置權者가目的物의占有를維持ᄒᆞ기爲ᄒᆞ야ᄂᆞᆫ自身만占有ᄒᆞᆷ을必要치아니ᄒᆞ고第三者로其占有를代理케ᄒᆞᆷ을得

일본법에서도 명문으로 특별히 규정하여 유치권 행사가 시효중단의 이유가 되지 못함을 표명하였다.

〈3〉 유치권자가 목적물의 점유를 잃은 때: 유치권은 타인의 물건을 점유하는 권리로, 유치물의 점유는 유치권과 분리할 수 없는 관계가 있는 것이다. 그러므로 유치권자가 목적물의 점유를 잃으면 그와 동시에 그 권리에 필요한 조건을 결여하여 유치권은 소멸하게 된다. 다만 점유자가 그 점유가 침탈된 경우에는 회수청구권[1]에 의하여 그 점유를 회수할 수 있으므로, 회수청구권에 의하여 목적물을 회수한 유치권자는 그 유치권을 계속 보유하고 상실하지 않았다고 논하는 것이 옳다. 그리고 유치권자가 점유회수기간 내에 재판 외에서 목적물의 점유를 회수한 경우에도 또한 같다. 그러나 유치권자가 확정적으로 물건의 점유를 잃은 때에는 그 유치권은 절대적으로 소멸하여 뒤에 그 물건이 점유자 수중에 다시 돌아오는 일이 있어도 유치권을 부활시킬 수는 없다.

유치권자는 요컨대 하나의 점유자일 뿐으로, 유치물 점유의 취득과 상실에 대하여는 일반 점유의 취득과 상실에 관한 원칙을 적용하여야 한다. 유치권자가 목적물의 점유를 유지하기 위하여 반드시 자신만이 점유하여야 하는 것은 아니고 제3자가 그 점유를 대리하게 할 수

1 원문은 '回收訴權'이다.

ᄒᆞᄂᆞ니第三者가留置權者를爲ᄒᆞ야目的物을占有ᄒᆞᆫ間은留置權ᄂᆞᆫ其占有를不失ᄒᆞᄂᆞᆫ者이라故로留置權者가目的物을他人의게貸與ᄒᆞ거나典執ᄒᆞᆫ境遇에도借主典取主ᄂᆞᆫ一面으로自己를爲ᄒᆞ고一面으로留置權者를爲ᄒᆞ야占有ᄒᆞᄂᆞᆫ者인즉留置權者ᄂᆞᆫ目的物을依然占有ᄒᆞᆫ者ㅣ가되야留置權을不失ᄒᆞᄂᆞ니此ᄂᆞᆫ債務者承諾을得ᄒᆞ야正當ᄒᆞ게貸與典執ᄒᆞᆫ境遇와債務者의承諾을不得ᄒᆞᆫ境遇를隨ᄒᆞ야何等의差異가無ᄒᆞᆫ지라何故오代理占有ᄂᆞᆫ代理人으로ᄒᆞ야곰物을占有케ᄒᆞᄂᆞᆫ占有者의意思와本人을爲ᄒᆞ야物을占有ᄒᆞᄂᆞᆫ代理人의意思를基本ᄒᆞᆫ者이오占有者가法律上에代理人으로其物을占有케ᄒᆞᆯ正當ᄒᆞᆫ權利의有無를問ᄒᆞᆷ은必要치아니ᄒᆞᄂᆞᆫ故ㅣ니라

(四)債務者가相當ᄒᆞᆫ擔保를供ᄒᆞ고留置權의消滅을請求ᄒᆞᄂᆞᆫ時　留置權者ᄂᆞᆫ債權의辨報를受ᄒᆞ기ᄭᆞ지目的物을留置ᄒᆞᄂᆞᆫ權利가有ᄒᆞ니理論上으로言ᄒᆞ면債務者ᄂᆞᆫ他擔保를供ᄒᆞ고留置物의返還을求ᄒᆞᄂᆞᆫ權利가無ᄒᆞᆯ터이나然이나留置權者ᄂᆞᆫ其債權을確保ᄒᆞ기爲ᄒᆞ야權利를行ᄒᆞᆷ에不過ᄒᆞᆫ즉債務者가相當ᄒᆞᆫ擔保를供ᄒᆞ면留置物을占有ᄒᆞᆯ必要가無ᄒᆞᆫ지라留置權者가其債權을受

있다. 이때 제3자가 유치권자를 위하여 목적물을 점유한 동안에는 유치권자는 그 점유를 잃지 않는 것이다. 그러므로 유치권자가 목적물을 타인에게 대여하거나 담보로 삼은 경우에도 차주나 담보권자는 한편으로 자기를 위하고 한편으로는 유치권자를 위하여 점유하는 것이다. 따라서 유치권자는 목적물을 여전히 점유한 것이 되어 유치권을 잃지 않는다. 이는 채무자의 승낙을 얻어 정당하게 대여하거나 담보로 삼은 경우와 채무자의 승낙을 얻지 않은 경우와의 사이에 아무런 차이가 없다. 왜냐하면 대리점유는 대리인으로 하여금 물건을 점유하게 하는 점유자의 의사와 본인을 위하여 물건을 점유하는 대리인의 의사를 기본으로 한 것이고, 점유자가 법률상 대리인에게 그 물건을 점유하도록 할 정당한 권리의 유무를 물을 필요는 없기 때문이다.

〈4〉 채무자가 상당한 담보를 제공하고 유치권의 소멸을 청구한 때: 유치권자는 채권의 변제를 받기까지 목적물을 유치할 권리가 있으므로 이론상으로 말하면 채무자는 다른 담보를 제공하고 유치물의 반환을 청구할 권리가 없을 것이다. 그러나 유치권자는 그 채권을 확보하기 위하여 권리를 행사하는 데 불과하므로 채무자가 상당한 담보를 제공하면 유치물을 점유할 필요가 없어진다. 유치권자가 그 채권의

捧ᄒᆞᆫ確實ᄒᆞᆫ擔保가有ᄒᆞᆫ以上에ᄂᆞᆫ其債權을可히受捧ᄒᆞᆯ터이오留置權보다一層有力ᄒᆞᆫ擔保도有ᄒᆞ리니確實ᄒᆞᆫ擔保가되ᄂᆞᆫ以上에ᄂᆞᆫ其膠守ᄒᆞᆷ이無益ᄒᆞᆯ뿐더러又債務者도他擔保ᄅᆞᆯ供ᄒᆞ고留置物을返還ᄒᆞ야有益ᄒᆞ게利用ᄒᆞᆷ도有ᄒᆞ리니債務者의게物上保나人保ᄅᆞᆯ勿論ᄒᆞ고相當ᄒᆞᆫ擔保ᄅᆞᆯ供ᄒᆞ고留置權의消滅을請求ᄒᆞᄂᆞᆫ權利ᄅᆞᆯ付與ᄒᆞᆷ이利ᄂᆞᆫ有ᄒᆞ야도害ᄂᆞᆫ無ᄒᆞ니라

（五）留置權者가其義務ᄅᆞᆯ違背ᄒᆞᆫ境遇에債務者가留置權의消滅을請求ᄒᆞᄂᆞᆫ時　留置權者가留置物의保存管理에關ᄒᆞᆫ義務에違背ᄒᆞ면債務者ᄂᆞᆫ留置權의消滅을請求ᄒᆞᄂᆞᆫ權利가有ᄒᆞ다ᄒᆞᆷ은前節에說明ᄒᆞᆫ바어니와留置權者가義務違背ᄒᆞᆷ을不拘ᄒᆞ고留置權者의게目的物의占有ᄅᆞᆯ繼續케ᄒᆞ면甚히危險ᄒᆞ야債務者의不利가되리라故로此境遇의留置權은債務者一方의意思表示로消滅케ᄒᆞᄂᆞ니라

第三章　先取特權

第一節　總則

第一款　先取特權의性質

만족을 받을 만한 확실한 담보를 가진 이상 그 채권의 만족을 받을 수 있을 터이고, 유치권보다 한층 힘 있는 담보도 있을 것이다. 그리하여 확실한 담보가 되는 이상 유치권을 고수하는 것은 무익할뿐더러, 채무자도 다른 담보를 제공하고 유치물을 반환받아 유익하게 이용할 수도 있을 것이다. 따라서 채무자에게 물적 담보나 인적 담보를 막론하고 상당한 담보를 제공하고 유치권의 소멸을 청구할 권리를 부여하는 것은 이익은 있어도 손해는 없다.

〈5〉 유치권자가 그 의무를 위반한 경우에 채무자가 유치권의 소멸을 청구한 때: 유치권자가 유치물의 보존, 관리에 관한 의무를 위반하면 채무자는 유치권의 소멸을 청구할 권리가 있음은 앞 절에서 설명한 바이다. 그런데 유치권자가 의무를 위반하였음에도 불구하고 유치권자에게 목적물의 점유를 계속하게 하면 매우 위험하여 채무자에게 불리해질 것이다. 그러므로 이 경우의 유치권은 채무자 일방의 의사표시로 소멸하게 한다.

제3장 선취특권

제1절 총 칙

제1관 선취특권의 성질

先取特權은債權者가法律規定을從ᄒᆞ야債務者의總財產이나特定ᄒᆞᆫ財產에對ᄒᆞ야他債權者보다其債權을先受ᄒᆞᄂᆞᆫ權利를謂ᄒᆞᆷ이니此를分析說明ᄒᆞ면如左ᄒᆞᆷ

(一)先取特權은物權이라　先取特權性質에對ᄒᆞ야學者間에議論이紛紛ᄒᆞ고諸國의立法例도亦區區ᄒᆞ야一定치못ᄒᆞᆫ바인ᄃᆡ此를大別ᄒᆞ면德國主義와法國主義의二種이라即德國主義를依ᄒᆞ면先取特權은債權의特別効力에不過ᄒᆞ니即債權은其効力이同等됨이原則이나特種債權에ᄂᆞᆫ特別効力을與ᄒᆞ야他債權者보다先ᄒᆞ야其辨報를受케ᄒᆞᄂᆞᆫ者이오此와反ᄒᆞ야法國主義에依ᄒᆞ면先取特權은所謂物上擔保一種에屬ᄒᆞ야質權抵當權과如히債權辨報를擔保ᄒᆞ기爲ᄒᆞ야設ᄒᆞᄂᆞᆫ從되ᄂᆞᆫ物權이라余도亦法國主義를從ᄒᆞ야曰先取特權은物權이라ᄒᆞ노니何故오先取特權이有ᄒᆞᆫ債權者ᄂᆞᆫ權利目的物에對ᄒᆞ야直接으로其權利를行ᄒᆞ야此를賣却ᄒᆞ야其代金으로債權辨報에充當ᄒᆞᄂᆞᆫ權利가有ᄒᆞᆫ故이라故로先取特權은物權의効力된優先權과追及權을生ᄒᆞ야先取特權者ᄂᆞᆫ他債權者에優先ᄒᆞ야權利目的된債務者의財產으로其權利辨報에

선취특권은 채권자가 법률의 규정에 따라 채무자의 총 재산이나 특정한 재산에 대하여 다른 채권자보다 그의 채권을 먼저 변제받는 권리를 말하는데, 이를 분석하여 설명하면 다음과 같다.

〈1〉 선취특권은 물권이다: 선취특권의 성질에 대하여 학자들 간에 논의가 분분하고 여러 나라의 입법례 또한 서로 달라 일정하지 못하긴 하지만 이를 대별하면 독일주의와 프랑스주의 두 가지가 있다. 독일주의에 따르면 선취특권은 채권의 특별한 효력에 불과하다. 곧 채권은 그 효력이 동등한 것이 원칙이나, 특정한 채권에는 특별한 효력을 주어 다른 채권자보다 먼저 변제를 받게 하는 것이다. 이와 반대로 프랑스주의에 따르면 선취특권은 이른바 물적 담보의 일종으로 질권, 저당권과 같이 채권 변제를 담보하기 위하여 설정하는 종된 물권이다. 나 또한 프랑스주의를 따라 선취특권은 물권이라고 말한다. 왜냐하면 선취특권이 있는 채권자는 권리의 목적물에 대하여 직접 그 권리를 행사하여 이를 매각하고 그 대금으로 채권 변제에 충당할 권리가 있기 때문이다. 그러므로 선취특권은 물권의 효력인 우선권과 추급권을 발생시켜, 선취특권자는 다른 채권자보다 우선하여 권리의 목적인 채무자의 재산으로 그 권리를 변제

供ᄒᆞᄂᆞᆫ權이有ᄒᆞᆯᄲᅮᆫ아니라其財產이轉輾ᄒᆞ야他人所有에歸ᄒᆞ야도此ᄅᆞᆯ追隨ᄒᆞ야其權利ᄅᆞᆯ行使ᄒᆞᆷ을得ᄒᆞᄂᆞ니라但先取特權은其種類가頗多ᄒᆞ야其効力도亦强弱의差異ᄅᆞᆯ不免ᄒᆞ나此點은各種先取特權을論ᄒᆞᆯ時에說明코져ᄒᆞ노라

(二)先取特權은他物權이오又從物權이라　先取特權은債權의辨報ᄅᆞᆯ確保ᄒᆞᆷ으로써目的ᄒᆞᄂᆞᆫ權利로債權에附隨ᄒᆞ야獨立으로存立지못ᄒᆞ고他人所有에屬ᄒᆞᆫ物即債務者財產에對ᄒᆞ야有ᄒᆞᆫ權利라故로先取特權은從物權이오又他物權이니라

(三)先取特權은法律의規定으로生ᄒᆞᄂᆞᆫ權利라　債務者의財產은總債權者의共同擔保가되야債務者가若債務ᄅᆞᆯ履行치아니ᄒᆞ면其財產은債權額에應ᄒᆞ야總債權者의게平等으로分配ᄒᆞᆷ이原則이나先取特權은其名稱과如히他債權者보다先受ᄒᆞᄂᆞᆫ權利인즉債權同等原則에ᄂᆞᆫ反ᄒᆞ야他債權者ᄅᆞᆯ害ᄒᆞᄂᆞᆫ結果가生ᄒᆞᄂᆞᆫ者이라然則債權者가或此特權을享有ᄒᆞᆷ은法律이付與ᄒᆞᆫ一特典이오法律은特種의債權은公益上의理由나公平의觀念을基因ᄒᆞ야此에優先

받게 할 권리가 있다. 뿐만 아니라 그 재산이 전전양도되어 타인의 소유가 될지라도 이를 뒤쫓아가 그 권리를 행사할 수 있다. 다만 선취특권은 그 종류가 자못 많아 그 효력 또한 강약의 차이가 있을 수밖에 없으나, 이 점은 각종 선취특권을 논할 때에 설명하고자 한다.

〈2〉 선취특권은 타물권이고 또 종된 물권이다: 선취특권은 채권의 변제를 확보할 것을 목적으로 하는 권리로, 채권에 부수하며[1] 독립하여 존재할 수 없고 타인의 소유에 속한 물건, 곧 채무자의 재산에 대하여 갖는 권리이다. 그러므로 선취특권은 종된 물권이고 또 타물권이다.

〈3〉 선취특권은 법률의 규정으로 발생하는 권리이다: 채무자의 재산은 모든 채권자의 공동담보가 되어, 채무자가 만약 채무를 이행하지 않으면 그 재산은 채권액에 따라 모든 채권자에게 평등하게 분배되는 것이 원칙이다. 그러나 선취특권은 그 명칭과 같이 다른 채권보다 먼저 받는 권리로, 채권자 평등의 원칙에는 반하여 다른 채권자를 해하는 결과를 낳는 것이다. 그래서 채권자가 더러이 특권을 향유하는 것은 법률이 부여하는 하나의 특전이고, 법률은 특정한 채권에는 공익상 이유나 공평의 관념에 기인하여 우선

1 원문은 '附隨ᄒᆞ야'임. 부종성과 수반성을 아울러 설명한 것으로 보임.

權을與ᄒᆞ야特別히保護ᄒᆞᆷ이라先取特權의性質이如斯ᄒᆞᆯ진ᄃᆡ此權利ᄂᆞᆫ반다시法律의規定으로生케ᄒᆞᆷ을要ᄒᆞ고法律規定以外의存在ᄂᆞᆫ認치아니ᄒᆞ야債務者의意思로ᄡᅥ某債權者ᄅᆞᆯ爲ᄒᆞ야此權利ᄅᆞᆯ設定치못ᄒᆞᄂᆞ니라此의先取特權이質權과抵當權과其性質이異ᄒᆞ고留置權과ᄂᆞᆫ同ᄒᆞᆫ點이며且先取特權은法律이債權同等의原則에反ᄒᆞ야特種債權에附隨케ᄒᆞᄂᆞᆫ一例外的權利가됨으로ᄡᅥ此權利의範圍와其行使方法에關ᄒᆞ야도亦法律에定ᄒᆞᆫ制限條件을嚴守ᄒᆞ야敢히逸出치못ᄒᆞᄂᆞ니라

先取特權이法律의直接規定으로生ᄒᆞᄂᆞᆫ權利가됨은前述ᄒᆞᆫ바어니와此等特權이民法의規定으로生ᄒᆞᄂᆞᆫ者도有ᄒᆞ고又租稅에關ᄒᆞᆫ先取特權과如히他法律의規定으로生ᄒᆞᄂᆞᆫ者도有ᄒᆞ야其强弱은不同ᄒᆞ나大部分은民法의規定으로生ᄒᆞᆷ이論을不俟ᄒᆞᆯ지니라

(四)先取特權은債務者의財產에對ᄒᆞ야他債權者보다自己債權의辨報ᄅᆞᆯ先受ᄒᆞᄂᆞᆫ權利라 此이先取特權의名稱이有ᄒᆞᆫ所以인ᄃᆡ此權利의實質이實로此一點에存在ᄒᆞ니라故로先取特權이有ᄒᆞᆫ債權者ᄂᆞᆫ債務者의財產을賣却ᄒᆞ야

권을 주어 특별히 보호하는 것이다. 선취특권의 성질이 이렇다면 이 권리는 반드시 법률의 규정으로 발생하게 하여야 하고 법률의 규정 이외의 존재는 인정하지 않으므로, 채무자의 의사로 어떤 채권자를 위하여 이 권리를 설정하지 못한다. 이것이 선취특권이 질권과 저당권과 그 성질이 다르고 유치권과는 같은 점이다. 또 선취특권은 법률이 채권자 평등의 원칙에 반하여 특정 채권에 부수시키는 하나의 예외적 권리가 되므로, 이 권리의 범위와 행사 방법에 관하여도 또한 법률에 정한 제한조건을 엄격히 지켜 감히 일탈하지 못한다.

선취특권이 법률의 직접적 규정으로 발생하는 권리임은 전술한 바와 같으나, 이들 특권이 민법의 규정으로 발생하는 것도 있고 또 조세에 관한 선취특권과 같이 다른 법률의 규정으로 발생하는 것도 있다. 그 강약은 서로 다르지만 대부분은 민법의 규정으로 발생함은 더 논할 것도 없다.

〈4〉 선취특권은 채무자의 재산에 대하여 다른 채권자보다 자기 채권의 변제를 먼저 받는 권리이다: 이것이 선취특권의 명칭이 붙은 까닭인데, 이 권리의 실질이 실로 이 점 하나에 있다. 그러므로 선취특권이 있는 채권자는 채무자의 재산을 매각하여

他債權에優先ᄒᆞ야其代金으로自己債權을受捧ᄒᆞᄂᆞᆫ權利가有ᄒᆞ야他債權者에比ᄒᆞ야特別의權利ᄅᆞᆯ享有ᄒᆞᆫ者이라普通債權者ᄂᆞᆫ債務者의財産에對ᄒᆞ야平等均一의權利가有ᄒᆞᆷ에不過ᄒᆞᆷ으로써賣却代金으로債權額에應ᄒᆞ야他債權者와同分配ᄅᆞᆯ受ᄒᆞᆯ뿐이나先取特權者ᄂᆞᆫ他債權者ᄅᆞᆯ排斥ᄒᆞ고其權利ᄅᆞᆯ行ᄒᆞᆷ을得ᄒᆞᄂᆞ니先取特權이質權抵當權과其効力이同ᄒᆞ고又單純ᄒᆞ게目的物을留置만ᄒᆞᄂᆞᆫ留置權과其性質이相異ᄒᆞᆫ點이此에在ᄒᆞ니라

(五)先取特權은不可分의權利라 先取特權者ᄂᆞᆫ其債權이有ᄒᆞᆫ限에ᄂᆞᆫ目的物全部에對ᄒᆞ야其權利ᄅᆞᆯ行ᄒᆞᆷ을得ᄒᆞ고又目的物이存ᄒᆞᆫ限에ᄂᆞᆫ其債權全部에對ᄒᆞ야其權利ᄅᆞᆯ行ᄒᆞᆷ을得ᄒᆞᄂᆞ니此點은物權一般에通用ᄒᆞᄂᆞᆫ原則이오又留置權을論ᄒᆞᆯ時에說明ᄒᆞᆫ바ㅣ니라

第二欵 先取特權의目的

先取特權은債務者의財産으로目的ᄒᆞᆷ이니此特權中에債務者의總財産을目的ᄒᆞᄂᆞᆫ者도有ᄒᆞ고特定ᄒᆞᆫ財産을目的ᄒᆞᆷ도有ᄒᆞ야債權種類에隨ᄒᆞ야區別이有ᄒᆞ나其權利의目的이債務者의財産됨은一般이니라然而債務者의總財産으로目

다른 채권보다 우선하여 그 대금으로 자기 채권의 만족을 받을 권리가 있어, 다른 채권자에 비하여 특별한 권리를 향유하는 것이다. 일반채권자는 채무자의 재산에 대하여 평등하고 동일한 권리가 있음에 불과하여, 매각대금으로 채권액에 따라 다른 채권자와 똑같이 분배를 받을 뿐이다. 그러나 선취특권자는 다른 채권자를 배척하고 그 권리를 행사할 수 있으므로, 선취특권이 질권, 저당권과 그 효력이 같고 또 단순히 목적물을 유치만 하는 유치권과 그 성질이 다른 점이 여기에 있다.

〈5〉 선취특권은 불가분적 권리이다: 선취특권자는 그 채권이 있는 한 목적물 전부에 대하여 그 권리를 행사할 수 있고, 또 목적물이 존재하는 한 그 채권 전부에 대하여 그 권리를 행사할 수 있다. 이 점은 물권 일반에 통용되는 원칙이고 또 유치권을 논할 때에 설명한 바이다.

제2관 선취특권의 목적

선취특권은 채무자의 재산을 목적으로 삼는데, 이 특권 중에는 채무자의 총 재산을 목적으로 하는 것도 있고 특정한 재산을 목적으로 할 수도 있어 채권의 종류에 따라 구별이 있다. 그러나 그 권리의 목적이 채무자의 재산임은 마찬가지이다. 그런데 채무자의 총 재산을 목

的ᄒᆞᄂᆞᆫ一般先取特權은有體物의動產不動產外에도無體物된債權其他財產權을亦目的ᄒᆞᄂᆞ니此點으로觀ᄒᆞ면一般先取特權은物權의本質을完備치못ᄒᆞ야債權의特別効力이라稱ᄒᆞᆷ이其性質에오히려適當ᄒᆞᆷ으로信ᄒᆞ노라

右와如히先取特權은債務者의財產으로目的ᄒᆞ나其効力을一層鞏固케ᄒᆞ야其範圍ᄅᆞᆯ擴張ᄒᆞᄂᆞᆫ事이有ᄒᆞ니先取特權은其目的物의賣却、賃貸、滅、失、毁損을因ᄒᆞ야債務者가受ᄒᆞᆯ金錢其他物에對ᄒᆞ야도亦行ᄒᆞᆷ을得ᄒᆞ야物上代位의原則을適用ᄒᆞᆫ지라法律은權利義務의主體의代位ᄅᆞᆯ認定ᄒᆞ면一般權利의目的에도亦代位ᄅᆞᆯ認定ᄒᆞ야先取特權의目的物이變體된境遇에其變體物은即目的物에代位ᄒᆞᆯ者이니先取特權者가可히其變體物에權利ᄅᆞᆯ行ᄒᆞᆯ지니라法律이物上代位의原則을先取特權에適用ᄒᆞᆷ은先取特權의効力을鞏固케ᄒᆞᆷ이니若不然ᄒᆞ면先取特權者ᄂᆞᆫ其權利가薄弱ᄒᆞ야失키易ᄒᆞᆯ지라先取特權도一物權으로追及權이有ᄒᆞ나或은不能ᄒᆞᆯ境遇도有ᄒᆞ리니若目的物이欠缺되면先取特權者의不利ᄂᆞᆫ此에大ᄒᆞᆷ이無ᄒᆞᆫ故로其變體物에其權利ᄅᆞᆯ行케ᄒᆞᆷ이先取特權者ᄅᆞᆯ保護ᄒᆞᆷ에極히必要ᄒᆞ고條理에도違反됨이無ᄒᆞᆯ뿐아니라他債權者의利益도害됨이無ᄒᆞ

적으로 하는 일반선취특권은 유체물인 동산, 부동산 외에도 무체물인 채권 기타 재산권 또한 목적으로 한다. 이 점으로 보면 일반선취특권은 물권의 본질을 완전히 갖추지 못하여 채권의 특별한 효력이라고 부르는 것이 그 성질에 오히려 적당하다고 믿는다.

위와 같이 선취특권은 채무자의 재산을 목적으로 하지만 그 효력을 한층 견고하게 하고 그 범위를 확장하기도 한다. 선취특권은 그 목적물의 매각, 임대, 멸실, 훼손으로 인하여 채무자가 받을 금전 기타 물건에 대하여도 또한 행사할 수 있어, 물상대위의 원칙이 적용된다. 법률은 권리의무의 주체의 대위를 인정하면서 일반 권리의 목적에도 또한 대위를 인정한다. 따라서 선취특권의 목적물이 변형된 경우에 그 변형물은 곧 목적물을 대위할 것이므로 선취특권자가 그 변형물에 권리를 행사할 수 있을 것이다. 법률이 물상대위의 원칙을 선취특권에 적용하는 것은 선취특권의 효력을 견고하게 하려는 것으로, 만약 그렇지 않다면 선취특권자는 그 권리가 취약하여 잃기 쉬울 것이다. 선취특권도 하나의 물권으로 추급권이 있지만 더러는 행사할 수 없는 경우도 있을 것이다. 만약 목적물이 없어지면 선취특권자의 불이익은 이보다 더 클 수 없다. 그러므로 그 변형물에 그 권리를 행사하게 하는 것이 선취특권자를 보호하는 데 극히 필요하고 조리에도 어긋나지 않는다. 뿐만 아니라 다른 채권자의 이익에도 손해될 것이 없니先取特權本來의目的物이他債權者의共同擔保가아니되얏던以上에는其代表物에서辨報를受홈은豫期혼바ㅣ아니니然則先取特權者가其代表物에對ᄒ야優先權을行ᄒ야도他債權者는不測의損害가無ᄒ리라余는代表物에關혼先取特權者의權利를論홈에當ᄒ야權利의目的되는物과權利의行使條件으로區別ᄒ야說明ᄒ노라

(第一)權利의目的되는物　先取特權은左의物에對ᄒ야도其權利를行홈을得홈

(一)目的物의賣却代金　債務者가先取特權의目的되는物件을第三者의게賣却혼境遇에其代金即目的物의變灑에對ᄒ야도先取特權을行홈을得ᄒ며

(二)目的物의賃貸로生혼借賃　目的物의賃貸는其價額을減少ᄒ는結果가生ᄒ고借賃은即目的物價額減少部分의對價이라故로借賃도亦一種의代表物이되야其上에亦權利를行홈을得ᄒ며

(三)目的物上에設定된物權의對價　假令債務者가目的物되는地上에地上

는데, 선취특권의 본래 목적물이 다른 채권자의 공동담보가 아니었던 이상 그 대용물에서 변제를 받는 것은 미리 기대한 바는 아니다. 그렇다면 선취특권자가 그 대용물에 대하여 우선권을 행사하여도 다른 채권자는 불측의 손해가 없을 것이다. 나는 대용물에 관한 선취특권자의 권리를 논하면서 권리의 목적이 되는 물건과 권리의 행사 조건으로 구별하여 설명한다.

I. 권리의 목적이 되는 물건

선취특권은 다음의 물건에 대하여도 그 권리를 행사할 수 있다.

〈1〉 목적물의 매각대금: 채무자가 선취특권의 목적이 된 물건을 제3자에게 매각한 경우에 그 대금, 곧 목적물의 변형물에 대하여도 선취특권을 행사할 수 있으며,

〈2〉 목적물의 임대로 발생한 차임: 목적물의 임대는 그 가액을 감소시키는 결과를 낳고 차임은 곧 목적물 가액 감소부분의 대가이다. 그러므로 차임 또한 일종의 대용물이 되어 그 위에도 권리를 행사할 수 있으며,

〈3〉 목적물 위에 설정된 물권의 대가: 가령 채무자가 목적물인 토지 위에 지상

權、永小作權이나地役權을設定ᄒᆞ야其對價로一時나定期에若干金額을收捧ᄒᆞᄂᆞᆫ權利ᄅᆞᆯ取得ᄒᆞ얏스면先取特權者ᄂᆞᆫ其一時金이나定期金上에權利ᄅᆞᆯ行ᄒᆞᆷ을得ᄒᆞᄂᆞ니此物權對價도亦目的物關係上에代金借賃과同等의代表物의性質이有ᄒᆞᆷ이오

(四)目的物의滅失毁損을因ᄒᆞ야生ᄒᆞᆫ賠償金　目的物이第三者의所爲ᄅᆞᆯ因ᄒᆞ야滅失或毁損ᄒᆞᆫ時ᄂᆞᆫ債務者ᄂᆞᆫ損害賠償을請求ᄒᆞᄂᆞᆫ權이有ᄒᆞ니此境遇에債務者가推捧ᄒᆞᆯ賠償金은即目的物의全部나一部ᄅᆞᆯ代表ᄒᆞᆫ者이라故로其上에權利ᄅᆞᆯ行ᄒᆞᆷ을得ᄒᆞ며

(五)目的物의保險金　或學者ᄂᆞᆫ曰保險金은保險料納入에對ᄒᆞᆫ報酬이니單純ᄒᆞ게目的物을代ᄒᆞᆫ者ㅣ아니라故로先取特權에關ᄒᆞ야原目的物에代位ᄒᆞᆯ者이아니라論ᄒᆞ나保險金은保險目的되ᄂᆞᆫ財産의價格을代表ᄒᆞ야其財産이若滅失毁損ᄒᆞ면被保險者의財産中全部나一部ᄅᆞᆯ代位ᄒᆞᄂᆞᆫ者인즉物上代位의原則을保險金에도適用ᄒᆞ야先取特權者로ᄒᆞ야곰其上에權利ᄅᆞᆯ行ᄒᆞᆷ을得케ᄒᆞᆷ이正當ᄒᆞᆷ으로信ᄒᆞ노라

권, 영소작권이나 지역권을 설정하여 그 대가로 일시적으로나 정기적으로 약간의 금액을 거두어들일 권리를 취득하였다면, 선취특권자는 그 일시금이나 정기금 위에 권리를 행사할 수 있다. 이는 물권의 대가 또한 목적물과의 관계에서 대금이나 차임과 동등한 대용물의 성질을 갖기 때문이다. 그리고

〈4〉 목적물의 멸실, 훼손으로 인하여 발생한 배상금: 목적물이 제3자의 행위로 인하여 멸실 또는 훼손된 때에는 채무자는 손해배상을 청구할 권리가 있는데, 이 경우에 채무자가 받을 수 있는 배상금은 곧 목적물의 전부나 일부를 대용하는 것이다. 그러므로 그 위에 권리를 행사할 수 있으며,

〈5〉 목적물의 보험금: 어떤 학자는 보험금은 보험료 납입에 대한 보수여서 단순히 목적물을 갈음하는 것이 아니므로 선취특권에 관하여 원래의 목적물에 대위하게 할 것이 아니라고 논한다. 그러나 보험금은 보험목적인 재산의 가격을 대용하며, 그 재산이 만약 멸실되거나 훼손되면 피보험자의 재산 가운데 전부나 일부를 대위하는 것이다. 따라서 물상대위의 원칙을 보험금에도 적용하여 선취특권자가 그 위에 권리를 행사할 수 있게 함이 정당하다고 믿는다.

以上五個境遇에先取特權者ᄂᆞᆫ目的物을代表ᄒᆞᆫ物에對ᄒᆞ야其權利를行ᄒᆞᆷ을得ᄒᆞ나日本民法第三百四條에(前畧)滅失毁損에因ᄒᆞ야債務者의受ᄒᆯ金錢其他物에對ᄒᆞ야도此를行ᄒᆞᆷ을得ᄒᆞᆷ이라ᄒᆞ야金錢其他物로써一種의特定物을指示ᄒᆞᆷ이라解釋ᄒᆞᄂᆞᆫ者이有ᄒᆞ나然이나其條文解釋으로도精確키言ᄒᆞ면先取特權者의權利ᄂᆞᆫ其特定ᄒᆞᆫ目的物을目的ᄒᆞᆷ이아니오代表物을給付ᄒᆯ債務者의債權을目的ᄒᆞ야代表物은其間接의目的됨에不過ᄒᆞ니先取特權者ᄂᆞᆫ始初브터特定ᄒᆞᆫ代表物上에直接으로其權利를行使ᄒᆞᆷ이아니오第三債務者에게對ᄒᆞ야代表物의給付를請求ᄒᆞ고其給付를受ᄒᆞᆫ後에此로其債權辦報에供ᄒᆞᆷ이니라

(第一二)權利行使의條件　先取特權者가代表物에對ᄒᆞ야其權利를行ᄒᆞᆷ에ᄂᆞᆫ其代表된金錢이나其他物이報給이나引渡前에押受ᄒᆞᆷ을要ᄒᆞᆷ

先取特權者ᄂᆞᆫ代表物이第三債務者手中에尙在치아니ᄒᆞ면其權利를行ᄒᆞᆷ을不得ᄒᆞᄂᆞ니第三債務者가代表物된金錢이나其他物을債務者의게交付ᄒᆞ면其同時에先取特權者의權利ᄂᆞᆫ消滅되ᄂᆞ니라故로先取特權者가其權利를保

이상 다섯 가지 경우에 선취특권자는 목적물을 대용한 물건에 대하여 그 권리를 행사할 수 있다. 그런데 일본 민법 제304조에서 "(전략) 멸실, 훼손으로 인하여 채무자가 받을 금전 기타 물건에 대하여도 이를 행사할 수 있다"고 하여 금전 기타 물건을 일종의 특정물을 지시하였다고 해석하는 사람도 있다. 그러나 그 조문의 해석으로도 엄밀히 말하면 선취특권자의 권리는 그 특정한 목적물을 목적으로 하는 것이 아니라 대용물을 급부받을 채무자의 채권을 목적으로 하고, 대용물은 그 간접적인 목적이 되는 데 불과하다. 따라서 선취특권자는 처음부터 특정한 대용물 위에 직접 그 권리를 행사하는 것이 아니고 제3채무자에 대하여 대용물의 급부를 청구하고 그 급부를 받은 뒤에 그 대용물로 채권 변제를 받는 것이다.

II. 권리 행사의 조건

선취특권자가 대용물에 대하여 그 권리를 행사하려면 그 대용된 금전이나 기타 물건이 지급되거나 인도되기 전에 압류되어야 한다.

선취특권자는 대용물이 여전히 제3채무자 수중에 있지 않으면 그 권리를 행사할 수 없는데, 제3채무자가 대용물인 금전이나 기타 물건을 채무자에게 교부하면 그와 동시에 선취특권자의 권리는 소멸된다. 그러므로 선취특권자가 그 권리를 보

全ᄒᆞ랴면代表物交付前에此ᄅᆞᆯ押收ᄒᆞ야其交付ᄅᆞᆯ防杜ᄒᆞᆷ이必要ᄒᆞᆯ지라抑代表物에關ᄒᆞᆫ先取特權者의權利ᄂᆞᆫ代表物其者ᄅᆞᆯ目的ᄒᆞᆷ이아니오其給付ᄅᆞᆯ目的ᄒᆞᄂᆞᆫ債權上에在ᄒᆞ다ᄒᆞᆷ은前說ᄒᆞᆫ바이니然則第三債務者가債務者의게給付ᄒᆞ야其債權이消滅되면先取特權者의權利ᄂᆞᆫ其目的을失ᄒᆞ야消滅됨이當然ᄒᆞᆯ지라又第三債務者가給付ᄒᆞᆫ代表物이債務者의他財産과混同ᄒᆞ야認識ᄏᆡ難ᄒᆞᆯ뿐더러給付後에도其權利의行使ᄅᆞᆯ許ᄒᆞ면其金錢物件을目的ᄒᆞ야去來ᄒᆞᆫ普通債權者의損害가될念慮도不無ᄒᆞ니라是先取特權者ᄂᆞᆫ代表物된金錢其他物의交付前이아니면其權利ᄅᆞᆯ行使ᄒᆞᆷ을不得케ᄒᆞᆫ所以니라

物上代位의原則은特別先取特權에關ᄒᆞ야實益이頗有ᄒᆞ니先取特權者가其權利의目的된特定財産에對ᄒᆞ야其權利ᄅᆞᆯ行ᄏᆡ不能ᄒᆞᆷ에至ᄒᆞᆫ境遇에物上代位의原則이아니면其特權은消滅되야普通債權者와同等地位에在ᄒᆞᆯ外에他道理가無ᄒᆞ나此와反ᄒᆞ야一般先取特權者ᄂᆞᆫ債務者의總財産上에權利가有ᄒᆞ니物上代位의原則이아니라도代金其他物의給付ᄅᆞᆯ目的ᄒᆞᄂᆞᆫ債務者의債權에對ᄒᆞ야其權利ᄅᆞᆯ行ᄒᆞᆷ을得ᄒᆞ고其代表物給付의前後도區別ᄒᆞᆯ바이無ᄒᆞ니故로物上代

전하려면 대용물 교부 전에 이를 압류하여 그 교부를 막을 필요가 있을 것이다. 대용물에 관한 선취특권자의 권리는 대용물 그 자체를 목적으로 하는 것이 아니고 그 급부를 목적으로 하는 채권 위에 있음은 앞에서 설명한 대로이다. 그렇다면 제3채무자가 채무자에게 급부하여 그 채권이 소멸되면 선취특권자의 권리는 그 목적을 잃고 소멸되는 것이 당연하다. 또 제3채무자가 급부한 대용물이 채무자의 다른 재산에 혼입되어 인식하기 어려울뿐더러 급부 후에도 그 권리의 행사를 허용하면 그 금전이나 물건을 목적으로 거래한 일반채권자의 손해가 될 염려도 없지 않다. 이것이 선취특권자는 대용물인 금전 기타 물건의 교부 전이 아니면 그 권리를 행사할 수 없게 한 까닭이다.

물상대위의 원칙은 특별선취특권에 관하여 자못 실익이 있다. 선취특권자가 그 권리의 목적이 된 특정 재산에 대하여 그 권리를 행사할 수 없게 된 경우에 물상대위의 원칙이 없다면 그 특권은 소멸되어 일반채권자와 동등한 지위에 있을 수밖에 다른 도리가 없다. 그러나 이와 반대로 일반선취특권자는 채무자의 총 재산 위에 권리가 있으므로 물상대위의 원칙이 아니라도 대금 기타 물건의 급부를 목적으로 하는 채무자의 채권에 대하여 그 권리를 행사할 수 있고, 그 대용물 급부와의 선후도 구별할 필요가 없다. 그러므로 물상대

位의原則이一般先取特權에ᄂᆞᆫ何等의實益이無ᄒᆞ다謂ᄒᆞ리로다

第二節 先取特權의種類

先取特權은法律이特種의債權을保護ᄒᆞ기爲ᄒᆞ야此에附隨케ᄒᆞᆫ權利인ᄃᆡ法律이特種債權을保護ᄒᆞᄂᆞᆫ理由ᄂᆞᆫ債權이生ᄒᆞᆫ原因에在ᄒᆞᆫ지라假令日用品의供給과旅店의宿泊料等은債權이生ᄒᆞᆫ原因인ᄃᆡ法律은此等原因으로生ᄒᆞᆫ債權은特히保護ᄒᆞᆯ必要가有ᄒᆞᆷ으로認ᄒᆞ야先取特權의特典을付與ᄒᆞᆫ바이라此等債權中에ᄂᆞᆫ或公益의保護ᄅᆞᆯ主眼ᄒᆞᆫ者도有ᄒᆞ고或風俗의維持ᄅᆞᆯ目的ᄒᆞᆫ者도有ᄒᆞ며或은公平의原則을理由로ᄒᆞ고或은擔保의默約을基本을삼아其保護ᄒᆞᄂᆞᆫ理由가區區一定치아니ᄒᆞ나此點은各種先取特權을論ᄒᆞᆯ時에各別히說明코저ᄒᆞ노라

先取特權은權利目的物의關係로二種에區別ᄒᆞᆷ을得ᄒᆞ니一般先取特權과特別先取特權이即是라一般先取特權은債務者總財産上에行ᄒᆞᄂᆞᆫ者ᄅᆞᆯ云ᄒᆞᆷ이니故로此特權이有ᄒᆞᆫ債權者ᄂᆞᆫ動産不動産債權을勿論ᄒᆞ고債務者의所有一切財産에對ᄒᆞ야其權利ᄅᆞᆯ行ᄒᆞᆷ을得ᄒᆞ며特別先取特權은債務者의財産中特定ᄒᆞᆫ動産或不動産에行ᄒᆞᄂᆞᆫ者ᄅᆞᆯ云ᄒᆞᆷ이니故로此權利가有ᄒᆞᆫ債權者ᄂᆞᆫ唯其權利의目的

위의 원칙이 일반선취특권에는 어떠한 실익도 없다고 말할 수 있다.

제2절 선취특권의 종류

선취특권은 법률이 특정한 채권을 보호하기 위하여 채권에 부수시킨 권리인데, 법률이 특정한 채권을 보호하는 이유는 채권이 발생한 원인에 있다. 가령 일용품의 공급과 여관의 숙박료 등은 채권이 발생한 원인인데, 법률이 이들 원인으로 발생한 채권은 특별히 보호할 필요가 있다고 인정하여 선취특권의 특전을 부여한 것이다. 이들 채권 중에는 더러 공익의 보호에 주안점을 둔 것도 있고 더러 풍속의 유지를 목적으로 한 것도 있으며, 더러는 공평의 원칙을 이유로 하고 더러는 담보의 묵시적 약정을 기본으로 삼아 그 보호의 이유가 서로 다르고 일정하지 않다. 이 점은 각종 선취특권을 논할 때에 각각 설명하고자 한다. 선취특권은 권리목적물과의 관계에서 두 가지로 구별할 수 있는데, 일반선취특권과 특별선취특권이 바로 그것이다. 일반선취특권은 채무자의 총 재산 위에 행사하는 것을 말한다. 그러므로 이 특권이 있는 채권자는 동산이나 부동산에 관한 채권을 막론하고 채무자 소유의 재산 일체에 대하여 그 권리를 행사할 수 있다. 특별선취특권은 채무자의 재산 중 특정한 동산 또는 부동산에 행사하는 것을 말한다. 그러므로 이 권리가 있는 채권자는 오직 그 권리의 목적된特定ᄒᆞᆫ動産이나不動産에對ᄒᆞ야其權利를行ᄒᆞᆷ에止ᄒᆞ고其他財産에對ᄒᆞ야ᄂᆞᆫ行ᄒᆞᆷ을不得ᄒᆞᆯ지라余ᄂᆞᆫ今에日本民法을據ᄒᆞ야一般先取特權과特別先取特權으로大別ᄒᆞ고特別先取特權을又別ᄒᆞ야動産先取特權과不動産先取特權으로區分ᄒᆞ야說明코져ᄒᆞ노라

第一欵　一般先取特權

日本民法第三百六條乃至第三百十條를依ᄒᆞ면一般先取特權이左의四種이有ᄒᆞ니

第一　共益費用의先取特權

第二　葬式費用의先取特權

第三　雇人給料의先取特權

第四　日用品供給의先取特權

이라此를以下에順次說明ᄒᆞ노라

(第一)　共益費用의先取特權

共益費用이라ᄒᆞᄂᆞᆫ者ᄂᆞᆫ債權者가總債權者共同利益을爲ᄒᆞ야支出ᄒᆞᆫ費用을

이 된 특정한 동산이나 부동산에 대하여 그 권리를 행사하는 데 그치고 다른 재산에 대하여는 행사할 수 없을 것이다. 나는 이제 일본 민법에 근거하여 일반선취특권과 특별선취특권으로 대별하고, 특별선취특권을 또다시 나누어 동산선취특권과 부동산선취특권으로 구분하여 설명하고자 한다.

제1관 일반선취특권

일본 민법 제306조부터 제310조까지에 따르면 일반선취특권에는 다음 네 가지가 있는데,

첫째, 공익비용의 선취특권

둘째, 장례비용의 선취특권

셋째, 고용인 급료의 선취특권

넷째, 일용품 공급의 선취특권

이다. 이를 이하에서 순서대로 설명한다.

I. 공익비용의 선취특권

공익비용이란 것은 채권자가 모든 채권자 공동의 이익을 위하여 지출한 비용을

意味ᄒᆞᆷ이니左의條件이俱備ᄒᆞᆷ을要ᄒᆞᆯ지라

(一)債權者가債務者財産의保存、淸算、配當、에關ᄒᆞᆫ費用을支出ᄒᆞᆫ事

(甲)保存費用　此ᄂᆞᆫ債務者財産의滅失毀損이나權利의消滅減縮을豫防ᄒᆞ기爲ᄒᆞ야支出ᄒᆞᆫ費用이니假令債務者財産에關ᄒᆞ야時效ᄅᆞᆯ中斷케ᄒᆞ거나或第三者가占有ᄒᆞᆫ債務者의財産을押收ᄒᆞᆷ에要ᄒᆞᆫ費用等이며

(乙)淸算費用　此ᄂᆞᆫ債務者의捧條와報條ᄅᆞᆯ總計算ᄒᆞ야其財産의現實狀態ᄅᆞᆯ明確케ᄒᆞ기爲ᄒᆞ야支出ᄒᆞᆫ費用이니假令債務者所有의動産不動産及其債權債務ᄅᆞᆯ調査ᄒᆞ야財産目錄과貸借對照表ᄅᆞᆯ作製ᄒᆞ고動産不動産을賣却ᄒᆞ며債權을推尋ᄒᆞᆷ에要ᄒᆞᆫ費用等이며

(丙)配當費用　此ᄂᆞᆫ債務者의財産으로總債權者의게分配ᄒᆞ기爲ᄒᆞ야支出ᄒᆞᆫ費用이니假令各債權額에應ᄒᆞ야支給ᄒᆞᆯ金額을計算ᄒᆞ며分配案을作製ᄒᆞᆷ에要ᄒᆞᆫ費用等이라

前記三種의費用은民事의强制執行에ᄂᆞᆫ押收에債權者가其費用의大部分을支出ᄒᆞ고商事의破産에ᄂᆞᆫ破産管財人이其全部ᄅᆞᆯ支出ᄒᆞᄂᆞ니此等人이

의미하며 다음 조건을 구비하여야 한다.

〈1〉 채권자가 채무자 재산의 보존, 청산, 배당에 관한 비용을 지출하였을 것

① 보존비용: 이는 채무자 재산의 멸실, 훼손이나 권리의 소멸 또는 감축을 예방하기 위하여 지출한 비용으로, 가령 채무자 재산에 관하여 시효를 중단시키거나 제3자가 점유한 채무자의 재산을 압류하는 데 필요한 비용 등이며,

② 청산비용: 이는 채무자가 받을 몫과 갚을 몫을 모두 계산하여 그 재산의 현재 상태를 명확히 하기 위하여 지출한 비용이다. 가령 채무자 소유의 동산, 부동산 및 채권, 채무를 조사하여 재산목록과 대차대조표를 작성하고 동산과 부동산을 매각하며 채권을 추심하는 데 필요한 비용 등이며,

③ 배당비용: 이는 채무자의 재산으로 모든 채권자에게 분배하기 위하여 지출한 비용이다. 가령 각 채권액에 따라 지급할 금액을 계산하고 분배안을 작성하는 데 필요한 비용 등이다.

앞에 적은 세 가지 비용은 민사상 강제집행에서는 압류에 채권자가 그 비용의 대부분을 지출하고 상사상 파산에서는 파산관재인이 그 전부를 지출한다. 이들이

執達吏의게支給ᄒᆞᆫ押收其他執行節次의費用手數料와破産管財人의報酬料等은總히共益費用으로先取特權을與ᄒᆞ야特히保護ᄒᆞ는者이라此種의費用은各債權者가債務者의財産에對ᄒᆞ야其權利를實ᄒᆞᆷ에當ᄒᆞ야可히缺치못ᄒᆞᆯ必要ᄒᆞᆫ者로債權者의誰某라도此種費用을支出치아니ᄒᆞ면其債權의辨報를受키不能ᄒᆞᆯ지라故로何人이其費用을支出ᄒᆞ얏던지其費用은畢竟共同債權者의利가되는故로債務者의財産은其費用辨報에先充ᄒᆞᆷ이公平ᄒᆞ니是以로法律이此種費用에對ᄒᆞ야先取特權을設ᄒᆞᆷ이니라

(二)債權者의支出ᄒᆞᆫ費用은各債權者의共同利益을爲ᄒᆞᆫ費用된時　共益費用의先取特權은其名稱의示ᄒᆞᆷ과如히法律이債權者共同의利益을爲ᄒᆞ야支出ᄒᆞᆫ費用에附隨케ᄒᆞᆫ特權이니債權者中何人의支出ᄒᆞᆫ費用이共同債權者의利益이되지아니ᄒᆞ는時는其債權者는其費用에對ᄒᆞ야特權을享受키不能ᄒᆞᆷ은論을不俟ᄒᆞᆯ지라故로其性質이共同債權者의利益이아니되는費用은先取特權의目的됨을不得ᄒᆞᆷ은勿論이라但債權者의支出ᄒᆞᆫ費用이設令總債權者의利는아니되나其中에見利ᄒᆞ는者이有ᄒᆞᆫ事도有ᄒᆞ니假令債

집행관에게 지급한 압류 기타 집행절차의 비용, 수수료와 파산관재인의 보수 등은 모두 공익비용으로 선취특권을 주어 특별히 보호하는 것이다. 이러한 비용은 각 채권자가 채무자의 재산에 대하여 그 권리를 실행할 때 불가결하고 필요한 것으로, 채권자 어느 누구라도 이들 비용을 지출하지 않으면 그 채권의 변제를 받을 수 없을 것이다. 그러므로 누가 그 비용을 지출하였든 그 비용은 마침내 공동채권자의 이익이 되므로 채무자의 재산은 그 비용을 변제하는 데 먼저 충당하는 것이 공평하다. 이리하여 법률이 이들 비용에 대하여 선취특권을 마련하였다.

〈2〉 채권자가 지출한 비용은 각 채권자 공동의 이익을 위한 비용인 때 : 공익비용의 선취특권은 그 명칭이 보여주는 것과 같이 법률이 채권자 공동의 이익을 위하여 지출한 비용에 부수시킨 특권이다. 따라서 채권자 중 누군가가 지출한 비용이 공동채권자의 이익이 되지 않은 때에는 그 채권자는 그 비용에 대하여 특권을 향수할 수 없음은 더 논할 것도 없다. 그러므로 그 성질이 공동채권자의 이익이 되지 않는 비용은 선취특권의 목적이 될 수 없음은 물론이다. 다만 채권자가 지출한 비용이 설령 모든 채권자의 이익은 되지 않지만 그 가운데 이익을 보는 자가 있을 수도 있다. 가령 채

務者가所有ᄒᆞᆫ一不動産을甲乙丙三人의게對ᄒᆞ야抵當으로供ᄒᆞ얏ᄂᆞᆫᄃᆡ目的物된不動産을賣却ᄒᆞᆫ代金의全部ᄅᆞᆯ甲乙丙三人의게分配ᄒᆞ면其費用은該三名의利ᄂᆞᆫ되나他普通債權者의利益은無ᄒᆞᆫ지라故로其共益費用의先取特權은費用으로利益을受ᄒᆞᆫ甲乙丙에對ᄒᆞ야行ᄒᆞᆷ을得ᄒᆞᆷ에止ᄒᆞ고他普通債權者의게對ᄒᆞ야ᄂᆞᆫ行ᄒᆞᆷ을不得ᄒᆞᄂᆞ니此ᄅᆞᆯ結言ᄒᆞ면總債權者의게有益지아니ᄒᆞᆫ共益의費用은其費用으로因ᄒᆞ야利益을受ᄒᆞᆫ債權者에만對ᄒᆞ야先取特權이存在ᄒᆞᄂᆞ니라

（第二）葬式費用의先取特權

葬式費用에先取特權은法律이葬式費用의債權에附隨케ᄒᆞᆫ先取特權이니債權者가此權利ᄅᆞᆯ享有ᄒᆞᆷ에ᄂᆞᆫ左의條件을具備ᄒᆞᆷ을必要ᄒᆞᄂᆞ니라

（一）其費用이葬式費用에基因ᄒᆞᆫ事　葬式費用이란者ᄂᆞᆫ屍體埋葬儀式에要ᄒᆞᄂᆞᆫ費用이니棺槨價와墓地價와喪輿軍、役軍等의費用其他葬儀에必要ᄒᆞᆫ一切의費用을意味ᄒᆞᆷ이오屍體埋葬儀式에直接의關係가無ᄒᆞᆫ費用即埋葬後에祭典碑碣의費用等은包含치아니ᄒᆞᆫ지라埋葬의儀式은國民의慣習

무자가 소유한 어느 부동산을 甲, 乙, 丙 세 사람에 대하여 저당물로 제공하였는데 목적물인 부동산을 매각한 대가를 전부 甲, 乙, 丙 세 사람에게 분배하면, 그 비용은 그 세 명의 이익은 되지만 다른 일반채권자의 이익은 없는 것이다. 그러므로 그 공익비용의 선취특권은 비용으로 이익을 받은 甲, 乙, 丙에 대하여 행사할 수 있는 데 그치고 다른 일반채권자에 대하여는 행사할 수 없다. 결론적으로 말하면 모든 채권자에게 이익이 되지 않은 공익비용은 그 비용으로 인하여 이익을 받은 채권자에게 대하여만 선취특권이 존재한다.

II. 장례비용의 선취특권

장례비용의 선취특권은 법률이 장례비용의 채권에 부수시킨 선취특권으로, 채권자가 이 권리를 향유하려면 반드시 다음 조건을 구비하여야 한다.

〈1〉 그 비용이 장례비용에 기인하였을 것: 장례비용이란 것은 시신을 매장하는 의식에 필요한 비용으로 관값과 묘지값, 상여꾼, 일꾼 등의 비용 기타 장례 의식에 필요한 일체의 비용을 의미하고, 시신을 매장하는 의식과 직접 관계가 없는 비용, 곧 매장 후의 제례나 비석의 비용 등은 포함되지 않는다. 매장의 의식은 국민의 관습으로定ᄒᆞᆫ風俗上及宗敎上의儀式으로써標準ᄒᆞᄂᆞᆫ者이니盖葬式은人倫最後의典禮로無憾케ᄒᆞᆯ者인ᄃᆡ此ᄅᆞᆯ違ᄒᆞ면風俗禮文에反ᄒᆞ야大羞辱이될ᄲᅮᆫ더러速히埋葬치아니ᄒᆞ면經濟上과衛生上에有害가되ᄂᆞᆫ結果가生ᄒᆞᆷ으로써何如ᄒᆞ던지葬式은速히擧行ᄒᆞᆷ을要ᄒᆞ야其費用은可히無치못ᄒᆞᆯ者이라然而債務者가資力이不足ᄒᆞ면債權者ᄂᆞᆫ各種의供給을躊躇ᄒᆞ야債務者의葬式은速히擧行키不能ᄒᆞᆷ으로此種의費用에對ᄒᆞ야ᄂᆞᆫ特히先取特權의恩典을與ᄒᆞ야此ᄅᆞᆯ保護ᄒᆞᆷ이可ᄒᆞᆫ지라如斯히ᄒᆞ면第三者ᄂᆞᆫ其費用의辨報ᄅᆞᆯ受ᄒᆞᆯ만ᄒᆞᆫ確實ᄒᆞᆫ所望이有ᄒᆞᆷ으로債務者ᄅᆞᆯ爲ᄒᆞ야供給ᄒᆞ기ᄅᆞᆯ辭치아니ᄒᆞᆯ터이오債務者의葬式은容易히擧行ᄒᆞᆷ에至ᄒᆞ리니라

此에用ᄒᆞᄂᆞᆫ葬式費用의語ᄂᆞᆫ債務者의費用으로觀察ᄒᆞ야債權의原因을指示ᄒᆞᆫ者이니此ᄅᆞᆯ債權者의方面으로觀察ᄒᆞ면先取特權에附隨ᄒᆞᆫ債權은葬式에必要ᄒᆞᆫ供給으로生ᄒᆞᆫ債權이라故로先取特權이有ᄒᆞᆯ債權은債務者ᄅᆞᆯ爲ᄒᆞ야直接으로供給ᄒᆞᆫ費用을要ᄒᆞᄂᆞ니葬式에必要ᄒᆞᆫ費用을支出ᄒᆞ얏스나其費用이葬式에必要ᄒᆞᆫ供給의對價가아닌時와又ᄂᆞᆫ其費用이葬式에必

으로 정한 풍속 및 종교적 의식을 기준으로 하는 것이다. 대개 장례는 인륜적으로 최후의 의식으로서 섭섭함 없이 하여야 할 것인데, 이를 어기면 풍속과 예법에 반하여 큰 치욕이 될뿐더러 빨리 묻지 않으면 경제적으로나 위생상에 유해한 결과를 낳는다. 따라서 어떻게든 장례는 신속히 거행하여야 하고, 그 비용은 없을 수 없는 것이다. 그런데 채무자가 자력이 부족하면 채권자는 갖가지 공급을 주저하여 채무자의 장례가 신속히 거행될 수 없으므로, 이들 비용에 대하여는 특별히 선취특권의 특전을 주어 이를 보호하는 것이 마땅하다. 이렇게 하면 제3자는 그 비용의 변제를 받을 수 있다는 확실한 희망이 있으므로 채무자를 위하여 공급하기를 사양하지 않을 터이고 채무자의 장례는 용이하게 거행될 것이다.

여기에서 쓰인 장례비용이라는 말은 채무자의 비용으로 관찰하여 채권의 원인을 가리킨 것이다. 이를 채권자 방면에서 관찰하면 선취특권이 부수되는 채권은 장례에 필요한 공급으로 발생한 채권이다. 그러므로 선취특권을 갖는 채권은 채무자를 위하여 직접 공급한 비용이어야 한다. 따라서 장례에 필요한 비용을 지출하였으나 그 비용이 장례에 필요한 공급의 대가가 아닌 때, 또는 그 비용이 장례에 필

要ᄒᆞᆫ供給의對價라도其供給이債務者에對ᄒᆞ야直接된者ㅣ아닌時ᄂᆞᆫ先取特權의恩典이無ᄒᆞ니債務者를爲ᄒᆞ야葬式費에用ᄒᆞᆯ金錢을貸與ᄒᆞᆫ者ᄂᆞᆫ前者에屬ᄒᆞ고葬儀社에雇傭된人夫의給料ᄂᆞᆫ後者에屬ᄒᆞ니라

（二）葬式費用은債務者나債務者가扶養ᄒᆞᄂᆞᆫ親族家族의葬式費用되ᄂᆞᆫ事

所謂債務者ᄂᆞᆫ死亡者를指ᄒᆞ야其葬式에要ᄒᆞᆫ費用의先取特權은其遺留財產에在ᄒᆞᆫ지라蓋死亡者를稱ᄒᆞ야債務者라謂ᄒᆞᆷ은穩當치못ᄒᆞᆫ듯ᄒᆞ나此先取特權은死亡者의遺留財產을目的ᄒᆞᆷ으로써其財產의主體되얏던死亡者로써債務의主體로ᄒᆞᆷ에不過ᄒᆞ고他理由ᄂᆞᆫ無ᄒᆞᆫ바ㅣ라葬式費用의債權者가死亡ᄒᆞᆫ債務者의財產에對ᄒᆞ야先取特權을行ᄒᆞᆷ을得ᄒᆞᆷ은論을不俟ᄒᆞᆯ바인ᄃᆡ其葬式費用은債務者其人을爲ᄒᆞ야要ᄒᆞᆫ費用이니其葬式을擧行ᄒᆞᆫ人은何人됨을勿論ᄒᆞ고其費用에對ᄒᆞ야債務者의遺留財產으로써優先辨報를受ᄒᆞᆷ을得케ᄒᆞᆷ은事理의當然ᄒᆞᆫ바ㅣ오又債權者ᄂᆞᆫ債務者가扶養ᄒᆞᆯ親族及家族의葬式費用에對ᄒᆞ야도亦債務者의財產에先取特權을行ᄒᆞᆷ을得ᄒᆞᆯ지라此境遇ᄂᆞᆫ其費用이直接으로債務者其人의葬式을爲ᄒᆞᆫ者이아니ᄂᆞ債

요한 공급의 대가라도 그 공급이 채무자에 대하여 직접적인 것이 아닌 때에는 선취특권의 특전이 없다. 채무자를 위하여 장례비에 쓸 금전을 대여한 자는 전자에 속하고 장의사에게 고용된 인부의 급료는 후자에 속한다.

〈2〉 장례비용은 채무자나 채무자가 부양하는 친족, 가족의 장례비용일 것: 이른바 채무자는 사망자를 가리키며 그 장례에 필요한 비용의 선취특권은 그의 유류재산(遺留財産)에 있다. 대개 사망자를 채무자라고 말하는 것은 온당치 못할 듯하다. 그러나 이 선취특권은 사망자의 유류재산을 목적으로 하여 그 재산의 주체였던 사망자를 채무의 주체로 하는 데 불과하고 다른 이유는 없는 것이다. 장례비용의 채권자가 사망한 채무자의 재산에 대하여 선취특권을 행사할 수 있음은 더 논할 것도 없다. 그런데 그 장례비용은 채무자 그 사람을 위하여 필요한 비용이므로 장례를 거행한 사람은 누구인지를 막론하고 그 비용에 대하여 채무자의 유류재산으로 우선변제를 받을 수 있게 하는 것이 당연한 사리이다. 또 채권자는 채무자가 부양할 친족 및 가족의 장례비용에 대하여도 또한 채무자의 재산에 선취특권을 행사할 수 있다. 이 경우는 그 비용이 직접 채무자 그 사람의 장례를 위한 것은 아니지만 채

務者와此等人間에扶養義務의關係가有ᄒᆞ야其費用은債務者가負擔치우니치못ᄒᆞᆯ者이니債務者의財産으로써報給케ᄒᆞ고且債權者로ᄒᆞ야곰其財産에對ᄒᆞ야優先辨報ᄅᆞᆯ受케ᄒᆞᆷ이正當ᄒᆞ니라

(三)葬式費用은死者身分에應ᄒᆞᆫ事　法律이葬式費用의債權에先取特權의恩典을與ᄒᆞᆫ所以ᄂᆞᆫ無他ᄒᆞ니死者ᄅᆞᆯ爲ᄒᆞ야其身分에應ᄒᆞᆫ葬式을行케ᄒᆞ야善良ᄒᆞᆫ風俗을維持코져ᄒᆞᆷ이라然而死者身分에相適지아니ᄒᆞᆫ華美ᄒᆞᆫ葬式을行ᄒᆞᆷ은善良ᄒᆞᆫ風俗에反害ᄒᆞ야禮節을侵濫ᄒᆞᆷ이니此ᄅᆞᆯ保護ᄒᆞᆯ必要가無ᄒᆞ야如此ᄒᆞᆫ費用은先取特權을與ᄒᆞᆯ理由가無ᄒᆞᆫ지라故로先取特權의恩典은死者의身分即其社會上의地位에相應ᄒᆞᆫ葬式費用에만制限ᄒᆞᆷ이可ᄒᆞ니라然則扶養義務者된債務者가其扶養ᄒᆞᆫ親族及家族의葬式費用을負擔ᄒᆞᆫ境遇에其費用의相當與否ᄅᆞᆯ定ᄒᆞᆷ은葬式擧行을擔當ᄒᆞᆫ債務者의身分을標準치아니ᄒᆞ고死亡ᄒᆞᆫ親族이나家族의身分을標準ᄒᆞ야定ᄒᆞᆷ을要ᄒᆞᆯ지라然이나葬式費用이死者身分에相當코相當치아니ᄒᆞᆫ與否ᄂᆞᆫ事實上의問題인즉此에是非가有ᄒᆞ면裁判所의判斷을受ᄒᆞᆯ者이니라

무자와 이들 사람 간에 부양의무의 관계가 있어 그 비용은 채무자가 부담하지 않을 수 없다. 따라서 채무자의 재산으로 지급하게 하고 또 채권자로 하여금 그 재산에 대하여 우선변제를 받게 하는 것이 정당하다.

〈3〉 장례비용은 사망자의 신분에 따를 것: 법률이 장례비용의 채권에 선취특권의 특전을 준 까닭은 다른 것이 아니다. 사망자를 위하여 그 신분에 따른 장례를 행하게 하여 선량한 풍속을 유지하고자 하려는 것이다. 그런데 사망자의 신분에 적합하지 않은 화려한 장례를 거행하는 것은 도리어 선량한 풍속을 해하여 예의범절을 무절제하게 할 것이므로 이를 보호할 필요가 없다. 이러한 비용은 선취특권을 줄 이유가 없는 것이다. 그러므로 선취특권의 특전은 사망자의 신분, 곧 그 사회적 지위에 상응한 장례비용으로만 제한하는 것이 마땅하다. 그래서 부양의무자인 채무자가 부양하던 친족 및 가족의 장례비용을 부담한 경우에 그 비용이 상당한지 여부를 정하는 것은, 장례거행을 담당한 채무자의 신분을 기준으로 하지 않고 사망한 친족이나 가족의 신분을 기준으로 하여야 한다. 그러나 장례비용이 사망자의 신분에 상당하고 하지 않고의 여부는 사실상의 문제이므로 이에 분쟁이 있으면 재판소의 판단을 받을 것이다.

雇人給料의先取特權은雇人이債務者의게對ᄒᆞ야給料의債權이有ᄒᆞᆫ境遇에優先辨報를受ᄒᆞᄂᆞᆫ權利니此權利를行ᄒᆞᆷ에ᄂᆞᆫ左의條件이具備ᄒᆞᆷ을要ᄒᆞᄂᆞ니라

(第三)雇人給料의先取特權

(一)雇人이債務者의게有ᄒᆞᆫ債權은給料의債權되ᄂᆞᆫ事　雇人에ᄂᆞᆫ廣狹의意義가有ᄒᆞ니廣義의雇人은雇傭契約을因ᄒᆞ야勞役에從事ᄒᆞᄂᆞᆫ人을總稱ᄒᆞᆷ이오狹義의雇人은雇傭契約을因ᄒᆞ야勞力에從事ᄒᆞᄂᆞᆫ者中에他人의身上이나財産에附從ᄒᆞ야役務에從事ᄒᆞᄂᆞᆫ者만特稱ᄒᆞᆷ이니盖此等의雇人은雇主의指揮命令을受ᄒᆞ야其使役에服從ᄒᆞ고獨立으로ᄂᆞᆫ勞役에從事치못ᄒᆞᄂᆞᆫ者이니婢僕、馬夫、看守人等이此種類에屬ᄒᆞᆫ者이라狹義의雇人은大槪貧民이니法律은此를特히保護ᄒᆞᆯ必要가有ᄒᆞ고一般勞力者를保護ᄒᆞᆯ必要ᄂᆞᆫ無ᄒᆞ며又雇人이라ᄒᆞᄂᆞᆫ語ᄂᆞᆫ普通은狹義로用ᄒᆞ야廣義의雇人을指ᄒᆞᄂᆞᆫ事이稀有ᄒᆞ니此에雇人이라ᄒᆞᆷ도即狹義의雇人으로解釋ᄒᆞᆯ지니라

此雇人給料에特權을設ᄒᆞᆫ所以ᄂᆞᆫ雇人으로他人의게使役ᄒᆞᄂᆞᆫ者ᄂᆞᆫ貧困者

III. 고용인 급료의 선취특권

고용인 급료의 선취특권은 고용인이 채무자에 대하여 급료 채권이 있는 경우에 우선변제를 받는 권리로, 이 권리를 행사하려면 다음 조건이 구비되어야 한다.

〈1〉 고용인이 채무자에게 가진 채권은 급료의 채권일 것: 고용인의 의의는 광의와 협의가 있다. 광의의 고용인은 고용계약으로 인하여 노동에 종사하는 사람을 총칭하는 것이고, 협의의 고용인은 고용계약으로 인하여 육체노동에 종사하는 자 중에서 타인의 신분상이나 재산상으로 종속되어 역무에 종사하는 자만 특별히 가리키는 것이다. 대개 이들 고용인은 고용주의 지휘감독을 받아 그의 지시에 복종하고 독립적으로는 노동에 종사하지 못하는 자로 노비, 마부, 경비원 등이 이 부류에 속한다. 협의의 고용인은 대개 빈민으로 법률은 이들을 특별히 보호할 필요가 있고 일반 노동자를 보호할 필요는 없으며, 또 고용인이라는 말은 보통은 협의로 사용되며 광의의 고용인을 가리키는 경우가 드물다. 따라서 여기서 고용인이라고 하는 것도 곧 협의의 고용인으로 해석하여야 한다.

이 고용인 급료에 특권을 마련한 까닭은, 고용인으로서 타인에게 지시를 받고 일하는 자는 빈곤자가多ᄒᆞ야其給料로生活의資를作ᄒᆞᆷ이普通이니一般原則을從ᄒᆞ야他債權者와債務者의財産을共分配ᄒᆞ면其受額이極少ᄒᆞ야其活路를失ᄒᆞᄂᆞᆫ境遇에忽至ᄒᆞᆯ지라故로此等雇人의게先取特權을與ᄒᆞ야保護ᄒᆞᆯ必要가有ᄒᆞ고又他方으로觀察ᄒᆞ야도雇人의게先取特權의恩典을不與ᄒᆞ면債務者가資力이不足ᄒᆞᆫ時ᄂᆞᆫ何人이던지雇人으로其使役에服ᄒᆞᆷ을不願ᄒᆞ야셔債務者ᄂᆞᆫ其身體財産에對ᄒᆞ야日常必要ᄒᆞᆫ雇人을不得ᄒᆞ야大苦痛을感ᄒᆞᆯ뿐아니라債務者가雇人을寘ᄒᆞᆷ은其財産管理上에影響이有ᄒᆞ니雇人의勞力은間接으로債權者의利害에도影響이及ᄒᆞᆯ지라故로於此於彼에雇人의給料에對ᄒᆞ야先取特權을付與ᄒᆞᆯ必要가有ᄒᆞ니라然而先取特權을依ᄒᆞ야保護ᄒᆞᄂᆞᆫ雇人의債權은勞役에從事ᄒᆞᆫ바로得ᄒᆞᆫ給料債權에限定ᄒᆞᄂᆞ니債務者의게對ᄒᆞ야他債權이有ᄒᆞ야도此ᄂᆞᆫ先取特權이無ᄒᆞ니라

(二)雇人의給料ᄂᆞᆫ最後六個月의 給料로且 其金額은五十 圓에超過치못ᄒᆞᆯ事

雇人은最後六個月分의給料에對ᄒᆞ야先取特權을行ᄒᆞᆷ에止ᄒᆞ고長期間의延滯給料에對ᄒᆞ야ᄂᆞᆫ此權利를行ᄒᆞᆷ을不得ᄒᆞ며且其金額은五十圜을

가 많아 그 급료를 생활의 자력으로 삼는 것이 보통이다. 따라서 일반원칙에 따라 다른 채권자와 채무자의 재산을 함께 분배받으면 그 수령액이 극히 적어 갑자기 살아갈 길을 잃게 될 것이다. 그러므로 이들 고용인에게 선취특권을 주어 보호할 필요가 있다. 또 다른 한편으로 관찰하여도 고용인에게 선취특권의 특전을 주지 않으면 채무자가 자력이 부족한 때에는 누구든지 고용인으로 그의 지시에 복종하기를 원하지 않음으로써, 채무자는 그의 신체, 재산에 대하여 일상적으로 필요한 고용인을 얻지 못하여 큰 고통을 느끼게 될 것이다. 뿐만 아니라 채무자가 고용인을 두는 것은 그의 재산관리상 영향을 주므로 고용인의 노동은 간접적으로 채권자의 이해관계에도 영향을 미칠 것이다. 그러므로 어찌 되었든 고용인의 급료에 대하여 선취특권을 부여할 필요가 있다. 그러나 선취특권에 의하여 보호되는 고용인의 채권은 노동에 종사하여 얻은 급료채권에 한정된다. 따라서 채무자에 대하여 다른 채권이 있더라도 여기에는 선취특권이 없다.

〈2〉 고용인의 급료는 최후 6개월의 급료로 그 금액이 50원을 초과하지 않을 것: 고용인은 최후 6개월분의 급료에 대하여 선취특권을 행사할 수 있는 데 그치고 장기간의 연체급료에 대하여는 이 권리를 행사할 수 없다. 또 그 금액은 50원을

限度로ᄒᆞ야以上의金額에ᄂᆞᆫ先取特權이無ᄒᆞ니假令每月二圓의給料ᄅᆞᆯ受ᄒᆞᄂᆞᆫ雇人은最後六個月의給料十二圓에만對ᄒᆞ야先取特權이有ᄒᆞ고每月十圓의給料ᄅᆞᆯ得ᄒᆞᄂᆞᆫ雇人은五個月分의給料五十圓에만對ᄒᆞ야先取特權이有ᄒᆞᄂᆞ니雇人給料의先取特權은期間과金額의二重制限을受ᄒᆞᄂᆞᆫ者이라盖雇人給料의先取特權은貧困ᄒᆞᆫ雇人을保護ᄒᆞᄂᆞᆫ目的이나他一面으로普通債權者의利益을害ᄒᆞᆷ으로써相當ᄒᆞᆫ範圍ᄅᆞᆯ制限치아니치못ᄒᆞᆯ지라本來雇人의給料ᄂᆞᆫ每朔支給ᄒᆞᆷ이普通이니六個月以上이延滯가生ᄒᆞᆷ은稀有ᄒᆞᆫ즉六個月分으로定限ᄒᆞ야도可히足ᄒᆞ고又此特權은貧困ᄒᆞᆫ雇人을保護ᄒᆞᆷ이니其金額은多數ᄅᆞᆯ要ᄒᆞᆯ바이아니오其金額이過多ᄒᆞ면他債權者의權利ᄅᆞᆯ薄弱케ᄒᆞᆷ에至ᄒᆞ리니是以로法律이五十圓의金額과六個月의期間을限度로定ᄒᆞ니라

(第四)日用品供給의先取特權

日用品供給의先取特權은日用品物을債務者의게供給ᄒᆞᆫ者가其供給으로生ᄒᆞᆫ債權에對ᄒᆞ야債務者의財産에서優先辨報ᄅᆞᆯ受ᄒᆞᄂᆞᆫ權이니債權者가此特

한도로 하여 그 이상의 금액에는 선취특권이 없다. 가령 매월 2원의 급료를 받는 고용인은 최후 6개월의 급료 12원에 대하여만 선취특권이 있고, 매월 10원의 급료를 얻는 고용인은 5개월분의 급료 50원에 대하여만 선취특권이 있다. 고용인 급료의 선취특권은 기간과 금액의 이중 제한을 받는 것이다. 대개 고용인 급료의 선취특권은 빈곤한 고용인을 보호하는 목적이다. 그러나 다른 한편으로는 일반채권자의 이익을 해하므로 상당한 범위에서 제한하지 않을 수 없을 것이다. 본래 고용인의 급료는 달마다 지급하는 것이 보통으로 6개월 이상 연체가 발생하는 일은 드물기 때문에 6개월분으로 제한하여도 충분하다. 또 이 특권은 빈곤한 고용인을 보호하려는 것이므로 그 금액은 많은 액수가 요청되지 않고, 그 금액이 과다하면 다른 채권자의 권리를 취약하게 만들 것이다. 이에 법률은 50원의 금액과 6개월의 기간을 한도로 정하였다.

IV. 일용품 공급의 선취특권

일용품 공급의 선취특권은 일용품인 물건을 채무자에게 공급한 자가 그 공급으로 발생한 채권에 대하여 채무자의 재산에서 우선변제를 받는 권리로, 채권자가 이 특

權을行ᄒᆞᆷ에ᄂᆞᆫ左의條件을具備ᄒᆞᆷ을要ᄒᆞᄂᆞ니라

(一)其債權은飮食品及薪炭油의供給으로生ᄒᆞᆫ時　日用品을廣義로解釋ᄒᆞ면吾人이每日使用ᄒᆞᄂᆞᆫ一切의物品을云ᄒᆞᄂᆞᆫ故로此意義를依ᄒᆞ면紙筆墨衣服飮食等이皆日用品이라然이나此에所謂日用品이라ᄒᆞᄂᆞᆫ者ᄂᆞᆫ飮食品과薪炭油等만指稱ᄒᆞ야其他의物品을包含치아니ᄒᆞᄂᆞ니前記四種의物品은吾人生活에不可缺ᄒᆞᆯ必要品이니此로生ᄒᆞᆫ費用은所謂吾人의生活費를組成ᄒᆞᄂᆞᆫ者이라然而此費用에先取特權을設ᄒᆞᆫ所以ᄂᆞᆫ債務者가無資力이되면此等의必要品을供給ᄒᆞᆯ者이無ᄒᆞᆷ에至ᄒᆞ야債務者ᄂᆞᆫ自己及其家人의生命을維持키不能ᄒᆞᆫ狀態에至ᄒᆞ리니此等物品의供給者의게特別ᄒᆞᆫ保護를與ᄒᆞ야其供給을奬勵ᄒᆞ고無資力된債務者로ᄒᆞ야곰自己及其家族의生命을維持케ᄒᆞᆯ必要가有ᄒᆞᆷ이라故로法律이前記四種의供給으로生ᄒᆞᆫ債權에先取特權을附隨케ᄒᆞ니라

(二)日用品은債務者와其扶養을受ᄒᆞᄂᆞᆫ同居의親族及家族과婢僕의生活에必要ᄒᆞᆫ事　日用品을供給ᄒᆞᆫ債權者가債務者本人의生活에必要ᄒᆞᆫ物品의

권을 행사하려면 다음 조건이 구비되어야 한다.

〈1〉 그 채권이 음식 및 땔감과 기름의 공급으로 발생한 때: 일용품을 광의로 해석하면 우리가 매일 사용하는 일체의 물품을 말하므로, 이 의의에 따르면 종이나 붓, 먹, 의복, 음식 등이 모두 일용품이다. 그러나 여기서 일용품이란 것은 음식과 땔감, 기름 등만 지칭하고 기타 물품을 포함하지 않는다. 앞의 네 가지 물품은 우리 생활에서 불가결한 필수품으로, 이로 인하여 발생한 비용은 이른바 우리의 생활비를 구성하는 것이다. 그러나 이 비용에 선취특권을 마련한 까닭은, 채무자가 무자력이 되면 이들 필수품을 공급할 자가 없게 되어 채무자는 자기 및 그 가족의 생명을 유지할 수 없는 상태가 될 것이다. 따라서 이들 물품의 공급자에게 특별한 보호를 주어 그 공급을 장려하고 무자력자가 된 채무자로 하여금 자기 및 그 가족의 생명을 유지하게 할 필요가 있기 때문이다. 그러므로 법률은 앞의 네 가지의 공급으로 발생한 채권에 선취특권을 부수시킨다.

〈2〉 일용품은 채무자와 그 부양을 받는 동거친족 및 가족과 노비의 생활에 필요한 것일 것: 일용품을 공급한 채권자는 채무자 본인의 생활에 필요한 물품의

供給에對ᄒᆞ야先取特權을行ᄒᆞᆷ을得ᄒᆞᆷ은勿論이오債務者가扶養ᄒᆞᄂᆞᆫ親族과家族과婢僕의生活에必要ᄒᆞᆫ物品의供給에對ᄒᆞ야도亦先取特權을行ᄒᆞᆷ을得ᄒᆞᆯ지니蓋此等人의生活費ᄂᆞᆫ當然히債務者負擔에屬ᄒᆞ야此等人을爲ᄒᆞᆫ供給은債務者本人을爲ᄒᆞᆫ供給과一般인故ㅣ니라然而同居치아니ᄒᆞᄂᆞᆫ債務者의親族及家族의生活費에ᄂᆞᆫ先取特權을與치아니ᄒᆞᆷ은普通債務者의意外損失이無케ᄒᆞᆷ이니라

然이나債權者ᄂᆞᆫ供給ᄒᆞᆫ一切日用品에對ᄒᆞ야無制限으로先取特權을行ᄒᆞᆷ을不得ᄒᆞᄂᆞ니此를詳言ᄒᆞ면債務者와及其家人의生活에必要ᄒᆞᆫ物品에對ᄒᆞ야先取特權을行ᄒᆞᆷ에止ᄒᆞ고其以外의物品에ᄂᆞᆫ此權利를享有치못ᄒᆞᄂᆞ니라日用品供給의先取特權을設定ᄒᆞᆫ目的은債務者와及其家人의生命을維持케ᄒᆞᆷ이니酒、烟草、菓子等은飮食品이나此ᄂᆞᆫ生命을維持ᄒᆞᄂᆞᆫ必要品은아닌즉先取特權의原因이되지못ᄒᆞᆯ지며又其性質이必要品되ᄂᆞᆫ飮食物、薪炭、油等物이라도債務者와及其家人의生活에必要ᄒᆞᆫ部分에만對ᄒᆞ야特權을行ᄒᆞᆷ을得ᄒᆞ고其他部分에ᄂᆞᆫ此權利를享有치못ᄒᆞᄂᆞ니라

공급에 대하여 선취특권을 행사할 수 있는 것은 물론이고, 채무자가 부양하는 친족, 가족과 노비의 생활에 필요한 물품의 공급에 대하여도 또한 선취특권을 행사할 수 있다. 대개 이들 사람의 생활비는 당연히 채무자의 부담에 속하고 이들 사람을 위한 공급은 채무자 본인을 위한 공급과 마찬가지이기 때문이다. 그런데 동거하지 않는 채무자의 친족 및 가족의 생활비에는 선취특권을 주지 않는 것은 일반채권자의 뜻밖의 손실이 없게 하려는 것이다.

그러나 채권자는 공급한 일용품 일체에 대하여 무제한적으로 선취특권을 행사할 수 없다. 이를 상세히 말하면, 채무자와 그 가족의 생활에 필요한 물품에 대하여 선취특권을 행사함에 그치고 그 이외의 물품에는 이 권리를 향유하지 못한다. 일용품 공급의 선취특권을 설정한 목적은 채무자와 그 가족의 생명을 유지하게 하려는 것이다. 따라서 술, 담배, 과자 등은 음식이지만 생명을 유지하는 필수품은 아니므로 선취특권의 원인이 되지 못한다. 또 그 성질이 필수품인 음식, 땔감, 기름 등이라도 채무자와 그 가족의 생활에 필요한 부분에 대하여만 특권을 행사할 수 있고, 다른 부분에는 이 권리를 향유하지 못한다.

(三)日用品은最後六個月間에供給ᄒᆞᆫ者ㅣ가되ᄂᆞᆫ事　先取特權은普通債權者를害ᄒᆞᆷ으로써此를適當ᄒᆞᆫ範圍로制限ᄒᆞᆷ을要ᄒᆞᆷ은旣히一言ᄒᆞᆫ바이라故로日用品供給에도亦債權者ᄂᆞᆫ最後六個月을限度로ᄒᆞ야其間에供給ᄒᆞᆫ物品에만先取特權을行ᄒᆞᆷ을得ᄒᆞ고其以前의供給品에ᄂᆞᆫ此權利가無ᄒᆞ니라

第二欵　特別先取特權

特別先取特權도亦一般先取特權과如히特殊債權에附隨케ᄒᆞ야債務者에財産에對ᄒᆞ야優先辨報를受ᄒᆞᄂᆞᆫ權利나然이나其一般先取特權과相異ᄒᆞᆫ点은此特權은債務者의總財産을目的ᄒᆞᆷ이아니오債務者財産中의特定ᄒᆞᆫ物件을目的ᄒᆞᆷ에在ᄒᆞᆫ지라特別先取特權에ᄂᆞᆫ權利目的된特定財産과特權이有ᄒᆞᆫ債權으로密接ᄒᆞᆫ關係가有ᄒᆞᆫ者인ᄃᆡ或은物에關ᄒᆞ야生ᄒᆞᆫ債權을保護ᄒᆞ기爲ᄒᆞ야其物上에先取特權을行ᄒᆞ게ᄒᆞ고或은目的된財産이暗默으로債權擔保에供ᄒᆞᆫ者로看做ᄒᆞ야債權者로ᄒᆞ야곰其物件上에特權을行케ᄒᆞᄂᆞᆫ者도有ᄒᆞ니라

日本民法을依ᄒᆞ면特別先取特權이十一種이有ᄒᆞ니

〈3〉 일용품은 최후 6개월 동안에 공급한 것일 것: 선취특권은 일반채권자를 해하기 때문에 적당한 범위로 제한하여야 한다는 것은 이미 설명한 바이다. 그러므로 일용품 공급에서도 또한 채권자는 최후 6개월을 한도로 하여 그 동안에 공급한 물품에만 선취특권을 행사할 수 있고, 그 이전에 공급한 물품에는 선취특권이 없다.

제2관 특별선취특권

특별선취특권 또한 일반선취특권과 같이 특별한 채권에 부수하게 하여 채무자의 재산에 대하여 우선변제를 받는 권리이다. 그러나 일반선취특권과 다른 점은, 이 특권은 채무자의 총 재산을 목적으로 하지 않고 채무자의 재산 중 특정한 물건을 목적으로 한다는 데 있다. 특별선취특권에서는 권리의 목적인 특정한 재산과 특권이 있는 채권에 밀접한 관계가 있다. 더러는 물건에 관하여 발생한 채권을 보호하기 위하여 그 물건 위에 선취특권을 행사하게 하고, 더러는 목적인 재산이 묵시적으로 채권의 담보로 제공된 것으로 간주되어 채권자가 그 물건 위에 선취특권을 행사할 수 있게 하는 것도 있다.

일본 민법에 따르면 특별선취특권은 열한 가지가 있는데,

第一　不動産賃貸借의先取特權

第二　旅店宿泊의先取特權

第三　旅客이나卜物運輸에先取特權

第四　公吏職務上過失의先取特權

第五　動産保存의先取特權

第六　動産賣買의先取特權

第七　稻苗와肥料의先取特權

第八　農工業勞力의先取特權

以上八種은債務者所有의特定ᄒᆞᆫ動産을目的ᄒᆞ는先取特權이오

第九　不動産保存의先取特權

第十　不動産工事의先取特權

第十一　不動産賣買의先取特權

以上三種은債務者所有의不動産을目的ᄒᆞ는先取權이라以下此等의先取特權을各別說明ᄒᆞ노라

첫째, 부동산 임대차의 선취특권
둘째, 여관 숙박료의 선취특권
셋째, 여객이나 화물 운송료의 선취특권
넷째, 공리(公吏)의 직무상 과실의 선취특권
다섯째, 동산 보존의 선취특권
여섯째, 동산매매의 선취특권
일곱째, 모종과 비료의 선취특권
여덟째, 농공업 노동의 선취특권

이상 여덟 가지는 채무자 소유의 특정한 동산을 목적으로 하는 선취특권이고,

아홉째, 부동산 보존의 선취특권
열째, 부동산 공사의 선취특권
열한째, 부동산 매매의 선취특권

이상 세 가지는 채무자 소유의 부동산을 목적으로 하는 선취특권이다. 이하에서 이들 선취특권을 각각 설명한다.

第一項 動産의先取特權

動産의先取特權은債權者가債務者所有의特定動産에對ᄒᆞ야其債權의優先辨報를受ᄒᆞᄂᆞᆫ權利를云ᄒᆞᆷ이니此部類에屬ᄒᆞᆫ先取特權은總八種이라其名稱은上에列擧ᄒᆞᆷ과如ᄒᆞ니라

(第一)不動産賃貸借의先取特權

不動産賃貸借의先取特權은不動産의賃貸借로生ᄒᆞᆫ債權에附隨ᄒᆞᆫ先取特權이니賃貸人에게屬ᄒᆞ야賃借人所有의特定財産을目的ᄒᆞᄂᆞᆫ者이라盖土地家屋은吾人의住居와殖産에不可缺ᄒᆞᆯ者이나然而吾人은土地家屋을皆有치못ᄒᆞ야賃貸借가아니면吾人의需要가滿足치못ᄒᆞᆯ뿐아니라此二者의供給은亦一國의公益을增進케ᄒᆞᄂᆞᆫ者이라謂ᄒᆞᆯ지니吾人이住居ᄒᆞᆯ家屋을有ᄒᆞ고殖産을爲ᄒᆞ야土地를利用ᄒᆞᆷ은國家進步發達에必要條件이라故로賃貸借ᄂᆞᆫ可及的此를奬勵ᄒᆞ야土地家屋의所有者로ᄒᆞ야곰賃貸借를容易히承諾케ᄒᆞᆯ必要가有ᄒᆞ니是法律이賃貸人을保護ᄒᆞ야先取特權의恩典을付與ᄒᆞᆫ所以라然則賃貸人으로ᄒᆞ야곰賃貸借를因ᄒᆞ야賃貸人의利用ᄒᆞᄂᆞᆫ土地에서生ᄒᆞᄂᆞᆫ果實

제1항 동산의 선취특권

동산의 선취특권은 채권자가 채무자 소유의 특정 동산에 대하여 그 채권의 우선변제를 받는 권리를 말한다. 이 부류에 속한 선취특권은 모두 여덟 가지로, 그 명칭은 위에 열거한 것과 같다.

I. 부동산 임대차의 선취특권

부동산 임대차의 선취특권은 부동산의 임대차로 발생한 채권에 부수된 선취특권으로, 임대인에게 속하여 임차인 소유의 특정 재산을 목적으로 하는 것이다. 대개 토지나 가옥은 우리의 주거와 생산에 불가결할 것이다. 그러나 우리는 토지와 가옥을 모두 소유하지는 못하여 임대차가 아니면 우리의 수요를 만족시키지 못할 뿐 아니라, 이 둘의 공급은 또한 한 나라의 공익을 증진시키는 것이라고 말할 수 있다. 따라서 우리가 주거할 가옥을 갖고 생산을 위하여 토지를 이용하는 것은 국가의 진보와 발전의 필요조건이다. 그러므로 임대차를 가급적 장려하여 토지와 가옥의 소유자가 임대차를 용이하게 승낙하도록 할 필요가 있다. 이것이 법률이 임대인을 보호하여 선취특권의 특전을 부여한 까닭이다. 그렇다면 임대인으로 하여금 임대차로 인하여 임차인이 이용하는 토지에서 발생한 과실에對ᄒᆞ야他債權者보다其債權의辦報를先受케홈이公平홀뿐아니라賃借人이賃貸借의目的된土地家屋에備付ᄒᆞᆫ動產도亦暗默으로賃貸借로生ᄒᆞᆫ債權의擔保로供ᄒᆞᆫ者로看홈이可ᄒᆞ니其動產으로써優先辦報를受케홈도不可홈이無ᄒᆞ니라不動產賃貸借의先取特權이附隨ᄒᆞᆫ債權의種類及範圍와先取特權의目的物을論ᄒᆞ면左의區別이有ᄒᆞ니

(一)不動產賃貸借의先取特權이附隨ᄒᆞᄂᆞᆫ債權의種類及範圍　先取特權으로保護ᄒᆞᄂᆞᆫ債權은賃貸人과賃借人間에賃貸借關係로生ᄒᆞᆫ者를要ᄒᆞᄂᆞ니賃借人에對ᄒᆞᆫ數多債權中에도借賃은賃貸借로生ᄒᆞᆫ主要된債權됨으로此債權에對ᄒᆞ야先取特權을附隨케홈은勿論이오此外에도賃貸借關係로生ᄒᆞᆫ債權되ᄂᆞᆫ以上에ᄂᆞᆫ其債權은總히先取特權으로保護홀者이라假令賃借人이賃貸借의目的된不動產의修繕費의全部나一部를負擔홀契約이有ᄒᆞᆫ境遇에賃貸人이修繕ᄒᆞᆫ時ᄂᆞᆫ賃貸人은其費用을賃借人에게對ᄒᆞ야請求홈을得ᄒᆞᄂᆞ니此債權도亦先取特權으로保護홀者이며賃借人이賃借物을滅失或毀損ᄒᆞᆫ境遇에其損害賠償請求의債權에도此特權을行홈을得홀지니

에 대하여 다른 채권자보다 그 채권의 변제를 먼저 받게 하는 것이 공평하다. 뿐만 아니라 임차인이 임대차의 목적인 토지나 가옥에 부속시킨 물건 또한 묵시적으로 임대차로 발생한 채권의 담보로 제공한 것으로 봄이 마땅하다. 따라서 그 동산으로 우선변제를 받게 하여도 안 될 것이 없다. 부동산 임대차의 선취특권이 부수하는 채권의 종류 및 범위와 선취특권의 목적물을 논하면 아래의 구별이 있다.

〈1〉 부동산 임대차의 선취특권이 부수하는 채권의 종류 및 범위: 선취특권으로 보호되는 채권은 임대인과 임차인 사이에서 임대차관계로 발생하였어야 한다. 임차인에 대한 수많은 채권 중에서도 차임은 임대차로 발생한 주요한 채권이다. 따라서 이 채권에 대하여 선취특권을 부수시키는 것은 물론이고 이밖에도 임대차관계로 발생된 채권인 이상 그 채권은 모두 선취특권으로 보호되는 것이다. 가령 임차인이 임대차의 목적인 부동산의 수선비 전부나 일부를 부담하는 계약이 있는 경우에 임대인이 수선한 때에는, 임대인은 그 비용을 임차인에 대하여 청구할 수 있는데 이 채권 또한 선취특권으로 보호되는 것이다. 또 임차인이 임차물을 멸실 또는 훼손시킨 경우에 그 손해배상청구의 채권에도 이 특권을 행사할 수 있을 것이므로

此等境遇의賃貸人의債權은皆賃貸借關係로生ᄒᆞᆫ者ㅣ가됨이니라

先取特權으로保護ᄒᆞᄂᆞᆫ債權範圍ᄂᆞᆫ賃貸借關係로生ᄒᆞᆫ債權全部에對ᄒᆞ야先取特權을行使ᄒᆞᆷ이原則이라然이나例外가有ᄒᆞ니次에說明ᄒᆞ노라

賃借人의財產을總淸筭ᄒᆞᄂᆞᆫ境遇에賃貸人의先取特權은前期當期及次期의借賃其他債務와前期及當期에生ᄒᆞᆫ損害賠償에만存在ᄒᆞᄂᆞ니玆에所謂總淸算의境遇라ᄒᆞᆷ은破產、相續의限定承認、法人의淸筭其他一般히債務者의總財產을共同債權者의게分配ᄒᆞᄂᆞᆫ境遇를云ᄒᆞᆷ이니賃貸人은其債權全部에對ᄒᆞ야先取特權을行ᄒᆞᆷ이原則이나他債權者도債務者財產分配에加入ᄒᆞ야總淸筭ᄒᆞᄂᆞᆫ境遇ᄂᆞᆫ賃貸人이無制限으로先取特權을行使치못ᄒᆞ야其先取特權으로保護ᄒᆞᄂᆞᆫ債權의範圍를減縮ᄒᆞᆫ지라何故오總淸算ᄒᆞᄂᆞᆫ境遇에도無制限으로其權利를行ᄒᆞ면他債權者의權利를薄弱케ᄒᆞᆷ이尤甚ᄒᆞ야不測의損害를被케ᄒᆞᆯ念慮가有ᄒᆞᆫ故이라此境遇에借賃과其他賃貸借關係로生ᄒᆞᆫ債權에ᄂᆞᆫ前期、當期、次期의三期分에만限ᄒᆞ고又損害賠償에ᄂᆞᆫ前期及當期에生ᄒᆞᆫ者에만限ᄒᆞ야先取特權을行ᄒᆞᆷ에止ᄒᆞ고其外의部分

이들 경우의 임대인의 채권은 모두 임대차관계로 발생한 것이 된다.

선취특권으로 보호되는 채권의 범위는 임대차관계로 발생한 채권 전부에 대하여 선취특권을 행사하는 것이 원칙이다. 그러나 예외가 있는데, 다음에 설명한다.

임차인의 재산을 청산하는 경우에 임대인의 선취특권은 전기(前期)와 당기(當期) 및 차기(次期)의 차임 기타 채무와 전기 및 당기에 발생한 손해배상에만 존재한다. 여기서 이른바 청산의 경우란 파산, 상속의 한정승인, 법인의 청산 기타 일반적으로 채무자의 총 재산을 공동채권자에게 분배하는 경우를 말한다. 임대인은 그 채권 전부에 대하여 선취특권을 행사하는 것이 원칙이지만, 다른 채권자도 채무자의 재산 분배에 참가하여 청산하는 경우에는 임대인이 무제한적으로 선취특권을 행사하지 못하고 그 선취특권으로 보호되는 채권의 범위를 감축한 것이다. 왜냐하면 청산의 경우에도 무제한적으로 그 권리를 행사하면 다른 채권자의 권리를 매우 취약하게 하여 불측의 손해를 입게 할 염려가 있기 때문이다. 이 경우에 차임과 기타 임대차관계로 발생한 채권은 전기, 당기, 차기의 3기(期)분에 한하여, 또 손해배상에서는 전기 및 당기에 발생한 것에 한하여만 선취특권을 행사하는 데 그치고 그 외의 부분에ᄂᆞᆫ行ᄒᆞᆷ을不得ᄒᆞᄂᆞ니所謂當期란者ᄂᆞᆫ年이나或月을一期로ᄒᆞ야借賃을支給ᄒᆞᄂᆞᆫ境遇에ᄂᆞᆫ清筭이有ᄒᆞᆫ年이나月을指ᄒᆞᆷ이오前期又次期라ᄒᆞᆷ은清算이有ᄒᆞᆫ年의昨年又翌年을指ᄒᆞᆫ者이라或借賃支給에對ᄒᆞ야他期限의定ᄒᆞᆷ이別有ᄒᆞ면清筭이有ᄒᆞᆫ時期를基本ᄒᆞ야前記의方法으로當期、前期、次期를區別ᄒᆞᆯ지며又損害賠償中에ᄂᆞᆫ賃借人의債務不履行으로生ᄒᆞᆫ者ᄂᆞᆫ勿論이오賃貸借의解約으로生ᄒᆞᆫ者도亦包含되ᄂᆞ니라

借賃支給의時期ᄂᆞᆫ當事者의特約이無ᄒᆞ면家屋及家垈에ᄂᆞᆫ一月이一期오其他土地에ᄂᆞᆫ一年으로써一期로ᄒᆞᆷ이原則이니此에所謂前期、當期、次期를區別ᄒᆞᆷ에도亦一般借賃支給의時期를標準ᄒᆞᆷ이當然ᄒᆞ고又借賃은即賃金이니其所謂賃金은金錢만限定ᄒᆞᆷ이아니라米穀、棉花、布木等의代替物도亦包含됨은何人이던지異論이無ᄒᆞᆯ바ㅣ니라

賃貸人이敷金을受取ᄒᆞᆫ時ᄂᆞᆫ其敷金으로써辨報를受치못ᄒᆞᆫ部分에만對ᄒᆞ야先取特權이有ᄒᆞ니賃貸借境遇에賃貸人이賃借人으로ᄒᆞ야곰其債務의履行을擔保ᄒᆞ기爲ᄒᆞ야一定ᄒᆞᆫ金額을豫託케ᄒᆞᄂᆞᆫ事이有ᄒᆞ니敷金이라稱

에는 행사할 수 없다. 이른바 당기(當期)란 것은 1년이나 1개월을 주기로 차임을 지급하는 경우에는 청산을 하는 해나 달을 가리킨다. 그리고 전기(前期) 및 차기(次期)란 청산이 있는 해의 전 해 또는 이듬해를 가리키는 것이다. 더러 차임 지급에 대하여 다른 기한을 정한 것이 있으면 청산이 있는 때를 기본으로 하여 앞에 적은 방법으로 당기, 전기, 차기를 구별하여야 한다. 그리고 손해배상 안에는 임차인의 채무불이행으로 발생한 것은 물론이고 임대차의 해지 또는 해제로 발생한 것 또한 포함된다.

차임 지급의 시기는 당사자의 특약이 없으면 가옥 및 그 대지에서는 1개월이 1기이고 기타 토지에서는 1년을 1기로 하는 것이 원칙이다. 따라서 여기서 이른바 전기, 당기, 차기를 구별하는 것 또한 일반 차임지급 시기를 기준으로 함이 당연하다. 또 차임은 곧 임료로서 이른바 임료는 금전으로만 한정되지 않고 쌀, 목화, 포목 등의 대체물도 포함됨은 누구든지 이견이 없는 바이다.

임대인이 보증금을 받은 때에는 그 보증금은 변제를 받지 못한 부분에 대하여만 선취특권을 가진다. 임대차의 경우에 임대인이 임차인으로 하여금 그 채무의 이행을 담보하기 위하여 일정한 금액을 미리 맡기게 하는 경우가 있는데, 보증금이라고 부르홈이即是라盖敷金을授受호當事者의意思는賃借人이其債務를履行치아니호면賃貸人으로호야곰賃借人이賃貸人의게對호야有호敷金債權에對호야債權의優先辨報를受케홈에在호지라故로賃貸人이賃借人의게對호야其債權의辨報를求홈에는敷金으로써其債權에先除호고尙不足호境遇에限호야其不足호部分을賃借人의他財産에對호야先取特權을行홈을要호는니敷金은置之호고債務者의他財産을賣却호야其債權을先受홈은不得호는니라

敷金은賃貸借契約을締結홀際에借賃의辨報를確保호기爲호야賃借人이賃貸人의게交付호는金錢이니所謂契約保證金一種에屬호야賃貸借境遇에特히使用호는名稱이라盖敷金은賃貸借關係存續間에는賃借人이其敷金의返還을請求홈을不得호는니賃貸人은何時던지延滯借賃과敷金으로相殺홀權利가有호야賃貸借終了홀時에其殘金을賃借人의게返還호는者이라然而此敷金其他一般保證金의性質에對호야學者間에議論이有호니多數의學者는云호되保證金授受에關호當事者의意思는債務者가其債務

는 것이 곧 그것이다. 대개 보증금을 수수한 당사자의 의사는, 임차인이 그 채무를 이행하지 않으면 임대인으로 하여금 임차인이 임대인에 대하여 갖는 보증금채권에 대하여 채권의 우선변제를 받게 하는 데 있다. 그러므로 임대인이 임차인에 대하여 그 채권의 변제를 청구할 때에는 보증금에서 그 채권액을 먼저 공제하고 여전히 부족한 경우에 한하여 그 부족한 부분을 임차인의 다른 재산에 대하여 선취특권을 행사하여야 하고, 보증금은 그대로 두고 채무자의 다른 재산을 매각하여 그 채권을 먼저 변제받는 것은 허용되지 않는다.

보증금은 임대차계약을 체결할 때에 차임의 변제를 확보하기 위하여 임차인이 임대인에게 교부하는 금전으로, 이른바 계약보증금의 일종에 속하며 임대차의 경우에 특별히 사용하는 명칭이다. 대개 보증금은 임대차관계가 존속하는 동안에는 임차인이 그 반환을 청구할 수 없는데, 임대인은 언제든지 연체차임과 보증금을 상계할 권리가 있어 임대차가 종료할 때에 그 나머지 금액을 임차인에게 반환하는 것이다. 그런데 임대차보증금 기타 일반 보증금의 성질에 대하여 학자 간에 논의가 있다. 다수의 학자는 보증금 수수에 관한 당사자의 의사는 채무자가 그 채무를履行치아니ᄒᆞᄂᆞᆫ境遇에債權者ᄂᆞᆫ其債權과其保證金返還의債務로相殺ᄒᆞ야써滿足을得ᄒᆞᄂᆞᆫ者이라ᄒᆞ니此說에依ᄒᆞ면保證金은單當事者間의債權關係에만止ᄒᆞ고物上擔保된性質은不有ᄒᆞ야債權者ᄂᆞᆫ他債權者를排斥ᄒᆞ고自已債權의優先辨報를受ᄒᆞᆷ을不得ᄒᆞ리니債權의確保로供케ᄒᆞᆫ目的을充分히貫徹키不能ᄒᆞᆫ結果를生ᄒᆞᆯ지며或學者ᄂᆞᆫ云ᄒᆞ되保證金은單債權者債務者間의權利關係만될뿐아니라物上擔保의性質이有ᄒᆞ야境遇를隨ᄒᆞ야或은動產質이되고或은債權質이되ᄂᆞ니即保證金이封金된時와其他債權者의게其流用을不許ᄒᆞᆫ時ᄂᆞᆫ其保證金은特定ᄒᆞᆫ動產으로純然ᄒᆞᆫ動產質의性質이有ᄒᆞ야債權者ᄂᆞᆫ保證金上에優先權을行ᄒᆞᆷ을得ᄒᆞᆷ은疑点이無ᄒᆞ고此와反ᄒᆞ야債權者의게保證金의流用을許ᄒᆞᆫ時ᄂᆞᆫ其保證金은債權質된性質이有ᄒᆞ야債務者가債權者의게對ᄒᆞ야有ᄒᆞᆫ保證金返還의債權은質權의目的을成ᄒᆞᄂᆞᆫ者이라債務者가一定ᄒᆞᆫ金額을第三者의게寄託ᄒᆞ고此를其債務의擔保로ᄒᆞᆫ境遇ᄂᆞᆫ第三者의게對ᄒᆞᆫ債務者의寄託金債權을目的ᄒᆞᄂᆞᆫ債權質을成立ᄒᆞᆷ은何人이던지異論이無ᄒᆞᆯ바ㅣ오債權者가其金額을

를 이행하지 않는 경우에 채권자는 그 채권과 그 보증금 반환의 채무를 상계함으로써 만족을 얻는 것이라고 한다. 이 학설에 따르면 보증금은 단순히 당사자 간의 채권관계에 그치고 물적 담보라는 성질은 갖지 않아 채권자는 다른 채권자를 배척하고 자기 채권의 우선변제를 받을 수 없을 것이다. 따라서 채권의 확보를 위하여 보증금을 제공하게 한 목적을 충분히 관철할 수 없는 결과를 낳을 것이다. 어떤 학자는 보증금은 단순히 채권자와 채무자 사이의 권리관계만 되는 것이 아니라 물적 담보의 성질이 있어, 경우에 따라 더러는 동산질권이 되고 더러는 채권질권이 된다고 한다. 즉 보증금의 보관만이 허용된 봉금(封金)인 경우와 다른 채권자에 대한 유용(流用)이 허용되지 않은 경우에는 그 보증금은 특정한 동산으로 순수한 동산질권의 성질이 있어, 채권자는 보증금 위에 우선권을 행사할 수 있음에 의문이 없다. 이와 반대로 채권자의 유용이 허용된 때에는 그 보증금은 채권질권의 성질을 갖는데, 채무자가 채권자에 대하여 가진 보증금반환채권은 질권의 목적을 이루는 것이다. 여기서 채무자가 일정한 금액을 제3자에게 임치하고 이를 그 채무의 담보로 한 경우에는 제3자에 대한 채무자의 임치금 채권을 목적으로 하는 채권질권을 성립시킨다는 점에는 누구든지 이견이 없을 것이다. 그리고 채권자가 그 금액을

第三者의게寄託케ᄒᆞᄂᆞᆫ代에自己의게寄託케ᄒᆞᄂᆞᆫ境遇에도亦同一結果에歸着ᄒᆞᆷ이라ᄒᆞ나余의信ᄒᆞᄂᆞᆫ바ᄂᆞᆫ兩說이皆欠点이不無ᄒᆞ니保證金은單當事者間의債權債務關係에止ᄒᆞᆷ이라ᄒᆞ야封金、寄託金等債權者의流用을不許ᄒᆞᄂᆞᆫ保證金에도物上擔保의性質을不認ᄒᆞᄂᆞᆫ前說도非ᄒᆞ고債權者自己의게寄託케ᄒᆞᄂᆞᆫ保證金에도債權質의性質이有ᄒᆞ다ᄒᆞᄂᆞᆫ後說도亦非ᄒᆞᆫ지라封金은流用을不許ᄒᆞ야動產으로看做ᄒᆞᆷ은一般原則이니此ᄅᆞᆯ保證金으로供ᄒᆞᆷ이即普通의動產을擔保에供ᄒᆞᆷ과如ᄒᆞ야純然ᄒᆞᆫ動產質로物上擔保의原則을適用ᄒᆞᆷ은後說에賛同ᄒᆞᆯ者이며第三者의게寄託ᄒᆞᆫ金額을保證金으로供ᄒᆞᄂᆞᆫ境遇에도普通은亦流用을不許ᄒᆞᄂᆞ니此境遇에若流用을不許ᄒᆞ면債務者가第三者에게對ᄒᆞᆫ寄托金返還의債權을目的ᄒᆞᄂᆞᆫ債權質의性質이成立ᄒᆞ야亦後說과如ᄒᆞ려니와若流用을許ᄒᆞ면此와同論치못ᄒᆞᆯ지니此境遇에第三者의게寄託ᄒᆞᆫ證書ᄅᆞᆯ與ᄒᆞᆷ은即金錢代에流通證券을與ᄒᆞᆷ과一般이라債權者가其寄托證書ᄅᆞᆯ留置ᄒᆞᆫ間은債權質이라ᄒᆞᆷ도亦可ᄒᆞ나其證書ᄅᆞᆯ流用ᄒᆞ야受托者의게該寄託金을推用ᄒᆞ얏스면債務者가第三者

제3자에게 임치하게 하는 대신 자기에게 임치하도록 하는 경우에도 또한 동일한 결과가 된다고 한다. 그러나 내가 믿는 바로는 두 학설 모두 결점이 없지 않다. 보증금은 단순히 당사자 간의 채권채무관계에 그친다고 하여 봉금, 임치금 등 채권자의 유용을 허용하지 않는 보증금에도 물적 담보의 성질을 인정하지 않는 앞의 학설도 부당하다. 그리고 채권자 자신에게 임치하게 하는 보증금에도 채권질권의 성질이 있다고 하는 뒤의 학설 또한 부당한 것이다. 봉금은 유용이 허용되지 않아 동산으로 간주되는 것이 일반 원칙이다. 따라서 이를 보증금으로 제공하는 것은 곧 보통의 동산을 담보로 제공하는 것과 같아서 순수한 동산질권으로 물적 담보의 원칙을 적용하는 데에는 뒤의 학설에 찬동한다. 또 제3자에게 임치한 금액을 보증금으로 제공하는 경우에도 보통은 유용이 허용되지 않는데, 이 경우에 만약 유용을 허용하지 않으면 채무자의 제3자에 대한 임치금반환채권을 목적으로 하는 채권질권이 성립하여 뒤의 학설과 같아지겠지만 만약 유용을 허용하면 이와 같이 논할 수 없을 것이다. 이 경우에 제3자에게 임치한 증서를 주는 것은 곧 금전 대신 유통증권을 주는 것과 마찬가지이다. 채권자가 그 임치증서를 유치한 동안에는 채권질권이라고도 할 수 있겠으나 그 증서를 유용하여 수치인에게 그 임치금을 받아 사용하였으면 채무자의 제3자의게對ᄒᆞᆫ債權은消滅이되리니消滅된債權이質權의目的物됨은不能에屬ᄒᆞᆯ지며債權者의게寄託ᄒᆞᆫ境遇에도亦債權質로論ᄒᆞ면債權者는債權者되는同時에第三債務者가되야自己의게對ᄒᆞ야權利ᄅᆞᆯ行ᄒᆞ는奇觀이生ᄒᆞ리니此는債權質이라謂치못ᄒᆞᆯ지라然則兩說이皆一般通用ᄒᆞ는性質ᄅᆞᆯ强求ᄒᆞ자ᄒᆞ는極端論의譏評을不免ᄒᆞᆯ지니故로余는兩說을折衷ᄒᆞ야以上에論ᄒᆞᆫ바와如히保證金中에或은動産質되는者도有ᄒᆞ고或은債權質되는者도有ᄒᆞ야物上擔保의性質이有ᄒᆞ며或은債權의特別効力만有ᄒᆞ야物上擔保의性質이無者도有ᄒᆞ다ᄒᆞ노니蔽一言ᄒᆞ고保證金返還의債務ᄅᆞᆯ原債權과相殺ᄒᆞᆷ을得ᄒᆞ는債權債務相殺의特別條件으로優先權을與ᄒᆞ야도立法上債權性質에抵觸이無ᄒᆞᆯ줄로信ᄒᆞ노라

(二)不動産賃貸借先取特權의目的物

(甲)土地賃貸人의先取特權은賃借地에備付ᄒᆞᆫ動産과其賃借地ᄅᆞᆯ利用ᄒᆞ기爲ᄒᆞᆫ建造物에備付ᄒᆞᆫ動産과其土地利用에供ᄒᆞ는動産과其土地의果實上에存在ᄒᆞᆷ

에 대한 채권은 소멸될 것인데, 소멸된 채권이 질권의 목적물이 될 수는 없다. 그리고 채권자에게 임치한 경우에도 또한 채권질권이라고 논하면 채권자는 채권자인 동시에 제3채무자가 되어 자기에 대하여 권리를 행사하는 기이한 광경이 생길 것이어서 이는 채권질권이라고 말할 수 없을 것이다. 그렇다면 두 학설이 모두 일반적으로 통용되는 성질을 억지로 찾고자 하는 극단론이라는 비판을 면할 수 없다. 그러므로 나는 두 학설을 절충하여 이상에서 논한 바와 같이 보증금 가운데 더러는 동산질권인 것도 있고 더러는 채권질권인 것도 있어 물적 담보의 성질이 있으며, 더러는 채권의 특별한 효력만 가져 물적 담보의 성질이 없는 것도 있다고 한다. 한 마디로 말하면 보증금 반환채무를 원래의 채권과 상계할 수 있는 채권채무 상계의 특별조건으로 우선권을 주어도 입법적으로 채권이라는 성질에 저촉될 것이 없을 줄로 믿는다.

〈2〉 부동산 임대차의 선취특권의 목적물

① 토지임대인의 선취특권은 임차지에 부속시킨 동산과 그 임차지를 이용하기 위한 건조물에 부속시킨 동산, 그 토지 이용에 이바지하는 동산과 그 토지의 과실 위에 존재한다.

(가)賃借地에備付ᄒᆞᆫ動產　玆에所謂備付라ᄒᆞᄂᆞᆫ者ᄂᆞᆫ常置의意義가有ᄒᆞ야權設과偶設에ᄂᆞᆫ特權이無ᄒᆞᆫ지라假令賃借地에常置ᄒᆞᆫ水車等이며又賃借人이賃借地에其住宅이有ᄒᆞᆫ境遇에常置ᄒᆞᆫ動產即欌籠器皿等도亦賃借地에備付ᄒᆞᆫ動產으로此部類에屬ᄒᆞ니라

(나)賃借地를利用ᄒᆞ기爲ᄒᆞᆫ建造物에備付ᄒᆞᆫ動產　賃借地를利用ᄒᆞ기爲ᄒᆞᆫ建造物이라ᄒᆞᄂᆞᆫ者ᄂᆞᆫ土地의耕作、牧畜等其使用收益ᄒᆞ기爲ᄒᆞ야設ᄒᆞᆫ建造物이나假令賃借人이賃借地에播種ᄒᆞᆯ種苗나其賃借地에셔收穫ᄒᆞᄂᆞᆫ果實類를貯藏ᄒᆞ기爲ᄒᆞ야設ᄒᆞᆫ倉庫와如ᄒᆞ니此種建造物에常置ᄒᆞᆫ動產은先取特權의目的物이되ᄂᆞ니라但其建造物은賃借地利用ᄒᆞ기爲ᄒᆞ야特設ᄒᆞᆫ者ㅣ면足ᄒᆞ고其賃借地內에建設ᄒᆞᆫ與否ᄂᆞᆫ不問ᄒᆞᆯ바ㅣ니라

(다)賃借地利用에供ᄒᆞᄂᆞᆫ動產　即賃借地의耕作牧畜等其使用收益ᄒᆞ기爲ᄒᆞ야利用ᄒᆞᄂᆞᆫ動產을云ᄒᆞᆷ이니假令賃借地에植栽ᄒᆞᆯ種苗와耕作에使用ᄒᆞᄂᆞᆫ牛馬鍬鋤其他農工業用의器具類ㅣ니라

Ⓐ 임차지에 부속시킨 동산: 여기서 이른바 부속이란 것은 상시 비치되었다는 의미가 있으므로 임시로 설치된 것과 우연히 설치된 것에는 특권이 없다. 가령 임차지에 상시 설치된 수차(水車) 등이 이에 해당한다. 또 임차인이 임차지에 그의 주택을 가진 경우에 상시 비치된 동산, 즉 장롱이나 그릇 등도 또한 임차지에 부속시킨 동산으로 이 부류에 속한다.

Ⓑ 임차지를 이용하기 위한 건조물에 부속시킨 동산: 임차지를 이용하기 위한 건조물이란 것은 토지의 경작, 목축 등 그 사용, 수익을 위하여 설치한 건조물로, 가령 임차인이 임차지에 파종할 모종이나 기타 임차지에서 수확하는 과실류를 저장하기 위하여 설치한 창고와 같은 것이다. 따라서 이들 건조물에 상시 비치된 동산은 선취특권의 목적물이 된다. 다만 그 건조물은 임차지를 이용하기 위하여 특별히 설치한 것이면 족하고 그 임차지 내에 건설하였는지 여부는 불문한다.

Ⓒ 임차지 이용에 이바지하는 동산: 곧 경작, 목축 등 임차지의 사용, 수익을 위하여 이용하는 동산을 말하는데, 가령 임차지에 심을 모종과 경작에 사용하는 소나 말, 호미나 가래 기타 농공업용 기구류를 말한다.

(라)賃借地의果實　卽賃借地에서生ᄒᆞᆫ米穀、菜蔬類와採掘ᄒᆞᆫ鑛物砂石類ㅣ니此種果實은其賃借地에서收取ᄒᆞ얏슬지라도賃借人이現時占有ᄒᆞᆫ部分에만先取特權을行使ᄒᆞᄂᆞ니라

(乙)建造物賃貸借의先取特權은賃借人이其建造物에備付ᄒᆞᆫ動產上에存在홈

備附의意義와建造物備付動產의何者됨은前說ᄒᆞᆫ바이니卽建造物內에在ᄒᆞᆫ動產이先取特權의目的物됨에ᄂᆞᆫ常備의物品으로建造物內에配置ᄒᆞᆫ者를要ᄒᆞᆯ지라暫時權置ᄒᆞᆫ物件、金錢其他賃借人一身用의物品卽衣服、飮食料類ᄂᆞᆫ此部類에不入ᄒᆞ고證券證書等도亦然ᄒᆞ니此等物件은建造物에備附ᄒᆞᆫ者이라謂치못ᄒᆞᆯ바이니라

(丙)賃借權의讓渡나轉貸境遇에賃貸人의先取特權은讓受人이나轉借人의動產에及ᄒᆞ고讓渡人이나轉貸人이受ᄒᆞᆯ金額에對ᄒᆞ야도亦同홈

(가)讓受人이나轉借人의動產　賃借人은賃貸人의承諾을得ᄒᆞ야賃借權을他人의게讓渡ᄒᆞ거나又賃借物을他人의게轉貸홈을得ᄒᆞ고轉貸

Ⓓ 임차지의 과실: 곧 임차지에서 발생한 쌀, 채소류와 채굴된 광물, 토사, 석재 등으로, 이들 과실은 그 임차지에서 수취하였을지라도 임차인이 현재 점유한 부분에만 선취특권을 행사할 수 있다.

② 건조물 임대차의 선취특권은 임차인이 그 건조물에 부속시킨 동산 위에 존재한다: 부속의 의의와 건조물에 부속시킨 동산이 무엇인지는 앞서 설명한 바로, 곧 건조물 내에 있는 동산이 선취특권의 목적이 되려면 상시 비치된 물품으로 건조물 내에 배치된 것이어야 한다. 따라서 잠시 동안 임시로 비치된 물건, 금전 기타 임차인 일신상의 용품, 즉 의복, 음식 등은 이 부류에 들어가지 않으며 증권증서 등도 또한 그러하다. 이들 물건은 건조물에 부속된 것이라고 말할 수 없다.

③ 임차권을 양도하거나 전대한 경우에 임대인의 선취특권은 양수인이나 전차인의 동산에 미치고 양도인이나 전대인이 받을 금액에 대하여도 미친다:

Ⓐ 양수인이나 전차인의 동산: 임차인은 임대인의 승낙을 얻어 임차권을 타인에게 양도하거나 임차물을 타인에게 전대할 수 있고, 전대

ᄒᆞᆫ境遇에轉借人은賃貸人의게對ᄒᆞ야直接으로義務를負ᄒᆞᄂᆞᆫ者이라故로賃貸人은賃借權의讓渡나轉貸後에讓受人이나轉借人의게對ᄒᆞ야取得ᄒᆞᆫ債權이有ᄒᆞ면其動産에對ᄒᆞ야直接으로其權利를行ᄒᆞᆷ을得ᄒᆞᆷ은論을不俟ᄒᆞᆯ지오此外에도賃貸人은賃借權讓渡前이나轉貸前後에前賃借人의게對ᄒᆞ야取得ᄒᆞᆫ債權에도亦讓受人이나轉借人의動産에對ᄒᆞ야其權利를行ᄒᆞᆷ을得ᄒᆞᄂᆞ니換言ᄒᆞ면賃貸人은讓受人이나轉借人所有에係ᄒᆞᆫ前揭甲號及乙號의動産으로써前賃借人의게對ᄒᆞᆫ債權辨報에供ᄒᆞᄂᆞ니라蓋賃借權의讓渡와轉貸ᄒᆞᆫ境遇에ᄂᆞᆫ前賃借人은自已所有에係ᄒᆞᆫ動産을收去ᄒᆞᆯ터이오不然ᄒᆞ야도前賃借人이備附ᄒᆞᆫ動産은讓受人及轉借人의動産과識別ᄒᆞ기不能ᄒᆞ야賃貸人은其債權의確保를失ᄒᆞ기易ᄒᆞ리니然則賃貸人은賃借權의讓渡와轉貸를容易히承諾지아니ᄒᆞᆯ지라故로賃貸人으로ᄒᆞ야곰賃借權의讓渡와轉貸를承諾케ᄒᆞ야財産融通의道를開ᄒᆞ랴면賃貸人으로ᄒᆞ야곰讓受人이나轉借人의動産에對ᄒᆞ야其權利를行케ᄒᆞᆯ必要가有ᄒᆞ니라

한 경우에 전차인은 임대인에 대하여 직접 의무를 부담하는 것이다. 그러므로 임대인은 임차권의 양도나 전대 후에 양수인이나 전차인에 대하여 취득한 채권이 있으면 그 동산에 대하여 직접 그 권리를 행사할 수 있음은 더 논할 것도 없다. 이 밖에도 임대인은 임차권 양도 전이나 전대 전후에 전 임차인에 대하여 취득한 채권에도 또한 양수인이나 전차인의 동산에 대하여 그 권리를 행사할 수 있다. 바꾸어 말하면 임대인은 양수인이나 전차인이 소유한 앞의 ① 및 ②에 적은 동산으로 전 임차인에 대한 채권을 변제받을 수 있다. 대개 임차권을 양도하거나 전대한 경우에는 전 임차인은 자기 소유 동산을 수거할 것이고, 그렇지 않더라도 전 임차인이 부속시킨 동산은 양수인 및 전차인의 동산과 식별할 수 없어 임대인은 그 채권의 확보를 잃기 쉬울 것이다. 그렇다면 임대인은 임차권의 양도와 전대를 용이하게 승낙하지 않을 것이다. 그러므로 임대인이 임차권의 양도와 전대를 승낙하게 하여 재산을 융통하는 길을 열어 주려면 임대인이 양수인이나 전차인의 동산에 대하여 그 권리를 행사할 수 있도록 할 필요가 있다.

(나)讓渡人이나轉貸人이受홀金額　賃貸人은賃借權의讓渡나轉貸의結果로前賃借人이受取홀金額에對ᄒᆞ야先取特權을行홈을得ᄒᆞᄂᆞ니假令前賃借人이賃借權讓渡의對價로讓受人의게셔若干의金額을受取홀境遇와轉借人이賃借人의게對ᄒᆞ야借賃을支給홀境遇에其代金及借賃은先取特權의目的物이될지라盖此等金額은賃借權에셔生ᄒᆞᆫ一種의收益이니賃借地에셔生ᄒᆞᆫ果實과一般인즉賃貸人이其上에特權을行홈을得홈이公平ᄒᆞ니라賃貸人은轉借人의게對ᄒᆞ야直接으로權利를行使ᄒᆞ야轉借人이轉貸人의게支給홀借賃을收捧홈은旣爲說明ᄒᆞᆫ바이라然則賃貸人이其借賃에對ᄒᆞ야先取特權을行홀必要가無홀듯ᄒᆞ나轉貸境遇에賃貸人이幾月分의借賃을賃借人卽轉貸人의게셔受取ᄒᆞᆫ時ᄂᆞᆫ其期間의借賃은賃貸借關係로轉借人의게셔受捧치못ᄒᆞ나此境遇ᄂᆞᆫ賃貸人이賃借人의게對ᄒᆞ야延滯ᄒᆞᆫ借賃이有ᄒᆞ면其債權에對ᄒᆞ야轉借人借賃上에先取特權을行홀故로此制度의必要가有ᄒᆞ니라

Ⓑ 양수인이나 전차인이 받을 금액: 임대인은 임차권의 양도나 전대의 결과로 전 임차인이 수령할 금액에 대하여 선취특권을 행사할 수 있다. 가령 전 임차인이 임차권 양도의 대가로 양수인에게서 약간의 금전을 수령한 경우와, 전차인이 임차인에 대하여 차임을 지급할 경우에 그 대금 및 차임은 선취특권의 목적이 될 것이다. 대개 이들 금액은 임차권에서 발생한 일종의 수익으로, 임차지에서 발생한 과실과 마찬가지이다. 따라서 임대인이 그 위에 특권을 행사할 수 있게 하는 것이 공평하다. 임대인은 전차인에 대하여 직접 권리를 행사하여 전차인이 전대인에게 지급할 차임을 거두어들임은 이미 설명한 바이다. 그렇다면 임대인이 그 차임에 대하여 선취특권을 행사할 필요가 없을 듯하다. 그렇지만 전대의 경우에 임대인이 몇 달치의 차임을 임차인, 즉 전대인에게서 수령한 때에는 그 기간의 차임은 임대차관계에서 전차인으로부터 변제받을 수 없다. 그러나 이 경우에는 임차인에 대하여 연체한 차임이 있으면 그 채권에 대하여 전차인의 차임 위에 선취특권을 행사할 것이므로 이 제도의 필요성이 있다.

此先取特權의目的은讓渡人이나轉貸人이受ᄒᆞᆯ金額이니其所謂金額은支給以前者를要ᄒᆞ야賃貸人이其特權을保全ᄒᆞ랴면物上代位의境遇와如히押收를要ᄒᆞᆯ지니라

(第二)旅店宿泊의先取特權

此特權에附隨ᄒᆞᆫ債權은旅店主가旅客을宿泊케ᄒᆞ기爲ᄒᆞ야取得ᄒᆞᆫ債權이니即旅客과其從者와牛馬의宿泊料及飮食料로旅客의게對ᄒᆞ야請求ᄒᆞᆯ만ᄒᆞᆫ旅店主의債權은先取特權으로保護ᄒᆞᄂᆞ니라所謂從者라ᄒᆞᆷ은旅客의게隨從ᄒᆞᄂᆞᆫ婢僕其他雇人의類를指ᄒᆞᆷ이니此等人의宿泊料飮食料ᄂᆞᆫ主人된旅客의負擔에屬ᄒᆞᆷ으로旅店主ᄂᆞᆫ旅客의게對ᄒᆞ야其支給을請求ᄒᆞᆯ權利가有ᄒᆞ고又牛馬ᄂᆞᆫ其牛馬以外의畜類라도人員及卜物運搬에使用ᄒᆞᄂᆞᆫ獸類면亦包含ᄒᆞ야亦旅行에必要ᄒᆞᆫ者이니其飼養料도亦旅客이負擔ᄒᆞᆯ者이라故로此債權에對ᄒᆞ야도亦先取特權이有ᄒᆞ나然이나旅店主가旅客의게對ᄒᆞᆫ先下金과貸與金은宿泊으로生ᄒᆞᆫ債權이아닌즉先取特權의原因이되지아니ᄒᆞᄂᆞ니라

此特權의目的되ᄂᆞᆫ物件은旅客의行李物이니所謂行李物이라ᄒᆞᄂᆞᆫ者ᄂᆞᆫ旅客

이 선취특권의 목적은 양도인이나 전대인이 받을 금액으로, 그 이른바 금액은 지급 이전이어야 하며 임대인이 그 특권을 보전하려면 물상대위의 경우와 같이 압류를 하여야 한다.

II. 여관 숙박료의 선취특권

이 특권이 부수하는 채권은 여관 주인이 손님을 숙박하게 하기 위하여 취득한 채권으로, 곧 손님과 그 동행자와 마소의 숙박료 및 식비로 손님에게 청구할 만한 여관 주인의 채권은 선취특권으로 보호된다. 이른바 동행자란 손님을 따르는 노비 기타 고용인 등을 가리키는데, 이들 사람의 숙박료와 식비는 이들을 부리는 손님이 부담하는 것이므로 여관 주인은 손님에 대하여 그 지급을 청구할 권리가 있다. 또 마소에는 손님의 마소 이외의 동물이라도 여객 및 화물 운송에 사용되는 동물이라면 역시 포함되며, 이들 또한 여행에 필요한 것이므로 그 사육비 또한 손님이 부담할 것이다. 그러므로 이 채권에 대하여도 또한 선취특권이 있다. 그러나 여관 주인의 손님에 대한 선급금과 대여금은 숙박으로 발생한 채권이 아니어서 선취특권의 원인이 되지 않는다.

이 특권의 목적인 물건은 손님의 짐인데, 이른바 짐이란 것은 손님이宿泊홀當時에其身邊에携帶혼物品을指홈이오卜物로別로히運送ᄒᆞᄂᆞᆫ物件及車馬等과其一身을爲ᄒᆞᄂᆞᆫ衣服懷中時計와如혼者ᄂᆞᆫ其中에包含치아니홈이라又旅店主가其特權을行ᄒᆞ랴면行李가旅店에現在홈을要ᄒᆞ야旅客이他處에持去혼時ᄂᆞᆫ旅店主의特權은當然히消滅이될지며然이나其行李物은一面으로旅客占有中에在ᄒᆞ고同時에一面으로旅店主監督內에在ᄒᆞ니旅店主ᄂᆞᆫ其債權의完全혼辨償을受ᄒᆞ기ᄭᆞ지ᄂᆞᆫ其行李物을旅店內에留置홀權利가有ᄒᆞ니라且旅客의行李物을擔保ᄒᆞᄂᆞᆫ債權은旅客이其行李物을携帶ᄒᆞ고宿泊ᄒᆞ던當時의宿泊飮食으로生혼債權됨을要ᄒᆞ야其前後宿泊으로生ᄒᆞᆫ者에ᄂᆞᆫ何等의特權이無ᄒᆞ니라

此特權도亦公益上의理由와擔保의推測으로基因혼者이라蓋宿泊及飮食은旅行에大必要혼者이니旅客을爲ᄒᆞ야此를供給혼者ᄂᆞᆫ旅行의便宜를與ᄒᆞ야公益을增進ᄒᆞᄂᆞᆫ者ㅣ라故로其供給으로生혼債權은特히保護ᄒᆞ야其供給을奬勵홀必要가有ᄒᆞ고又旅店主ᄂᆞᆫ一面識이無혼旅客을宿泊케홈이常多ᄒᆞ나旅客의何人됨을不知ᄒᆞ야其人을信用홀理由가無ᄒᆞ고金錢의所持도外觀으

이 숙박할 당시에 그의 몸에 휴대한 물품을 가리키고, 화물로 따로 운송하는 물건 및 차마(車馬) 등과 손님 개인을 위한 의복, 회중시계와 같은 것은 그 안에 포함되지 않는다. 또 여관 주인이 그 특권을 행사하려면 짐이 여관에 현존하여야 하며, 손님이 다른 곳으로 가지고 간 때에는 여관 주인의 특권은 당연히 소멸될 것이다. 그러나 그 짐은 한편으로 손님의 점유 중에 있는 동시에 여관 주인의 감독 안에 있으므로, 여관 주인은 그 채권의 완전한 변제를 받기까지는 그 짐을 여관 내에 유치할 권리가 있다. 또 손님의 짐으로 담보되는 채권은 손님이 그 짐을 휴대하고 숙박하던 당시의 숙박과 식사로 발생한 채권이어야 하므로 그 전후의 숙박으로 발생한 것에는 어떠한 특권도 없다.

이 특권 또한 공익상 이유와 담보의 추측에서 기인한 것이다. 대개 숙박과 식사는 여행에 매우 필요한 것으로, 손님을 위하여 이를 공급한 자는 여행의 편의를 주어 공익을 증진하는 것이다. 그러므로 그 공급으로 발생한 채권을 특별히 보호하여 그 공급을 장려할 필요가 있다. 또 여관 주인은 일면식도 없는 손님을 숙박하게 하는 경우가 일반적이므로, 손님이 누구인지 알지 못하여 그 사람을 신용할 이유가 없고 또 금전의 소지도 외관상으로的知키不能ᄒᆞ나其人의게宿泊飮食의便宜를與홈은畢竟旅客이宿泊料及飮食料를支給지아니ᄒᆞᄂᆞᆫ境遇에其携帶ᄒᆞᆫ行李物로써受捧ᄒᆞ리라信홈에不外ᄒᆞ니故로法律은其行李物은當事者間에暗默으로宿泊에셔生ᄒᆞᆫ債權擔保에供ᄒᆞᆫ者로推測ᄒᆞ야其行李物에對ᄒᆞ야優先辨報를受홈을得케홈이니라

(第三)運輸의先取特權

運輸의先取特權은運輸에關ᄒᆞ야生ᄒᆞᆫ債權에附隨ᄒᆞᆫ特權이니即此特權으로保護ᄒᆞᄂᆞᆫ債權은旅客과卜物의運送賃及附隨ᄒᆞᆫ費用이라所謂運送은旅客이나卜物을一處所에셔他處所로運送홈을謂ᄒᆞ야其方法의如何ᄂᆞᆫ不問ᄒᆞᄂᆞ니鉄道、船舶、電車、人力車、人夫가運搬에區別이無ᄒᆞ며其營業人의區別도無ᄒᆞᆫ지라運送賃은運送의對價로委託者의게對ᄒᆞ야請求ᄒᆞᆯ運送人의債權이며附隨ᄒᆞᆫ費用은卜物의外裝과其修繕의費用과關稅及保險料의先下金類ㅣ니라

此特權의目的物은運送人手에在ᄒᆞᆫ卜物이니所謂卜物이라ᄒᆞᄂᆞᆫ者ᄂᆞᆫ運送을

로는 명확히 알 수 없다. 그런데도 그 사람에게 숙박과 식사라는 편의를 주는 것은 마침내 손님이 숙박료 및 식비를 지급하지 않는 경우에 그가 휴대한 짐으로 변제받을 수 있으리라는 믿음일 뿐이다. 그러므로 법률은 그 짐은 당사자 사이에 묵시적으로 숙박에서 발생한 채권의 담보로 제공한 것으로 추측하여 그 짐에 대하여 우선변제를 받을 수 있게 하는 것이다.

III. 운송료의 선취특권

운송료의 선취특권은 운송에 관하여 발생한 채권에 부수된 특권으로, 곧 이 특권으로 보호되는 채권은 여객과 화물의 운임 및 이에 부수된 비용이다. 이른바 운송이란 여객이나 화물을 어떤 장소에서 다른 장소로 운송하는 것을 말하고 그 방법이 어떠한지는 불문하여, 철도, 선박, 전차, 인력거, 인편 등으로 운반하는 데 구별이 없으며 영업자의 구별도 없다. 운임은 운송의 대가로 위탁자에 대하여 청구하는 운송인의 채권이고, 부수된 비용은 화물의 포장과 기타 수선비용과 관세 및 보험료의 선급금 등이다.

이 특권의 목적물은 운송인 손에 있는 화물이다. 이른바 화물이란 것은 운송을

委託ᄒᆞᆫ物件을指ᄒᆞᆷ이니旅客이其身邊에携帶ᄒᆞᆫ行李物은其內에包含치아니ᄒᆞᆫ지라故로旅客運送境遇에其旅行이特히運送ᄒᆞᄂᆞᆫ物件이有ᄒᆞ면運送人은其物件上에特權을行ᄒᆞᆷ을得ᄒᆞ나旅客이携帶ᄒᆞᄂᆞᆫ行李物上에ᄂᆞᆫ其權利를行ᄒᆞᆷ을不得ᄒᆞᄂᆞ니라然而運送人이卜物上에其特權을行ᄒᆞᆷ에ᄂᆞᆫ其卜物이運送人手中에現在ᄒᆞᆷ을要ᄒᆞ야卜物主나卜物領受人의게交付ᄒᆞᆫ後ᄂᆞᆫ其權利ᄂᆞᆫ當然히消滅될지며且運送人은其卜物運送ᄒᆞᆯ際에生ᄒᆞᆫ債權에對ᄒᆞ야先取特權을行ᄒᆞᆷ에止ᄒᆞ고其前後에生ᄒᆞᆫ債權에ᄂᆞᆫ何等의特權을享受치못ᄒᆞᄂᆞ니라此特權도亦運輸의奬勵를目的ᄒᆞᄂᆞᆫ公益上理由와運送人與委託者間에擔保의默約이有ᄒᆞᆷ으로推測ᄒᆞᆷ에因ᄒᆞᆫ理由ᄂᆞᆫ前二種先取特權의理由와無異ᄒᆞᆫ故로此에ᄂᆞᆫ重疊說明ᄒᆞᆯ必要가無ᄒᆞ노라

運送人이此特權을行ᄒᆞᆷ에ᄂᆞᆫ其債權이運送人과運送委託人間에生ᄒᆞᆫ事와其卜物이委託者所有된事를要ᄒᆞᄂᆞ니假令甲이運送業者로乙의게卜物運送의委託을受ᄒᆞᆫ後其卜物을丙車夫를雇入ᄒᆞ야運送케ᄒᆞᆫ境遇에甲은其卜物에對ᄒᆞ야特權을行ᄒᆞᆷ을得ᄒᆞ나丙은特權을享受치못ᄒᆞᆯ지라何故오卜物의所有者

위탁한 물건을 가리키는데, 여객이 그의 몸에 휴대한 짐은 그 안에 포함되지 않는 것이다. 그러므로 여객운송의 경우에 그 여행에서 특별히 운송되는 물건이 있으면 운송인은 그 물건 위에 특권을 행사할 수 있으나, 여객이 휴대하는 짐 위에는 그 권리를 행사할 수 없다. 그리고 운송인이 화물 위에 그 특권을 행사하려면 그 화물이 운송인 수중에 현존하여야 하며, 화주나 수하인에게 교부한 후에는 그 권리는 당연히 소멸될 것이다. 또 운송인은 그 화물을 운송할 때 발생한 채권에 대하여 선취특권을 행사하는 데 그치고, 그 전후에 발생한 채권에는 어떠한 특권도 향수하지 못한다.

이 특권 또한 운송의 장려를 목적으로 하는 공익상 이유와 운송인과 위탁자 간에 담보의 묵시적 특약이 있는 것으로 추측함에 따른 이유가 있음은 앞의 두 가지 선취특권의 이유와 다를 바 없다. 그러므로 여기서는 거듭 설명할 필요가 없다.

운송인이 이 특권을 행사하려면 그 채권이 운송인과 운송위탁자 간에 발생하였을 것과 그 화물이 위탁자의 소유일 것이 요구된다. 가령 甲이 운송업자로서 乙로부터 화물 운송을 위탁받은 뒤 그 화물을 丙 운전사를 고용하여 운송하게 한 경우에, 甲은 그 화물에 대하여 특권을 행사할 수 있으나 丙은 특권을 향수할 수 없을 것이다. 왜냐하면 화물의 소유자

乙과丙의間에는委託의關係가無ᄒᆞ고又丙의게運送을委託ᄒᆞᆫ甲은卜物의所有者가아닌所以니라然이나此原則에例外가有ᄒᆞ니運送人이運送의委託을受ᄒᆞ야卜物을受取ᄒᆞᆯ當時에其卜物은委托者의所有로信ᄒᆞ고又信ᄒᆞᆯ만ᄒᆞᆫ正當ᄒᆞᆫ理由가有ᄒᆞ야過失의責이無ᄒᆞ면其卜物이設或委託者의所有가아니라도其物上에先取特權을行ᄒᆞᆷ을得ᄒᆞᄂᆞ니不動產賃貸借의境遇와旅店宿泊의境遇에도亦同一의理由로賃貸人과及旅店主가善意로且過失이無ᄒᆞ면他人所有에屬ᄒᆞᆫ動產及行李物上에其權利를行ᄒᆞᆷ을得ᄒᆞᄂᆞ니라此는占有者가權利를取得ᄒᆞᄂᆞᆫ原則을準用ᄒᆞᆷ에不外ᄒᆞ니以下에其原則을附說ᄒᆞ노라

日本民法第百九十二條를按ᄒᆞᆫ건ᄃᆡ曰平穩且公然히動產의占有를始ᄒᆞᆫ者ㅣ가善意로且過失이無ᄒᆞᆫ時는即時로其動產上에行使ᄒᆞᄂᆞᆫ權利를取得ᄒᆞᆷ이라規定ᄒᆞᆫ자라然則賣買贈與交換等權利를取得ᄒᆞᆯ時에強暴의手段을不用ᄒᆞ며相當ᄒᆞᆫ注意로도自己의게正當ᄒᆞᆫ權利가有ᄒᆞᆷ으로信ᄒᆞ얏스며又相對者의게도正當ᄒᆞᆫ權利가有ᄒᆞᆷ으로信ᄒᆞ야外形上에隱秘가無ᄒᆞ고公然히其動產의占有를始ᄒᆞᆫ者는即時로權利를行使ᄒᆞᆷ을得ᄒᆞ야設或其動產이第

乙과 丙 사이에서는 위탁관계가 없고, 또 丙에게 운송을 위탁한 甲은 물건의 소유자가 아니기 때문이다. 그러나 이 원칙에 예외가 있다. 운송인이 운송의 위탁을 받고 화물을 수령할 당시에 그 화물을 위탁자의 소유로 믿고 또 믿을 만한 정당한 이유가 있고 과실이 없으면 그 화물이 설령 위탁자의 소유가 아니라도 그 물건 위에 선취특권을 행사할 수 있다. 부동산 임대차의 경우와 여관 숙박료의 경우에도 동일한 이유로 임대인 및 여관 주인이 선의이고 과실이 없으면 타인 소유의 동산 및 짐 위에 그 권리를 행사할 수 있다. 이는 점유자가 권리를 취득하는 원칙을 준용하는 것일 뿐이므로 이하에서 그 원칙을 덧붙여 설명한다.

일본 민법 제192조에 따르면 "평온하고 공연히 동산의 점유를 개시한 자가 선의이며 또 과실이 없는 때에는 즉시 그 동산 위에 행사하는 권리를 취득한다"고 규정하였다. 그래서 매매 증여, 교환 등 권리를 취득할 때에, 강포(强暴)한 수단을 쓰지 않고 상당한 주의를 기울이더라도 자기에게 정당한 권리가 있다고 믿었으며 또 상대방에게도 정당한 권리가 있다고 믿어 외형상으로 은비(隱秘)가 없이 공연하게 그 동산의 점유를 개시한 자는 즉시 권리를 행사할 수 있다. 따라서 설령 그 동산이

三者의所有라도占有者ᄂᆞᆫ其豫期ᄒᆞᆫ權利ᄅᆞᆯ取得ᄒᆞᄂᆞ니假令時計所有者의甲이其保管을乙의게委託ᄒᆞ얏ᄂᆞᆫᄃᆡ乙이甲의信用을無視ᄒᆞ고其時計ᄅᆞᆯ自己의所有樣으로丙의게賣渡ᄒᆞ야丙이善意無過失로其時計ᄅᆞᆯ平穩ᄒᆞ게引渡ᄅᆞᆯ受ᄒᆞ야此ᄅᆞᆯ公然ᄒᆞ게占有ᄒᆞ얏다假定ᄒᆞᆯ境遇에純理로言ᄒᆞ면時計買主된乙은所有가아닌時計의所有權을丙의게移轉치못ᄒᆞᆷ으로써丙은此賣買ᄅᆞᆯ因ᄒᆞ야時計의所有權을取得지못ᄒᆞᆷ이明白ᄒᆞ나然이나丙은以上規定을依ᄒᆞ야其本來取得지못ᄒᆞᆯ時計의所有權을取得ᄒᆞ야乙丙間의賣買ᄂᆞᆫ完全이其効力이生ᄒᆞᄂᆞ니라蓋動産去來에ᄂᆞᆫ占有者ᄅᆞᆯ正當ᄒᆞᆫ權利者로認ᄒᆞᆷ이可ᄒᆞ고去來ᄂᆞᆫ移轉과引渡로行ᄒᆞᄂᆞ니善意의占有者가無過失로物의引渡ᄅᆞᆯ受ᄒᆞ야占有ᄒᆞᆫ以上은此ᄅᆞᆯ保護ᄒᆞᆯ必要가有ᄒᆞ니若不然ᄒᆞ면動産의關ᄒᆞᆫ去來의安全은到底히期치못ᄒᆞᆯ지며又其物이善意占有者에歸ᄒᆞᆷ은所有者의게過失이有ᄒᆞ다謂ᄒᆞᆯ지라何故오所有者가他人占有에歸ᄒᆞᆷ을豫防ᄒᆞ라면自己가占有ᄒᆞᆷ이可ᄒᆞ거ᄂᆞᆯ他人을信ᄒᆞ야占有케ᄒᆞᆫ以上에ᄂᆞᆫ其人을誤信ᄒᆞᆫ結果ᄂᆞᆫ甘受치아니치못ᄒᆞᆯ지니라占有者가要件이具備ᄒᆞ면即時로其

제3자의 소유라도 점유자는 그가 예상한 권리를 취득한다. 가령 시계의 소유자 甲이 그 시계의 보관을 乙에게 위탁하였는데, 乙이 甲의 신용을 무시하고 그 시계를 자기의 소유인 양 丙에게 매도하여, 丙이 선의, 무과실로 그 시계를 평온하게 인도받아 이를 공연하게 점유하였다고 가정하자. 이 경우에 순리로 말하면 시계의 매도인 乙은 소유하지 않은 시계의 소유권을 丙에게 이전할 수 없기 때문에 丙은 이 매매로 인하여 시계의 소유권을 취득하지 못함이 명백하다. 그러나 丙은 이상의 규정에 따라 본래 취득하지 못할 시계의 소유권을 취득하여, 乙과 丙 사이의 매매는 완전히 그 효력이 발생된다. 대개 동산 거래에서는 점유자를 정당한 권리자로 인정하는 것이 마땅하고 거래는 이전과 인도로 행하여진다. 따라서 선의의 점유자가 무과실로 물건의 인도를 받아 점유한 이상 이를 보호할 필요가 있는데, 만약 그렇지 않다면 동산에 관한 거래의 안전은 도저히 꾀할 수 없을 것이다. 또 그 물건이 선의의 점유자에게 귀속되는 데에는 소유자에게 과실이 있다고 말할 수 있다. 왜냐하면 소유자가 타인의 점유가 되는 것을 예방하려면 자기가 점유하는 것이 마땅한데, 타인을 믿어 점유하게 한 이상 그 사람을 오신한 결과는 감수하지 않을 수 없을 것이다. 점유자가 요건이 구비되면 즉시 그

物上에權利를取得ᄒᆞ야其以後에生ᄒᆞᆫ占有性質의變更은其權利에消長이無ᄒᆞ며又占有者가其物上에權利를取得ᄒᆞ면同時에舊所有者ᄂᆞᆫ其權利를喪失ᄒᆞ야 不法行爲者의게利益의返還이나 損害의賠償을請求ᄒᆞᆯ而已니라

占有者가占有物上에權利를取得ᄒᆞᄂᆞᆫ同時에所有者ᄂᆞᆫ其權利를喪失ᄒᆞ야占有物의回復을請求치못ᄒᆞ나其占有物이盜品이나遺失物이되야無意思로其占有를失ᄒᆞᆫ時ᄂᆞᆫ其所有者ᄂᆞᆫ二個年內에占有者의게對ᄒᆞ야回復을請求ᄒᆞᆷ을得ᄒᆞ며(日本民法第百九十三條)其物이盜品及遺失物이라도占有者가競賣나公市塲에셔又ᄂᆞᆫ其物과同種의物을販賣ᄒᆞᄂᆞᆫ商人의게善意로買受ᄒᆞᆫ時ᄂᆞᆫ所有者가其物을回復ᄒᆞᆯ時에其代價를辨償ᄒᆞᆷ이可ᄒᆞ며(同第九十百四條) 又其占有物이飼養ᄒᆞᄂᆞᆫ家畜外의動物되ᄂᆞᆫ時ᄂᆞᆫ其占有ᄒᆞᆯ時에善意로且逃失ᄒᆞᆫ時브터一個月內에飼養主의回復請求가無ᄒᆞ면其動物上에行使ᄒᆞᆯ權利를取得ᄒᆞᄂᆞ니(同第百九十五條)不動產賃貸借、旅店宿泊、運輸의先取特權도亦同一의理由로以上四條를準用케ᄒᆞ니라

물건 위에 권리를 취득하여 그 이후에 발생한 점유의 성질 변경은 그 권리를 소멸시키지 않는다. 또 점유자가 그 물건 위에 권리를 취득하면 동시에 구 소유자는 그 권리를 상실하여 불법행위자에게 이익의 반환이나 손해배상을 청구할 따름이다.

점유자가 점유물 위에 권리를 취득하는 동시에 소유자는 그 권리를 상실하여 점유물의 회복을 청구하지 못한다. 그러나 그 점유물이 도품이나 유실물이어서 의사에 따르지 않고 그 점유를 잃을 때에는, 그 소유자는 2년 내에 점유자에 대하여 회복을 청구할 수 있다(일본 민법 제193조). 그리고 그 물건이 도품 및 유실물이라도 점유자가 경매나 공개시장에서, 또는 그 물건과 동종의 물건을 판매하는 상인에게서 선의로 매수한 때에는 소유자가 그 물건을 회복할 때에 그 대가를 변상함이 마땅하며(동법 제194조), 또 그 점유물이 사육하는 가축 외의 동물인 때에는 점유할 때에 선의이며 도주하거나 유실된 때로부터 1개월 내에 사육주의 회복청구가 없으면 그 동물 위에 행사할 권리를 취득하는데(동법 제195조), 부동산 임대차, 여관 숙박료, 운송료의 선취특권 또한 동일한 이유로 이상의 4개 조를 준용하게 한다.

第四　公吏職務上過失의先取特權

此特權은公吏職務上의過失로生ᄒᆞᆫ損害賠償請求債權에附隨ᄒᆞᆫ者이니假令公證人이公衆의委託을受ᄒᆞ야民事에關ᄒᆞᆫ證書를作製ᄒᆞᆯ時에必要事項의記載를遺脫ᄒᆞ얏거나又誤謬의事實을記載ᄒᆞᆫ所致로委託者의게損害가生ᄒᆞ얏스면委託者ᄂᆞᆫ公證人의게對ᄒᆞ야損害의賠償을請求ᄒᆞᆷ을得ᄒᆞᄂᆞ니라所謂公吏라ᄒᆞᄂᆞᆫ者ᄂᆞᆫ日本現行法을依ᄒᆞ면公證人과市町村吏員의類를指ᄒᆞ얏스며裁判所執達吏ᄂᆞᆫ其執達吏規則에官吏의例를依ᄒᆞ얏고亦判決例도有ᄒᆞ나所謂公吏ᄂᆞᆫ公衆의委託을受ᄒᆞ야民事에關ᄒᆞᆫ事務를司掌ᄒᆞᄂᆞᆫ者이니佛國民法과日本舊民法의意義를從ᄒᆞ야執達吏도亦公吏中에包含ᄒᆞᆯ者이라ᄒᆞᄂᆞᆫ論者도有ᄒᆞ니라然이나我國法規를考閱ᄒᆞ건ᄃᆡ曾前에ᄂᆞᆫ公吏라ᄒᆞᄂᆞᆫ名稱이法規上에無ᄒᆞ더니刑法草案과刑法大全改定草案에公吏의名稱이始有ᄒᆞ나刑法大全施行法草案第百七條에官吏라稱ᄒᆞᆷ은一般官吏와廷吏巡檢雇員을謂ᄒᆞ며公吏라稱ᄒᆞᆷ은面里洞等地方制度에依ᄒᆞ야公共ᄒᆞᆫ事務를執ᄒᆞᄂᆞᆫ吏員을謂ᄒᆞᆷ이라ᄒᆞ얏스니公吏ᄂᆞᆫ地方制度에依ᄒᆞ야公共ᄒᆞᆫ事務를執ᄒᆞᄂᆞᆫ吏員만謂ᄒᆞᆷ

IV. 공리(公吏)의 직무상 과실의 선취특권

이 특권은 공리의 직무상 과실로 발생한 손해배상청구권에 부수된 것이다. 가령 공증인이 일반인의 위탁을 받아 민사에 관한 증서를 작성할 때에 필요한 사항의 기재를 누락하였거나 잘못된 사실을 기재함으로써 위탁자에게 손해가 발생하였다면 위탁자는 공증인에 대하여 손해의 배상을 청구할 수 있다. 이른바 공리란 것은 일본의 현행법에 따르면 공증인과 시정촌(市町村)의 지방공무원 등을 가리킨다. 재판소의 집행관은 집행관규칙에서 중앙공무원의 예에 따르도록 하였고 판례 또한 있으나, 이른바 공리는 일반인의 위탁을 받아 민사에 관한 사무를 관장하는 자이다. 프랑스 민법과 일본 구 민법의 의의를 따라 집행관 또한 공리 안에 포함시킬 것이라는 논자도 있다. 그러나 우리나라 법규를 고찰하여 살피면 지난날에는 공리라는 명칭이 법규상에 없었다가 형법 초안과 형법대전(刑法大全) 개정 초안에 공리라는 명칭이 비로소 나타난다. 형법대전 시행법 초안 제107조에서 관리(官吏)란 일반관리와 정리(廷吏),[1] 순검(巡檢),[2] 고원(雇員)[3]을 말하며 공리란 면, 리, 동 등 지방제도에 의하여 공공의 사무를 맡는 지방공무원만 말하는 것

1 재판소의 관리.
2 구한말 경무청의 하급 관리로, 오늘날의 순경에 해당함.
3 임시직으로 사무적인 직무를 맡던 하급 관리.

이오公證人이不入ᄒᆞᆷ은我國에아즉公證人制度가無ᄒᆞᆫ故이며廷吏는執達吏와相當ᄒᆞᆫ者인ᄃᆡ舊裁判所構成法(光武三年法律第三號)第四十六條에廷吏는判任官으로待遇ᄒᆞ얏스니廷吏即執達吏는法規解釋上으로論ᄒᆞ면公吏라謂치못ᄒᆞ리로다

公證人等公吏는其就職ᄒᆞᆯ時에保證金으로一定ᄒᆞᆫ金額을當該官廳에納付ᄒᆞ는義務가有ᄒᆞ니公吏職務上過失의先取特權은此保證金上에在ᄒᆞᆫ者이라盖保證金의納付는公吏가其過失을因ᄒᆞ야私人의게損害를被케ᄒᆞᆫ境遇에此로써其賠償에充ᄒᆞ야被害者로ᄒᆞ야곰其金額에對ᄒᆞ야優先辨報를受케ᄒᆞ는目的에不外ᄒᆞᆫ지라保證金의性質이既如斯ᄒᆞ면損害賠償의債權으로其保證金上에先取特權을行ᄒᆞᆷ은當然ᄒᆞ니別般說明ᄒᆞᆯ必要가無ᄒᆞ며又此特權은擔保의默約이有ᄒᆞᆫ推測에基因ᄒᆞᆫ者이아니라實로法律上의擔保된性質이有ᄒᆞ니라

(第五)動産保存의先取特權

此特權은動産을保存ᄒᆞᆫ者ㅣ가其保存ᄒᆞ기爲ᄒᆞ야支出ᄒᆞᆫ費用으로動産所有

이다. 공증인이 여기에 들어가지 않는 까닭은 우리나라에 아직 공증인 제도가 없기 때문이며, 정리는 집행관에 상응한 것으로 구 재판소구성법(1899년 법률 제3호) 제46조에서 정리는 판임관(判任官)[1]으로 대우하였으므로 정리, 곧 집행관은 법규의 해석상으로 논하면 공리라고 말할 수 없을 것이다.

공증인 등 공리는 취임할 때에 보증금으로 일정한 금액을 해당 관청에 납부할 의무가 있다. 따라서 공리의 직무상 과실의 선취특권은 이 보증금 위에 있는 것이다. 대개 보증금의 납부는 공리가 그 과실로 인하여 사인에게 손해를 입게 한 경우에 이 보증금으로 그 배상에 충당하여 피해자로 하여금 그 금액에 대하여 우선변제를 받게 하는 목적이 있을 뿐이다. 보증금의 성질이 이미 이렇다면 손해배상채권으로 그 보증금 위에 선취특권을 행사하는 것은 당연하고 달리 설명할 필요가 없다. 또 이 특권은 담보의 묵시적 약정이 있다는 추측에 기인한 것이 아니라 실로 법률상 담보라는 성질이 있다.[2]

V. 동산 보존의 선취특권

이 특권은 동산을 보존한 자가 그 보존을 위하여 지출한 비용으로 동산 소유

1 7품에서 9품까지의 최하급 관리

2 위의 가필은 "공리의 직무상 과실의 선취특권은 공증인규칙에서 일반적으로 적용될 것이고 이 법에 규정할 필요가 없는 것이며, 또 보증금이 있으므로 선취특권 유무는 논의할 바 없이 당연히 제1순위인 담보가 있는 것이다"로 보임.

者의게對ᄒᆞ야取得ᄒᆞᆫ債權에附隨ᄒᆞᆫ權利이니今此特權으로保護ᄒᆞᄂᆞᆫ債權을類別ᄒᆞ면如左ᄒᆞᆷ

(一)動產의保存費　此費用은動產의原狀을維持ᄒᆞ기爲ᄒᆞᆫ必要費用이니即其有形的의滅失、毁損을豫防ᄒᆞ기爲ᄒᆞ야支出ᄒᆞᆫ費用이라假令器物을修繕ᄒᆞ고牛馬其他畜類ᄅᆞᆯ飼養ᄒᆞ기爲ᄒᆞ야要ᄒᆞᆫ費用과如ᄒᆞ니라然而動產保存의先取特權은其名稱과如ᄒᆞ야動產保存費에附隨ᄒᆞᆫ先取特權인故로動產을利用改良ᄒᆞ기爲ᄒᆞ야要ᄒᆞᆫ金額其他有益費ᄂᆞᆫ此特權으로保護ᄒᆞᄂᆞᆫ者이아니라

(二)動產에關ᄒᆞᆫ權利ᄅᆞᆯ保存、追認又ᄂᆞᆫ實行케ᄒᆞ기爲ᄒᆞ야要ᄒᆞᆫ費用　此所謂權利의保存、追認、實行이라ᄒᆞᄂᆞᆫ者ᄂᆞᆫ無非動產의所有權을保存케ᄒᆞᄂᆞᆫ一切의行爲이니動產上其他權利ᄅᆞᆯ保存ᄒᆞᄂᆞᆫ行爲ᄂᆞᆫ其內에包含치아니ᄒᆞ니라即權利의保存이라ᄒᆞᄂᆞᆫ者ᄂᆞᆫ假令第三者의게侵奪된動產을回復ᄒᆞ기爲ᄒᆞ야起訴ᄒᆞᄂᆞᆫ等이며權利의追認은假令動產의占有者로ᄒᆞ야곰其動產이債務者의所有物됨을承認케ᄒᆞᄂᆞᆫ等이며權利의實行은假令債務者가第

자에 대하여 취득한 채권에 부수된 권리이다. 이제 이 특권으로 보호되는 채권을 종류에 따라 나누면 다음과 같다.

〈1〉 동산의 보존비용: 이 비용은 동산의 원 상태를 유지하기 위한 필요비용으로, 곧 그 형체의 멸실, 훼손을 예방하기 위하여 지출한 비용이다. 가령 도구를 수선하고 마소 기타 가축류를 사육하기 위하여 필요한 비용과 같다. 그러나 동산 보존의 선취특권은 그 명칭과 같이 동산의 보존비용에 부수된 선취특권이므로, 동산을 이용, 개량하기 위하여 필요한 금액 기타 유익비는 이 특권으로 보호되는 것이 아니다.

〈2〉 동산에 관한 권리를 보존, 추인 또는 실행하게 하기 위하여 필요한 비용: 이 이른바 권리의 보존, 추인, 실행이란 것은 다른 것이 아니라 동산의 소유권을 보존하게 하는 일체의 행위이므로 동산 위의 다른 권리를 보존하는 행위는 그 안에 포함되지 않는다. 즉 권리의 보존이란 것은 가령 제3자에게 침탈된 동산을 회복하기 위하여 소를 제기하는 것이며, 권리의 추인은 가령 동산의 점유자로 하여금 그 동산이 채무자의 소유물임을 승인하게 하는 등의 것이다. 그리고 권리의 실행은 가령 채무자가 제

三者로ᄒᆞ야곰金錢物品을引渡케ᄒᆞᆯ權利가有ᄒᆞᆫ境遇에債權者가第三者로ᄒᆞ야곰其引渡를實行케ᄒᆞᄂᆞᆫ等이니凡此等行爲ᄂᆞᆫ動産의所有權을確保ᄒᆞ야其消滅減縮을豫防ᄒᆞᆷ을目的ᄒᆞᆷ이니此로因ᄒᆞ야要ᄒᆞᆫ費用은動産의保存費와同等으로亦先取特權으로保護ᄒᆞᆯ者ㅣ니라

此特權의目的物은保存된動産其者이니此特權을設ᄒᆞᆫ理由ᄂᆞᆫ其動産이債務者의所有로其資産中에現存ᄒᆞᆷ은債權者의保存行爲를由ᄒᆞᆷ이니若此行爲가無ᄒᆞ얏스면其動産은債務者의所有財産으로各債權者의게分配키不能ᄒᆞᆯ지라故로債權者의保存費用은第一로此動産으로써支給ᄒᆞᆷ이公平ᄒᆞ니라然則此特權은共益費用의先取特權과其性質이同一ᄒᆞᆫᄃᆡ相異ᄒᆞᆫ点은特定動産의保存費로其動産만目的ᄒᆞᆷ에在ᄒᆞ니라

(第六) 動産賣買의先取特權

動産賣買의先取特權은動産賣買로生ᄒᆞᆫ債權에附隨ᄒᆞ야動産賣主에屬ᄒᆞ니動産의賣主가買主의게對ᄒᆞ야有ᄒᆞᆫ動産의賣價와其利息의債權을保護ᄒᆞᆷ이라故로此特權은賣買로生ᄒᆞᆫ債權에만附隨ᄒᆞ고賣買以外의法律行爲로生

3자로 하여금 금전이나 물품을 인도하게 할 권리가 있는 경우에 채권자가 제3자로 하여금 그 인도를 실행하도록 할 권리이다. 일반적으로 이들 행위는 동산의 소유권을 확보하여 그 소멸이나 감축을 예방하는 것을 목적으로 한다. 따라서 이로 인하여 든 비용 또한 동산의 보존비와 동등하게 선취특권으로 보호될 것이다.

이 특권의 목적물은 보존된 동산 그 자체로, 이 특권을 마련한 이유는 동산이 채무자의 소유로 그 자산 가운데 현존하는 것은 채권자의 보존행위로 말미암은 것이며, 만약 이 행위가 없었다면 그 동산은 채무자 소유의 재산으로 각 채권자에게 분배될 수 없었을 것이다. 그러므로 채권자의 보존비용은 첫째로 이 동산으로 지급하는 것이 공평하다. 그렇다면 이 특권은 공익비용의 선취특권과 그 성질이 동일한데, 다른 점은 특정한 동산의 보존비용으로 그 동산만을 목적으로 하는 데 있다.

VI. 동산 매매의 선취특권

동산 매매의 선취특권은 동산 매매로 발생한 채권에 부수하여 동산 매도인에게 속한다. 동산의 매도인이 매수인에 대하여 갖는 동산의 매매대금과 그 이자채권을 보호하는 것이다. 그러므로 이 채권은 매매로 발생한 채권에만 부수하고 매매 이외의 법률행위로 발생훈債權은此特權으로保護홀者이아니라故로動産의交換이動産所有權을移轉ᄒᆞ는點은動産賣買와其効力이同ᄒᆞ나交換者는交換으로生훈債權에對ᄒᆞ야目的物된動産上에先取特權을行홈을不得ᄒᆞᄂᆞ니然이나動産을交換ᄒᆞ는境遇에補足金이有ᄒᆞ면其補足金에는賣買代金에關훈規定을準用홈으로써其補足金은動産의代金으로先取特權을依ᄒᆞ야保護홀者이니라又此特權으로保護ᄒᆞ는債權은動産賣價와賣價의利息에만制限ᄒᆞᄂᆞ니賣買의費用과違約金과如훈者는此特權이無ᄒᆞᄂᆞ니라

此特權의目的物은其賣買된動産이니其動産이債務者資産中에獨立存在ᄒᆞ야識別홀만ᄒᆞ면可히特權의目的物이될지오原形으로在ᄒᆞ고在치아니홈은不問홀바ㅣ라假令賣買目的된木材를磨鍊ᄒᆞ야角材를製造훈境遇에其角材가債務者財産中에現在ᄒᆞ면其角材는其原形을不有ᄒᆞ나先取特權의目的됨이無妨ᄒᆞ니라

此特權을設훈所以는其動産이債務者財産으로其資産中에現存홈은賣主가債務者의게賣渡훈事에由홈인ᄃᆡ其動産을債務者의所有로歸케훈賣買代金

한 채권은 이 특권으로 보호되는 것이 아니다. 그러므로 동산의 교환이 동산의 소유권을 이전한다는 점은 동산 매매와 그 효력이 같지만 교환자는 교환으로 발생한 채권에 대하여 목적물인 동산 위에 선취특권을 행사할 수 없다. 그러나 동산을 교환하는 경우에 보충금이 있으면 그 보충금에는 매매대금에 관한 규정이 준용되므로, 그 보충금은 동산의 대금으로 선취특권에 의하여 보호되는 것이다. 또 이 특권으로 보호되는 채권은 동산의 매매대금과 매매대금의 이자로만 제한되므로, 매매의 비용과 위약금과 같은 것에는 이 특권이 없다.

이 특권의 목적물은 매매된 동산으로, 그 동산이 채무자의 자산 가운데 독립하여 존재하여 식별할 수 있으면 특권의 목적물이 될 수 있을 것이고 원형으로 존재하는지 아닌지는 불문한다. 가령 매매목적물인 목재를 다듬어 각재(角材)를 제작한 경우에 그 각재가 채무자 재산 가운데 현존하면 그 각재는 목재의 원형을 갖고 있지는 않지만 선취특권의 목적이 되는 데 방해가 되지 않는다.

이 특권을 마련한 까닭은 다음과 같다. 그 동산이 채무자의 재산으로 그 자산 가운데 현존하는 것은 매도인이 채무자에게 매도한 일로 말미암은 것으로, 그 동산을 채무자의 소유가 되게 한 매매대금과此에서生ᄒᆞᆫ利息은他債權에優先ᄒᆞ야其動産의賣却代金으로써辨償케ᄒᆞᆷ이事理에當然ᄒᆞ고其未償ᄒᆞ기前에他債權을先報ᄒᆞ면他債權者ᄂᆞᆫ賣主의損害로因ᄒᆞ야利益을得ᄒᆞᄂᆞᆫ者이니公平치못ᄒᆞ다謂ᄒᆞᆯ지라故로賣主ᄅᆞᆯ爲ᄒᆞ야此特權을與ᄒᆞᄂᆞ니라

(第七)種苗肥料供給의先取特權

種苗肥料供給의先取特權은二種으로區別ᄒᆞᆷ을得ᄒᆞᄂᆞ니種苗肥料의供給으로生ᄒᆞᄂᆞᆫ者와及蠶種桑葉의供給으로生ᄒᆞᄂᆞᆫ者이라

(一)種苗肥料의供給　種苗肥料ᄅᆞᆯ供給ᄒᆞᆫ者ᄂᆞᆫ其代金과及利息債權에對ᄒᆞ야先取特權을行ᄒᆞᆷ을得ᄒᆞ고特權의目的物은其種苗와肥料ᄅᆞᆯ用ᄒᆞ야土地에서生ᄒᆞᆫ一年內의果實이라假令甲이乙의게셔糟粕을買収ᄒᆞ야田地의肥料로使用ᄒᆞ고又丙의게셔稻苗ᄅᆞᆯ買収ᄒᆞ야其田地에移植ᄒᆞ얏스면乙丙은各其供給ᄒᆞᆫ糟粕稻苗의代價와及利息을受捧ᄒᆞ기爲ᄒᆞ야糟粕使用ᄒᆞᆫ時와種苗移植ᄒᆞᆫ時브터一年內에其田地에셔収獲ᄒᆞᆫ米穀上에先取特權을行ᄒᆞᆷ을得ᄒᆞᄂᆞ니라但種苗供給의債權者가果實에對ᄒᆞ야權利ᄅᆞᆯ行ᄒᆞ랴면其供

과 이로부터 발생한 이자는 다른 채권보다 우선하여 그 동산의 매각대금으로 변제하게 하는 것이 사리에 당연하다. 그리고 채무자가 상환하지 못하게 되기 전에 다른 채권을 먼저 변제하면 다른 채권자는 매도인의 손해로 인하여 이익을 얻는 것이므로 공평하지 못하다고 말할 수 있다. 그러므로 매도인을 위하여 이 특권을 주었다.

VII. 모종과 비료 공급의 선취특권

모종과 비료 공급의 선취특권은 두 가지로 구별할 수 있는데, 모종과 비료의 공급으로 발생한 것과 누에씨 및 뽕잎의 공급으로 발생한 것이다.

〈1〉 모종과 비료의 공급: 모종과 비료를 공급한 자는 그 대금 및 이자채권에 대하여 선취특권을 행사할 수 있고, 특권의 목적물은 그 모종과 비료를 사용하여 토지에서 난 1년 내의 과실이다. 가령 甲이 乙에게서 지게미를 매수하여 경작지의 비료로 사용하고 또 丙에게서 볏모를 매수하여 경작지에 옮겨 심었다면 乙, 丙은 각자 공급한 지게미와 볏모의 대가 및 이자를 변제받기 위하여 지게미를 사용한 때와 모종을 이식한 때부터 1년 내에 그 경작지에서 수확한 쌀 위에 선취특권을 행사할 수 있다. 다만 모종을 공급한 채권자가 과실에 대하여 권리를 행사하려면 그가 공

給ᄒᆞᆫ種苗와果實間에因果關係가有홈을要홈으로써債務者가甲債權者의種苗를植ᄒᆞ야其果實을收獲ᄒᆞᆫ後에又乙債權者의種苗를用ᄒᆞ야同一年度內에果實을再獲ᄒᆞ얏스면甲債權者ᄂᆞᆫ第一回收獲ᄒᆞᆫ果實에對ᄒᆞ야權利를行홈을得홈에止ᄒᆞ고第二回果實은因果의關係가無홈으로權利를行使키不能ᄒᆞ니라

此特權을設홈은目的物되ᄂᆞᆫ果實은種苗肥料의供給으로生ᄒᆞᆫ結果인즉其代金及利息辨報에先充홈이公平ᄒᆞᆫ바ㅣ라然而一年內에生ᄒᆞᆫ果實에制限홈은盖種苗肥料ᄂᆞᆫ每年更新ᄒᆞᆯ者이니其使用의効力이一年에超치못홈으로認홈이니라

(二)蠶種桑葉의供給　蠶種이나桑葉을供給ᄒᆞᆫ者도亦其代金及利息에對ᄒᆞ야其蠶種이나桑葉으로生ᄒᆞᆫ物上에先取特權을行ᄒᆞᄂᆞ니此所謂物이라ᄒᆞᄂᆞᆫ者ᄂᆞᆫ繭、生絲、雪綿、蠶種類를云홈이니라

(第八)農工業勞役의先取特權

此特權은農工業의勞役者가雇傭契約을因ᄒᆞ야請求ᄒᆞᆯ賃金債權에附隨ᄒᆞ야

급한 모종과 과실 사이에 인과관계가 있어야 한다. 이로써 채무자가 甲 채권자의 모종을 심어 그 과실을 수확한 후에 다시 乙 채권자의 모종을 사용하여 같은 해에 과실을 다시 수확하였다면, 甲 채권자는 첫 번째 수확한 과실에 대하여 권리를 행사할 수 있음에 그치고 두 번째 과실은 인과관계가 없으므로 권리를 행사할 수 없다.

이 특권을 마련한 까닭은 목적물인 과실은 모종과 비료의 공급으로 발생한 결과이므로 그 대금 및 이자의 변제에 먼저 충당하는 것이 공평하기 때문이다. 그러나 1년 내에 난 과실로 제한하는 까닭은 대개 모종과 비료는 매년 새로이 할 것이어서 그 사용의 효력이 1년을 넘지 못하리라고 인정되기 때문이다.

〈2〉 누에씨와 뽕잎의 공급: 누에씨나 뽕잎을 공급한 자도 또한 그 대금 및 이자에 대하여 그 누에씨나 뽕잎으로부터 난 물건 위에 선취특권을 행사할 수 있다. 여기서 이른바 물건이란 것은 누에고치, 생사, 풀솜, 누에씨 등을 말한다.

VIII. 농공업 노동의 선취특권

이 특권은 농공업의 노동자가 고용계약으로 인하여 청구할 임금채권에 부수하여

勞役으로生ᄒᆞᆫ果實이나製作物로써目的ᄒᆞᄂᆞ니所謂農業의勞役者ᄂᆞᆫ田地의其耕作收獲等에從事ᄒᆞᄂᆞᆫ者ᄅᆞᆯ云ᄒᆞᆷ이오工業의勞役者ᄂᆞᆫ鑛山의採掘、과器物機械의製造等에從事ᄒᆞᄂᆞᆫ者ᄅᆞᆯ云ᄒᆞᆷ이며又果實은米穀、野菜、其他鑛物木材等을云ᄒᆞᆷ이오製作物은器物機械類ㅣ니라

玆에所謂農工業勞役者中에前에說明ᄒᆞᆫ一般先取特權第三種의雇人이包含되고아니된問題에對ᄒᆞ야ᄂᆞᆫ學者間에議論이有ᄒᆞᆫ바ㅣ라然이나一般的으로農工業勞役者의文字ᄅᆞᆯ用ᄒᆞ야其範圍ᄅᆞᆯ制限치아니ᄒᆞᆫ以上에ᄂᆞᆫ雇傭契約을因ᄒᆞ야勞役에從事ᄒᆞᄂᆞᆫ者ᄂᆞᆫ總히其中에包含ᄒᆞ야雇人으로他人의使役에服從ᄒᆞ거나獨立ᄒᆞ야勞役에服從ᄒᆞ거ᄂᆞ此ᄅᆞᆯ問ᄒᆞᆯ必要가無ᄒᆞ며一人의게同一債權으로兩特權을與ᄒᆞ야도害가될바ㅣ無ᄒᆞᆷ으로信ᄒᆞ노라然이나日本舊民法에ᄂᆞᆫ「雇人以外」라ᄒᆞ야制限的의文詞ᄅᆞᆯ用ᄒᆞ니라

此特權을設ᄒᆞᆫ所以ᄂᆞᆫ特權의目的物된果實과製作物이債務者資產中에現存ᄒᆞᆷ은此等勞役者가其勞役을供給ᄒᆞᆷ을由ᄒᆞᆷ이니勞役者가若其勞役을不給ᄒᆞ얏스면其果實과製作物은產出치못ᄒᆞ얏슬지라故로勞役者로써其勞役을供

노동으로 발생한 과실이나 제조물을 목적으로 한다. 이른바 농업의 노동자는 경작지의 경작, 수확 등에 종사하는 자를 말하고, 공업의 노동자는 광산의 채굴, 도구나 기계의 제조 등에 종사하는 자를 말한다. 그리고 과실은 쌀, 채소, 기타 광물과 목재 등을 말하고 제조물은 도구나 기계류이다.

여기서 이른바 농공업 노동자 가운데 앞서 설명한 일반 선취특권의 세 번째인 고용인이 포함되는지 아닌지의 문제에 대하여는 학자들 사이에 논의가 있다. 그러나 일반적으로 농공업 노동자라는 문자를 사용하여 그 범위를 제한하지 않은 이상 고용계약으로 인하여 노동에 종사하는 자는 모두 그 안에 포함시켜 고용인으로 타인의 지시에 복종하거나 독립적으로 노동에 종사하거나를 물을 필요가 없다. 또 한 사람에게 동일한 채권으로 두 개의 특권을 주어도 폐해가 될 것이 없다고 믿는다. 그러나 일본의 신구 민법에서는 "고용인 이외"라고 하여 제한하는 문언을 사용하였다.

이 특권을 마련한 까닭은, 특권의 목적인 과실과 제조물이 채무자의 자산 가운데 현존하는 것은 이들 노동자가 그 노동을 공급함으로 말미암은 것으로, 노동자가 만약 그 노동을 공급하지 않았다면 과실과 제조물은 산출되지 못하였을 것이다. 그러므로 노동자가 그 노동을 공

給케ᄒᆞᄂᆞᆫ賃金은他債權에先ᄒᆞ야勞役의結果되ᄂᆞᆫ果實製作物로써辨償홈이正當ᄒᆞ니라然이나勞役者로ᄒᆞ야곰無制限으로此權利ᄅᆞᆯ行케ᄒᆞ면普通債權者의意外損失이有홈으로其權利ᄅᆞᆯ制限ᄒᆞ야農業에ᄂᆞᆫ最後一個年間의賃金으로工業에ᄂᆞᆫ最後三個月間의賃金으로限홈이可ᄒᆞ니此ᄂᆞᆫ此期間보다長期間의延滯가生홈은極히稀少ᄒᆞᆫ바ㅣ니라

第二項 不動產의先取特權

不動產의先取特權은債務所有의特定不動產을目的ᄒᆞ야不動產의保存、工事、賣買로生ᄒᆞᆫ債權에附隨ᄒᆞᆫ事ᄂᆞᆫ既爲一言ᄒᆞᆫ바이라以下此三種의特權을各別說明ᄒᆞ노라

(第一)不動產保存의先取特權

此特權이附隨ᄒᆞᆫ債權은不動產의保存費와及不動產에關ᄒᆞᆫ權利ᄅᆞᆯ保存、追認、實行ᄒᆞ기爲ᄒᆞ야要ᄒᆞᆫ費用의債權이니其目的物은保存된不動產其者이라故로此特權은動產保存의先取特權과其性質이相同ᄒᆞ니說明ᄒᆞᆯ必要가無ᄒᆞ나特權의目的物이一은動產이오他ᄂᆞᆫ不動產의差異가有ᄒᆞᆯ而已니라

급하도록 한 임금은 다른 채권보다 우선하여 노동의 결과물인 과실과 제조물로 변제하게 하는 것이 정당하다. 그러나 노동자가 무제한으로 이 권리를 행사할 수 있게 하면 일반채권자에게 뜻밖의 손실이 있을 것이다. 따라서 그 권리를 제한하여 농업에서는 최후 1년간의 임금으로, 공업에서는 최후 3개월간의 임금으로 한정하는 것이 마땅하다. 이는 이 기간보다 장기의 연체가 발생하는 경우는 극히 드물기 때문이다.

제2항 부동산의 선취특권

부동산의 선취특권은 채무자 소유의 특정한 부동산을 목적으로 하여 부동산의 보존, 공사, 매매로 발생한 채권에 부수된 것임은 이미 한번 언급한 바이다. 이하에서 이 세 가지 특권을 각각 설명한다.

I. 부동산 보존의 선취특권

이 특권이 부수하는 채권은 부동산의 보존비용과 부동산에 관한 권리를 보존, 추인, 실행하기 위하여 필요한 비용의 채권으로, 그 목적물은 보존된 부동산 그 자체이다. 그러므로 이 특권은 동산 보존의 선취특권과 그 성질이 같아 설명할 필요가 없고, 특권의 목적물이 하나는 동산이고 다른 것은 부동산이라는 차이가 있을 따름이다.

(第二)不動産工事의先取特權

不動産工事의先取特權은其名稱의示ᄒᆞᆷ과如히不動産工事로生ᄒᆞᆫ債權에附隨ᄒᆞᆫ先取特權인ᄃᆡ其保護ᄒᆞᄂᆞᆫ債權과其目的物로區別ᄒᆞ야說明ᄒᆞ노라

(一)不動産工事의先取特權으로保護ᄒᆞᄂᆞᆫ債權　特權이附隨ᄒᆞᄂᆞᆫ債權은左의要件이具備ᄒᆞᆷ을要ᄒᆞᆷ

(甲)其債權은工匠、技師及請負人이債務者의게對ᄒᆞ야契約上의債權이有ᄒᆞᆫ事　工匠이란者ᄂᆞᆫ木手、土工等直接으로工事에必要ᄒᆞᆫ勞役에服ᄒᆞᄂᆞᆫ者ᄅᆞᆯ云ᄒᆞᆷ이오技師라ᄒᆞᆷ은制圖、測量設計等工事ᄅᆞᆯ計劃ᄒᆞᄂᆞᆫ者ᄅᆞᆯ云ᄒᆞᆷ이오請負人이라ᄒᆞᆷ은請負契約으로債務者의게對ᄒᆞ야一定ᄒᆞᆫ工事ᄅᆞᆯ完全ᄒᆞ기로許約ᄒᆞᄂᆞᆫ者ᄅᆞᆯ云ᄒᆞᆷ이니不動産의工事ᄂᆞᆫ事務管理로基因ᄒᆞᆫ事도有ᄒᆞ고契約으로基因ᄒᆞᆫ事도有ᄒᆞᆫ지라然이나不動産工事의先取特權은契約上債權에만附隨ᄒᆞ고事務管理로生ᄒᆞᆫ債權은此特權으로保護ᄒᆞᆯ者이아니라ᄒᆞ노니何者오不動産工事의先取特權은工事豫算額의登記ᄅᆞᆯ因ᄒᆞ야効力을保存ᄒᆞᄂᆞ니豫算額을登記케ᄒᆞᆷ은其工事에對ᄒᆞ야

II. 부동산 공사의 선취특권

부동산 공사의 선취특권은 그 명칭이 보여주는 것과 같이 부동산의 공사로 발생한 채권에 부수된 선취특권인데, 보호되는 채권과 그 목적물로 구별하여 설명한다.

〈1〉 부동산 공사의 선취특권으로 보호되는 채권

특권이 부수하는 채권은 다음 요건을 구비하여야 한다.

① 그 채권은 건축기술자, 건축기사 및 수급인이 채무자에 대하여 계약상 채권을 가질 것: 건축기술자란 것은 목수, 토목공 등 직접 공사에 필요한 노동에 종사하는 자를 말하고 건축기사란 제도(製圖), 측량, 설계 등 공사를 계획하는 자를 말한다. 그리고 수급인이란 도급계약으로 채무자에 대하여 일정한 공사를 완성하기로 약정한 자를 말한다. 부동산의 공사는 사무관리로 기인할 수도 있고 계약으로 기인할 수도 있을 것이다. 그러나 부동산 공사의 선취특권은 계약상 채권에만 부수하고 사무관리로 발생한 채권은 이 특권으로 보호되지 않는다. 왜냐하면 부동산 공사의 선취특권은 공사 예산액을 등기함으로써 효력을 보존하는데, 예산액을 등기하게 하는 것은 그 공사에 대하여

當事者間에契約이有ᄒᆞᆫ事를豫想ᄒᆞᆫ者로解釋홈을得ᄒᆞᄂᆞᆫ故이라又請負人이工匠技師를使用ᄒᆞᆫ境遇에ᄂᆞᆫ先取特權이有ᄒᆞᆫ者ᄂᆞᆫ請負人이오工匠技師ᄂᆞᆫ아니라何者오工匠技師ᄂᆞᆫ請負人의게對ᄒᆞ야債權이有홈에止ᄒᆞ고直接으로債務者의게對ᄒᆞ야ᄂᆞᆫ債權이無ᄒᆞᆫ所以니라

(乙)其債權은不動産工事로起因홈을要홈　此特權은即不動産工事에要ᄒᆞᆫ費用債權에附隨ᄒᆞ야工事에關係가無ᄒᆞᆫ他債權에此特權이附隨치아니홈은特權의性質上明白ᄒᆞᆫ바ㅣ라然而不動産工事ᄂᆞᆫ即家屋其他建造物、堤防、池窟、牆壁、溝渠等의築造、修繕과庭園의裝飾과排水、灌漑、開墾과道路의開設其他土地建造物에關ᄒᆞᆫ一切의工事를云홈이니라

(二)不動産工事先取特權의目的物　此特權의目的物은工事를加ᄒᆞᆫ不動産其者이라假令一人의木手가債務者의家屋을修繕ᄒᆞᆫ境遇면木手ᄂᆞᆫ其家屋을賣却ᄒᆞ야其代價으로優先辨報를受홀지라然이나木手ᄂᆞᆫ其代金의全部에對ᄒᆞ야優先權을行홈을不得ᄒᆞ고工事로因ᄒᆞ야生ᄒᆞᆫ不動産의增價가現存ᄒᆞᆫ境遇에其增價額에限ᄒᆞ야行使ᄒᆞᄂᆞ니라故로前例에家屋本價ᄂᆞᆫ二百

당사자 간에 계약이 있었음을 예상한 것으로 해석할 수 있기 때문이다. 또 수급인이 건축기술자나 건축기사를 사용한 경우에는 선취특권을 갖는 자는 수급인이고 건축기술자나 건축기사가 아니다. 왜냐하면 건축기술자나 건축기사는 수급인에 대하여 채권을 가지는 데 그치고 직접적으로 채무자에게 대하여는 채권이 없기 때문이다.

② 그 채권은 부동산 공사로 기인한 것이어야 한다: 이 특권은 곧 부동산 공사에 필요한 비용채권에 부수하므로 공사와 관계가 없는 다른 채권에 이 특권이 부수하지 않음은 특권의 성질상 명백한 바이다. 그러나 부동산 공사는 곧 가옥 기타 건조물, 제방, 연못과 구덩이, 담, 도랑 등의 축조, 수선과 정원의 장식과 배수, 관개, 개간과 도로의 개설 기타 토지와 건조물에 관한 일체의 공사를 말한다.

〈2〉 부동산 공사의 선취특권의 목적물: 이 특권의 목적물은 공사를 가한 부동산 그 자체이다. 가령 목수 한 사람이 채무자의 가옥을 수선한 경우라면 목수는 그 가옥을 매각하여 그 대금으로 우선변제를 받을 것이다. 그러나 목수는 그 대금의 전부에 대하여 우선권을 행사할 수 없고, 공사로 인하여 발생한 부동산의 가치 증가가 현존한 경우에 그 증가액에 한하여 행사하는 것이다. 그러므로 앞의 예에서 가옥의 본래 가액은 200

圓이오修繕費ᄂᆞᆫ百圓이오增加額은五十圓이면其木手ᄂᆞᆫ五十圜增加額에만對ᄒᆞ야先取特權을行ᄒᆞᆷ에止ᄒᆞ고殘餘額五十圓은本價二百圓에對ᄒᆞ야其權利를行ᄒᆞᆷ을不得ᄒᆞᄂᆞ니라且債權者가其特權을行ᄒᆞᆷ에ᄂᆞᆫ其權利行使ᄒᆞᆯ際에增加額이尙存ᄒᆞᆷ을要ᄒᆞᆷ으로前例의增價五十圓이後에至ᄒᆞ야三十圓에低落ᄒᆞ면木手ᄂᆞᆫ其現存ᄒᆞᆫ增價三十圓에만對ᄒᆞ야權利를行ᄒᆞᆷ을得ᄒᆞᄂᆞ니工事로因ᄒᆞ야生ᄒᆞᆫ增價가滅失ᄒᆞ면木手의特權도亦消滅에歸ᄒᆞᄂᆞ니라

土地와建造物은別個獨立의不動産이니先取特權의原因되ᄂᆞᆫ不動産工事에도土地의工事와建造物의工事를區別ᄒᆞ야土地工事費ᄂᆞᆫ土地增價에對ᄒᆞ야特權을與ᄒᆞ고建造物工事費ᄂᆞᆫ建造物增價에對ᄒᆞ야特權을與ᄒᆞᆫ바ㅣ라玆에建造物新築ᄒᆞᆫ境遇에ᄂᆞᆫ其建造物은土地의增價라謂치못ᄒᆞᆯ지오又旣存ᄒᆞᆫ建造物의價格이增加ᄒᆞ얏다ᄒᆞᆷ도謂치못ᄒᆞᆯ지니疑問이生ᄒᆞᆯ지라然이나所謂不動産의增價中에ᄂᆞᆫ旣存ᄒᆞᆫ建造物에工事를施ᄒᆞ야其價格이增加ᄒᆞᆫ境遇ᄂᆞᆫ勿論이오又新築ᄒᆞ야價格이始生ᄒᆞᆫ境遇도亦包含ᄒᆞ야債權者

원이고 수선비는 100원이며 증가액은 50원이라면, 목수는 50원의 증가액에 대하여만 선취특권을 행사하는 데 그치고 나머지 50원은 본래 가액 200원에 대하여 그 권리를 행사할 수 없다. 또 채권자가 그 특권을 행사하려면 그 권리를 행사할 때에 증가액이 여전히 존재하여야 한다. 따라서 앞의 예에서 가치 증가액 50원이 뒤에 이르러 30원으로 감소하면 목수는 현존한 가치 증가액 30원에 대하여만 권리를 행사할 수 있다. 공사로 인하여 발생한 가치 증가가 멸실되면 목수의 특권 또한 소멸하게 되는 것이다.

토지와 건조물은 별개의 독립한 부동산이므로 선취특권의 권원인 부동산 공사에도 토지의 공사와 건조물의 공사로 구별된다. 토지의 공사비는 토지의 가지 증가에 대하여 특권을 주고 건조물의 공사비는 건조물의 가치 증가에 대하여 특권을 주는 것이다. 여기서 건조물을 신축한 경우에는 그 건조물은 토지의 가치 증가라고 말할 수 없을 것이고, 또 이미 존재한 건조물의 가격이 증가하였다고도 말할 수 없으므로 의문이 생길 것이다. 그러나 이른바 부동산 가치의 증가 안에는 이미 존재한 건조물에 공사를 시행하여 그 가격이 증가한 경우는 물론이고 신축으로 비로소 가격이 발생하는 경우 또한 포함된다. 그리하여 채권자

ᄂᆞᆫ建造物의增價로全價額上에對ᄒᆞ야權利ᄅᆞᆯ行ᄒᆞᆷ을得ᄒᆞᆷ이正當ᄒᆞᆫ解釋으로信ᄒᆞ노라

(第三)不動產賣買의先取特權

此特權은不動產의賣買代價及其利息債權의附隨ᄒᆞ야賣買目的된不動產이亦此特權의目的物이되ᄂᆞᆫ지라故로此權利ᄂᆞᆫ動產賣買의先取特權과其性質이相同ᄒᆞ기玆에說明을不再ᄒᆞ노라

第三節　先取特權의順位

先取特權이有ᄒᆞᆫ債權者가普通債權者에先ᄒᆞ야其債權에辨報ᄅᆞᆯ受ᄒᆞᄂᆞᆫ權利가有ᄒᆞᆷ은上來說明에依ᄒᆞ야明白ᄒᆞᆯ바ㅣ라然이나此等特權者도債務者財產에對ᄒᆞ야其權利ᄅᆞᆯ行使ᄒᆞᆯ際에權利의目的된財產이相異ᄒᆞ면其權利ᄅᆞᆯ各自行使ᄒᆞ야互相利害에影響이不及ᄒᆞᆯ지나若數個의先取特權이同一財產을目的ᄒᆞ야同時行使ᄒᆞ면先取特權의相競이生ᄒᆞᆯ지라此境遇에其特權은總히同一의效力으로平等히行케ᄒᆞᆯ가或其間에優劣을置ᄒᆞ야順次로行케ᄒᆞᆯ가此ᄅᆞᆯ定ᄒᆞᆯ必要가有ᄒᆞᆫ지라故로日本民法物權編에ᄂᆞᆫ第八章第三節에先取特權의優劣을定ᄒᆞ니라

는 건조물의 가치 증가로 전체 가액 위에 대하여 권리를 행사할 수 있다는 것이 정당한 해석이라고 믿는다.

III. 부동산 매매의 선취특권

이 특권은 부동산의 매매대금 및 그 이자채권에 부수하며 매매의 목적인 부동산이 또한 이 특권의 목적물이 되는 것이다. 그러므로 이 권리는 동산 매매의 선취특권과 그 성질이 같아 여기서 다시 설명하지 않는다.

제3절 선취특권의 순위

선취특권이 있는 채권자가 일반채권자보다 우선하여 그 채권의 변제를 받는 권리가 있음은 위에서 해온 설명에 따라 명백할 것이다. 그러나 이들 특권자도 채무자 재산에 대하여 그 권리를 행사할 때에 권리의 목적인 재산이 서로 다르면 그 권리를 각자 행사하여 상호 이해관계에 영향이 미치지 않겠지만, 만약 여러 개의 선취특권이 동일한 재산을 목적으로 하여 동시에 행사된다면 선취특권의 경합이 발생할 것이다. 이 경우에 그 특권은 모두 동일한 효력으로 평등하게 행사하도록 할지, 아니면 그 사이에 우열을 두어 순차적으로 행사하게 할지를 정할 필요가 있는 것이다. 그러므로 일본 민법 물권편에서는 제8장 제3절에 선취특권의 우열을 규정하였다.

特權의種類를旣히日本民法을依ᄒᆞ야說明ᄒᆞ얏스니此優劣도亦其民法의定ᄒᆞᆫ順序를依ᄒᆞ면左의原則을從ᄒᆞᆯ지니라

(第一)一般先取特權互相間의順位

一般先取特權은左의順序를從ᄒᆞ야債務者總財産에對ᄒᆞ야權利를行ᄒᆞᆷ을要ᄒᆞᄂᆞ니卽前節에說明ᄒᆞᆫ順序ㅣ니라

(一)共益費用의先取特權

(二)葬式費用의先取特權

(三)雇人給料의先取特權

(四)日用品供給의先取特權

共益費用을第一位에置ᄒᆞᆷ은此費用은債權者共同利益을爲ᄒᆞᆫ者인ᄃᆡ他債權者도亦此費用의利益을受ᄒᆞᆫ者ㅣ라故로債務者의財産은此費用辦報에先充ᄒᆞᆷ이當然ᄒᆞᆫ順序가됨이오其他先取特權은皆公益을保護ᄒᆞ기爲ᄒᆞ야設ᄒᆞᆫ者이나其間에輕重이自有ᄒᆞ야最必要ᄒᆞᆫ者를先ᄒᆞ고其次ᄂᆞᆫ後에ᄒᆞᄂᆞ니라

(第二)一般先取特權과特別先取特權間의順位

특권의 종류를 이미 일본 민법에 따라 설명하였으므로 이 우열 또한 일본 민법에서 정한 순서에 의하면 다음 원칙을 따를 것이다.

I. 일반선취특권 상호간의 순위

일반선취특권은 다음 순서에 따라 채무자의 총 재산에 대하여 권리를 행사하여야 하는데, 곧 앞 절에서 설명한 순서이다.

① 공익비용의 선취특권
② 장례비용의 선취특권
③ 고용인 급료의 선취특권
④ 일용품 공급의 선취특권

공익비용을 제1순위에 둔 까닭은, 이 비용은 채권자 공동의 이익을 위한 것이어서 다른 채권자 또한 이 비용의 이익을 받는 것이다. 그러므로 채무자의 재산은 이 비용의 변제에 먼저 충당하는 것이 당연한 순서가 된다. 그리고 다른 선취특권은 모두 공익을 보호하기 위하여 마련된 것이지만 그 사이에 자연스레 경중이 있어 가장 필요한 것을 먼저 두고 그 다음 것은 뒤에 두었다.

II. 일반선취특권과 특별선취특권 사이의 순위

一般先取特權과特別先取特權間優劣에關ᄒᆞ야立法例와學說이區區ᄒᆞ야未定ᄒᆞ니一般先取特權이優勝ᄒᆞ다ᄒᆞᄂᆞᆫ說은此特權의主眼된公益保護를重히ᄒᆞᄂᆞᆫ精神으로主張ᄒᆞᆷ이라然이나一般先取特權은債務者의總財產을目的ᄒᆞᆷ으로써特別先取特權의目的된財產을除ᄒᆞ야도他財產에對ᄒᆞ야其權利를可히行ᄒᆞᆯ지라故로先取特權者ᄂᆞᆫ其債權을受捧ᄒᆞᆯ所望이尙有ᄒᆞ거니와特別先取特權은特定財產을目的ᄒᆞᆷ으로써其目的된財產이一般先取特權者의게先歸ᄒᆞ면特別先取特權者ᄂᆞᆫ目的物을失ᄒᆞ야其權利를行ᄒᆞᆯ財產이無ᄒᆞ니其債權을受捧키不能ᄒᆞᆯ虞慮가有ᄒᆞ며又法律이特種債權者의게對ᄒᆞ야特別先取特權을與ᄒᆞᆷ은此等債權者와債務者間에特定財產에對ᄒᆞ야擔保의默約이有ᄒᆞᆫ者로看做ᄒᆞ고或은此等債權者가債務者資產中에特定財產을新加케ᄒᆞ고又ᄂᆞᆫ債務者所有特定財產의價格을增加케ᄒᆞᆷ에不外ᄒᆞ니此等債權과其目的物은密接의關係가無ᄒᆞᆫ者인ᄃᆡ然而特別先取特權의目的되ᄂᆞᆫ財產에도一般先取特權者의게優先權을與ᄒᆞ면或境遇에ᄂᆞᆫ特別先取特權者가其正當ᄒᆞ게豫期ᄒᆞ얏던擔保를奪ᄒᆞ야意外의損失을被케ᄒᆞᆷ도有ᄒᆞ고或은一般先取特權

일반선취특권과 특별선취특권 사이의 우열에 관하여 입법례와 학설이 서로 달라 정해지지 않았다. 일반선취특권이 우선한다는 학설은 이 특권이 주안점으로 삼는 공익보호를 중시하는 정신에서 주장된다. 그러나 일반선취특권은 채무자의 총 재산을 목적으로 하므로 특별선취특권의 목적인 재산을 제외하더라도 다른 재산에 대하여 그 권리를 행사할 수 있을 것이다. 그러므로 선취특권자는 여전히 그 채권을 변제받을 가망이 있다. 그러나 특별선취특권은 특정 재산을 목적으로 하므로, 그 목적이 된 재산이 일반선취특권자에게 먼저 귀속되면 특별선취특권자는 목적물을 잃어 그 권리를 행사할 재산이 없어져 그 채권을 변제받지 못할 우려가 있다. 또 법률이 특정한 채권의 채권자에 대하여 선취특권을 주는 까닭은 이들 채권자와 채무자 사이에서 특정 재산에 대하여 담보의 묵시적 약정이 있는 것으로 간주되거나, 또는 이들 채권자가 채무자 자산 가운데 특정 재산을 새로 추가하게 하거나, 채무자 소유의 특정 재산의 가액을 증가시킨 것일 뿐으로 이들 채권과 그 목적물이 밀접한 관계가 있는 것이기 때문이다. 그런데 특별선취특권의 목적인 재산에도 일반선취특권자에게 우선권을 주면 어떤 경우에는 특별선취특권자가 정당하게 예상하였던 담보를 빼앗기고 의외의 손실을 입게 될 수도 있고, 더러는 일반선취특권

者로ᄒᆞ야곰特別先取特權者의損失을因ᄒᆞ야不當의利益을得ᄒᆞᄂᆞᆫ不公平ᄒᆞᆫ結果가生ᄒᆞ리라故로何點을觀察ᄒᆞ던지一般先取特權에優先効力을與ᄒᆞᆷ은不可ᄒᆞᆫ즉一般先取特權者ᄂᆞᆫ特別先取特權者가其目的된特定財産에對ᄒᆞ야其債權을完全히受捧ᄒᆞᆫ後가아니면其財産에對ᄒᆞ야先取特權을行ᄒᆞᆷ을不得ᄒᆞᄂᆞ니라

然이나此原則에例外가有ᄒᆞ니共益費用의先取特權은特別先取特權에優先ᄒᆞᆷ이라盖共益費用은債權者의共同利益을爲ᄒᆞᆫ費用으로總債權者를利케ᄒᆞᆫ者이니其財産은第一로此費用報給에充ᄒᆞᆷ이當然ᄒᆞᆫ順序니라若不然ᄒᆞ면他債權者ᄂᆞᆫ此費用을出ᄒᆞᆫ債權者의利益을害ᄒᆞ고不當ᄒᆞᆫ利益을得ᄒᆞᄂᆞᆫ不公平ᄒᆞᆫ結果가生ᄒᆞᆷ에至ᄒᆞᆯ故로共益費用의先取特權은特別先取特權間의關係에도優先의効力을有케ᄒᆞᆷ이니라但共益費用은相對的性質이有ᄒᆞ야特別先取特權者中에此費用의利益을不受ᄒᆞᆫ者이有ᄒᆞ면此에對ᄒᆞ야ᄂᆞᆫ優先權을主張치못ᄒᆞᆷ은勿論이니라

(第三)特別先取特權互相間의順位

자가 특별선취특권자의 손실로 인하여 부당한 이익을 얻는 불공평한 결과를 낳을 것이다. 그러므로 어느 점에서 관찰하든 일반선취특권에 우선적 효력을 주는 것은 타당하지 않으며, 일반선취특권자는 특별선취특권자가 그 목적이 된 특정 재산에 대하여 그 채권을 완전히 변제받은 후가 아니면 그 재산에 대하여 선취특권을 행사할 수 없다.

그러나 이 원칙에 예외가 있는데, 공익비용의 선취특권은 특별선취특권보다 우선한다. 대개 공익비용은 채권자 공동의 이익을 위한 비용이므로 모든 채권자를 이롭게 한다. 따라서 그 재산은 첫째로 이 비용 변제에 충당함이 당연한 순서이다. 만약 그렇지 않다면 다른 채권자는 이 비용을 지출한 채권자의 이익을 해하고 부당한 이익을 얻는 불공평한 결과를 낳게 될 것이다. 그러므로 공익비용의 선취특권은 특별선취특권과 사이의 관계에서도 우선하는 효력을 갖게 하는 것이다. 다만 공익비용은 상대적 성질이 있어 특별선취특권자 중에 이 비용의 이익을 받지 못한 자가 있으면 이에 대하여는 우선권을 주장하지 못함은 물론이다.

III. 특별선취특권 사이의 순위

(一)同一動產에對ᄒᆞ야特別先取特權이互有ᄒᆞᆫ境遇에ᄂᆞᆫ其優先權의順位가如左ᄒᆞ니

(一)不動產賃貸借、旅店宿泊、及運輸의先取特權

(二)動產保存의先取特權

(三)動產賣買、種苗肥料供給、及農工業勞役의先取特權

以下各順位의先取特權을簡單히說明ᄒᆞ면

(甲)第一順位의先取特權　不動產賃貸借外二種의先取特權을第一位에置ᄒᆞᆷ은此等特權은法律이當事者間에擔保의默約이有ᄒᆞᆷ으로認ᄒᆞ고付與ᄒᆞᆫ者인즉當事者間의意思表示로基因ᄒᆞᆫ典執과叉치他債權者를排斥ᄒᆞ고擔保物上에其權利를行케ᄒᆞᆷ이라然이나此原則에ᄂᆞᆫ例外가有ᄒᆞ니下에說明ᄒᆞ노라

(가)第一順位의先取特權者가債權을取得ᄒᆞᆯ當時에第二第三順位의先取特權者가有ᄒᆞᆷ을知ᄒᆞᆫ時ᄂᆞᆫ此에對ᄒᆞ야優先權을主張치못ᄒᆞᆷ盖理論上으로言ᄒᆞ면債權取得의前後로順序를定ᄒᆞ야債務者의財產이第二

〈1〉 동일한 동산에 대하여 특별선취특권을 서로 갖는 경우에는 그 우선권의 순위가 다음과 같다.

① 부동산 임대차, 여관의 숙박료 및 운송료의 선취특권

② 동산 보존의 선취특권

③ 동산 매매, 모종 및 비료 공급, 농공업 노동의 선취특권

이하에서 각 순위의 선취특권을 간단히 설명하면

① 제1순위의 선취특권: 부동산 임대차 외 두 가지의 선취특권을 제1순위에 둔 까닭은, 이들 특권은 법률이 당사자 사이에 담보의 묵시적 약정이 있는 것으로 인정하고 부여한 것이므로 당사자 사이의 의사표시에 기인한 담보 설정과 같이 다른 채권자를 배척하고 담보물 위에 그 권리를 행사하게 하려는 것이다. 그러나 이 원칙에는 예외가 있으므로 아래에 설명한다.

Ⓐ 제1순위의 선취특권자가 채권을 취득할 당시에 제2, 제3순위의 선취특권자가 있음을 안 때에는 이에 대하여 우선권을 주장하지 못한다: 대개 이론상으로 말하면 채권 취득의 선후로 순서를 정하여 채무자의 재산이 제2,

第三順位의債權者의權利目的되는以上에는後에權利를取得ᄒᆞᆫ第一順位債權者에優先ᄒᆞ야其權利를行ᄒᆞᆷ이當然ᄒᆞ거늘後者의게優先權을與ᄒᆞᆷ은도리혀原則에對ᄒᆞᆫ例外로動産保存其他先取特權의存在를不知ᄒᆞ고目的物에信을置ᄒᆞᆫ善意의不動産賃貸借의先取特權者等을保護ᄒᆞ는精神이라然則第一順位의先取特權者가債權을取得ᄒᆞᆯ當時에目的物이第二第三順位先取特權의權利의目的됨을旣知ᄒᆞ얏스면此는保護ᄒᆞᆯ必要가無ᄒᆞ니라何故오第一順位의先取特權者가此事實을旣知ᄒᆞᆫ以上은此로生ᄒᆞᆫ結果는豫期ᄒᆞ얏던바이니第二第三順位의先取特權者로ᄒᆞ야곰其權利를行케ᄒᆞ야도第一順位의先取特權者는意外의損失이無ᄒᆞᆯ바이니라

(나)第一順位의先取特權者를爲ᄒᆞ야物을保存ᄒᆞᆫ者에對ᄒᆞ야는優先權을主張치못ᄒᆞᆷ債務者의財産이第一順位先取特權者의權利目的된後에其財産을保存ᄒᆞᆫ者는第一順位의先取特權者를爲ᄒᆞ야其權利의目的物을保存ᄒᆞᆫ者이라第一順位先取特權者에先ᄒᆞ야其權利를行ᄒᆞᆯ지니第一順

제3순위 채권자의 권리의 목적이 되는 이상 뒤에 권리를 취득한 제1순위 채권자보다 우선하여 그 권리를 행사하는 것이 당연하다. 그런데도 후자에게 우선권을 주는 것은 도리어 원칙에 대한 예외로 동산의 보존 기타 선취특권의 존재를 알지 못하고 목적물에 믿음을 둔 선의의 부동산 임대차의 선취권자 등을 보호하려는 정신에서 나온 것이다. 그렇다면 제1순위의 선취특권자가 채권을 취득할 당시에 목적물이 제2, 제3순위 선취특권의 권리의 목적이 됨을 이미 알았다면 이는 보호할 필요가 없다. 왜냐하면 제1순위의 선취특권자가 이 사실을 이미 안 이상 이에 따라 발생한 결과는 예상하였던 바이므로, 제2, 제3순위의 선취특권자가 그 권리를 행사하게 하여도 제1순위의 선취특권자는 뜻밖의 손실이 없을 것이기 때문이다.

Ⓑ 제1순위의 선취특권자를 위하여 물건을 보존한 자에 대하여는 우선권을 주장하지 못한다: 채무자의 재산이 제1순위 선취특권자의 권리의 목적이 된 뒤에 그 재산을 보존한 자는 제1순위의 선취특권자를 위하여 그 권리의 목적물을 보존한 것이어서 제1순위 선취특권자보다 먼저 그 권리를 행사할 것이다. 따라서 제1순

位特權者의委託이有ᄒᆞ고無ᄒᆞᆷ은不問ᄒᆞᆯ바ㅣ니라如何ᄒᆞᆫ境遇던지物件의保存者ᄂᆞᆫ其保存行爲ᄅᆞᆯ因ᄒᆞ야第一順位者ᄅᆞᆯ利케ᄒᆞᆷ인즉第一順位者ᄂᆞᆫ保存者가其債權의辨償을受ᄒᆞᆫ後가아니면自巳債權의辨償을受치못ᄒᆞᆷ이公平ᄒᆞ니라

(乙)第二順位의先取特權　債務者ᄅᆞᆯ爲ᄒᆞ야動產을保存ᄒᆞᆫ債權者ᄂᆞᆫ其保存行爲ᄅᆞᆯ因ᄒᆞ야其動產에權利가有ᄒᆞᆫ他債權者ᄅᆞᆯ利케ᄒᆞᄂᆞᆫ故로此特權을第二位에置ᄒᆞᆷ이라然而保存者가數人이有ᄒᆞ면後保存者ᄂᆞᆫ先保存者에先ᄒᆞᄂᆞ니後保存者ᄂᆞᆫ其保存行爲ᄅᆞᆯ因ᄒᆞ야先保存者ᄅᆞᆯ利케ᄒᆞᆫ者인ᄃᆡ先保存者ᄂᆞᆫ後保存者가保存行爲ᄅᆞᆯ不爲ᄒᆞ얏스면目的物上에權利ᄅᆞᆯ行ᄏᆡ不能ᄒᆞ리니라

(丙)第三順位의先取特權　此特權者도亦權利目的된財產에關ᄒᆞ야功勞가有ᄒᆞ나擔保의默約이有ᄒᆞᆫ第一順位者와物을保存ᄒᆞᆫ第二順位者에對ᄒᆞ야ᄂᆞᆫ一步ᄅᆞᆯ讓ᄒᆞᆯ지니라

特別先取特權의順位ᄂᆞᆫ右와如히定ᄒᆞᆷ이通則이나果實에關ᄒᆞ야ᄂᆞᆫ左의順

위 특권자의 위탁이 있는지 없는지는 불문한다. 어떠한 경우이든 물건의 보존자는 그 보존행위로 인하여 제1순위자를 이롭게 한 것이므로 제1순위자는 보존자가 그 채권의 변제를 받은 후가 아니면 자기 채권의 변제를 받지 못하는 것이 공평하다.

② 제2순위의 선취특권: 채무자를 위하여 동산을 보존한 채권자는 그 보존행위로 인하여 그 동산에 권리를 가진 다른 채권자를 이롭게 한다. 그러므로 이 특권을 제2순위에 둔 것이다. 그러나 보존자가 수인(數人)이면 뒤의 보존자는 앞의 보존자보다 우선한다. 뒤의 보존자는 그 보존행위로 인하여 앞의 보존자를 이롭게 한 것인데, 앞의 보존자는 뒤의 보존자가 보존행위를 하지 않았다면 목적물 위에 권리를 행사할 수 없었을 것이기 때문이다.

③ 제3순위의 선취특권: 이 특권자 또한 권리의 목적인 동산에 관하여 공로가 있으나, 담보의 묵시적 약정이 있는 제1순위자와 물건을 보존한 제2순위자에 대하여는 한 걸음 양보하여야 할 것이다.

특별선취특권의 순위는 위와 같이 정하는 것이 원칙이지만 과실에 대하여는 다음의 순

位를從ᄒᆞᆷ이可ᄒᆞᆷ

一、農業의勞役者

二、種苗肥料의供給者

三、土地의賃貸人

前記三種의先取特權者는皆果實産出에功勞가有ᄒᆞ야其果實은即協力의結果ㅣ라ᄒᆞᆯ지라然이나擔保原因의遠近과功勞의大小와先取特權者의資力等을斟酌ᄒᆞ야果實産出에功勞가最有ᄒᆞ고資力이常無ᄒᆞᆫ農業의勞役者를第一位에置ᄒᆞ고且同一標準으로第二位第三位를定ᄒᆞ니라

(二)同一不動産에對ᄒᆞ야特別先取特權이互有ᄒᆞᆫ境遇에는其優先權의順位가如左ᄒᆞ니

一、不動産保存의先取特權

二、不動産工事의先取特權

三、不動産賣買의先取特權

不動産保存의先取特權을第一位에置ᄒᆞᆷ은不動産의保存은他先取特權者

위를 따르는 것이 마땅하다.

① 농업의 노동자

② 모종과 비료의 공급자

③ 토지의 임대인

앞에 적은 세 가지의 선취특권자는 모두 과실 산출에 공로가 있으며 그 과실은 곧 협력의 결과물이라고 할 수 있다. 그러나 담보원인의 거리와 공로의 크기, 선취특권자의 자력 등을 참작하여 과실 산출에 가장 공로가 있고 자력이 일정하지 않은 농업의 노동자를 제1순위에 두고 또 동일한 기준으로 제2순위, 제3순위를 정하였다.

〈2〉 동일한 부동산에 대하여 특별선취특권을 서로 갖는 경우에는 그 우선권의 순위가 다음과 같다.

① 부동산 보존의 선취특권

② 부동산 공사의 선취특권

③ 부동산 매매의 선취특권

부동산 보존의 선취특권을 제1순위에 둔 것은, 부동산의 보존은 다른 선취특권자를利케ᄒᆞᆫ所以오又不動産工事의先取特權은工事로生ᄒᆞᆫ增價上에在ᄒᆞ니其增加額에ᄂᆞᆫ賣買先取特權者에優先ᄒᆞᆷ이正當ᄒᆞᆯ뿐아니라賣買의先取特權者도此를因ᄒᆞ야其利益에害가될事이無ᄒᆞ니라

同一不動産에對ᄒᆞ야逐次의賣買가有ᄒᆞᆫ時에賣主互相間優先權의順位ᄂᆞᆫ時의前後를依ᄒᆞᄂᆞ니換言ᄒᆞ면前賣主ᄂᆞᆫ後賣主에對ᄒᆞ야優先權을行ᄒᆞᆷ을得ᄒᆞᄂᆞ니라假令甲이乙의게家屋을賣ᄒᆞ고 乙이丙의게轉賣ᄒᆞᆫ境遇에 乙丙이皆其代金을未償ᄒᆞ얏스면甲 乙은各未捧의賣買代金과及其利息으로家屋上에先取特權을行ᄒᆞᆯ지나其互相關係에ᄂᆞᆫ甲은乙에先ᄒᆞ야其權利를行ᄒᆞᆯ지라盖不動産逐次賣買境遇에ᄂᆞᆫ後賣主ᄂᆞᆫ卽前賣主의債務者인ᄃᆡ其代金을辨償ᄒᆞᆯ義務가有ᄒᆞ고目的物된不動産은卽其代金의辨償을擔保ᄒᆞᆫ者에不外ᄒᆞ며後賣主의債權도亦其不動産에셔生ᄒᆞᆫ者이니後賣主ᄂᆞᆫ自己의債權者된前賣主가其代金을先捧케ᄒᆞᆷ이當然ᄒᆞ고後賣主ᄂᆞᆫ前賣主의게對ᄒᆞ야其債務를畢竟辨償ᄒᆞᆯ者이니前賣主로ᄒᆞ야곰優先權을行케ᄒᆞ야도損害가無ᄒᆞ니라

를 이롭게 하였기 때문이다. 또 부동산 공사의 선취특권은 공사로 발생한 가치 증가분 위에 있으므로 그 증가액에 대하여는 매매의 선취특권자보다 우선함이 정당할 뿐 아니라 매매의 선취특권자도 이로 인하여 이익에 해가 될 것이 없다.

동일한 부동산에 대하여 순차로 매매가 있는 때에 매도인 상호간의 우선권 순위는 매매의 선후에 따른다. 바꾸어 말하면 전 매도인은 후 매도인에 대하여 우선권을 행사할 수 있다. 가령 甲이 乙에게 가옥을 매도하고 乙이 丙에게 전매한 경우에 乙, 丙이 모두 그 대금을 상환하지 않았다면 甲, 乙은 각각 변제받지 못한 매매대금과 그 이자로 가옥 위에 선취특권을 행사할 수 있다. 그러나 상호간의 관계에서는 甲은 乙보다 우선하여 그 권리를 행사할 것이다. 대개 부동산이 순차로 매매되는 경우에는 후 매도인은 곧 전 매도인의 채무자이므로 그 대금을 변제할 의무가 있다. 그리고 목적물인 부동산은 곧 대금의 변제를 담보한 것일 뿐이며 후 매도인의 채권 또한 그 부동산에서 발생한 것이다. 따라서 후 매도인은 자기의 채권자인 전 매도인이 그 대금을 먼저 변제받게 함이 당연하고, 후 매도인은 전 매도인에 대하여 그 채무를 마침내 변제할 자로서 전 매도인이 우선권을 행사할 수 있게 하여도 손해가 없다.

(第四)同一順位先取特權者互相間의關係

同一目的物에對ᄒᆞ야同順位의先取特權者數人이有ᄒᆞᆫ時ᄂᆞᆫ各債權額에應ᄒᆞ야比例辨償을受ᄒᆞᆯ지라同順位先取特權者ᄂᆞᆫ同等의權利가皆有ᄒᆞ니特權의目的物은一般原則을從ᄒᆞ야其債權額에比例ᄒᆞ야先取特權者間에分配ᄒᆞᆯ지라然이나此에注意ᄒᆞᆯ者ᄂᆞᆫ此同等權은以上에說明ᄒᆞᆫ同順位中에在ᄒᆞᆫ各種先取特權者互相間의關係를定ᄒᆞᆷ이오同種特權者中債權의優劣은他一般原則을從ᄒᆞᆯ지니此에定ᄒᆞᆫ關係를不待ᄒᆞᆯ지니라

第四節　先取特權의效力

先取特權은物上擔保一種에屬ᄒᆞ야其主要된效力은債權者로ᄒᆞ야곰債務者의財産에對ᄒᆞ야優先辨報를得케ᄒᆞᆷ에在ᄒᆞᆷ은旣往說明에明白ᄒᆞ니再論ᄒᆞᆯ要가無ᄒᆞ며今에其他效力卽此特權行使에關ᄒᆞᆫ制限과第三者의게對ᄒᆞᆫ效力에關ᄒᆞ야說明ᄒᆞ노라

第一欵　一般先取特權에效力

(一)一般先取特權은不動産에對ᄒᆞ야登記를不爲ᄒᆞ얏스나特別擔保가無ᄒᆞᆫ債

IV. 동일 순위 선취특권자 상호간의 관계

동일한 목적물에 대하여 같은 순위의 선취특권자가 수인이 있는 때에는 각 채권액에 따라 비례하여 변제를 받을 것이다. 동순위의 선취특권자는 모두 동등한 권리를 갖는데, 특권의 목적물은 일반원칙에 따라 그 채권액에 비례하여 선취특권자에게 분배될 것이다. 그러나 여기서 주의할 것은 이 동등권(同等權)은 이상에서 설명한 동순위 안에 있는 각종 선취특권자 상호간의 관계를 정한 것이고, 동종의 특권자 중 채권의 우열은 다른 일반원칙에 따를 것이므로 여기서 정한 관계에 따르지 않는다는 점이다.

제4절 선취특권의 효력

선취특권은 물적 담보의 일종에 속하며 그 주된 효력은 채권자로 하여금 채무자의 재산에 대하여 우선변제를 얻게 하는 데 있음은 이미 설명한 대로 명백하여 재론할 필요가 없다. 이제 기타 효력, 곧 이 특권 행사에 관한 제한과 제3자에 대한 효력에 관하여 설명한다.

제1관 일반선취특권의 효력

〈1〉 일반선취특권은 부동산에 대하여 등기를 하지 않았으나 특별담보가 없는 채권

權者의게對抗ᄒᆞᆷ을得ᄒᆞᆷ　不動產을目的ᄒᆞᆫ一般先取特權도亦不動產에關ᄒᆞᆫ一物權이니原則을從ᄒᆞ야登記치아니ᄒᆞ면此로써第三者의게對抗키不能ᄒᆞᆯ者로論ᄒᆞᆯ지나然이나共益費用、葬式費用、雇人給料及日用品供給으로生ᄒᆞ는債權은其額이恒少ᄒᆞᆷ으로一々히煩雜ᄒᆞᆫ登記節次를行ᄒᆞᆷ은實際에不能이라故로此等特權을設ᄒᆞᆫ趣旨를貫徹키爲ᄒᆞ야普通債權者와關係된時는登記의義務를免除ᄒᆞ야其登記의有無를不拘ᄒᆞ고其權利를主張케ᄒᆞ니라

(二)登記를不爲ᄒᆞᆫ一般先取特權者는登記ᄒᆞᆫ第三者에게對ᄒᆞ야其權利를主張ᄒᆞᆷ을不得ᄒᆞᆷ　第三者가先取特權의目的된不動產上에質權抵當權을取得ᄒᆞ야其權利를登記ᄒᆞᆫ時는登記치아니ᄒᆞᆫ先取特權者는此에對ᄒᆞ야其權利를主張치못ᄒᆞᄂᆞ니라盖第三者는登記簿를信ᄒᆞ야去來ᄒᆞ얏고且自己의權利를保存ᄒᆞᆷ에必要ᄒᆞᆫ登記를ᄒᆞᆫ者인즉優先權을行케ᄒᆞᆷ이正當ᄒᆞᆫ바ㅣ니登記ᄒᆞᆫ第三者의關係에도一般先取特權者에게優先權을與ᄒᆞ면第三者는正當ᄒᆞᆫ節次를行ᄒᆞ고도不知ᄒᆞ얏던先取特權者의게優先을奪ᄒᆞ야意外의損失을被ᄒᆞᆷ에至ᄒᆞ리니라然이나一般先取特權者도亦不動產權利者로登記를因ᄒᆞ야其權利

자에게 대항할 수 있다: 부동산을 목적으로 한 일반선취특권 또한 부동산에 관한 하나의 물권이므로 원칙에 따라 등기하지 않으면 이로써 제3자에게 대항할 수 없다고 논할 수 있다. 그러나 공익비용, 장례비용, 고용인 급료 및 일용품 공급으로 발생한 채권은 언제나 그 액수가 적어서 일일이 번잡한 등기절차를 행하는 것은 실제로 가능하지 않다. 그러므로 이들 특권을 마련한 취지를 관철하기 위하여 일반채권자와 관계된 때에는 등기의 의무를 면제하여 등기 유무와 관계없이 그 권리를 주장하게 한다.

〈2〉 등기를 하지 않은 일반선취특권자는 등기한 제3자에 대하여 그 권리를 주장할 수 없다: 제3자가 선취특권의 목적인 부동산 위에 질권, 저당권을 취득하여 그 권리를 등기한 때에는 등기하지 않은 선취특권자는 이에 대하여 그 권리를 주장하지 못한다. 대개 제3자는 등기부를 믿어 거래하였고 또 자기의 권리를 보존하는 데 필요한 등기를 한 자여서 우선권을 행사하게 하는 것이 정당하다. 따라서 등기한 제3자의 관계에서도 일반선취특권자에게 우선권을 주면 제3자는 정당한 절차를 행하고도 알지 못했던 선취특권자에게 우선권을 박탈당하여 뜻밖의 손실을 입게 될 것이다. 그러나 일반선취특권자 또한 부동산의 권리자로 등기로 인하여 그 권리를保存ᄒᆞᆷ을得ᄒᆞ고登記ᄒᆞᆫ特權者ᄂᆞᆫ其登記ᄒᆞᆫ日字를依ᄒᆞ야後에登記ᄒᆞᆫ第三者의게對抗ᄒᆞᆷ을得ᄒᆞᄂᆞ니要ᄒᆞ건ᄃᆡ第三者와關係됨이不動產上權利得喪에關ᄒᆞᆫ一般原則을全然適用ᄒᆞᆫ者인ᄃᆡ前項은即普通債權者關係에만一例外를設ᄒᆞᆷ에不過ᄒᆞ니라

(三)一般先取特權者ᄂᆞᆫ不動產以外의財產으로辨償을先受ᄒᆞ고尙不足ᄒᆞ면不動產으로辨償을受ᄒᆞᆷ　一般先取特權者ᄂᆞᆫ債務者總財產上에權利가有ᄒᆞ니其選擇을從ᄒᆞ야債務者의動產이나不動產이나債權에對ᄒᆞ야自己債權의辨報를受ᄒᆞᆯ權利가有ᄒᆞᆫ者이라然이나一般先取特權者로ᄒᆞ야곰無制限으로此權利를行케ᄒᆞ면他債權者를不利케ᄒᆞᄂᆞᆫ結果가生ᄒᆞᆷ으로써其權利行使에多少制限을定ᄒᆞᆯ必要가有ᄒᆞ니라債務者의財產이總債務를辨償키不能ᄒᆞ야債權者가其先取特權을行使ᄒᆞᆯ境遇에ᄂᆞᆫ債務者의不動產은他債權者의特別擔保의目的됨이恒例인즉此特別擔保가有ᄒᆞᆫ債權者를保護ᄒᆞ기爲ᄒᆞ야先取特權者로ᄒᆞ야곰不動產以外의財產即動產이나債權으로其權利를先行케ᄒᆞ고不足이有ᄒᆞᆫ境遇에만限ᄒᆞ야不動產으로權利를行케ᄒᆞᆷ이可ᄒᆞ니라盖一般先

를 보존할 수 있고 등기한 특권자는 그 등기한 날짜에 따라 뒤에 등기한 제3자에게 대항할 수 있다. 요컨대 제3자와의 관계에서 부동산 위의 권리 취득과 상실에 관한 일반원칙을 전면적으로 적용한 것인데, 앞 항은 곧 일반채권자와의 관계에서만 하나의 예외를 마련한 데 불과하다.

〈3〉일반선취특권자는 부동산 이외의 재산으로 변제를 받고 여전히 부족하면 부동산으로 변제를 받는다: 일반선취특권자는 채무자의 총재산 위에 권리를 갖는다. 따라서 그 선택에 따라 채무자의 동산이나 부동산, 채권에 대하여 자기 채권의 변제를 받을 권리가 있는 것이다. 그러나 일반선취특권자가 무제한적으로 이 권리를 행사하게 하면 다른 채권자를 불리하게 하는 결과를 낳으므로 그 권리 행사를 다소 제한할 필요가 있다. 채무자의 재산이 총채무를 변제할 수 없어 채권자가 그의 선취특권을 행사할 경우에는 채무자의 부동산은 다른 채권자의 특별담보의 목적이 되는 경우가 상례이다. 따라서 이 특별담보가 있는 채권자를 보호하기 위하여 선취특권자로 하여금 부동산 이외의 재산, 곧 동산이나 채권에 그 권리를 먼저 행사하게 하고 부족한 것이 있는 경우에 한하여 부동산에 권리를 행사하게 함이 마땅하다. 대개 일반선

取特權者는債務者總財産上에權利가有ᄒᆞ니不動産을除ᄒᆞ야도他財産으로辨報를可히受ᄒᆞᆯ터인즉以上의制限은即權利行使의順序만定ᄒᆞᆷ에不過ᄒᆞ고其權利는毫末도縮少될바ㅣ無ᄒᆞ며此와反ᄒᆞ야不動産을特別擔保로目的ᄒᆞᆫ債權者가一般先取特權者의게優先을奪ᄒᆞ면其權利를行ᄒᆞᆯ他擔保物이無ᄒᆞ야完全ᄒᆞᆫ辨報를受키不能ᄒᆞᆯ憂慮가有ᄒᆞ니라

(四)不動産에關ᄒᆞ야는特別擔保의目的이아닌物에對ᄒᆞ야辨報를先受ᄒᆞᆷ을要ᄒᆞᆷ　一般先取特權者는特別擔保의目的이되지아니ᄒᆞᆫ不動産에對ᄒᆞ야辨報를先受ᄒᆞ고不足이有치아니ᄒᆞ면特別擔保의目的된不動産에對ᄒᆞ야辨報를受키不得ᄒᆞᄂᆞ니此는前項에說明ᄒᆞᆫ理由로特別擔保가有ᄒᆞᆫ債權者를保護ᄒᆞ기爲ᄒᆞᆷ인ᄃᆡ先取特權者가他債權者보다登記를先行ᄒᆞᆫ境遇에此制限의實効가有ᄒᆞᆯ바ㅣ니라

一般先取特權者는前記의制限을遵守ᄒᆞᆯ지니一般先取特權者가債務者의動産이나債權配當에加入지아니ᄒᆞ고不動産配當에加入ᄒᆞ며又特別擔保의目的이아닌不動産配當에加入지아니ᄒᆞ고特別擔保의目的된不動産配當에加入ᄒᆞ야

취특권자는 채무자의 총 재산 위에 권리가 있어 부동산을 제외하여도 다른 재산으로 변제를 받을 수 있을 것이다. 따라서 이상의 제한은 곧 권리 행사의 순서만 정한 데 불과하고 그 권리는 털끝만큼도 축소될 것이 없다. 이와 반대로 부동산을 특별담보의 목적으로 한 채권자가 일반선취특권자에게 우선권을 박탈당하면 그 권리를 행사할 다른 담보물이 없어져 완전한 변제를 받지 못할 우려가 있다.

〈4〉 부동산에 관하여는 특별담보의 목적이 아닌 물건에 대하여 변제를 먼저 받아야 한다: 일반선취특권자는 특별담보의 목적이 되지 않은 부동산에 대하여 변제를 먼저 받고 부족한 것이 없으면 특별담보의 목적이 된 부동산에 대하여 변제를 받을 수 없다. 이는 앞 항에서 설명한 이유로 특별담보가 있는 채권자를 보호하기 위한 것인데, 선취특권자가 다른 채권자보다 등기를 먼저 한 경우에 이 제한의 실익이 있다.

일반선취특권자는 앞서 적은 제한을 준수하여야 할 것이다. 일반선취특권자가 채무자의 동산이나 채권의 배당에 참가하지 않고 부동산 배당에 참가하며 또 특별담보의 목적이 아닌 부동산 배당에 가입하지 않고 특별담보의 목적이 된 부동산 배당에 참가하여

前記第三、第四의制限에違背ᄒᆞ는時는先取特權者는動產債權或은特別擔保의目的이아닌不動產配當에加入ᄒᆞ야辨償을受ᄒᆞᆯ만ᄒᆞᆫ限度에는登記ᄒᆞᆫ第三者卽特別擔保가有ᄒᆞᆫ債權者의게對ᄒᆞ야其權利를主張치못ᄒᆞᄂᆞ니此는先取特權者가其權利行使를等閑에付ᄒᆞᆫ怠慢의責任을自擔케ᄒᆞᆷ이니라

然이나以上制限은第三者의權利를保護ᄒᆞ고債務者財產에對ᄒᆞ야特權行使의順序를定ᄒᆞᆷ에不過ᄒᆞ고其權利는決코縮少ᄒᆞᆷ이아니라故로先取特權者는畢竟其權利를完全行使ᄒᆞᆷ을得ᄒᆞ리니前記의制限은不動產以外財產의代價에先ᄒᆞ야不動產代價를配當ᄒᆞ고又他不動產代價에先ᄒᆞ야特別擔保의目的된不動產의代價를配當ᄒᆞᆯ境遇에는適用ᄒᆞᆯ바이아니라此境遇에도先取特權行使의制限을遵守케ᄒᆞ면一般先取特權者는不動產의代價와特別擔保의目的된不動產代價에對ᄒᆞ야는到底히其權利를行키不能ᄒᆞᆷ에至ᄒᆞ야完全ᄒᆞᆫ受捧을不得ᄒᆞ는不公平ᄒᆞᆫ結果를生ᄒᆞ리니故로此境遇에는先取特權者는其債權의全額을不動產과特別擔保의目的된不動產上에對ᄒᆞ야直受捧ᄒᆞᆷ을得ᄒᆞ며其不動產上에特別擔保權이有ᄒᆞᆫ債權者는抵當權의規定을準ᄒᆞ야代位의權利를行ᄒᆞᆯ而已니라

앞에 적은 셋째, 넷째의 제한을 위반한 때에는 선취특권자는 동산, 채권 또는 특별담보의 목적이 아닌 부동산 배당에 참가하여 변제를 받을 수 있는 한도에서는 등기한 제3자, 곧 특별담보가 있는 채권자에 대하여 그 권리를 주장하지 못한다. 이는 선취특권자가 그 권리 행사를 소홀히 한 게으름에 대하여 책임을 스스로 부담하게 하려는 것이다.

그러나 이상의 제한은 제3자의 권리를 보호하고 채무자 재산에 대하여 권리 행사의 순서를 정한 데 불과하고 그 권리는 결코 축소되지 않는다. 그러므로 선취특권자는 마침내 그 권리를 완전하게 행사할 수 있을 것이다. 앞서 적은 제한은 부동산 이외의 재산에 대가보다 먼저 부동산의 대가를 배당하거나 다른 부동산의 대가보다 먼저 특별담보의 목적이 된 부동산의 대가를 배당할 경우에는 적용하지 않는다. 이 경우에도 선취특권 행사의 제한을 준수하게 하면 일반선취특권자는 부동산의 대가와 특별담보의 목적이 된 부동산의 대가에 대하여는 도저히 그 권리를 행사할 수 없게 되어 완전히 변제받을 수 없는 불공평한 결과를 낳을 것이다. 그러므로 이 경우에는 선취특권자는 그 채권 전액을 부동산과 특별담보의 목적인 부동산 위에 대하여 직접 변제받을 수 있으며, 그 부동산 위에 특별담보권을 가진 채권자는 저당권의 규정에 따라 대위의 권리를 행사할 따름이다.

第二欵　動産에關ᄒᆞᆫ先取特權의効力

(一)動産에關ᄒᆞᆫ先取特權은債務者가其動産을第三取得者의게引渡ᄒᆞᆷ에因ᄒᆞ야消滅ᄒᆞᆷ　債務者가目的物의所有權을保有ᄒᆞᆫ間은其物上에特權을行ᄒᆞᆷ은勿論이오他人에게讓渡ᄒᆞᆫ境遇라도其動産이債務者占有中에在ᄒᆞᆫ間은其物上에亦權利를行ᄒᆞᆯ지나然이나債務者가其動産을他人의게讓渡ᄒᆞ야其引渡를完了ᄒᆞᆫ時ᄂᆞᆫ先取特權은玆에消滅되야爾後ᄂᆞᆫ其動産上에權利를行ᄒᆞᆷ을不得ᄒᆞᆯ지라此ᄂᆞᆫ第三者된動産의讓受人을保護ᄒᆞ고動産에關ᄒᆞᆫ去來를安全且迅速케ᄒᆞ기爲ᄒᆞᆷ이니第三者의善意惡意ᄂᆞᆫ不問ᄒᆞᄂᆞᆫ바ㅣ니라又目的物引渡에因ᄒᆞᆫ先取特權의消滅은債務者가第三取得者卽所有權을讓隨ᄒᆞᆯ人의게動産을引渡ᄒᆞᆫ境遇에生ᄒᆞ고債務者가賃貸或典執ᄒᆞ기爲ᄒᆞ야動産을引渡ᄒᆞᆫ境遇에ᄂᆞᆫ特權이消滅되지아니ᄒᆞᄂᆞ니라

(二)先取特權과動産質權이互有ᄒᆞᆫ時ᄂᆞᆫ動産質權者ᄂᆞᆫ動産先取特權中第一順位者와同一의權利가有ᄒᆞᆷ　質權者ᄂᆞᆫ不動産賃貸借、旅店宿泊及運輸의先取特權者와同一順位에在ᄒᆞ야彼此에優先權이無ᄒᆞᆫ者이라故로動産質權者

제2관 동산에 관한 선취특권의 효력

〈1〉 동산에 관한 선취특권은 채무자가 그 동산을 제3취득자에게 인도함으로 인하여 소멸한다: 채무자가 목적물의 소유권을 보유한 동안에는 그 물건 위에 특권을 행사함은 물론이고 타인에게 양도한 경우라도 그 동산이 채무자의 점유 중에 있는 동안에는 역시 그 물건 위에 권리를 행사할 것이다. 그러나 채무자가 그 동산을 타인에게 양도하여 그 인도를 완료한 때에는 선취특권은 소멸되고 그 뒤로는 그 동산 위에 권리를 행사할 수 없을 것이다. 이는 제3자인 동산의 양수인을 보호하고 동산에 관한 거래를 안전하고 신속하게 하기 위함으로 제3자의 선의, 악의는 불문한다. 또 목적물의 인도로 인한 선취특권의 소멸은 채무자가 제3취득자, 곧 소유권을 양수할 사람에게 동산을 인도한 경우에 발생하고 채무자가 임대하거나 담보를 설정하기 위하여 동산을 인도한 경우에는 특권이 소멸되지 않는다.

〈2〉 선취특권과 동산질권을 함께 갖는 때에는 동산질권자는 동산선취특권 중 제1순위자와 동일한 권리가 있다: 질권자는 부동산임대차, 여관의 숙박료 및 운송의 선취특권자와 동일한 순위에 있어 피차 우선권이 없는 자이다. 그러므로 동산질권자는動産保存의債權者와及動産賣買의債權者等에對ᄒᆞ야優先權이有ᄒᆞᆷ이原則이나質權發生ᄒᆞᆯ當時에此等先取特權者가有ᄒᆞᆷ을知ᄒᆞᆫ時는此에對ᄒᆞ야優先權을行ᄒᆞᆷ을不得ᄒᆞ는同時에自己를爲ᄒᆞ야質物을保存ᄒᆞᆫ債權者의게對ᄒᆞ야도亦優先權을行ᄒᆞᆷ을不得ᄒᆞᆯ지니라此는無他ᄒᆞ니第一順位의動産先取特權과質權은一은擔保의明約이有ᄒᆞ고一은擔保의默約이有ᄒᆞᆫ推測에基因ᄒᆞ야此二者에優劣을與ᄒᆞᆯ理由가無ᄒᆞᆫ故로順位를同一케ᄒᆞᆷ이니라

第三款　不動産에關ᄒᆞᆫ先取特權의効力

不動産에關ᄒᆞᆫ先取特權은不動産上의物權됨으로써其得喪은一般原則에從ᄒᆞ야第三者關係에登記를要ᄒᆞᆯ지라然이나先取特權効力에關ᄒᆞ야特別制限이有ᄒᆞ기左에說明ᄒᆞ노라

(一)不動産保存의先取特權은保存行爲完了後卽時에登記ᄒᆞᆷ을因ᄒᆞ야其効力을保存ᄒᆞᆷ　不動産權利優劣은登記의前後를依ᄒᆞ야定ᄒᆞᆷ이原則이나此特權은保存行爲完了後卽時에登記ᄒᆞ면其以前에登記ᄒᆞᆫ權利者에對ᄒᆞ야도權利를主張ᄒᆞᆷ을得ᄒᆞ느니라蓋保存行爲는他權利者를利케ᄒᆞᆷ이니他債權者에優

는 동산 보존의 채권자와 동산 매매의 채권자 등에 대하여 우선권을 갖는 것이 원칙이다. 그러나 질권이 발생할 당시에 이들 선취특권자가 있음을 안 때에는 이에 대하여 우선권을 행사하지 못하는 동시에 자기를 위하여 질물을 보존한 채권자에 대하여도 또한 우선권을 행사할 수 없을 것이다. 이는 다른 것이 아니라, 제1순위의 동산선취특권과 질권은 하나는 담보의 명시적 약정이 있고 하나는 담보의 묵시적 약정이 있다는 추측에 기인하여 이들 양자 사이에 우열을 가릴 이유가 없는 까닭으로 순위를 동일하게 하는 것이다.

제3관 부동산에 관한 선취특권의 효력

부동산에 관한 선취특권은 부동산 위의 물권이므로 그 취득과 상실은 일반원칙에 따라 제3자와의 관계에서 등기가 요구될 것이다. 그러나 선취특권의 효력에 관하여 특별한 제한이 있으므로 다음에 설명한다.

〈1〉 부동산 보존의 선취특권은 보존행위 완료 후 즉시 등기함으로써 그 효력을 보존한다: 부동산 권리의 우열은 등기의 선후에 따라 정하는 것이 원칙이다. 그러나 이 특권은 보존행위를 완료한 후 즉시 등기하면 그 이전에 등기한 권리자에 대하여도 권리를 주장할 수 있다. 대개 보존행위는 다른 권리자를 이롭게 하므로, 다른 채권자보다 우

先ᄒᆞ야權利ᄅᆞᆯ行ᄒᆞᆷ이可ᄒᆞ고先取特權者에先ᄒᆞ야登記ᄒᆞᆫ權利者가有ᄒᆞ나先取特權者가保存行爲完了後卽時에登記ᄒᆞ면登記順序如何ᄅᆞᆯ不拘ᄒᆞ고先取特權을行케ᄒᆞᆯ必要가有ᄒᆞᆫ지라不動產保存의先取特權에도亦登記의前後로優先權의順序ᄅᆞᆯ定ᄒᆞᄂᆞᆫ原則을從ᄒᆞ면不動產保存의先取特權을設ᄒᆞ야保存債權者ᄅᆞᆯ保護ᄒᆞᄂᆞᆫ目的은充分히貫徹키不能ᄒᆞ니라然이나先取特權者가其權利ᄅᆞᆯ保存ᄒᆞ려면保存行爲完了後에遲滯업시其權利ᄅᆞᆯ登記ᄒᆞᆷ을要ᄒᆞ고此ᄅᆞᆯ等閑에付ᄒᆞ야速히登記치아니ᄒᆞ면其權利ᄅᆞᆯ行키不得ᄒᆞᄂᆞ니登記의時期如何ᄅᆞᆯ不拘ᄒᆞ고特權者의權利만保護ᄒᆞ면後에至ᄒᆞ야債務者債權者와通謀ᄒᆞ야虛僞의登記ᄅᆞᆯ行ᄒᆞ고他債權者ᄅᆞᆯ害케ᄒᆞᄂᆞᆫ處慮가有ᄒᆞ니라

(二)不動產工事先取特權의効力에關ᄒᆞ야ᄂᆞᆫ左의原則을從ᄒᆞᆷ이可ᄒᆞᆷ

(甲)工事ᄅᆞᆯ始ᄒᆞ기前에 其費用의 豫筭額을 登記ᄒᆞᆷ을因ᄒᆞ야其効力을保存ᄒᆞᆷ　不動產工事의先取特權은工事로因ᄒᆞ야生ᄒᆞᆫ增價額上에在ᄒᆞᆫ즉登記의前後ᄅᆞᆯ不拘ᄒᆞ고其權利ᄅᆞᆯ行케ᄒᆞᆯ必要가有ᄒᆞ나亦他方으로債務者債權者가通謀ᄒᆞ야虛僞의登記ᄅᆞᆯ行ᄒᆞ야他權利者ᄅᆞᆯ害케ᄒᆞᄂᆞᆫ弊ᄅᆞᆯ豫防ᄒᆞᆯ지라

선하여 권리를 행사할 수 있게 하는 것이 마땅하다. 그리고 선취특권자보다 우선하여 등기한 권리자가 있으나 선취특권자가 보존행위를 완료한 후 즉시 등기하면 등기의 순서가 어떠한지 관계없이 선취특권을 행사하게 할 필요성이 있는 것이다. 부동산 보존의 선취특권에서도 등기의 선후로 우선권의 순서를 정하는 원칙을 따르면 부동산 보존의 선취특권을 마련하여 보존행위자를 보호하는 목적은 충분히 관철시킬 수 없다. 그러나 선취특권자가 그 권리를 보존하려면 보존행위 완료 후에 지체 없이 그 권리를 등기하여야 하고, 이를 소홀히 하여 빨리 등기하지 않는다면 그 권리를 행사할 수 없다. 등기의 시기가 언제인지에 관계없이 특권자의 권리만 보호한다면 뒤에 이르러 채무자와 채권자가 통모하여 허위의 등기를 하고 다른 채권자를 해할 우려가 있다.

〈2〉 부동산 공사의 선취특권의 효력에 관하여는 다음 원칙을 따르는 것이 마땅하다

① 공사를 개시하기 전에 그 비용의 예산액을 등기함으로써 그 효력을 보존한다: 부동산 공사의 선취특권은 공사로 인하여 발생한 가치 증가액 위에 존재한다. 따라서 등기의 선후에 관계없이 그 권리를 행사할 수 있게 할 필요가 있다. 그러나 또 다른 한편으로 채무자와 채권자가 통모하여 허위의 등기를 하여 다른 권리자를 해하는 폐해를 예방하여야 할 것이다.

故로先取特權者로ᄒᆞ야곰工事ᄅᆞᆯ始ᄒᆞ기前에其費用의豫筭額을登記케ᄒᆞ야其登記ᄒᆞᆫ豫筭額을標準ᄒᆞ야他人의게其權利ᄅᆞᆯ對抗케ᄒᆞᄂᆞ니라

(乙)豫筭額에超過ᄒᆞᆫ工事의費用에ᄂᆞᆫ先取特權이存在치아니ᄒᆞᆷ　先取特權者가豫筭額을登記ᄒᆞᆫ時ᄂᆞᆫ第三者ᄂᆞᆫ其豫筭額에關ᄒᆞ야ᄂᆞᆫ登記로因ᄒᆞ야熟知ᄒᆞᆯ바이나其外의費用은知ᄒᆞᆯ途가無ᄒᆞ니登記치아니ᄒᆞᆫ費用에도其權利ᄅᆞᆯ行케ᄒᆞ면第三者ᄂᆞᆫ不測의損害ᄅᆞᆯ被ᄒᆞᆯ지라卽此ᄂᆞᆫ登記의特定主義로生ᄒᆞᄂᆞᆫ結果니라

(丙)工事로因ᄒᆞ야生ᄒᆞᆫ不動產의增加額은配當加入ᄒᆞᆯ時에裁判所에셔選任ᄒᆞᆫ鑑定人으로ᄒᆞ야곰評價케ᄒᆞᆷ을要ᄒᆞᆷ　不動產工事의先取特權은增價額에만對ᄒᆞ야存在ᄒᆞ니其目的된增價額을確定ᄒᆞᆯ必要가有ᄒᆞᆫ지라然而增價額의多少ᄂᆞᆫ先取特權者及他債權者利害에重大ᄒᆞᆫ影響이及ᄒᆞᄂᆞᆫ故로精確且公平ᄒᆞ게確定ᄒᆞ랴면裁判所에셔特히鑑定人을選定ᄒᆞ야評價케ᄒᆞᆷ이可ᄒᆞ니라

(三)適法으로登記ᄒᆞᆫ不動產保存의先取特權과不動產工事의先取特權은抵

그러므로 선취특권자로 하여금 공사를 개시하기 전에 그 비용의 예산액을 등기하게 하여 그 등기한 예산액을 기준으로 타인에게 그 권리를 대항하게 한다.

② 예산액을 초과한 공사의 비용에는 선취특권이 존재하지 않는다: 선취특권자가 예산액을 등기한 때에는 제3자는 그 예산액에 관하여는 등기로 인하여 잘 알 것이다. 그러나 그 외의 비용은 알 길이 없으므로 등기하지 않은 비용에도 그 권리를 행사할 수 있게 하면 제3자는 불측의 손해를 입을 것이다. 곧 이는 등기의 특정주의로 발생하는 결과이다.

③ 공사로 인하여 발생한 부동산 가치의 증가액은 배당에 참가할 때에 재판소에서 선임한 감정인이 평가하게 하여야 한다: 부동산 공사의 선취특권은 가치 증가액에 대하여만 존재하므로 그 목적인 가치 증가액을 확정할 필요가 있는 것이다. 그러나 가치 증가액의 액수는 선취특권자 및 다른 채권자의 이해관계에 중대한 영향을 미친다. 그러므로 정밀하고 확실하며 또 공평하게 확정하려면 재판소에서 특별히 감정인을 선정하여 평가하게 하는 것이 마땅하다.

〈3〉 적법하게 등기한 부동산 보존의 선취특권과 부동산 공사의 선취특권은 저

當權에先ᄒᆞ야行ᄒᆞᆷ을得ᄒᆞᆷ　不動產의工事와保存은他債權者를利케ᄒᆞᄂᆞᆫ者인즉適法으로登記ᄒᆞ면其登記의前後를不拘ᄒᆞ고抵當權에先ᄒᆞ야此를行ᄒᆞᆷ은此等特權의性質로生ᄒᆞᄂᆞᆫ當然ᄒᆞᆫ結果니라

不動產保存의先取特權者가保存行爲完了後即時에其權利를登記치아니ᄒᆞ고不動產工事의先取特權者가工事를始ᄒᆞ기前에其工事의豫筭額을登記치아니ᄒᆞ면如何ᄒᆞᆫ効果가生ᄒᆞᆯ가「登記ᄒᆞᆷ을因ᄒᆞ야其効力을保存ᄒᆞᆷ」이라ᄒᆞᆷ을以上에說明ᄒᆞ얏스니先取特權者가此節次를等閑히ᄒᆞ면絕對的으로其權利를喪失ᄒᆞᆷ인듯ᄒᆞ나然이나此所謂保存이라ᄒᆞᆫ者ᄂᆞᆫ第三者의게對ᄒᆞᆫ關係에其權利를保存ᄒᆞᄂᆞᆫ意味오債務者의게對ᄒᆞ야ᄂᆞᆫ登記의有無를不拘ᄒᆞ고其權利를行ᄒᆞᆷ을得ᄒᆞᆯ者로解釋ᄒᆞᆷ이可ᄒᆞ니라然이나不動產保存의先取特權者가保存行爲完了後即時에其權利를登記ᄒᆞ고又不動產工事의先取特權者가其工事의豫筭額을登記ᄒᆞᆷ은先取特權保存의必要條件이니若此等特權者가正當ᄒᆞᆫ時期에登記치아니ᄒᆞ면追後에設或登記ᄒᆞ야도其以前에登記ᄒᆞᆫ抵當權者의게對ᄒᆞ야其權利를主張치못ᄒᆞᆷ은勿論이오其以

당권보다 우선하여 행사할 수 있다: 부동산의 공사와 보존은 다른 채권자를 이롭게 하는 것이므로 적법하게 등기하면 그 등기의 선후와 관계없이 저당권보다 우선하여 이를 행사할 수 있음은 이들 특권의 성질로 발생하는 당연한 결과이다.

부동산 보존의 선취특권자가 보존행위를 완료한 후 즉시 그 권리를 등기하지 않으면 어떠한 효과가 발생하는가? "등기함으로써 그 효력을 보존한다"는 것을 이상에서 설명하였으므로 선취특권자가 이 절차를 소홀히 하면 절대적으로 그 권리를 상실할 듯하다. 그러나 이 이른바 보존이란 것은 제3자에 대한 관계에서 그 권리를 보존한다는 의미이고 채무자에 대하여는 등기의 유무와 관계없이 그 권리를 행사할 수 있는 것으로 해석함이 마땅하다. 그러나 부동산 보존의 선취특권자가 보존행위를 완료한 후 즉시 그 권리를 등기하고, 또 부동산 공사의 선취특권자가 그 공사의 예산액을 등기하는 것은 선취특권 보존의 필요조건이다. 따라서 만약 이들 특권자가 정당한 시기에 등기하지 않으면 추후에 설령 등기를 하더라도 그 이전에 등기한 저당권자에 대하여 그 권리를 주장하지 못함은 물론이고 그 이

後에登記ᄒᆞᆫ抵當權者의게對ᄒᆞ야도亦主張치못ᄒᆞᆷ은不動產賣買의先取特權者가正當ᄒᆞᆫ時期에登記치아니ᄒᆞᆫ境遇와無異ᄒᆞ니라

(四)不動產賣買의先取特權은賣買契約과同時에其代價와利息의辨償이無ᄒᆞᆫ旨를登記ᄒᆞᆷ으로因ᄒᆞ야其效力을保存ᄒᆞᆷ 此特權은賣買契約과同時에登記치아니ᄒᆞ면第三者ᄂᆞᆫ代金及其利息未濟의事實를不知ᄒᆞ야不測의損害를被ᄒᆞᆯ터이오且後日登記를許ᄒᆞ면賣主買主의虛僞通謀가有ᄒᆞ리니라

五、不動產先取特權의效力은抵當權에關ᄒᆞᆫ規定을準用ᄒᆞᆷ 不動產의先取特權은不動產을目的ᄒᆞᄂᆞᆫ物上擔保되ᄂᆞᆫ點에ᄂᆞᆫ抵當權과其性質이同ᄒᆞ고相異ᄒᆞᆫ點은發生原因이異ᄒᆞ며其效力의强弱이有ᄒᆞᆯ뿐이라故로其性質이可히許ᄒᆞᄂᆞᆫ限에ᄂᆞᆫ抵當權에關ᄒᆞᆫ規定을準用ᄒᆞᆷ이可ᄒᆞ니라

第三章 質權

第一節 質權의性質

質權은債權의擔保로債務者又ᄂᆞᆫ第三者의게셔受取ᄒᆞᆫ物을占有ᄒᆞ고且其物에

후에 등기한 저당권자에 대하여도 또한 주장하지 못하는 것은 부동산 매매의 선취특권자가 정당한 시기에 등기하지 않은 경우와 다를 바 없다.

〈4〉 부동산 매매의 선취특권은 매매계약과 동시에 그 대가와 이자의 변제가 없었던 취지를 등기함으로써 그 효력을 보존한다: 이 특권은 매매계약과 동시에 등기하지 않으면 제3자는 대금 및 그 이자가 변제되지 않은 사실을 알지 못하여 불측의 손해를 입을 터이다. 또 훗날 등기를 허용하면 매도인과 매수인이 허위로 통모할 수 있을 것이다.

〈5〉 부동산선취특권의 효력은 저당권에 관한 규정을 준용한다: 부동산의 선취특권은 부동산을 목적으로 하는 물적 담보인 점에서는 저당권과 그 성질이 같고, 다른 점은 발생 원인이 다르며 그 효력에 강약이 있을 뿐이다. 그러므로 그 성질상 허용되는 한에서는 저당권에 관한 규정을 준용함이 마땅하다.

제4장 질 권

제1절 질권의 성질

질권은 채권의 담보로 채무자 또는 제3자에게서 수령한 물건을 점유하고 그 물건에

對ᄒᆞ야他債權者에先ᄒᆞ야自己의債權辨報ᄅᆞᆯ受ᄒᆞᄂᆞᆫ權利라此定義와一般原則을叅照ᄒᆞ면左의性質이有ᄒᆞ니라

第一、質權은他物權이라

質權은債權者가其債權의辨報ᄅᆞᆯ確保ᄒᆞ기爲ᄒᆞ야他人의所有物上에有ᄒᆞᆫ權利니他物權一種에屬ᄒᆞᆫ지라故로質權者ᄂᆞᆫ其權利目的된物의所有權을取得ᄒᆞ면質權은混同으로消滅되ᄂᆞ니라

第二、質權은從되ᄂᆞᆫ物權이라

質權成立에ᄂᆞᆫ質權으로擔保ᄒᆞᄂᆞᆫ主되ᄂᆞᆫ債權이有ᄒᆞᆷ을要ᄒᆞ야獨立ᄒᆞ야ᄂᆞᆫ存在치못ᄒᆞᆷ이此權利性質上에明白ᄒᆞᆫ바ㅣ라然이나質權成立에ᄂᆞᆫ主되ᄂᆞᆫ債權이有ᄒᆞᆷ에足ᄒᆞ고其債權의種類ᄂᆞᆫ問ᄒᆞᆯ必要가無ᄒᆞ니故로質權이附隨ᄒᆞᄂᆞᆫ債權은留置權과如히目的物에關ᄒᆞ야生ᄒᆞᆫ債權을要치아니ᄒᆞᄂᆞᆫ同時에先取特權과如히特種原因으로生ᄒᆞᆫ債權에만限定치아니ᄒᆞ고其債權은作爲의給付ᄅᆞᆯ目的ᄒᆞ던지不作爲의給付ᄅᆞᆯ目的ᄒᆞ던지金錢의給付ᄅᆞᆯ目的ᄒᆞ던지其他給付ᄅᆞᆯ目的ᄒᆞ던지區別치아니ᄒᆞᄂᆞ니라

대하여 다른 채권자보다 우선하여 자기 채권의 변제를 받는 권리이다. 이 정의와 일반원칙을 참조하면 다음의 성질이 있다.

I. 질권은 타물권이다

질권은 채권자가 그 채권의 변제를 확보하기 위하여 타인의 소유물 위에 갖는 권리로 타물권의 일종에 속한다. 그러므로 질권자가 그 권리의 목적인 물건의 소유권을 취득하면 질권은 혼동으로 소멸된다.

II. 질권은 종된 물권이다

질권 성립에는 질권으로 담보되는 주된 채권이 있어야 하고 독립해서는 존재하지 못하는 것이 성질상 명백한 바이다. 그러나 질권의 성립에는 주된 채권이 있으면 족하고 그 채권의 종류는 물을 필요가 없다. 그러므로 질권이 부수하는 채권은 유치권과 같이 목적물에 관하여 발생한 채권일 필요가 없는 동시에, 선취특권과 같이 특정한 원인으로 발생한 채권으로만 한정되지 않는다. 그 채권은 작위의 급부를 목적으로 하든 부작위의 급부를 목적으로 하든, 금전의 급부를 목적으로 하든 기타 급부를 목적으로 하든 구별하지 않는다.

右와如히債權은其內容의如何를不拘ᄒᆞ고質權을擔保케ᄒᆞᆷ을得ᄒᆞ며其體樣도亦質權設定에影響이無ᄒᆞᆫ故로無期限無條件의單純債務를始ᄒᆞ야期限付債權과條件付債務도亦皆質權으로써擔保ᄒᆞᆯ者이라但條件付法律行爲의一般的効力에當ᄒᆞ야ᄂᆞᆫ日本民法第百二十九條에特別規定이有ᄒᆞ니條件成否未定間의當事者의權利義務ᄂᆞᆫ一般規定에從ᄒᆞ야此를擔保ᄒᆞᆷ을得ᄒᆞᆷ이라ᄒᆞᆫ지라此規定을從ᄒᆞ면擔保될權利義務ᄂᆞᆫ條件成否未定間의當事者間의權利義務오條件의到來를因ᄒᆞ야發生ᄒᆞᆯ當事者間의權利義務ᄂᆞᆫ아니라然이나其擔保ᄂᆞᆫ要ᄒᆞ건ᄃᆡ他日의條件成就를豫想ᄒᆞ야其境遇를豫備ᄒᆞᆷ에不外ᄒᆞ니條件의成就로因ᄒᆞ야當事者間의豫期ᄒᆞ얏던權利義務가發生ᄒᆞ면前에供ᄒᆞᆫ擔保ᄂᆞᆫ何等別般의行爲를要치아니ᄒᆞ야도當然히其權利義務의擔保가되ᄂᆞᆫ者인ᄃᆡ條件成就를因ᄒᆞ야其効力이變ᄒᆞᄂᆞᆫ바ㅣ無ᄒᆞ니라

質權은又將來에生ᄒᆞᆯ金錢其他給付를目的ᄒᆞᄂᆞᆫ債務를爲ᄒᆞ야設定ᄒᆞᄂᆞᆫ事이有ᄒᆞ니假令占有者가其占有를妨害ᄒᆞᆯ念慮가有ᄒᆞᆫ境遇에妨害ᄒᆞᆯ危險에對ᄒᆞ야責任을負ᄒᆞᆯ者로ᄒᆞ야곰將來에生ᄒᆞᆯ損害를爲ᄒᆞ야擔保를供케ᄒᆞ고又親族

위와 같이 채권은 그 내용이 어떠한지에 관계없이 질권으로 담보하게 할 수 있으며 그 형태 또한 질권 설정에 영향이 없다. 그러므로 무기한, 무조건의 단순채무를 비롯하여 기한부채권과 조건부채권 또한 모두 질권으로 담보될 수 있는 것이다. 다만 조건부 법률행위의 일반적 효력에 대하여는 일본 민법 제129조에 특별규정이 있는데, 조건의 성취 여부가 정해지지 않은 동안 당사자의 권리의무는 일반규정에 따라 이를 담보로 할 수 있다고 하였다. 이 규정에 따르면 담보가 될 권리의무는 조건의 성부가 정해지지 않은 동안의 당사자 간의 권리의무이고, 조건의 도래로 인하여 발생할 당사자 간의 권리의무는 아니다. 그러나 그 담보는 요컨대 훗날의 조건 성취를 예상하고 그 경우를 미리 대비한 것일 뿐이다. 따라서 조건의 성취로 인하여 당사자가 미리 기대하였던 권리의무가 발생하면 전에 제공된 담보는 어떠한 다른 행위 없이도 당연히 그 권리의무의 담보가 되는 것이고, 조건 성취로 인하여 그 효력이 변하는 것은 없다.

질권은 또 장래에 발생할 금전 기타 급부를 목적으로 하는 채무를 위하여 설정하는 경우가 있다. 가령 점유자가 그 점유를 방해할 염려가 있는 경우에 방해할 위험에 대하여 책임을 질 자로 하여금 장래에 발생할 손해를 위하여 담보를 제공하게 하고, 또 친족

會가後見人으로ᄒᆞ야곰被後見人財產의管理及返還에對ᄒᆞ야擔保를供케홈이是라然而當事者間에將來成立ᄒᆞᆯ消費貸借를爲ᄒᆞ야質物及抵當物을豫供ᄒᆞᄂᆞᆫ事도有ᄒᆞ니此ᄂᆞᆫ日本셔根抵當이라俗稱ᄒᆞᄂᆞᆫ者이라此境遇에豫供ᄒᆞᆫ質物及抵當物도其効力을生케ᄒᆞᆯ가否ᄒᆞᆯ가홈에對ᄒᆞ야學者間議論이一定치못ᄒᆞᆫ바인ᄃᆡ或者ᄂᆞᆫ質權抵當權은從物權인ᄃᆡ主된債權의存在를其成立의要件으로홈인즉主된債權이아직發生ᄒᆞ기前에質權抵當權만獨立存在치못홈은自然ᄒᆞᆫ理라故로未生ᄒᆞᆫ債權을擔保ᄒᆞᄂᆞᆫ根抵當은全然無効ㅣ라云ᄒᆞ고或者ᄂᆞᆫ根抵當은現在에確定成立ᄒᆞᆫ債權을擔保ᄒᆞᄂᆞᆫ者ᄂᆞᆫ아니나將來發生ᄒᆞᆯ債權即停止條件附債權을擔保ᄒᆞᄂᆞᆫ者인ᄃᆡ將來에貸借關係가成立ᄒᆞᄂᆞᆫ同時에主된債權도發生ᄒᆞ고抵當도亦此時에確的히成立ᄒᆞᄂᆞᆫ者이라ᄒᆞ고或者ᄂᆞᆫ根抵當은所謂當事者間與信契約에基因ᄒᆞ야當事者의一方이相對者의請求에應ᄒᆞ야一定金額을貸與홈을約ᄒᆞ고相對者의게信用을與ᄒᆞᄂᆞᆫ同時에相對者ᄂᆞᆫ此에對ᄒᆞ야信用의債務를負擔ᄒᆞᆫ者이라根抵當은即其債務를擔保ᄒᆞᄂᆞᆫ者이오將來에生ᄒᆞᆯ債權을擔保ᄒᆞᄂᆞᆫ者ᄂᆞᆫ아니라云ᄒᆞ고或者ᄂᆞᆫ與信契約에根抵當

회[1]가 후견인으로 하여금 피후견인 재산의 관리 및 반환에 대하여 담보를 제공하게 하는 것이 그것이다. 그러나 당사자 간에 장래 성립할 소비대차를 위하여 질물 및 저당물을 미리 제공하는 일도 있다. 이는 일본에서 속칭 근저당(根抵當)이라고 부르는 것이다. 이 경우에 미리 제공한 질물 및 저당물도 그 효력이 발생되는가 아닌가에 대하여 학자 간에 논의가 하나로 정해지지는 못했다. 혹자는 질권, 저당권은 종된 물권으로 주된 채권의 존재를 그 성립의 요건으로 하기 때문에 주된 채권이 아직 발생하기 전에 질권, 저당권만 독립하여 존재하지 못하는 것은 자연스러운 이치이다. 그러므로 아직 발생하지 않은 채권을 담보하는 근저당은 완전히 무효라고 말한다. 그리고 혹자는 근저당은 현재 확정적으로 성립한 채권을 담보하는 것은 아니지만 장래에 발생할 채권, 곧 정지조건부 채권을 담보하는 것으로, 장래에 대차관계가 성립하는 동시에 주된 채권도 발생하고 저당권 또한 이때에 확정적으로 성립하는 것이라고 한다. 혹자는 근저당은 이른바 당사자 간의 여신계약에 기인하는데 당사자 일방이 상대방의 청구에 따라 일정한 금액을 대여할 것을 약정하고 상대방에게 신용을 공여하는 동시에 상대방은 이에 대하여 신용의 채무를 부담하는 것이며, 근저당은 곧 그 채무를 담보하는 것이고 장래에 발생할 채권을 담보하는 것이 아니라고 말한다. 혹자는 여신계약에서 근저당

1 민법상 행위무능력자를 보호하고 중요한 사항을 의결하기 위하여 친족 등으로 구성된 합의기관으로서 후견사무 감독 등을 맡았으나 2013년 폐지되고 후견감독인 제도로 대체되었음.

의提供은條件附로質權抵當權을設定ᄒᆞᄂᆞᆫ者이라云ᄒᆞ고又或者ᄂᆞᆫ質權抵當權이從되ᄂᆞᆫ權利됨은言을不待ᄒᆞᆯ지나其所謂從되ᄂᆞᆫ權利라ᄒᆞᆷ은其債權의範圍를超ᄒᆞ야存在치못ᄒᆞᆷ을意味ᄒᆞᆷ이오主되ᄂᆞᆫ債權發生以前에設定치못ᄒᆞᆷ을意味ᄒᆞᆫ바ㅣ아니라故로當事者의一方이相對者의게金錢을貸與ᄒᆞ기로約ᄒᆞ고相對者ᄂᆞᆫ將來에負擔ᄒᆞᆯ債務에對ᄒᆞ야即時로質權抵當權을設定ᄒᆞ면其質權抵當權은當事者의意思를從ᄒᆞ야其時브터効力이生케ᄒᆞᆷ이不可ᄒᆞᆫ바ㅣ無ᄒᆞ다云ᄒᆞᄂᆞ니日本大審院判決例ᄂᆞᆫ此說을採用ᄒᆞ니라

第三、質權은當事者의意思表示로生ᄒᆞᄂᆞᆫ權利라

質權은當事者의契約으로써設定ᄒᆞᄂᆞ니質權을設定ᄒᆞᆷ에ᄂᆞᆫ債務者나第三者가債權者의게對ᄒᆞ야其所有에係ᄒᆞᆫ特定物을債權의擔保로供ᄒᆞᄂᆞᆫ意思를表示ᄒᆞ고債權者ᄂᆞᆫ承諾의意思를表示ᄒᆞᆷ을要ᄒᆞ야質契約이라ᄒᆞᆷ과質權의設定行爲라ᄒᆞᆷ이即是니라故로此點이留置權及先取特權과其性質이相異ᄒᆞ니後二者ᄂᆞᆫ法律의規定으로生ᄒᆞ고當事者間의意思表示로써設定치못ᄒᆞᄂᆞᆫ바ㅣ니라

의 제공은 조건부로 질권, 저당권을 설정하는 것이라고 말한다. 또 혹자는 질권, 저당권이 종된 권리임은 더 말할 필요도 없을 것이나 그 이른바 종된 권리란 그 채권의 범위를 초과하여 존재할 수 없음을 의미하고 주된 채권의 발생 이전에 설정하지 못함을 의미하는 것이 아니다. 그러므로 당사자 일방이 상대방에게 금전을 대여하기로 약정하고 상대방은 장래에 부담할 채무에 대하여 즉시 질권, 저당권을 설정하면 그 질권, 저당권은 당사자의 의사에 따라 그때부터 효력이 발생하게 하여도 안 될 바 없다고 말한다. 일본 대심원의 판례는 이 학설을 채용한다.

III. 질권은 당사자의 의사표시로 발생하는 권리이다

질권은 당사자의 계약으로 설정되는데, 질권을 설정하려면 채무자나 제3자가 채권자에 대하여 그가 소유한 특정한 물건을 채권의 담보로 제공하는 의사를 표시하고 채권자는 승낙의 의사를 표시하여야 한다. 질권설정계약이라는 것과 질권의 설정행위라는 것이 바로 그것이다. 그러므로 이 점이 유치권 및 선취특권과 그 성질이 다른데, 뒤의 두 가지는 법률의 규정으로 발생되고 당사자 간의 의사표시로 설정되지 못하는 것이다.

第四、質權은目的物의占有를要ᄒᆞᄂᆞᆫ權利라

質權의設定은當事者의意思表示만因ᄒᆞ야其効力이生치아니ᄒᆞ고又目的物의引渡를要ᄒᆞᄂᆞ니此ᄂᆞᆫ一般物權의設定原則에對ᄒᆞᆫ例外이라如斯히目的物의占有ᄂᆞᆫ質權設立의要件만될뿐아니라又動產質權에關ᄒᆞ야ᄂᆞᆫ繼續ᄒᆞ야其動產을占有치아니ᄒᆞ면第三者의게對抗치못ᄒᆞᄂᆞ니라質權者가目的物을占有ᄒᆞᆷ은第三者로ᄒᆞ야곰質權의設定을知케ᄒᆞᆷ에必要ᄒᆞᆯ뿐아니라質權者가目的物을占有치아니ᄒᆞ면他人을排斥ᄒᆞ고目的物上에其權利를行使키不能ᄒᆞᆯ지니라

然이나質權者가第三者로ᄒᆞ야곰占有를代理케ᄒᆞᆷ은無妨ᄒᆞ니質權者의委託으로質物을占有ᄒᆞᆫ第三者ᄂᆞᆫ自己를爲ᄒᆞ야占有ᄒᆞᆷ이아니오質權者를爲ᄒᆞ야占有ᄒᆞᆷ인즉質權者ᄂᆞᆫ其所欲을從ᄒᆞ야質物上에權利를行ᄒᆞᆷ을得ᄒᆞᆯ故로質權의行使ᄂᆞᆫ此로因ᄒᆞ야妨害될바ㅣ無ᄒᆞ더라質權者ᄂᆞᆫ第三者로ᄒᆞ야곰質物을占有케ᄒᆞᆷ을得ᄒᆞ나質物을供ᄒᆞᆫ債務者와第三者로ᄒᆞ야곰目的物의占有를代理케ᄒᆞᆷ을不得ᄒᆞᄂᆞ니質權의設定은質權者가其權利를行케ᄒᆞᆷ을爲ᄒᆞ고且第

IV. 질권은 목적물의 점유가 요구되는 권리이다

질권의 설정은 당사자의 의사표시만에 따라 그 효력이 발생되지 않고 목적물의 인도도 있어야 한다. 이는 일반 물권의 설정 원칙에 대한 예외이다. 이렇게 목적물의 점유는 질권 설정의 요건일 뿐만 아니라 동산질권에 관하여는 계속하여 그 동산을 점유하지 않으면 제3자에게 대항하지 못한다. 질권자가 목적물을 점유하는 것은 제3자가 질권의 설정을 알게 하는 데 필요할 뿐 아니라, 질권자가 목적물을 점유하지 않으면 타인을 배척하고 목적물 위에 그 권리를 행사할 수 없을 것이다.

그러나 질권자가 제3자에게 점유를 대리하도록 하는 것은 무방하다. 질권자의 위탁으로 질물을 점유한 제3자는 자기를 위하여 점유하는 것이 아니고 질권자를 위하여 점유하는 것이다. 따라서 질권자는 그 의사에 따라 질물 위에 권리를 행사할 수 있으므로 질권의 행사는 대리점유로 인하여 방해될 것이 없다. 질권자는 제3자로 하여금 질물을 점유하게 할 수 있으나, 질물을 제공한 채무자와 제3자로 하여금 목적물의 점유를 대리하게 할 수는 없다. 질권의 설정은 질권자가 그 권리를 행사하게 하기 위함이고, 또 제3

三者로ᄒᆞ야곰質權의設定을知케ᄒᆞ기爲ᄒᆞ야目的物의引渡로其効力이生케ᄒᆞ얏스니質權을設定ᄒᆞᆫ債務者及第三者로ᄒᆞ야곰質物을依然占有케ᄒᆞ면質權本質에相反이라謂ᄒᆯ지니質權設定者가依然히目的物을占有ᄒᆞ면質權設定에引渡ᄅᆞᆯ必要로ᄒᆞᆫ條件의主旨ᄂᆞᆫ到底히貫徹키不能ᄒᆞ니라

要ᄒᆞ건ᄃᆡ質權은目的物의占有ᄅᆞᆯ必要로ᄒᆞᄂᆞᆫ權利나此點은留置權과其性質이同ᄒᆞ나先取特權及抵當權과ᄂᆞᆫ其性質이異ᄒᆞ니라

第五、質權은目的物을占有ᄒᆞ고且他債權者에先ᄒᆞ야目的物을債權辨報에供ᄒᆞᄂᆞᆫ權利라

質權은債權의辨報ᄅᆞᆯ確保ᄒᆞᆷ을目的ᄒᆞᆷ이니物上擔保의一種이라質權의物上擔保된効用이二가有ᄒᆞ니其一은質權者가其債權의完全ᄒᆞᆫ辨報ᄅᆞᆯ受ᄒᆞ기ᄭᆞ지ᄂᆞᆫ質物을占有ᄒᆞᄂᆞᆫ權利가有ᄒᆞ야留置權과効用이同ᄒᆞ고其二ᄂᆞᆫ債權者가目的物에對ᄒᆞ야他債權者에先ᄒᆞ야自己債權의辨報ᄅᆞᆯ受ᄒᆞᄂᆞᆫ權利가有ᄒᆞ니此ᄂᆞᆫ先取特權及抵當權과其効用이同ᄒᆞᆫ지라要ᄒᆞ건ᄃᆡ質權은留置權과先取特權을倂合ᄒᆞᆫ者와同一의効力이有ᄒᆞ고留置權及先取特權은質權効力의一

자로 하여금 질권의 설정을 알게 하기 위하여 목적물의 인도로 그 효력이 발생하게 하였다. 따라서 질권을 설정한 채무자 및 제3자로 하여금 질물을 여전히 점유하게 하면 질권의 본질과 상반된다고 말할 수 있다. 질권설정자가 여전히 목적물을 점유한다면 질권설정에서 인도를 필요조건으로 한 취지는 도저히 관철시킬 수 없다.

요컨대 질권은 목적물의 점유를 필요로 하는 권리이므로 이 점은 유치권과 그 성질이 같으나 선취특권 및 저당권과는 그 성질이 다르다.

V. 질권은 목적물을 점유하고 또 다른 채권자보다 우선하여 목적물로부터 채권을 변제받는 권리이다

질권은 채권의 변제 확보를 목적으로 하므로 물적 담보의 일종이다. 질권의 물적 담보라는 효용은 두 가지가 있다. 첫째는 질권자가 그 채권의 완전한 변제를 받기까지는 질물을 점유하는 권리가 있어 유치권과 효용이 동일하다. 둘째는 채권자가 목적물에 대하여 다른 채권자보다 우선하여 자기 채권의 변제를 받는 권리가 있는데 이는 선취특권 및 저당권과 그 효용이 동일하다. 요컨대 질권은 유치권과 선취특권을 합한 것과 동일한 효력이 있고 유치권 및 선취특권은 질권의 효력을 일

部分式을各히分有홈에不過ᄒᆞ다謂ᄒᆞ리니라

第六、質權은不可分의權利라

質權者ᄂᆞᆫ債權이存ᄒᆞᆫ間에ᄂᆞᆫ質物全部에對ᄒᆞ야其權利ᄅᆞᆯ行ᄒᆞ고質物이存ᄒᆞᆫ間에ᄂᆞᆫ債權全額에對ᄒᆞ야其權利ᄅᆞᆯ行使홈을得ᄒᆞᄂᆞ니此ᄂᆞᆫ留置權章에서旣爲說明ᄒᆞᆫ바ㅣ니라

第二節　質權의目的物

質權의目的되ᄂᆞᆫ物은左의性質을具備홈을要홈

第一、質權의目的物은特定의有體物을要홈

質權은一物權이니物權의本性質을從ᄒᆞ야其目的物은有體物이오且特定物됨을要ᄒᆞ고無體物과不特定物은質權의目的이아니됨이原則이라但權利質은債權其他財産權도亦質權의目的이되나此ᄂᆞᆫ特別ᄒᆞᆫ明文이有홈을要ᄒᆞᄂᆞ니原則에對ᄒᆞᆫ例外에不過ᄒᆞ니라

質權도亦物上擔保의一種이니物上代位의特質이有ᄒᆞ야目的物의賣却、賃貸、滅失及毁棄로因ᄒᆞ야債務者가受ᄒᆞᆯ金錢其他物에도及ᄒᆞᄂᆞ니先取特權

부분씩 각각 나누어 갖는 데 불과하다고 말할 수 있다.

VI. 질권은 불가분적 권리이다

채권자는 채권이 존재한 동안에는 질물 전부에 대하여 그 권리를 행사하고, 질물이 존재한 동안에는 채권 전액에 대하여 그 권리를 행사할 수 있는데, 이는 유치권의 장에서 이미 설명한 바이다.

제2절 질권의 목적물

질권의 목적이 되는 물건은 다음 성질을 구비하여야 한다.

I. 질권의 목적물은 특정한 유체물이어야 한다

질권은 하나의 물권이므로 물권 본래의 성질을 따라 그 목적물은 유체물이고 또 특정물이어야 하고, 무체물과 불특정물은 질권의 목적이 될 수 없는 것이 원칙이다. 다만 권리질권은 채권 기타 재산권 또한 질권의 목적이 되나, 이는 특별한 명문 규정이 있어야 하므로 원칙에 대한 예외에 불과하다.

질권 또한 물적 담보의 일종이므로 물상대위의 특질이 있다. 따라서 목적물의 매각, 임대, 멸실 및 훼손으로 인하여 채무자가 받을 금전 기타 물건에도 미치는데, 선취특권

에셔說明ᄒᆞᆫ制限條件을依ᄒᆞ야質權本來의目的物을代ᄒᆞ야變體物된金錢物件上에도亦其權利ᄅᆞᆯ行ᄒᆞᆷ을得ᄒᆞᆯ지니라

第二、質權의目的物은讓渡ᄒᆞᆯ만ᄒᆞᆫ物을要ᄒᆞᆷ

質權者ᄂᆞᆫ質物所有者의게屬ᄒᆞᆫ處分權을行使ᄒᆞ야此ᄅᆞᆯ賣却ᄒᆞ야其代金으로優先辨報ᄅᆞᆯ受ᄒᆞᄂᆞᆫ權利가有ᄒᆞᆷ으로質權의目的物은讓渡ᄒᆞᆯ만ᄒᆞᆫ者ᄅᆞᆯ要ᄒᆞᄂᆞ니라質權의目的된物件이其性質이나法律規定에依ᄒᆞ야讓渡치못ᄒᆞᆯ者이되면質權者ᄂᆞᆫ此ᄅᆞᆯ賣却ᄒᆞ야其代金을債權辨報에充ᄒᆞ기不能ᄒᆞ리니質權은畢竟其効用이無ᄒᆞᆷ에至ᄒᆞ리라故로身分上權利와世襲財産과其他法律로特히賣買讓渡ᄅᆞᆯ禁ᄒᆞᆫ一切의物件은質權의目的物이되지못ᄒᆞ며養料의債權과恩給金의債權其他性質上에讓渡치못ᄒᆞᆯ債權과當事者의意思로特히讓渡ᄅᆞᆯ禁ᄒᆞᆫ債權도亦然ᄒᆞ니라

第三、質權의目的物은質權設定者의所有나質權設定時에所有者의承諾을得ᄒᆞᆫ物件됨을要ᄒᆞᆷ

何人이던지已有가아닌權利ᄂᆞᆫ他人의게讓渡치못ᄒᆞᆷ으로物의所有者의承諾

에서 설명한 제한조건에 따라 질권 본래의 목적물을 갈음하여 변형물인 금전이나 물건 위에도 그 권리를 행사할 수 있을 것이다.

II. 질권의 목적물은 양도할 수 있는 물건이어야 한다

질권자는 질물 소유자에게 속한 처분권을 행사함으로써 이를 매각하여 그 대금으로 우선변제를 받는 권리가 있다. 그러므로 질권의 목적물은 양도할 수 있는 것이어야 한다. 질권의 목적인 물건이 그 성질이나 법률의 규정에 의하여 양도하지 못하는 것이라면, 질권자는 이를 매각하여 그 대금을 채권 변제에 충당할 수 없을 것이어서 질권은 마침내 그 효용이 없게 될 것이다. 그러므로 신분상 권리와 세습재산[1]과 기타 법률로 특별히 매매나 양도를 금지한 일체의 물건은 질권의 목적물이 되지 못한다. 또 양육비 채권과 연금 채권 기타 성질상 양도할 수 없는 채권과 당사자의 의사로 특별히 양도를 금지한 채권도 또한 그러하다.

III. 질권의 목적물은 질권설정자의 소유나 질권 설정 당시에 소유자의 승낙을 얻은 물건이어야 한다

누구든지 자기가 갖지 않은 권리는 타인에게 양도하지 못한다. 따라서 물건 소유자의 승낙

---

1 집안의 계승자가 물려받는 재산으로 법률상 처분이 제한되었음. 오늘날에는 금양임야 등이 유사한 기능을 하고 있음.

이無ᄒᆞ면其物上에質權을設定치못ᄒᆞᆷ은說明을不要ᄒᆞᆯ바ㅣ라但動產質에ᄂᆞᆫ所有者의承諾이無ᄒᆞᆫ境遇라도質權設定ᄒᆞᆯ當時에質權者가善意無過失로質物의引渡ᄅᆞᆯ受ᄒᆞ야占有ᄒᆞ면質權者ᄂᆞᆫ質物上에質權을行使ᄒᆞᆷ을得ᄒᆞ고轉質境遇에所有者가아닌質權者의게質物上에新質權을設定ᄒᆞᄂᆞᆫ權限을付與ᄒᆞᆷ은特別規定으로生ᄒᆞᄂᆞᆫ例外라謂ᄒᆞᆯ지니라

第三節　質權一般의効力

質權은動產을目的ᄒᆞᆷ과不動產을目的ᄒᆞᆷ과債權을目的ᄒᆞᆷ에依ᄒᆞ야其効力이多少의差異가有ᄒᆞ나質權의性質로生ᄒᆞᄂᆞᆫ主要의効力은各種質權의共通ᄒᆞᆷ으로余ᄂᆞᆫ此等質權의一般効力을先論ᄒᆞ고後에至ᄒᆞ야各種質權을論ᄒᆞᆯ時에當ᄒᆞ야其固有의特別効力을說明코져ᄒᆞ노니今에質權一般効力의重要ᄒᆞᆫ者ᄅᆞᆯ擧ᄒᆞ면左와如ᄒᆞ니라

第一、質權은元本、利息、違約金、質權實行의費用、質物保存의費用、債務의不履行과質物의隱ᄒᆞᆫ瑕疵로因ᄒᆞ야生ᄒᆞᆫ損害賠償을擔保ᄒᆞᆷ

此ᄂᆞᆫ質權으로擔保ᄒᆞᄂᆞᆫ債權의範圍ᄅᆞᆯ定ᄒᆞᆷ이니當事者의意思ᄅᆞᆯ推測ᄒᆞᆫ者이

이 없으면 그 물건 위에 질권을 설정하지 못함은 설명이 필요하지 않다. 다만 동산질권에서는 소유자의 승낙이 없는 경우라도 질권을 설정할 당시에 질권자가 선의, 무과실로 질물의 인도를 받아 점유하면 질권자는 질물 위에 질권을 행사할 수 있다. 그리고 전질의 경우에 소유자가 아닌 질권자에게 질물 위에 새로운 질권을 설정할 권한을 부여하는 것은 특별규정으로 발생하는 예외라고 말할 수 있다.

제3절 질권의 일반적 효력

질권은 동산을 목적으로 하는 경우와 부동산을 목적으로 하는 경우, 채권을 목적으로 하는 경우에 따라 그 효력에 다소 차이가 있다. 그러나 질권의 성질로부터 발생하는 주요한 효력은 각종 질권에 공통된다. 따라서 나는 이들 질권의 일반적 효력을 먼저 논하고 뒤에 가서 각종 질권을 논할 때에 그 고유한 특별효력을 설명하고자 한다. 이제 질권의 일반적 효력에서 중요한 것을 들면 다음과 같다.

I. 질권은 원본, 이자, 위약금, 질권 실행의 비용, 질물 보존의 비용, 채무불이행과 질물의 숨은 하자로 인하여 발생한 손해배상을 담보한다

이는 질권으로 담보되는 채권의 범위를 정한 것으로, 당사자의 의사를 추측한 것이[1]

1 원문에 이 문단이 중복하여 들어갔으며, 위에는 '衍文'이라는 가필이 있음.

第一、質權은元本、利息、違約金、質權實行의費用、質物保存의費用、債務의不履行과質物의隱ᄒᆞᆫ瑕疵로因ᄒᆞ야生ᄒᆞᆫ損害賠償을擔保ᄒᆞᆷ

此는質權으로擔保ᄒᆞ는債權의範圍를定ᄒᆞᆷ이니當事者의意思를推測ᄒᆞᆫ者이라故로質權은別般의意思表示가無ᄒᆞᆫ限에는元本外에도利息其他의附隨債權도亦擔保ᄒᆞᆫ者로推定ᄒᆞᄂᆞ니라

(一)元本　元本은債權의目的된主되는給付를云ᄒᆞᆷ이니即貸金의元金과如ᄒᆞᆫ者이라質權은債權의元本을擔保ᄒᆞᆷ이主要의目的인즉元本이質權의擔保됨은說明을要치아니ᄒᆞ야도明白ᄒᆞ니라

(二)利息　元本이利息을生ᄒᆞᆯ時는質權은元本外에利息의債權도擔保ᄒᆞᆷ이라盖利息은元本으로生ᄒᆞ는者인즉元本을擔保ᄒᆞᆫ質權은附隨ᄒᆞᆫ利息의債權도擔保ᄒᆞᆫ者로推測ᄒᆞᆷ이事理에當然ᄒᆞ니라

(三)違約金及損害金　違約金은債務者가債務不履行ᄒᆞ는境遇에債權者의게支給ᄒᆞ기로約ᄒᆞᆫ金額이니損害賠償의豫定額이라ᄒᆞᆯ지라故로違約金은或時는元本의變體도되고或時는元本의補充도되ᄂᆞ니主된元本을擔保ᄒᆞᆫ

I. 질권은 원본, 이자, 위약금, 질권 실행의 비용, 질물 보존의 비용, 채무불이행과 질물의 숨은 하자로 인하여 발생한 손해배상을 담보한다

이는 질권으로 담보되는 채권의 범위를 정한 것으로, 당사자의 의사를 추측한 것이다. 그러므로 질권은 다른 의사표시가 없는 한 원본 외에도 이자 기타 부수된 채권 또한 담보되는 것으로 추정된다.

〈1〉 원본: 원본은 채권의 목적인 주된 급부를 말한다. 즉 대금의 원금과 같은 것이다. 질권은 채권의 원본을 담보하는 것이 주요한 목적이므로 원본이 질권의 담보가 됨은 설명을 요구하지 않아도 명백하다.

〈2〉 이자: 원본이 이자를 발생시킬 때에는 질권은 원본 이외에 이자채권도 담보한다. 대개 이자는 원본으로부터 발생되는 것이므로 원본을 담보한 질권은 부수된 이자채권도 담보한 것으로 추측함이 사리에 당연하다.

〈3〉 위약금 및 손해배상: 위약금은 채무자가 채무불이행을 하는 경우에 채권자에게 지급하기로 약정한 금액으로 손해배상의 예정액이라고 할 수 있다. 그러므로 위약금은 어떤 때에는 원본의 변형물도 되고 어떤 때에는 원본의 보충물도 된다. 따라서 주된 원본을 담보하는

質權은元本을代ᄒᆞ고或은補充ᄒᆞᄂᆞᆫ違約金도擔保ᄒᆞᆫ者로推定ᄒᆞᆷ이可ᄒᆞ고債務不履行으로生ᄒᆞᆫ損害賠償金에도亦然ᄒᆞᆫ지라但二者의相異ᄒᆞᆫ點은違約金에ᄂᆞᆫ債務者ᄂᆞᆫ損害의有無와損害의多寡ᄅᆞᆯ不拘ᄒᆞ고豫定ᄒᆞᆫ金額을支給ᄒᆞᆯ義務가有ᄒᆞ나損害賠償에ᄂᆞᆫ不履行으로生ᄒᆞᆫ現實의損害額을賠償ᄒᆞᆯ義務ᄅᆞᆯ負ᄒᆞᆯᄲᅮᆫ이니라又違約金은損害賠償豫定額의性質이無ᄒᆞ고債務不履行의制裁로給付ᄒᆞᄂᆞᆫ民事罰의性質이有ᄒᆞᆫ境遇도有ᄒᆞ나違約金은主債務에牽連ᄒᆞ야密接ᄒᆞᆫ關係가有ᄒᆞ니主된債務即元本의給付ᄅᆞᆯ擔保ᄒᆞᆫ質權은其不履行으로生ᄒᆞᆫ違約金도亦擔保된者로推測ᄒᆞᆯ지니라

(四)保存費用　保存費用은質物의滅失毁損을豫防ᄒᆞ기爲ᄒᆞ야支出ᄒᆞᄂᆞᆫ費用이니即質物의修繕費等이라盖質物이債務者或은第三者의所有로現存ᄒᆞᆷ은質權者가費用을投ᄒᆞ야保存ᄒᆞᆷ을爲ᄒᆞᆷ이니保存된質物은其費用辦報에先充ᄒᆞᆷ이公平ᄒᆞᆫ지라此ᄂᆞᆫ先取特權에셔說明ᄒᆞᆫ바인ᄃᆡ質權에도亦同理ᄅᆞᆯ應用ᄒᆞᆯ지니라

(五)質權實行의費用　假令質物을競賣에付ᄒᆞ야其代金을領收ᄒᆞ기爲ᄒᆞ야

질권은 원본을 갈음하고 더러는 보충하는 위약금도 담보한 것으로 추정함이 마땅하고, 채무불이행으로 발생한 손해배상금에서도 또한 그러하다. 다만 양자가 다른 점은, 위약금에서는 채무자는 손해의 유무와 손해의 다과와 관계없이 예정된 금액을 지급할 의무가 있으나, 손해배상에서는 불이행으로 발생한 실제의 손해액을 배상할 의무를 질 뿐이다. 또 위약금은 손해배상 예정액의 성질이 없고 채무불이행의 제재로 급부하는 민사벌의 성질이 있는 경우도 있으나, 위약금은 주채무와 견련되어 밀접한 관계가 있다. 따라서 주된 채무, 곧 원본의 급부를 담보한 질권은 그 불이행으로 발생한 위약금 또한 담보로 한 것으로 추측하여야 한다.

〈4〉 보존비용: 보존비용은 질물의 멸실, 훼손을 예방하기 위하여 지출되는 비용으로 곧 질물의 수선비 등이다. 대개 질물이 채무자 또는 제3자의 소유로 현존하는 것은 질권자가 비용을 투입하여 보존하기 위한 것이므로, 보존된 질물은 그 비용의 변제에 먼저 충당함이 공평할 것이다. 이는 선취특권에서 설명한 바인데 질권에서도 같은 법리로 응용되는 것이다.

〈5〉 질권 실행의 비용: 가령 질물을 경매에 부쳐 그 대금을 수령하기 위하여

要ᄒᆞᆫ一切의費用이라此等費用은質權을實行ᄒᆞᆷ에必要ᄒᆞᆫ者로質權設定에셔生ᄒᆞᆫ結果인즉質權으로擔保ᄒᆞᆯ者이니라

（六）質物의隱ᄒᆞᆫ瑕疵로生ᄒᆞᆫ損害　假令債務者가傳染病에罹ᄒᆞᆫ牛馬를質物로交付ᄒᆞ얏다假定ᄒᆞ면傳染病은即隱ᄒᆞᆫ瑕疵이라此境遇에債權者의牛馬도亦其傳染病에感染ᄒᆞ야債權者의게損害가有ᄒᆞᆫ時ᄂᆞᆫ債權者ᄂᆞᆫ其損害賠償債權에對ᄒᆞ야質物된牛馬上에質權을行ᄒᆞᆷ을得ᄒᆞᄂᆞ니라盖此損害ᄂᆞᆫ質物에關ᄒᆞ야生ᄒᆞ얏스니此와密接ᄒᆞᆫ關係가有ᄒᆞᆫ者이라故로質權設定者로ᄒᆞ야곰其質物로써賠償에責에任케ᄒᆞ니라

以上은當事者間에別般意思가無ᄒᆞᆫ境遇에適用ᄒᆞᆷ이니當事者間에若特約이有ᄒᆞ면質權으로擔保ᄒᆞᆫ範圍ᄂᆞᆫ其特約을從ᄒᆞᆷ이可ᄒᆞ니라

第二、質權者ᄂᆞᆫ其債權의完全ᄒᆞᆫ辨償을受ᄒᆞ기ᄭᆞ지ᄂᆞᆫ質物을留置ᄒᆞᄂᆞᆫ權利가有ᄒᆞᆷ

質權者ᄂᆞᆫ其債權의元本其他附隨債權의完全辨償을受ᄒᆞ기ᄭᆞ지ᄂᆞᆫ質物을留置ᄒᆞᄂᆞᆫ權利가有ᄒᆞᄂᆞ니此ᄂᆞᆫ質物의性質上明白ᄒᆞᆫ바이라但質權者의留置權

필요한 일체의 비용이다. 이들 비용은 질권을 실행하는데 필요한 것으로 질권 설정으로부터 발생한 결과이므로 질권으로 담보되는 것이다.

〈6〉 질물의 숨은 하자로 발생한 손해: 가령 채무자가 전염병에 걸린 마소를 질물로 교부하였다고 가정하면 전염병은 곧 숨은 하자이다. 이 경우에 채권자의 마소 또한 그 전염병에 감염되어 채권자에게 손해가 있는 때에는 채권자는 그 손해배상채권에 대하여 질물인 마소 위에 질권을 행사할 수 있다. 대개 이 손해는 질물에 관하여 발생하였으므로 질물인 마소와 밀접한 관계가 있는 것이다. 그러므로 질권설정자로 하여금 그 질물로 배상의 책임을 지게 한다.

이상은 당사자 사이에 다른 의사가 없는 경우에 적용되는 것인데, 당사자 간에 만약 특약이 있으면 질권으로 담보되는 범위는 그 특약을 따르는 것이 마땅하다.

II. 질권자는 그 채권의 완전한 변제를 받기까지는 질물을 유치할 권리가 있다

질권자는 그 채권의 원래 기타 부수되는 채권의 완전한 변제를 받기까지는 질물을 유치할 권리가 있다. 이는 질권의 성질상 명백한 바이다. 다만 질권자의 유치권능과通常의留置權과相異ᄒᆞᆫ重要點은質權者ᄂᆞᆫ自己의게對ᄒᆞ야優先權이有ᄒᆞᆫ債權者의게對ᄒᆞ야ᄂᆞᆫ其留置權을主張치못ᄒᆞᆷ에在ᄒᆞᆫ지라假令質權者가其質物을保存ᄒᆞᆫ債權者가有ᄒᆞᆷ을知ᄒᆞ고此ᄅᆞᆯ受取ᄒᆞ얏거나又質權者ᄅᆞᆯ爲ᄒᆞ야質物을保存ᄒᆞᆫ者가有ᄒᆞᆫ時ᄂᆞᆫ此等債權者ᄂᆞᆫ質權者의게對ᄒᆞ야優先權이有ᄒᆞᆷ으로써質權者에先ᄒᆞ야質物上에其權利ᄅᆞᆯ行ᄒᆞᆯ지라此等先取特權者가其權利의行使로目的物을競賣에付ᄒᆞᆫ時ᄂᆞᆫ質權者ᄂᆞᆫ競買人에게質物을引渡ᄒᆞᆷ을要ᄒᆞ야自已의債權을主張ᄒᆞ야留置ᄒᆞᆷ을不得ᄒᆞ고다만質物代金에對ᄒᆞ야先取特權者가其辨償을受ᄒᆞᆫ後에剩餘가有치아니ᄒᆞ면自已債權의辨償을受ᄒᆞᆷ에不過ᄒᆞ니라通常의留置權은何人의게던지對抗ᄒᆞᆯ强力權利가有ᄒᆞ니留置權에優先ᄒᆞᄂᆞᆫ權利者가無ᄒᆞᆷ으로如何ᄒᆞᆫ境遇던지留置權者ᄂᆞᆫ其債權의完全辨償을受치아니ᄒᆞ면留置物을引渡ᄒᆞᆯ義務가無ᄒᆞ니라

質權者ᄂᆞᆫ自已의게對ᄒᆞ야優先權이無ᄒᆞᆫ債權者의게對ᄒᆞ야ᄂᆞᆫ留置權을行ᄒᆞᆷ을得ᄒᆞ야此等債權者가質物을競賣에付ᄒᆞᄂᆞᆫ權利ᄂᆞᆫ質權者의게妨害됨이無ᄒᆞ니質物의競賣人은質權者의게對ᄒᆞ야辨償치아니ᄒᆞ면其質物을受치못ᄒᆞᆷ

이 통상의 유치권과 다른 중요한 점은, 질권자는 자기에 대하여 우선권이 있는 채권자에 대하여는 그 유치권능을 주장하지 못하는 데 있다. 가령 질권자가 그 질물을 보존한 채권자가 있음을 알고 이를 받았거나 질권자를 위하여 질물을 보존한 자가 있는 때에는, 이들 채권자는 질권자에 대하여 우선권이 있으므로 질권자보다 우선하여 질물 위에 그 권리를 행사하여야 한다. 이들 선취특권자가 그 권리의 행사로 목적물을 경매에 부친 때에는, 질권자는 경매절차의 매수인에게 질물을 인도하여야 하므로 자기의 채권을 주장하여 유치할 수 없다. 다만 질물의 대금에 대하여 선취특권자가 그 변제를 받은 뒤에 나머지가 없으면 자기 채권의 변제를 받는 데 불과하다. 통상의 유치권은 누구에게든지 대항할 수 있는 강력한 권리가 있는데, 유치권에 우선하는 권리자가 없으므로 어떠한 경우든지 유치권자는 그 채권의 완전한 변제를 받지 않으면 유치물을 인도할 의무가 없다.

채권자는 자기에 대하여 우선권이 없는 채권자에 대하여는 유치권능을 행사할 수 있으며, 이들 채권자가 질물을 경매에 부치는 권리는 질권자에게 방해될 것이 없다. 따라서 질물의 경매인은 질권자에 대하여 변제하지 않으면 그 질물을 받지 못한다는 것

은通常의留置權과無異ᄒᆞ니라

第三、質權者ᄂᆞᆫ質物에서生ᄒᆞᄂᆞᆫ果實을收取ᄒᆞ야他債權者에先ᄒᆞ야債權辨償에充ᄒᆞᄂᆞᆫ權利가有홈

質物이果實을生ᄒᆞ면此果實도亦質物과ᄀᆞᆺ치債權者의債權을擔保ᄒᆞᄂᆞᆫ者이라質權者ᄂᆞᆫ留置權者와如히善良ᄒᆞᆫ管理者의注意로써目的物을保管ᄒᆞᄂᆞᆫ義務를負ᄒᆞ니留置權과如히果實에對ᄒᆞ야優先權을行홈이正當公平ᄒᆞ고質權者가主物上에質權이旣有ᄒᆞᆫ以上은其質權이從物된果實上에及홈이當然ᄒᆞᆫ理니라然而質權者ᄂᆞᆫ辨償充當에關ᄒᆞᆫ一般原則을從ᄒᆞ야債權利息에先充ᄒᆞ고剩餘가有ᄒᆞ면此로써元本에充當ᄒᆞᄂᆞ니라

第四、質權者ᄂᆞᆫ質物에對ᄒᆞ야其債權의優先辨償을受ᄒᆞᄂᆞᆫ權利가有홈

質權의主된效力은實로此點에在ᄒᆞ니債務者가辨報期에至ᄒᆞ야도其債務를辨償치아니ᄒᆞ면債權者ᄂᆞᆫ質物을賣却ᄒᆞ야其代金으로優先辨償을受ᄒᆞᆯ지라然이나質權者ᄂᆞᆫ競賣法其他法律에定ᄒᆞᆫ節次를依ᄒᆞ야質物을賣却홈을要ᄒᆞ고債務者의承諾이無ᄒᆞ면其質物의所有權으로債權辨償에充치못ᄒᆞ며又法

은 통상의 유치권과 다를 바 없다.

III. 질권자는 질물에서 발생하는 과실을 수취하여 다른 채권자보다 우선하여 질권의 변제에 충당할 권리가 있다

질물이 과실을 내면 이 과실 또한 질물과 같이 채권자의 채권을 담보하는 것이다. 질권자는 유치권자와 같이 선량한 관리자의 주의로 목적물을 보관할 의무를 진다. 따라서 유치권과 같이 과실에 대하여 우선권을 행사할 수 있게 하는 것이 정당하고 공평하다. 그리고 질권자가 주된 물건 위에 질권을 이미 가진 이상 그 질권이 종물인 과실 위에 미치는 것이 당연한 이치이다. 그러나 질권자는 변제충당에 관한 일반원칙에 따라 채권의 이자에 먼저 충당하고 나머지가 있으면 원본에 충당한다.

IV. 질권자는 질물에 대하여 그 채권의 우선변제를 받을 권리가 있다

질권의 주된 효력은 실로 이 점에 있다. 즉 채무자가 변제기에 이르러서도 그 채무를 변제하지 않으면 채권자는 질물을 매각하여 그 대금으로 우선변제를 받을 것이다. 그러나 질권자는 경매법 기타 법률에서 정한 절차에 따라 질물을 매각하여야 하고, 채무자의 승낙이 없으면 그 질물의 소유권으로 채권 변제에 충당하지 못한다. 또 법

律에定ᄒᆞᆫ方法에依치아니ᄒᆞ면質物을處分치못ᄒᆞᄂᆞ니라又質權設定者ᄂᆞᆫ設定行爲나債務辨償期前의契約으로써質權者의게債務의辨償으로質物의所有權을取得케ᄒᆞ거나其他法律에定ᄒᆞᆫ方法을依치아니ᄒᆞ고質物을處分케ᄒᆞᆷ을約ᄒᆞᆷ을不得ᄒᆞᄂᆞ니假令甲이乙의게金十圓을貸與ᄒᆞ고乙의所有되ᄂᆞᆫ時計를質物로受取ᄒᆞᆯ時에乙이期日에報給지아니ᄒᆞ면其時計를辨償에充ᄒᆞ야甲의所有로ᄒᆞ거나或은甲이其時計를自賣ᄒᆞ야其代金으로貸金辨償에充케ᄒᆞ기로特約이有ᄒᆞ나此ᄂᆞᆫ全然無效가되야當事者를覊束키不得ᄒᆞᄂᆞ니라何故로其特約의効力을不與ᄒᆞᆷ을言ᄒᆞ건ᄃᆡ自己를保護치못ᄒᆞᆯ境遇에在ᄒᆞᆫ債務者를保護ᄒᆞᆷ을目的ᄒᆞ야利息制限法과同一精神에全在ᄒᆞᆫ지라此種契約이有効가되면債務者ᄂᆞᆫ金錢必要에困迫ᄒᆞ야淺薄ᄒᆞᆫ思慮로特約의利害를攻究ᄒᆞᆯ暇가無ᄒᆞ고他日에速히債務를辨償ᄒᆞ고質物을回復ᄒᆞ리라ᄒᆞ고輕信ᄒᆞ야債權者의提供ᄒᆞᆫ條件을甘諾ᄒᆞ얏다가後에至ᄒᆞ야豫期ᄒᆞᆷ과ᄀᆞᆺ치債務를辨償키不得ᄒᆞᆷ으로質物의所有權을失ᄒᆞ야回復지못ᄒᆞᆯ損害를被ᄒᆞᆷ에至ᄒᆞ리니라然이나質權者ᄂᆞᆫ債權辨償期後에至ᄒᆞ야質權設定者의承諾을得ᄒᆞ면質物로辨償에

률이 정한 방법에 따르지 않으면 질물을 처분하지 못한다. 그리고 질권설정자는 설정행위나 채무 변제기 전의 계약으로 질권자에게 채무의 변제로 질물의 소유권을 취득하게 하거나, 기타 법률이 정한 방법에 따르지 않고 질물을 처분하게 하는 약정을 할 수 없다. 가령 甲이 乙에게 10원을 대여하고 乙이 소유한 시계를 질물로 받을 때에, 乙이 기일에 변제하지 않으면 그 시계를 변제에 충당하여 甲의 소유로 하거나 또는 甲이 그 시계를 스스로 매각하여 그 대금으로 대여금 변제에 충당하게 하기로 하는 특약을 하였다. 그러나 이는 완전히 무효가 되어 당사자를 구속하지 못한다. 그 특약에 효력을 부여하지 않는 까닭이 어디에 있는지 말하면, 자기를 보호하지 못하는 처지에 있는 채무자를 보호하는 것을 목적으로 하여 전적으로 이자제한법과 동일한 정신에 있다. 이러한 계약이 유효가 되면, 채무자는 금전이 필요할 때 곤궁한 상황에서 신중하지 못한 생각으로 특약의 이해관계를 깊이 헤아릴 여유 없이 훗날에 빨리 채무를 변제하고 질물을 되찾을 것이라고 가볍게 믿고 채권자가 제공한 조건에 만족해하며 승낙하였다가, 뒤에 이르러 예상과 같이 채무를 변제할 수 없게 되어 질물의 소유권을 잃고 회복할 수 없는 손해를 입게 될 것이다. 그러나 질권자는 채권 변제기 후에 이르러 질권설정자의 승낙을 얻으면 질물로 변제에

充ᄒᆞ고又法律로定ᄒᆞᆫ方法을依치아니ᄒᆞ야도其質物을處分ᄒᆞᆷ을得ᄒᆞᄂᆞ니盖債權이辨償期에過ᄒᆞ면質權設定者ᄂᆞᆫ利害得失을自由로判斷ᄒᆞ야自己의利益은十分保護ᄒᆞᆷ을得ᄒᆞᆯ더이오債權者도過分의慾心을達키不得ᄒᆞᆯ리니故로其時에ᄂᆞᆫ其特約에效力을與ᄒᆞ야도害가無ᄒᆞ며도리혀簡便ᄒᆞᆫ利가有ᄒᆞ니라辨償期前에流質契約은以上과如히無效가되나日本質屋取締法第十一條에期間이滿了ᄒᆞ면質物의所有權을取得케ᄒᆞ얏고商法第二百七十七條에商行爲로因ᄒᆞ야生ᄒᆞᆫ質權에ᄂᆞᆫ流質契約을許ᄒᆞ얏스니此ᄂᆞᆫ商業의發達을期ᄒᆞᆷ에因ᄒᆞᆷ이니라我國典當鋪規則光武二年十一月二日法律第一號을按ᄒᆞ건ᄃᆡ第十五條第一項에曰典主의事力이不贍ᄒᆞ야退典ᄒᆞ기不能ᄒᆞᆫ時ᄂᆞᆫ退典期限三個日以前에該鋪에前來ᄒᆞ야所典物을該鋪主와協同放賣ᄒᆞ야本錢과利息을準數淸筭ᄒᆞᆫ後에餘額을收領ᄒᆞᆯ事라規定ᄒᆞ얏고同第十六條에曰退典期限이已過ᄒᆞ거든該鋪主ᄂᆞᆫ該過限ᄒᆞᆫ典主의姓名及日字ᄅᆞᆯ鋪門前面에揭示ᄒᆞ고五個日이過ᄒᆞ되典主가不待ᄒᆞᆫ時ᄂᆞᆫ該典物을自行斥賣ᄒᆞᆯ事但 如此境遇에ᄂᆞᆫ該價의有餘不足을勿論ᄒᆞᆯ事라規定ᄒᆞ얏스니此ᄅᆞᆯ觀ᄒᆞ면退典期限前에流典契約과法律에定

충당할 수 있고, 또 법률로 정한 방법에 따르지 않아도 그 질물을 처분할 수 있다. 대개 채권이 변제기를 지나면 질권설정자는 이해득실을 자유로이 판단하여 자기의 이익은 충분히 보호할 수 있을 것이고 채권자도 분수에 넘치는 욕심은 이룰 수 없을 것이다. 그러므로 그때에는 그 특약에 효력을 부여하여도 손해가 없고 도리어 간편한 이익이 있다.

변제기 전의 유질계약(流質契約)은 이상과 같이 무효가 된다. 그러나 일본 전당포단속법 제11조는 기간이 만료되면 질물의 소유권을 취득하게 하였고, 상법 제277조는 상행위로 인하여 발생한 채권에는 유질계약을 허용하였다. 이는 상업의 발달을 꾀하는 데 따른 것이다. 우리나라 전당포규칙()에 따르면 제15조 제1항에서 "전당물 소유자의 형편이 넉넉하지 못하여 퇴전(退典)[1]할 수 없는 때에는 퇴전기한 3일 전까지 그 전당포에 와서 전당물을 그 전당포주와 공동으로 매각하고 본전과 이자를 액수에 따라 청산한 뒤에 나머지를 수령할 것"이라고 규정하였고, 같은 규칙 제16조서는 "퇴전기한이 이미 지난 경우에는 그 전당포주는 기한을 넘긴 전당물 소유자의 성명 및 날짜를 전당포 문 앞쪽에 게시하고, 5일이 지나고도 전당물 소유자가 나타나지 않은 때에는 그 전당물을 스스로 매각, 청산할 것. 다만 이 경우에는 그 가액이 남거나 모자람을 논하지 말 것"이라고 규정하였다. 이것을 보면 퇴전기한 전의 유질계약과 법률에 정

1 채무를 변제하고 전당물을 되찾음.

ᄒᆞᆫ方法을依치아니ᄒᆞ고典物을處分ᄒᆞᄂᆞᆫ特約을禁ᄒᆞᆫ明文은無ᄒᆞ나此ᄅᆞᆯ不許ᄒᆞᆫ者로解釋ᄒᆞᆷ이可ᄒᆞ고過限後特約도亦許ᄒᆞᆫ明文이無ᄒᆞ나過限後典主가不待ᄒᆞᄂᆞᆫ境遇에舖主로ᄒᆞ야금典物을自行斥賣케ᄒᆞᆷ은典主가其典物을債務의辨償으로許給ᄒᆞᆯ意思가有ᄒᆞᆷ으로推定ᄒᆞ야其價額의足不足ᄭᆞ지勿論ᄒᆞᆷ이니期限後明示의特約은依例히許ᄒᆞᆫ者로解釋ᄒᆞᆷ이可호ᄃᆡ實際上從來의判決例에ᄂᆞᆫ債權者債務者間에債務過限後該典物을永永差持ᄒᆞᆯ特約의手標가有ᄒᆞ면其特約에效力을與ᄒᆞ야其債權의受捧으로典物의所有權을債權者의게移給ᄒᆞ니라

第五、質權者ᄂᆞᆫ質物을轉質ᄒᆞᆷ을得ᄒᆞᆷ

轉質은質權者가自已의債權者의게對ᄒᆞ야其債務의擔保로質物을又質入ᄒᆞᆷ을云ᄒᆞᆷ이니故로轉質은新質權의設定이라盖質權은物權이니物權本質에從ᄒᆞ야設定者意思의如何ᄂᆞᆫ不拘ᄒᆞ고此ᄅᆞᆯ讓渡ᄒᆞᆷ을得ᄒᆞᆯ지나質權은主債權에附隨ᄒᆞᆫ從物權이니主債權과分離ᄒᆞ야讓渡치못ᄒᆞᆷ은勿論이오新質權을設定ᄒᆞᆷ에도所有者의承諾을要ᄒᆞᆷ은明白ᄒᆞᆫ바이라然이나日本民法에質權設定者

한 방법에 따르지 않고 전당물을 처분하는 특약을 금지하는 명문은 없으나 이를 불허한 것으로 해석함이 마땅하다. 그리고 퇴전기한 경과 후의 특약 또한 허용한다는 명문은 없다. 그러나 기한 경과 후 전당물 소유자가 나타나지 않는 경우에 전당포주가 전당물을 스스로 매각, 청산할 수 있게 하는 까닭은, 전당물 소유자가 그 전당물을 채무의 변제로 주는 것을 허용한다는 의사가 있다고 추정하여 그 가액이 모자라는지 아닌지도 묻지 않게 하려는 것이다. 따라서 퇴전기한 후 명시적으로 한 특약은 으레 허용된 것으로 해석함이 마땅하다. 다만 실제로 종래 판례는 채권자와 채무자 간에 채무의 이행기를 경과한 후에 그 전당물을 영구히 채권자가 소유한다는 특약을 한 증서가 있으면 그 특약에 효력을 부여하여 그 채권의 변제로 전당물 소유권을 채권자에게 옮겨준다.

V. 질권자는 질물을 전질(轉質)할 수 있다

전질은 질권자가 자기 채권자에 대하여 그 채무의 담보로 질물을 다시 입질하는 것을 말한다. 그러므로 전질은 새로운 질권의 설정이다. 질권은 물권이어서 물권의 본질에 따라 설정자의 의사가 어떠한지에 관계없이 양도할 수 있을 것이다. 그런데 질권은 주된 채권에 부수된 종된 물권으로 주된 채권과 분리하여 양도하지 못함은 물론이고, 새로운 질권을 설정할 때에도 소유자의 승낙이 필요함은 명백한 바이다. 그러나 일본 민법에서 질권설정자의

의承諾을不由ᄒᆞ고質物上에만質權을設定케ᄒᆞᆷ은從來의慣習과實際의便宜ᄅᆞᆯ基因ᄒᆞᆫ바인ᄃᆡ我國慣習에도亦所有者의意思ᄅᆞᆯ不要ᄒᆞᄂᆞ니라

右와如히質權者ᄂᆞᆫ設定者의承諾이無ᄒᆞ고質權을其債務의擔保로供ᄒᆞᄂᆞᆫ權利가有ᄒᆞ나絶對無條件으로此權利ᄅᆞᆯ行ᄒᆞᆷ은不得ᄒᆞᄂᆞ니即質權者가轉質ᄒᆞᆷ에ᄂᆞᆫ左의二條件이具備ᄒᆞᆷ을要ᄒᆞᆯ지니라

(一)其權利存續期間內에轉質ᄒᆞᆯ事　何人이던지已有보다大ᄒᆞᆫ權利ᄅᆞᆯ他人의게讓渡키不能ᄒᆞᆷ은法理上의原則이오又法律은다만質權者의有ᄒᆞᆫ權利範圍內에서轉質ᄒᆞᆷ을認許ᄒᆞᆷ에不外ᄒᆞ니故로質權이存續期間의滿了ᄅᆞᆯ因ᄒᆞ야消滅되면轉質도亦其効ᄅᆞᆯ當然히失ᄒᆞ고新質權은舊質權의範圍體樣을從ᄒᆞᆷ이可ᄒᆞ니存續期間外에도舊質權보다廣ᄒᆞᆫ範圍와重ᄒᆞᆫ體樣으로設定키不得ᄒᆞᆷ은轉質의性質로明白ᄒᆞ니라

(二)轉質로生ᄒᆞᄂᆞᆫ損害에對ᄒᆞ야其責에任ᄒᆞᆯ事　法律은實際上의便宜로質權者의게轉質을許ᄒᆞ나此로因ᄒᆞ야質權設定者의게損害ᄅᆞᆯ被케ᄒᆞᆷ은不公平ᄒᆞ니轉質로生ᄒᆞᆫ損害에ᄂᆞᆫ轉質ᄒᆞᆫ質權者의게其責을任케ᄒᆞᆷ이可ᄒᆞ고設

승낙을 거치지 않고 질물 위에만 질권을 설정하도록 하는 까닭은 종래의 관습과 실제의 편의에 기인한 것으로, 우리나라 관습에서도 또한 소유자의 의사를 요구하지 않는다.

위와 같이 질권자는 설정자의 승낙 없이 질권을 그 채무의 담보로 제공할 권리가 있으나 절대적이고 무조건적으로 이 권리를 행사할 수는 없다. 즉 질권자가 전질을 하려면 다음 두 조건이 구비되어야 한다.

〈1〉 그 권리의 존속기간 내에서 전질할 것: 누구든지 이미 가진 것보다 큰 권리를 타인에게 양도할 수 없음은 법리상 원칙이고, 또 법률은 다만 질권자가 가진 권리의 범위 내에서 전질하는 것을 인정할 뿐이다. 그러므로 질권이 존속기간 만료로 인하여 소멸되면 전질 또한 당연히 그 효력을 잃는다. 그리고 신 질권은 구 질권의 범위와 형태를 따르는 것이 마땅하므로, 존속기간 외에도 구 질권보다 넓은 범위와 무거운 형태로 설정할 수 없음은 전질의 성질상 명백하다.

〈2〉 전질로 발생하는 손해에 대하여 그 책임을 질 것: 법률은 실제적인 편의로 질권자에게 전질을 허용한다. 그러나 이로 인하여 질권설정자에게 손해를 입히는 것은 불공평하므로, 전질로 발생한 손해는 전질한 질권자에게 그 책임을 묻는 것이 마땅하고 설

定者로ᄒᆞ야곰負擔케ᄒᆞᆷ은不可ᄒᆞᆫ지라故로質物이轉質權者의過失로因ᄒᆞ야滅失或毁損된境遇ᄂᆞᆫ勿論이어니와不可抗力으로因ᄒᆞᆫ境遇라도轉質치아니ᄒᆞ얏스면生치아니ᄒᆞᆯ滅失或毁損에ᄂᆞᆫ質權者가亦此에對ᄒᆞ야責任을負ᄒᆞᆯ者이니何故오此境遇에質物의滅失毁損이畢竟轉質에셔基因ᄒᆞ얏다謂치아니치못ᄒᆞᆯ者이니라然이나質物의滅失毁損이轉質치아니ᄒᆞ야도免키不得ᄒᆞᆯ時ᄂᆞᆫ質權者의게責任이無ᄒᆞ니假令質物이轉質後에轉質權者의家屋과共히火災에罹ᄒᆞ야燒失ᄒᆞᆫ境遇에質權者의家屋도亦火災에延燒ᄒᆞ야其質物이質權者手中에在ᄒᆞ야도亦燒失을免키不得ᄒᆞᆯ時ᄂᆞᆫ質權者ᄂᆞᆫ賠償의責任이無ᄒᆞ니라

轉質性質에對ᄒᆞ야ᄂᆞᆫ學者間에議論이頗有ᄒᆞ니或은質權付債權의停止條件付讓渡ㅣ라ᄒᆞ고或은質權付債權의質入이라ᄒᆞ고或은債權과分離ᄒᆞ야質權만質入ᄒᆞᄂᆞᆫ權利質의一種이라ᄒᆞ고或은質權의停止條件附讓渡라ᄒᆞ니此等學說이多少의眞理ᄂᆞᆫ皆有ᄒᆞ야全然擯斥키不能ᄒᆞ나日本民法의解釋으로ᄒᆞ면質物의再度質入卽新質權의設定이라謂ᄒᆞᆯ지라其理由ᄂᆞᆫ(一)日本民法第

정자가 부담하게 하는 것은 옳지 않다. 그러므로 질물이 전질권자의 과실로 인하여 멸실 또는 훼손된 경우는 물론이고, 불가항력으로 인한 경우라도 전질하지 않았다면 발생하지 않았을 멸실 또는 훼손에 대하여도 또한 질권자가 책임을 질 것이다. 왜냐하면 이 경우에 질물의 멸실 또는 훼손이 결국 전질에서 기인하였다고 말하지 않을 수 없기 때문이다. 그러나 질물의 멸실 또는 훼손이 전질하지 않았더라도 면할 수 없는 것인 때에는 질권자에게 책임이 없다. 가령 질물이 전질 후에 전질권자의 가옥과 함께 화재를 입어 소실된 경우에, 질권자의 가옥 또한 화재가 옮겨붙어 그 질물이 질권자 수중에 있었더라도 소실될 수밖에 없었던 때에는 질권자는 배상의 책임이 없다.

전질의 성질에 대하여는 학자 간에 자못 논의가 있다. 더러는 질권부채권의 정지조건부 양도라고 하고 더러는 질권부채권의 입질이라고 하고, 더러는 채권과 분리하여 질권만 입질하는 권리질권의 일종이라고 하고 더러는 질권의 정지조건부 양도라고 한다. 이들 학설이 모두 다소 옳은 점이 있어 완전히 배척할 수는 없으나, 일본 민법의 해석으로 보면 질물의 재입질, 곧 새로운 질권의 설정이라고 말할 수 있다. 그 이유는 첫째, 일본 민법 제

三百四十八條에「質物을轉質홈을得」홈이라ᄒᆞ얏스니其所謂質物을轉質홈이라홈은文理上에質物其者를更히他人의게質入ᄒᆞᄂᆞᆫ意義로解홈이可ᄒᆞ고債權或은質權의質入이나讓渡의意義로解ᄒᆞ기不得홀섇더러其民法이轉質에關ᄒᆞᆫ規定을質權總則中에置ᄒᆞ고權利質에關ᄒᆞᆫ節條中不置ᄒᆞᆫ것으로推論ᄒᆞ야도立法의主旨ᄂᆞᆫ質權者를爲ᄒᆞ야質物質入의權利를與ᄒᆞ야質權者가自己가占有ᄒᆞᆫ質物을他人의게更히質入ᄒᆞᄂᆞᆫ新質權을設定홈이賃借人이賃借物을他人에게轉貸ᄒᆞ야新賃貸借關係를創設홈과恰如케홈에在홈으로解釋홈이穩當ᄒᆞ며(二)ᄂᆞᆫ質權者ᄂᆞᆫ本來其權利의目的된質物을留置ᄒᆞ며此를其債權辨償에供ᄒᆞᄂᆞᆫ權利가有홈에止ᄒᆞ고其質物을自己債務의擔保로供ᄒᆞᄂᆞᆫ權利가無홈은勿論이라然이나質權者가質權設定者의承諾을得ᄒᆞ야更히質入홈은無妨ᄒᆞ니此境遇에ᄂᆞᆫ其質物上에新質權을設定홈은無疑인즉日本民法第三百四十八條ᄂᆞᆫ即質權設定者의承諾이無ᄒᆞ면不得홀轉質即質物再度의質入의權限을質權者의게授與ᄒᆞᆫ者인ᄃᆡ古來의慣習과實際의便宜에基因ᄒᆞᆫ者이라故로何點을取ᄒᆞ던지日本民法第三百四十八條의規定은質物上에

348조에서 "질물을 전질할 수 있"다고 하였으므로 그 이른바 질물을 전질한다는 것은 문리상 질물 그 자체를 다시 타인에게 입질한다는 의미로 해석하는 것이 마땅하고 채권 또는 질권의 입질이나 양도의 의미로 해석할 수 없다. 뿐만 아니라 일본 민법에서 전질에 관한 규정을 질권의 총칙에 두고 권리질권에 관한 절 안에 두지 않은 것으로 추론하여도, 입법의 취지는 질권자를 위하여 질물을 입질할 권리를 주어 질권자 자신이 점유한 질물을 타인에게 다시 입질하는 새로운 질권을 설정하는 것이 임차인이 임차물을 타인에게 전대하여 새로운 임대차관계를 창설하는 것과 유사하게 하려는 데 있다고 해석하는 것이 타당하다. 그리고 둘째는, 질권자는 본래 그 권리의 목적이 된 질물을 유치하고 이로부터 그 채권을 변제받을 권리를 갖는 데 그치고 그 질물을 자기 채무의 담보로 제공할 권리가 없음은 물론이다. 그러나 질권자가 질권설정자의 승낙을 얻어 다시 입질하는 것은 무방한데, 이 경우에는 그 질물 위에 새로운 질권이 설정된다는 데에 의문이 없다. 그런데 일본 민법 제348조는 질권설정자의 승낙이 없으면 할 수 없는 전질, 곧 질물의 재입질 권한을 질권자에게 준 것으로, 종래의 관습과 실제의 편의에 기인한 것이다. 그러므로 어떤 점을 취하더라도 일본 민법 제348조의 규정은 질물 위에

新質權을設定ᄒᆞᄂᆞᆫ權限을質權者의게與ᄒᆞᄂᆞᆫ同時에其轉質設定의制限條件을規定ᄒᆞᆫ者로解釋ᄒᆞᆷ이正當ᄒᆞᆷ으로信ᄒᆞ노라

第六、質權者ᄂᆞᆫ質物에對ᄒᆞ야必要費或은有益費를支出ᄒᆞᆫ時ᄂᆞᆫ質物所有者로ᄒᆞ야곰償還케ᄒᆞᄂᆞᆫ權利가有ᄒᆞᆷ

此ᄂᆞᆫ留置權에셔說明ᄒᆞ얏기再論치아니ᄒᆞ노라

第七、質權者ᄂᆞᆫ善良ᄒᆞᆫ管理者의注意로써質物을占有ᄒᆞᄂᆞᆫ義務를負擔ᄒᆞᆷ

此ᄂᆞᆫ無他라質權者ᄂᆞᆫ自己의利益을爲ᄒᆞ야質物을占有ᄒᆞᄂᆞᆫ者인ᄃᆡ其責任이重ᄒᆞᆫ바이라且動産質權者ᄂᆞᆫ質物을保存ᄒᆞᄂᆞᆫ必要外에ᄂᆞᆫ使用或은貸與ᄒᆞᆷ을不得ᄒᆞᄂᆞ니動産質權은質物占有의權利ᄂᆞᆫ包含ᄒᆞ나使用의權利ᄂᆞᆫ包含치아니ᄒᆞᆫ바ㅣ라然而質權者가前記義務에違背ᄒᆞ면質權設定者ᄂᆞᆫ質權消滅을請求ᄒᆞᆷ을得ᄒᆞᄂᆞ니留寘權의境遇와同一ᄒᆞ니라

第八、質權者ᄂᆞᆫ質物을返還ᄒᆞᄂᆞᆫ義務를負擔ᄒᆞᆷ

質權者ᄂᆞᆫ其債權의擔保로他人所有에係ᄒᆞᆫ物件을受取ᄒᆞ야占有ᄒᆞᆫ者인즉其債權의辨償을完全히受捧ᄒᆞ거나其他理由로債權이消滅ᄒᆞ면質物을占有ᄒᆞᆷ

새로운 질권을 설정할 권한을 질권자에게 주는 동시에 그 전질권 설정의 제한 조건을 규정하였다고 해석함이 정당하다고 믿는다.

VI. 질권자는 질물에 대하여 필요비 또는 유익비를 지출한 때에는 질물 소유자로 하여금 상환하게 할 권리가 있다

이는 유치권에서 설명하였으므로 다시 논하지 않는다.

VII. 질권자는 선량한 관리자의 주의로 질물을 점유할 의무를 부담한다

이는 다른 것이 아니라, 질권자는 자기의 이익을 위하여 질물을 점유하는 것으로 그 책임이 무거운 바이다. 또 동산질권자는 질물을 보존할 필요가 있는 경우 외에는 사용 또는 대여를 할 수 없는데, 동산질권은 질물을 점유할 권리는 포함하나 사용할 권리는 포함하지 않는 것이다. 그러나 질권자가 앞서 적은 의무를 위반하면 질권설정자는 질권 소멸을 청구할 수 있는데 이는 유치권의 경우와 동일하다.

VIII. 질권자는 질물을 반환할 의무를 부담한다

질권자는 그 채권의 담보로 타인 소유의 물건을 받아 점유한 것이다. 따라서 그 채권의 변제를 완전히 받았거나 다른 이유로 채권이 소멸하면 질물을 점유할

理由가無ᄒᆞ니質權을設定ᄒᆞᆫ債務者나第三者의게此를返還ᄒᆞᄂᆞᆫ義務가有ᄒᆞᆷ은說明을不要ᄒᆞᆯ바ㅣ니라

第九、他人債務를擔保ᄒᆞ기爲ᄒᆞ야質權을設定ᄒᆞᆫ者가其債務를辨償ᄒᆞ거나質權實行으로因ᄒᆞ야質物의所有權을失ᄒᆞᆫ時ᄂᆞᆫ保證債務의規定을從ᄒᆞ야債務者의게對ᄒᆞ야求償權이有ᄒᆞᆷ

他人債務를爲ᄒᆞ야質權을設定ᄒᆞᆫ者ᄂᆞᆫ保證人과如히自身의게其債務辨償의責이無ᄒᆞ나質物로負擔ᄒᆞᆫ質權을消滅케ᄒᆞ고其質物을回復ᄒᆞ랴면質物로擔保된債務를辨償치아니치못ᄒᆞᆯ자라然而質權設定者가債務者를代ᄒᆞ야債務를辨償ᄒᆞᆫ時ᄂᆞᆫ其地位가主債務者를爲ᄒᆞ야辨償ᄒᆞᆫ保證人의地位와同一ᄒᆞ고又設定者가質權實行의結果로質物의所有權을失ᄒᆞ면質權設定者ᄂᆞᆫ債務者를代ᄒᆞ야辨償ᄒᆞᆫ者ᄂᆞᆫ아니나其所有財産으로ᄡᅥ債務를消滅케ᄒᆞ얏스니設定者自身이代報ᄒᆞᆷ과無異ᄒᆞᆫ지라故로實權設定者의게物上保證人의名稱으로保證債務에關ᄒᆞᆫ規定을從ᄒᆞ야主債務者의게對ᄒᆞ야求償ᄒᆞᄂᆞᆫ權利를與ᄒᆞ니라

이유가 없으므로 질권을 설정한 채무자나 제3자에게 이를 반환할 의무가 있음은 설명할 필요가 없는 것이다.

IX. 타인의 채무를 담보하기 위하여 질권을 설정한 자가 그 채무를 변제하거나 질권의 실행으로 인하여 질물의 소유권을 잃은 때에는 보증채무의 규정에 따라 채무자에 대하여 구상권(求償權)을 가진다

타인의 채무를 위하여 질권을 설정한 자는 보증인과 같이 자신에게 그 채무를 변제할 책임이 없으나, 질물로 부담한 질권을 소멸시키고 그 질물을 회복하려면 질물로 담보된 채무를 변제하지 않을 수 없다. 그런데 질권설정자가 채무자를 갈음하여 채무를 변제한 때에는 그 지위가 주채무자를 위하여 변제한 보증인의 지위와 동일하다. 또 설정자가 질권 실행의 결과로 질물의 소유권을 잃으면 질권설정자는 채무자를 갈음하여 변제한 것은 아니지만 그 소유 재산으로 채무를 소멸하게 하였으므로 설정자 자신이 대신 갚은 것과 다를 바 없다. 그러므로 질권설정자에게 물상보증인이라는 이름으로 보증채무에 관한 규정에 따라 주채무자에 대하여 구상할 권리를 주는 것이다.

第四節　動產質

動產質은質權의目的이特定ᄒᆞᆫ一個나數個의有體動產上에在ᄒᆞᆫ者ᄅᆞᆯ云ᄒᆞᆷ이니金錢米穀其他各種動產은皆動產質에目的됨을得ᄒᆞᆯ지라動產質은質權中에盛行ᄒᆞᄂᆞᆫ者인즉一般規定을設ᄒᆞᆷ에도其標準을動產質에取ᄒᆞᆯ지라以下에動產質의特別效力을說明ᄒᆞ노라

第一　動產質權者ᄂᆞᆫ繼續ᄒᆞ야質物을占有치아니ᄒᆞ면其質權으로ᄡᅥ第三者의게對抗ᄒᆞᆷ을不得ᄒᆞᆷ

目的物의占有ᄂᆞᆫ質權成立의要件이될ᄲᅮᆫ아니라動產質에關ᄒᆞ야ᄂᆞᆫ質權者가質物을繼續占有치아니ᄒᆞ면第三者의게對抗치못ᄒᆞᄂᆞ니何故오不動產質은登記가有ᄒᆞ니占有ᄅᆞᆯ繼續지아니ᄒᆞ야도其權利의所在가分明ᄒᆞ거니와動產質에關ᄒᆞ야ᄂᆞᆫ占有로ᄡᅥ權利의所在ᄅᆞᆯ認識ᄒᆞᆯ唯一標準外에他道가更無ᄒᆞ니質物을占有치아니ᄒᆞᆫ質權者의게其權利ᄅᆞᆯ行케ᄒᆞ면第三者의게不測ᄒᆞᆫ損害가有ᄒᆞ리라質權은其目的物을債權者의게引渡ᄒᆞ야其効力이始生ᄒᆞᄂᆞ니故로質權者가質物을一次도占有치아니ᄒᆞ면其質權이成立지아니ᄒᆞ며質物의

제4절 동산질권

동산질권은 질권의 목적이 한 개나 여러 개의 유체동산 위에 있는 것을 말하며, 금전, 쌀 기타 각종 동산은 모두 동산질권의 목적이 될 수 있을 것이다. 동산질권은 질권 중에서 성행하는 것으로, 일반규정을 마련하는 데에도 그 기준을 동산질권에서 취할 것이다. 이하에서 동산질권의 특별한 효력을 설명한다.

I. 동산질권자는 계속하여 질물을 점유하지 않으면 그 질권으로 제3자에게 대항하지 못한다

목적물의 점유는 질권 성립의 요건일 뿐 아니라 동산질권에 관하여는 질권자가 질물을 계속 점유하지 않으면 제3자에게 대항하지 못한다. 왜냐하면 부동산질권은 등기가 있어 점유를 계속하지 않아도 그 권리의 소재가 분명하지만 동산질권에 관하여는 점유를 권리의 소재를 인식할 유일한 기준으로 삼을 수밖에 다른 방도가 더는 없다. 따라서 질물을 점유하지 않은 질권자에게 그 권리를 행사할 수 있게 하면 제3자에게 불측의 손해가 있을 것이다. 질권은 그 목적물을 채권자에게 인도함으로써 비로소 그 효력이 발생된다. 그러므로 질권자가 질물을 한 번도 점유하지 않으면 그 질권은 성립하지 않는다. 그리고 질물의

占有는亦質權者의權利이나然이나其占有의繼續與否는動產質權存續의必要條件은아니라故로質權者가動產의占有를失ᄒᆞ나此로因ᄒᆞ야絶對的으로其權利를失ᄒᆞᆷ은아니니質權者는唯第三者의게對ᄒᆞ야其權利를主張치못ᄒᆞᆷ에止ᄒᆞ고債務者나質權設定者의게對ᄒᆞ야는依然히其權利를保有ᄒᆞ야此等者手中에在ᄒᆞᆫ質物의引渡를要求ᄒᆞ며又競賣에付ᄒᆞ야其代金으로辨償을受ᄒᆞᆯ權利가有ᄒᆞ니라

質權者는目的物을占有ᄒᆞ는權利가有ᄒᆞ니理論上으로言ᄒᆞ면質權者는其占有ᄒᆞᆫ質物을被奪ᄒᆞᆫ時에其選擇을從ᄒᆞ야何人의게던지質物을占有ᄒᆞᆫ者의게對ᄒᆞ야質權을基礎ᄒᆞ는本權의訴를提起ᄒᆞ야質物의回復을請求ᄒᆞ거나或은侵奪者나其惡意承繼人의게對ᄒᆞ야其占有權만理由로ᄒᆞ야占有回收의訴를提起ᄒᆞ야質物의返還을請求ᄒᆞᆯ權利가有ᄒᆞᆯ지라然이나質物의占有를失ᄒᆞᆫ者는以上說明으로因ᄒᆞ야第三者의게對抗ᄒᆞᆯ權利를旣失ᄒᆞ얏스니同一精神에基ᄒᆞ야質權者는質物占有를被奪ᄒᆞᆫ時에占有回收의訴를依ᄒᆞ야其質物을回復ᄒᆞᆷ은得ᄒᆞ나本權의訴를因ᄒᆞ야此를回復ᄒᆞᆷ은不得ᄒᆞᄂᆞ니라故로第三者의

점유 또한 질권자의 권리이지만 그 점유의 계속 여부는 동산질권 존속의 필요조건은 아니다. 그러므로 질권자가 동산의 점유를 잃어도 이로 인하여 절대적으로 그 권리를 잃는 것은 아닌데, 질권자는 오직 제3자에 대하여 그 권리를 주장하지 못하는 데 그치고 채무자나 질권설정자에 대하여는 여전히 그 권리를 보유한다. 그리하여 이들 수중에 있는 질물의 인도를 요구하며 또 경매에 부쳐 그 대금으로 변제를 받을 권리를 가진다.

질권자는 목적물을 점유할 권리가 있는데, 이론상으로 말하면 질권자는 그가 점유한 질물을 침탈당한 때에는 그의 선택에 따라 누구에게든지 질물을 점유한 자에 대하여 질권에 기초한 본권의 소를 제기하여 질물의 회복을 청구하거나, 또는 침탈자나 그 악의의 승계인에 대하여 그의 점유권만을 이유로 하여 점유회수의 소를 제기하여 질물의 반환을 청구할 권리가 있을 것이다. 그러나 질물의 점유를 잃은 자는 이상의 설명에 따라 제3자에게 대항할 권리를 이미 잃었으므로, 동일한 정신에 기초하여 질권자는 질물의 점유를 침탈당한 때에 점유회수의 소에 의하여 그 질물을 회복할 수는 있으나 본권의 소에 따라 이를 회복할 수는 없다. 그러므로 제3자의

所爲로因ᄒᆞ야無意思로質物의占有를失ᄒᆞᆫ質權者가占有喪失ᄒᆞᆫ時브터一年內에占有回收의訴를提起ᄒᆞ야質物의占有를回復ᄒᆞᆫ時ᄂᆞᆫ質權者의占有ᄂᆞᆫ終始繼續ᄒᆞ야喪失ᄒᆞᆫ事이無ᄒᆞᆫ者와如ᄒᆞ야依然히其質權을保有ᄒᆞ고完全히行ᄒᆞᆷ을得ᄒᆞᆯ지니라然이나質權者가占有回收의期間一個年을徒過ᄒᆞ거나又ᄂᆞᆫ質物이善意承繼人의占有에歸ᄒᆞᆫ時ᄂᆞᆫ質權者ᄂᆞᆫ占有回收訴權이消滅ᄒᆞ야確定的으로質物의回收權을失ᄒᆞᄂᆞᆫ同時에第三者의게對ᄒᆞ야質物의返還을要求ᄒᆞᄂᆞᆫ權利ᄂᆞᆫ絕對的으로消滅ᄒᆞ야質權者ᄂᆞᆫ其質權을基本으로ᄒᆞᄂᆞᆫ本權의訴를提起ᄒᆞ야其質物을回復ᄒᆞᆷ도不得ᄒᆞᄂᆞ니라但此境遇에도質權者ᄂᆞᆫ占有喪失에因ᄒᆞ야第三者의게對ᄒᆞ야其權利를主張치못ᄒᆞᆷ에止ᄒᆞᆯ뿐이오債務者及質權設定者의게對ᄒᆞ야ᄂᆞᆫ其權利를主張ᄒᆞᆷ이無妨ᄒᆞ니侵奪者가債務者又ᄂᆞᆫ其質權設定者가되ᄂᆞᆫ時나或은質權設定者가其所有權을基礎로ᄒᆞ야本權의訴를提起ᄒᆞ거나或은其他理由를因ᄒᆞ야第三者의게셔質物을回復ᄒᆞᆫ時ᄂᆞᆫ質權者ᄂᆞᆫ其質權을理由로ᄒᆞ야其返還을要求ᄒᆞᆷ을得ᄒᆞᆷ은勿論이니라

質權者ᄂᆞᆫ質物을他人으로代理占有케ᄒᆞᆷ을得ᄒᆞ나質權設定者로ᄒᆞ야곰代理

행위로 인하여 자신의 의사에 따르지 않고 질물의 점유를 잃은 질권자가 점유를 상실한 때부터 1년 내에 점유회수의 소를 제기하여 질물의 점유를 회복한 때에는, 질권자의 점유는 줄곧 계속되어 상실한 적이 없는 것과 같아서 여전히 점유권을 보유하고 완전히 행사할 수 있을 것이다. 그러나 질권자가 점유회수의 기간 1년을 도과(徒過)하거나 질물이 선의의 승계인 점유가 된 때에는 질권자는 점유회수청구권이 소멸하여 확정적으로 질물의 회수권을 잃는 동시에 제3자에 대하여 질물의 반환을 요구할 권리가 절대적으로 소멸한다. 이로써 질권자는 그 질권을 기본으로 하는 본권의 소를 제기하여 그 질물을 회복할 수도 없다. 다만 이 경우에도 질권자는 점유 상실로 인하여 제3자에 대하여 그 권리를 주장하지 못하는 데 그칠 뿐이고, 채무자 및 질권설정자에 대하여는 그 권리를 주장하여도 무방하다. 따라서 침탈자가 채무자 또는 그 질권설정자인 때나, 또는 질권설정자가 그 소유권을 기초로 본권의 소를 제기하거나, 또는 다른 이유로 인하여 제3자에게서 질물을 회복한 때에는 질권자는 그의 질권을 이유로 하여 질물의 반환을 요구할 수 있음은 물론이다.

질권자는 질물을 타인이 대리점유하게 할 수 있지만 질권설정자가 대리케ᄒᆞᆷ은不得ᄒᆞᄂᆞᆫ故로質物의侵奪이아니오質權設定者의占有에歸ᄒᆞ면質權者ᄂᆞᆫ其同時에占有ᄅᆞᆯ喪失ᄒᆞᆷ이되고以上說明에占有回收訴에만依ᄒᆞ야第三者의게對抗ᄒᆞᆫ다ᄒᆞ얏스니此文字에拘泥ᄒᆞ면侵奪者가自請ᄒᆞ야質物을返還ᄒᆞᆫ時ᄂᆞᆫ質權繼續이못될듯ᄒᆞ나此境遇ᄂᆞᆫ勿論質權이繼續ᄒᆞᆫ者로看ᄒᆞᆷ이可ᄒᆞ고又占有回收訴ᄂᆞᆫ被奪된境遇만限ᄒᆞᄂᆞ니詐欺로因ᄒᆞ야占有ᄅᆞᆯ失ᄒᆞᆫ時ᄂᆞᆫ此에包含치아니ᄒᆞ야第三者의게對抗치못ᄒᆞᆯ지라何故오設令詐欺로因ᄒᆞᆷ이라云ᄒᆞ나即任意로他人의게質物을引渡ᄒᆞᆫ者이됨이니라

第二　動產質權者ᄂᆞᆫ質物로써其債權辨償에直充ᄒᆞᆷ을得ᄒᆞᆷ

質權者ᄂᆞᆫ質物을賣却ᄒᆞ야其代金으로써債權辨償을受ᄒᆞᆷ을要ᄒᆞ고質物로써直充치못ᄒᆞᆷ은質權의一般効力을論ᄒᆞᆯ時에既爲一言ᄒᆞᆫ바이라然이나動產質에ᄂᆞᆫ目的物種類ᄅᆞᆯ隨ᄒᆞ야時日과費用을要ᄒᆞᄂᆞᆫ競賣節次에依ᄒᆞᆷ보다차라리其質物로써債權辨償에直充ᄒᆞᆯ必要가有ᄒᆞ고利益도有ᄒᆞ니故로債權者의게此權利ᄅᆞᆯ許ᄒᆞ야債務者의意思如何ᄂᆞᆫ不拘ᄒᆞᆷ인ᄃᆡ但債權者로ᄒᆞ야곰任意로此權利ᄅᆞᆯ行使케ᄒᆞ면或債務者의利益을害ᄒᆞᆷ에至ᄒᆞ리라故로數多의條件을

하게 할 수는 없으므로 질권설정자의 점유로 복귀하면 질권자는 그와 동시에 점유를 상실한 것이 된다. 그리고 이상의 설명에서 점유회수의 소에 의하여만 제3자에 대항한다고 하였으므로 이 문자에 구애받으면 침탈자가 자청하여 질물을 반환한 때에는 질권의 계속이 못될 듯하나, 이 경우는 물론 질권이 계속된다고 보는 것이 옳다. 또 점유회수의 소는 침탈된 경우에만 한하므로, 사기로 인하여 점유를 잃은 때에는 여기에 포함되지 않아 제3자에게 대항하지 못할 것이다. 왜냐하면 사기로 인하였다고 말하더라도 이는 곧 임의로 타인에게 질물을 인도한 것이기 때문이다.

II. 동산질권자는 질물로 그 채권 변제에 직접 충당할 수 있다

질권자는 질물을 매각하여 그 대금으로 채권 변제를 받아야 하고 질물로 직접 충당하지 못한다는 것은 질권의 일반적 효력을 논할 때에 이미 말한 바이다. 그러나 동산질권에서는 목적물의 종류에 따라 시간과 비용이 소요되는 경매절차에 따르기보다 차라리 그 질물을 채권의 변제에 직접 충당할 필요가 있고 이익도 있다. 그러므로 채권자에게 이 권리를 허용하며, 여기서 채무자의 의사가 어떠한지는 구애받지 않는다. 다만 채권자가 임의로 이 권리를 행사하게 하면 더러 채무자의 이익을 해하게 될 것이다. 그러므로 여러 개의 조건을

設ᄒᆞ니即如左ᄒᆞᆷ

(一)正當ᄒᆞᆫ理由가有ᄒᆞᆫ事　質權者가質物로써其債權辨償에直充ᄒᆞ랴면正當ᄒᆞᆫ理由가有ᄒᆞᆷ을要ᄒᆞᄂᆞ니假令質物을競賣에付ᄒᆞ면其價格에比ᄒᆞ야過多ᄒᆞᆫ費用이生ᄒᆞ야當事者雙方에不利益이되고又競賣에付ᄒᆞ야도競賣ᄒᆞᆯ所望이無ᄒᆞ거나競賣ᄒᆞᆯ所望이有ᄒᆞ야도價格이不相當ᄒᆞᆫ廉價가될듯ᄒᆞ면所有權을得ᄒᆞ랴ᄒᆞᄂᆞᆫ債權者로ᄒᆞ야곰相當ᄒᆞᆫ代價로其質物을直差持케ᄒᆞᆷ이有益ᄒᆞ니라

(二)裁判所에請求ᄒᆞᆯ事　辨償期限後의流質契約은法律의禁ᄒᆞᄂᆞᆫ바이아니나若當事者間에紛議가生ᄒᆞ야債務者가質物의許給을不肯ᄒᆞ거나價額에對ᄒᆞ야合意가一致치못ᄒᆞ면玆에裁判所에請求ᄒᆞ야許可를受ᄒᆞᆯ지니裁判所ᄂᆞᆫ自由의心證으로 債權者請求의 當否를判斷ᄒᆞ야 其許否를 決ᄒᆞᆯ지니라

(三)鑑定人評價에從ᄒᆞᆯ事　債權者ᄂᆞᆫ任意로質物의價額을定ᄒᆞ야其債權辨償에供ᄒᆞᆷ을不得ᄒᆞ고반다시裁判所에서選任ᄒᆞᆫ鑑定人으로其質物을評價

마련하는데 곧 다음과 같다.

〈1〉 정당한 이유가 있을 것: 질권자가 질물을 그의 채권 변제에 직접 충당하려면 정당한 이유가 있어야 한다. 가령 질물을 경매에 부치면 그 가격에 비하여 과다한 비용이 발생하여 당사자 쌍방에 불이익이 되거나, 또는 경매에 부쳐도 낙찰될 가망이 없거나 있더라도 가격이 상당하지 않은 염가가 될 듯하면, 소유권을 취득하려는 채권자가 상당한 대가로 그 질물을 직접 소유하게 하는 것이 유익하다.

〈2〉 재판소에 청구할 것: 변제기 후의 유질계약은 법률이 금지하지는 않지만, 만약 당사자 간에 분쟁이 발생하여 채무자가 질물의 소유권 이전을 인정하지 않거나 가액에 대하여 합의가 일치되지 못하면 재판소에 청구하여 허가를 받아야 한다. 재판소는 자유로운 심증으로 채권자의 청구가 타당한지 아닌지를 판단하여 그 허가 여부를 결정하여야 한다.

〈3〉 감정인의 평가에 따를 것: 채권자는 임의로 질물의 가액을 정하여 그 채권을 변제받을 수 없고 반드시 재판소에서 선임한 감정인이 그 질물을 평가

케ᄒᆞᆫ後其評價額에從ᄒᆞ야引受ᄒᆞᆯ지라盖裁判所에서選任ᄒᆞᆫ鑑定人의評價ᄂᆞᆫ通常公平ᄒᆞᆫ者로認ᄒᆞᆷ이可ᄒᆞ니此方法을依ᄒᆞ야質物의價額을定ᄒᆞ면債權者及債務者의利益을幷保護ᄒᆞᆷ이될지니라然而質權者ᄂᆞᆫ鑑定人의評價ᄅᆞᆯ其代金으로ᄒᆞ야質物의所有權을讓受ᄒᆞᄂᆞᆫ者인ᄃᆡ其代金과債權額과相殺ᄒᆞ야過不足이無ᄒᆞ면玆에當事者間의權利關係ᄂᆞᆫ終了가될지오此와反ᄒᆞ야代金額이債權額에超過ᄒᆞ거나或은債權額이代金額에超過ᄒᆞ면其過不足은又計筭淸償ᄒᆞᆯ지니라

(四)債務者의게其請求ᄅᆞᆯ豫爲通知ᄒᆞᆯ事　質權者ᄂᆞᆫ裁判所에其請求ᄅᆞᆯ提出ᄒᆞ기前에其請求ᄅᆞᆯ債務者의게豫知케ᄒᆞᆷ을要ᄒᆞᄂᆞ니裁判所가質權者의片言을聽ᄒᆞ고其許否ᄅᆞᆯ決ᄒᆞ면或은債務者의게不利의結果가生ᄒᆞᆯ지도不知ᄒᆞᆯ바이라故로其請求ᄅᆞᆯ債務者의게先通ᄒᆞ야意見을開陳ᄒᆞᆯ機會ᄅᆞᆯ債務者의게與ᄒᆞᆯ必要가有ᄒᆞ니라通知ᄅᆞᆯ受ᄒᆞᆫ債務者ᄂᆞᆫ時勢ᄅᆞᆯ隨ᄒᆞ야或은質權者의請求ᄅᆞᆯ認諾ᄒᆞ거나或은絶對的으로質權者의請求가不可ᄒᆞᆫ理由ᄅᆞᆯ陳述ᄒᆞ거나或은金錢을變通ᄒᆞ야債權者에게辨報ᄒᆞ고質物을還推ᄒᆞᆷ도有ᄒᆞ리

하게 한 후 그 평가액에 따라 인수하여야 한다. 대개 재판소에서 선임한 감정인의 평가는 통상 공평한 것으로 인정할 수 있다. 따라서 이 방법에 따라 질물의 가액을 정하면 채권자 및 채무자의 이익을 모두 보호하게 될 것이다. 그렇게 해서 질권자는 감정인의 평가액을 대금으로 하여 질물의 소유권을 양수하는 것인데, 그 대금과 채권액을 상계하여 과부족이 없으면 이로써 당사자 간의 권리관계는 종료될 것이다. 그러나 이와 반대로 대금이 채권액을 초과하거나 또는 채권액이 대금을 초과하면 그 과부족은 다시 계산하여 청산하여야 한다.

〈4〉 채무자에게 그 청구를 미리 통지할 것: 질권자는 재판소에 그 청구를 제출하기 전에 그 청구를 채무자에게 미리 알게 하여야 한다. 재판소가 채권자 한쪽의 말만 듣고 그 허가 여부를 결정하면 더러는 채무자에게 불리한 결과를 낳을지도 모르는 것이다. 그러므로 그 청구를 채무자에게 먼저 통지하여 의견을 개진할 기회를 채무자에게 줄 필요가 있다. 통지를 받은 채무자는 형편에 따라 더러는 채권자의 청구를 인낙(認諾)하거나 더러는 절대적으로 채권자의 청구가 부당하다는 이유를 진술하거나, 더러는 금전을 융통하여 채권자에게 변제하고 질물을 되찾을 수도 있을 것이

니然則債務者의利益도充分保護홈에至ᄒᆞ리니라

第三　數個債權을擔保ᄒᆞ기爲ᄒᆞ야同一動産에質權을設定ᄒᆞᆫ時ᄂᆞᆫ其質權의順位ᄂᆞᆫ設定의前後ᄅᆞᆯ依홈

先取特權과動産質權의優劣에對ᄒᆞ야ᄂᆞᆫ先取特權効力을論ᄒᆯ時에既爲說明ᄒᆞᆫ바인ᄃᆡ動産質權者ᄂᆞᆫ第一順位의特別先取特權者와同一順位에在ᄒᆞᆫ지라然而同一動産에對ᄒᆞ야質權者數名이有ᄒᆞᆫ時에其互相關係ᄂᆞᆫ先에設定ᄒᆞᆫ質權은後에設定ᄒᆞᆫ質權에對ᄒᆞ야優先權이有ᄒᆞ니라

如何ᄒᆞᆫ境遇에二個以上質權이同一動産上에存立홈을得ᄒᆯ가其境遇가二가有ᄒᆞ니卽如左홈

(一)債務者가甲債權者의質權을擔保ᄒᆞ기爲ᄒᆞ야其質物로動産을甲의게引渡ᄒᆞᆫ後에乙債權者ᄅᆞᆯ爲ᄒᆞ야其動産上에又質權을設定ᄒᆞ얏ᄂᆞᆫᄃᆡ質物을占有ᄒᆞᆫ甲이乙을代ᄒᆞ야其質物의占有ᄅᆞᆯ承諾ᄒᆞᆫ境遇라此境遇ᄂᆞᆫ甲은自己ᄅᆞᆯ爲ᄒᆞ고兼ᄒᆞ야乙을爲ᄒᆞ야質物을占有ᄒᆞᆫ者인ᄃᆡ其質物은甲乙의債權을擔保ᄒᆞᆫ者이니라

다. 그렇다면 채무자의 이익도 충분히 보호하게 될 것이다.

III. 여러 개의 채권을 담보하기 위하여 동일한 동산에 질권을 설정한 때에는 그 질권의 순위는 설정의 선후에 따른다

선취특권과 동산질권의 우열에 대하여는 선취특권의 효력을 논할 때에 이미 설명하였는데, 동산질권자는 제1순위 특별선취특권자와 동일한 순위에 있다. 그런데 동일한 동산에 대하여 질권자가 여러 명이 있는 때에 그 상호간의 관계는 먼저 설정된 질권은 나중에 설정된 질권에 대하여 우선권이 있다.

어떠한 경우에 둘 이상의 질권이 동일한 동산 위에 존재할 수 있는가? 그 경우가 둘이 있는데 곧 다음과 같다.

① 채무자가 甲 채권자의 질권을 담보하기 위하여 그 질물로 동산을 甲에게 인도한 후에 乙 채권자를 위하여 그 동산 위에 다시 질권을 설정하였는데, 질물을 점유한 甲이 乙을 갈음하여 그 질물의 점유를 승낙한 경우이다. 이 경우는 甲은 자기를 위함과 아울러 乙을 위하여 질물을 점유한 것으로, 그 질물은 甲과 乙의 채권을 담보하는 것이다.

(二)甲質權者가質物을丙에게代理占有케ᄒᆞ고債務者는乙을爲ᄒᆞ야質權을又設定ᄒᆞᆫ境遇에乙도亦丙으로代理占有케ᄒᆞᆫ境遇이니此境遇는丙은甲乙兩人을爲ᄒᆞ야其質物을占有ᄒᆞᆫ者인ᄃᆡ同一質物上에二個質權이同時에存立ᄒᆞᄂᆞ니라

同一動產上에數個質權이設定된境遇에質權者互相間의關係에對ᄒᆞ야學者間議論이一致치못ᄒᆞ얏스니第一說에曰債權은發生前後을不拘ᄒᆞ고其効力이平等이라然則其從된質權間에도亦効力上差等을設ᄒᆞᆯ理由가無ᄒᆞ다ᄒᆞ나蓋債權의効力이平等되는故로特히擔保로ᄒᆞ야質權을設定ᄒᆞᆷ이니若質權의効力도總平等으로ᄒᆞ면此說은質權의特別擔保權된性質을打破ᄒᆞᆷ이오其第二說에曰占有는即事實인ᄃᆡ同一物에對ᄒᆞ야同時에二個의占有를不許ᄒᆞᄂᆞ니故로後占有는前占有를排ᄒᆞ야効力이有ᄒᆞᆯ者이라ᄒᆞ나同一占有의二個가有치못ᄒᆞᆷ은勿論이어니와數個質權을設定ᄒᆞᄂᆞᆫ境遇에는其効力이異ᄒᆞ야相反치아니ᄒᆞᄂᆞᆫ占有의併立은無妨ᄒᆞ며又占有가一個外에更無ᄒᆞ면數個質權도有ᄒᆞᆯ理가無ᄒᆞ니此說은占有의効力을誤解ᄒᆞ야數個質權効力의優劣을研

② 甲 질권자가 질물을 丙에게 대리점유하게 하고 채무자는 乙을 위하여 질권을 다시 설정한 경우에 乙 또한 丙에게 대리점유하게 한 경우이다. 이 경우는 丙은 甲, 乙 두 사람을 위하여 그 질물을 점유한 것으로 동일한 질물 위에 두 질권이 동시에 존재하게 된다.

동일한 동산 위에 여러 개의 질권이 설정된 경우에 질권자 상호간의 관계에 대하여 학자 간에 논의가 일치하지 못하였다. 제1설은 채권은 발생 전후에 관계없이 그 효력이 평등하다. 그렇다면 그 종된 질권 사이에서도 또한 효력상 차등을 둘 이유가 없다고 한다. 그러나 채권의 효력이 평등하기 때문에 특별히 담보로 하여 질권을 설정하는 것인데, 만약 질권의 효력도 모두 평등하다고 하면 이 학설은 질권의 특별담보권적 성질을 부정하는 것이다. 제2설은 점유는 곧 사실인데 동일한 물건에 대하여 동시에 두 개의 점유는 허용되지 않으므로 뒤의 점유는 앞의 점유를 배척하고 효력을 가질 것이라고 한다. 그러나 동일한 점유가 둘이 있을 수 없음은 물론이지만, 여러 개의 질권을 설정하는 경우에는 그 효력이 달라 상반되지 않는 점유의 병존은 무방하다. 또 점유가 하나밖에는 더는 없다면 여러 개의 질권도 있을 리 없다. 따라서 이 학설은 점유의 효력을 오해함으로써 여러 개 질권의 효력 우열을 연

究ᄒᆞᄂᆞᆫ論에相反되며第三說에曰善意로得ᄒᆞᆫ後質權者의占有를優等地位에置ᄒᆞᆷ이可ᄒᆞ다ᄒᆞ나若前質權者가占有를喪失ᄒᆞ면後質權者가權利를取得ᄒᆞᆷ이善意占有者의權利이나數個質權에ᄂᆞᆫ前質權者가占有를依然繼續ᄒᆞᄂᆞᆫ者이니後占有者가權利를取得치못ᄒᆞᆯ지오若前質權者가占有를喪失ᄒᆞ면其質權으로第三者에게對抗치못ᄒᆞᆯ지니優劣의問題가生ᄒᆞᆯ理가無ᄒᆞ며又設令後質權者가前質權의設定을不知ᄒᆞ얏슬지라도其代理占有者ᄂᆞᆫ不知ᄒᆞᆯ理가無ᄒᆞ니畢竟은善意後質權者가無ᄒᆞᆯ지라然則此說은善意占有의適用을誤解ᄒᆞᆷ이오且無用의說이라同一物上에時를異ᄒᆞ야數個物權이設定된境遇에先物權이後物權에優先ᄒᆞᆷ은物權의本則이니此境遇에도其質權設定의前後를從ᄒᆞᆷ이可ᄒᆞ니라

第五節　不動產質

不動產質은質權의目的이特定ᄒᆞᆫ不動產에存ᄒᆞᆫ者를云ᄒᆞᆷ이니土地及其他定着物은皆此質權의目的이될지니라然이나立法例가區々ᄒᆞ야或은不動產質을設ᄒᆞᆫ者도有ᄒᆞ고或은不認ᄒᆞᆫ者도有ᄒᆞ고或은用益權의一種으로看做ᄒᆞ야動產質

구하는 논의와 상반된다. 제3설은 선의로 취득한 뒤의 질권자의 점유를 우월한 지위에 두는 것이 옳다고 한다. 그러나 만약 제1질권자가 점유를 상실하면 제2질권자가 권리를 취득하는 것이 선의점유자의 권리이지만, 질권이 여러 개인 경우 제1질권자는 점유를 여전히 계속하는 것이므로 뒤의 점유자가 권리를 취득하지 못할 것이다. 그리고 만약 제1질권자가 점유를 상실하면 그 질권으로 제3자에게 대항하지 못할 것이므로 우열의 문제가 발생할 리 없다. 또 설령 제2질권자가 제1질권의 설정을 알지 못하였을지라도 그 대리점유자는 알지 못했을 리 없으므로 마침내 선의의 제2질권자가 없을 것이다. 그렇다면 이 학설은 선의점유의 적용을 오해한 것이고 쓸모없는 학설이다. 동일한 물건 위에 때를 달리하여 여러 개의 물권이 설정된 경우에, 먼저 설정된 물권이 나중에 설정된 물권보다 우선하는 것은 물권의 원칙이므로 이 경우에도 질권 설정의 선후에 따르는 것이 마땅하다.

제5절 부동산질권

부동산질권은 질권의 목적이 특정한 부동산에 있는 것을 말하므로, 토지 및 기타 정착물은 모두 이 질권의 목적이 될 것이다. 그러나 입법례가 서로 달라 더러는 부동산질권을 마련한 것도 있고 더러는 인정하지 않는 것도 있고 더러는 용익권의 일종으로 간주하여 동산질권과其趣를異케ᄒᆞᆫ者도有ᄒᆞ니用益權이란者ᄂᆞᆫ目的物의使用收益으로主된目的을삼아處分ᄒᆞᄂᆞᆫ權利가無ᄒᆞ고債務者가其債務를辨償ᄒᆞ기ᄭᆞ지ᄂᆞᆫ此를留置ᄒᆞ야使用收益ᄒᆞᄂᆞᆫ權利만有ᄒᆞᆫᄃᆡ羅馬法以來로行ᄒᆞᄂᆞᆫ者이라不動產을不必要로ᄒᆞᄂᆞᆫ理由ᄂᆞᆫ曰不動產에關ᄒᆞ야一便으로抵當의制度가有ᄒᆞ고又一便으로用益權이有ᄒᆞ니此中間에不動產質을設ᄒᆞᆯ必要가無ᄒᆞ다ᄒᆞ고又曰不動產質이抵當과相異ᄒᆞᆷ은目的物을使用收益ᄒᆞᄂᆞᆫ點에在ᄒᆞ니若債權者로ᄒᆞ야곰使用收益지아니케ᄒᆞ면即抵當이라特히不動產質을設定ᄒᆞᆯ必要가何에在ᄒᆞ뇨ᄒᆞᄂᆞ니라

抵當과不動產質이相異ᄒᆞᆫ點은質權은目的物을占有ᄒᆞᄃᆡ抵當은占有치아니ᄒᆞ며質權은目的物을使用收益ᄒᆞᄂᆞᆫ權이有ᄒᆞᄃᆡ抵當權은此權利가無ᄒᆞᆫ지라然이나使用收益權은設定特約으로制限ᄒᆞᆷ도得ᄒᆞ니此境遇에ᄂᆞᆫ抵當과無異ᄒᆞ야不動產質을特設ᄒᆞᆯ必要가無ᄒᆞᆯ뿐더러若使用收益權을行使ᄒᆞ면債權額의利息이無ᄒᆞ니債權者의게도別般利益이無ᄒᆞ도다我國은抵當의制度가姑無ᄒᆞ고但典當即質而已나慣習과法令을叅考ᄒᆞ건ᄃᆡ不動產典當權者가目的物의使用收益ᄒᆞᄂᆞᆫ權이無ᄒᆞ니此ᄂᆞᆫ抵當과如ᄒᆞ고亦實質上占有ᄒᆞᄂᆞᆫ事도無ᄒᆞ며又典當舖

과 그 취지를 달리 한 것도 있다. 용익권이란 것은 목적물의 사용, 수익을 주된 목적으로 삼아 처분할 권리가 없고 채무자가 그 채무를 변제하기까지는 이를 유치하여 사용, 수익할 권리만 갖는 것으로, 로마법 이래 시행되던 것이다. 부동산질권이 불필요하다고 하는 이유는, 부동산에 관하여 한편으로는 저당제도가 있고 다른 한편으로는 용익권이 있으므로 이 중간에 부동산질권을 마련한 필요가 없다고 한다. 또는 부동산질권이 저당권과 다른 점은 목적물을 사용, 수익한다는 점에 있으므로 만약 채권자가 사용, 수익하지 못하게 하면 곧 저당권이어서 특별히 부동산질권을 설정할 필요가 어디에 있는가라고도 한다.

저당권과 부동산질권이 다른 점은, 질권은 목적물을 점유하지만 저당권은 점유하지 않으며, 질권은 목적물을 사용, 수익할 권리가 있지만 저당권은 이 권리가 없다는 것이다. 그러나 사용, 수익권은 설정 당시 특약으로 제한할 수도 있는데 이 경우에는 저당권과 차이가 없어 부동산질권을 특별히 마련할 필요가 없을뿐더러 만약 사용, 수익권을 행사하면 채권액의 이자가 없으므로 채권자에게도 별다른 이익이 없다. 우리나라는 저당제도가 아직 없고 다만 전당, 곧 질권만 있다. 그렇지만 관습과 법령을 참고한다면 부동산전당권자가 목적물을 사용, 수익할 권리가 없으므로 이는 저당권과 같고, 또 실질적으로 점유하는 일도 없다. 그리고 전당포

規則(光武二年十一月二日法律第一號)第九條에典當物品을分類ᄒᆞ얏ᄂᆞᆫᄃᆡ不動産(如土地家舍)契券이라ᄒᆞ얏스니卽典當物은不動産其物이아니오其契券이라契券만典執ᄒᆞ야도債務者가債務를辨償치아니ᄒᆞᄂᆞᆫ境遇에其不動産을競賣ᄒᆞ야債權에充當ᄒᆞᄂᆞᆫ權利ᄂᆞᆫ有ᄒᆞᄃᆡ實로其占有ᄒᆞᆫ者ᄂᆞᆫ契券而已라其契券만典執ᄒᆞᄂᆞᆫ趣旨ᄂᆞᆫ債權擔保ᄅᆞᆯ證明ᄒᆞ고又一便으로債務者의處分을防杜ᄒᆞᆷ에不過ᄒᆞ나土地家屋證明規則이有ᄒᆞᆫ以上에ᄂᆞᆫ亦不動産質과抵當을分設ᄒᆞᆯ必要가無ᄒᆞ도다或者ᄂᆞᆫ曰抵當은債務者가二個以上의抵當을設定ᄒᆞᆷ을得ᄒᆞᄃᆡ不動産質은此ᄅᆞᆯ不許ᄒᆞ니債權者ᄅᆞᆯ爲ᄒᆞ야擔保가確固ᄒᆞᆫ利益이有ᄒᆞ다ᄒᆞ나抵當權의一方法만設ᄒᆞ야도擔保權取得의先後ᄅᆞᆯ從ᄒᆞ야順序ᄅᆞᆯ定ᄒᆞ면債權者의擔保가不確實ᄒᆞᆯ理由가無ᄒᆞ며後抵當權者ᄂᆞᆫ証明帳簿ᄅᆞᆯ因ᄒᆞ야先順位者가有ᄒᆞᆷ은覺悟ᄒᆞᆫ바이니論者의說이엇지二者ᄅᆞᆯ區別ᄒᆞᄂᆞᆫ理由가有ᄒᆞ리오我國은已往抵當權의制度가無ᄒᆞ얏ᄉᆞᆫ즉其名稱은何如ᄒᆞ던지不動産에關ᄒᆞ야抵當外에質權을不認ᄒᆞᆷ을希望ᄒᆞ노라

日本民法規定에基ᄒᆞ야不動産質權의特別效力을擧ᄒᆞ면如左ᄒᆞᆷ

규칙(1898년 11월 2일 법률 제 1호) 제9조에서 전당물품을 분류하였는데, 부동산(예컨대 토지와 가옥)의 계약서라고 하였으므로 곧 전당물은 부동산 그 자체가 아니고 그 계약서이다. 따라서 계약서만 담보로 삼아도 채무자가 채무를 변제하지 않는 경우에 그 부동산을 경매하여 채권에 충당할 권리는 있지만 실제로 채권자가 점유하는 것은 계약서뿐이다. 계약서만 담보로 삼는 취지는 채권 담보를 증명하고 다른 한편으로 채무자의 처분을 방지하려는 것에 불과한데, 토지가옥증명규칙이 있는 이상 부동산질권과 저당권을 따로 마련할 필요가 없다. 혹자는 저당권은 채무자가 둘 이상의 저당권을 설정할 수 있지만 부동산질권은 이를 허용하지 않으므로 채권자를 위하여 담보를 확고히 할 수 있다는 이익이 있다고 한다. 그러나 저당권이라는 한 가지 방법만 마련하여도 담보권 취득의 선후에 따라 순서를 정하면 채권자의 담보가 불확실할 이유가 없다. 또 후순위 저당권자는 증명장부로 인하여 선순위자가 있음을 각오한 것이다. 그렇다면 논자의 학설이 어찌 양자를 구별할 이유가 되겠는가? 우리나라는 기왕에 저당권 제도가 없었으므로 그 명칭은 어떻게 하든 부동산에 관하여 저당권 외에 질권을 인정하지 않기를 바란다.

일본 민법 규정에 기초하여 부동산질권의 특별한 효력을 들면 다음과 같다.

第一 不動産質은登記를經치아니ᄒᆞ면第三者의게對抗ᄒᆞᆷ을不得ᄒᆞᆷ

不動産質權도亦不動産上의物權이니動産質과異ᄒᆞ야其權利를第三者의게主張ᄒᆞ랴면其權利를登記ᄒᆞᆷ을要ᄒᆞ고其占有의繼續을必要ᄒᆞᆫ바ㅣ아니라故로占有를被奪ᄒᆞᆫ境遇에도占有回收의訴만依ᄒᆞᆷ을要치아니ᄒᆞ고不動産質權者의資格으로本權의訴를依ᄒᆞ야質物를還推ᄒᆞ야도質權이欠缺ᄒᆞᆯ바ㅣ無ᄒᆞ니라

不動産質을設定ᄒᆞᆷ에도質權에關ᄒᆞᆫ總則을適用ᄒᆞᆯ지니亦不動産의引渡를必要로ᄒᆞᄂᆞᆫ同時에質權者ᄂᆞᆫ目的物의占有를質權設定者의게委任치못ᄒᆞᆯ지라然이나若目的物을引渡치아니ᄒᆞ면使用收益權을實行키不能ᄒᆞᆯ터이나使用收益權이本來質權者의權利에屬ᄒᆞ야不動産質設定의必要條件은아니니卽不動産質의目的物引渡ᄂᆞᆫ卽古時의遺物에不過ᄒᆞᆫ지라故로余의意見에ᄂᆞᆫ法規上에不動産質의制度를置ᄒᆞ야도不動産權利의得喪은登記로써公示ᄒᆞ고目的物의引渡ᄂᆞᆫ何等의關係가無ᄒᆞᆷ은文明國의立法趨勢라不動産質을爲ᄒᆞ야特히例外를設ᄒᆞᆯ必要가何에在ᄒᆞ며目的物을引渡치아니ᄒᆞ야도質權者와

I. 부동산질권은 등기를 거치지 않으면 제3자에게 대항하지 못한다

부동산질권 또한 부동산 위의 물권이므로 동산질권과 달리 그 권리를 제3자에게 주장하려면 그 권리를 등기하여야 하고 점유의 계속이 필요한 것이 아니다. 그러므로 점유를 침탈당한 경우에도 점유회수의 소에 의하여야만 하는 것이 아니고 부동산질권자 자격으로 본권의 소에 의하여 질물을 되찾아도 질권이 소멸하지 않는 것이다.

부동산질권을 설정할 때에도 질권에 관한 총칙을 적용하여야 한다. 따라서 이때에도 부동산의 인도가 필요한 동시에 질권자는 목적물의 점유를 질권설정자에게 위임하지 못할 것이다. 그러나 목적물을 인도하지 않는다면 사용, 수익권을 실행할 수 없을 것이지만 사용, 수익권이 본래 질권자의 권리에 속하여 부동산질권 설정의 필요조건은 아니다. 따라서 부동산질권에서 목적물의 인도는 곧 고대의 유물에 불과하다. 그러므로 나의 의견은 이러하다. 법규에 부동산질권 제도를 두더라도 부동산 권리의 취득과 상실은 등기로 공시하고 목적물 인도는 아무런 관계가 없음은 문명국의 입법추세이다. 부동산질권을 위하여 예외를 마련할 필요가 어디에 있으며, 목적물을 인도하지 않아도 질권자와

質權設定者及債務者間의權利關係를認홈이何妨이리오若目的物의使用收益權을行使ᄒᆞ랴면其引渡는自然ᄒᆞᆫ形勢이니特別規定을不待ᄒᆞᆯ지라故로此를爲ᄒᆞ야動產質과如히引渡占有로要件을삼을必要가無ᄒᆞ니質權의一般總則을從ᄒᆞᆯ바ㅣ아니오民法不動產上의原則을適用홈이可ᄒᆞ다ᄒᆞ노라

第二　不動產質權者는質物의目的된不動產을使用及收益홈을得홈

此는不動產質權의特質인ᄃᆡ不動產質權者는權利의目的된不動產을占有ᄒᆞ고其不動產에對ᄒᆞ야優先辨償을受ᄒᆞ는外에又其不動產의用法에從ᄒᆞ야使用收益ᄒᆞ는權利가有ᄒᆞᆫ지라故로不動產質權은抵當權과地上權永小作權又는賃借權을倂合ᄒᆞᆫ者와同一効力이畧有ᄒᆞ다謂ᄒᆞᆯ지니라蓋動產은收益이無홈이常例오且使用收益ᄒᆞ랴면或滅失毁損ᄒᆞᆯ憂慮가有ᄒᆞ니質權者로ᄒᆞ야곰動產質物을使用收益ᄒᆞ는權利를行케홈은有害無益이어니와此와反ᄒᆞ야不動產은使用收益에適合ᄒᆞᆯ뿐아니라使用收益을因ᄒᆞ야其滅失毁損ᄒᆞᆯ憂慮도無ᄒᆞ니故로不動產質權者의게此權利를行케홈인ᄃᆡ不動產質과動產質에其効力이異ᄒᆞᆫ重要ᄒᆞᆫ點이라假令質物이田畓이되면質權者는此를耕作ᄒᆞ야秋

질권설정자 및 채무자 간의 권리관계를 인정하는 데 어떤 방해가 되겠는가? 만약 목적물의 사용, 수익권을 행사하려면 그 인도는 자연스러운 상황 전개이므로 특별규정을 둘 필요도 없을 것이다. 그러므로 이를 위하여 동산질권과 같이 인도와 점유로 요건을 삼을 필요가 없기 때문에 질권의 일반 총칙을 따를 것이 아니라 민법의 부동산상 원칙을 적용함이 마땅하다고 본다.

II. 부동산질권자는 질권의 목적인 부동산을 사용 및 수익할 수 있다

이는 부동산질권의 특질로, 부동산질권자는 권리의 목적인 부동산을 점유하고 그 부동산에 대하여 우선변제를 받는 것 외에 그 부동산의 용법에 따라 사용, 수익할 권리가 있다. 그러므로 부동산질권은 대략 저당권과 지상권, 영소작권 또는 임차권을 병합한 것과 동일한 효력이 있다고 말할 수 있다. 대개 동산은 수익이 없는 것이 상례이고 또 사용, 수익을 하려면 더러는 멸실되거나 훼손될 우려가 있으므로 질권자로 하여금 동산질물을 사용, 수익하게 하는 것은 유해무익한 일이다. 그렇지만 이와 반대로 부동산은 사용, 수익에 적합할 뿐 아니라 사용, 수익으로 인하여 멸실되거나 훼손될 우려도 없으므로 부동산질권자에게 이 권리를 행사하게 하는 것이다. 이것이 부동산질권과 동산질권의 효력이 다른 중요한 점이다. 가령 질물이 논밭이면 질권자는 이를 경작하여 추

收ᄒᆞ고牧場이되면此를使用ᄒᆞ야牧畜ᄒᆞ고宅地가되면家屋을築造ᄒᆞ야住居ᄒᆞᆷ을得ᄒᆞᆯ지라然이나質權者ᄂᆞᆫ其不動産의用法을從ᄒᆞ야使用收益ᄒᆞᆷ을要ᄒᆞ고特約이無ᄒᆞᆫ限에ᄂᆞᆫ其用法을變키不得ᄒᆞᄂᆞ니故로質權者ᄂᆞᆫ一己의獨斷으로質權의目的된田地를變ᄒᆞ야水畓을作ᄒᆞ고住家를倉庫로改ᄒᆞ고宅地를山林으로作ᄒᆞᆷ을不得ᄒᆞᄂᆞ니라

不動産質權者가目的物의使用收益ᄒᆞᆷ을因ᄒᆞ야左의効果가生ᄒᆞᆷ

(一)不動産質權者ᄂᆞᆫ管理費用을出ᄒᆞ고其他負擔에任ᄒᆞᆷ　不動産質權者가目的物을使用收益ᄒᆞᄂᆞᆫ以上에ᄂᆞᆫ管理費用을負擔ᄒᆞᆷ이當然ᄒᆞ고其他通常의必要費도亦負擔ᄒᆞᆯ지니此ᄂᆞᆫ占有者負擔責任을準用ᄒᆞᆷ이니라

(二)不動産質權者ᄂᆞᆫ其債權의利息을請求ᄒᆞᆷ을不得ᄒᆞᆷ　不動産質權者가目的物을使用收益ᄒᆞᄂᆞᆫ時ᄂᆞᆫ其使用收益은即債務者로ᄒᆞ야곰一時元本을使用케ᄒᆞᄂᆞᆫ對價인대利息을代ᄒᆞᆫ者인즉債務者의게對ᄒᆞ야又利息을請求치못ᄒᆞᆷ이라若此境遇에利息을請求케ᄒᆞ면質權者ᄂᆞᆫ元本給與에對ᄒᆞ야二重의報酬를受ᄒᆞᄂᆞᆫ不公平의結果가生ᄒᆞ리니라

수하고, 목장이면 이를 사용하여 목축을 하고 택지이면 집을 지어 거주할 수 있을 것이다. 그러나 질권자는 그 부동산의 용법에 따라 사용, 수익하여야 하고 특약이 없는 한 그 용법을 변경할 수 없다. 그러므로 질권자는 자기 단독으로 질권의 목적인 밭을 변경하여 논으로 삼고 주택을 창고로 개조하고 택지를 산림으로 삼을 수 없다.

부동산질권자가 목적물의 사용, 수익을 함에 따라 다음의 효과가 발생한다.

〈1〉 부동산질권자는 관리비용을 지출하고 기타 부담을 진다: 부동산질권자가 목적물을 사용, 수익하는 이상 관리비용을 부담하는 것이 당연하고 기타 통상의 필요비 또한 부담하여야 한다. 이는 점유자가 부담하는 책임을 준용한 것이다.

〈2〉 부동산질권자는 그 채권의 이자를 청구하지 못한다: 부동산질권자가 목적물을 사용, 수익하는 때에는, 그 사용, 수익은 곧 채무자로 하여금 일시 원본을 사용하게 하는 대가로서 이자를 갈음하는 것이므로 채무자에 대하여 다시 이자를 청구하지 못한다. 만약 이 경우에 이자를 청구할 수 있게 하면 질권자는 원본 급부에 대하여 이중의 보수를 받는 불공평한 결과를 낳을 것이다.

(三)不動産質權者는目的物을他人의게賃貸홈을得홈　不動産質權者는質權의一般効力으로自己의責任으로써轉質홈을得홈은勿論이오又其質物을他人의게貸與ᄒᆞ야賃金을受取홈을得ᄒᆞ는지라質權者가目的物의使用收益權이有혼以上에는他人으로代ᄒᆞ야此를行케ᄒᆞ야도害가無ᄒᆞ고且賃貸는要ᄒᆞ건대不動産收益의一方法에不過ᄒᆞ니라

以上說明혼바를從ᄒᆞ면不動産質權은其本質이使用收益權을包含ᄒᆞ고其結果로目的物에關혼通常費를負擔ᄒᆞ며債權의利息을請求치못홈이原則이나當事者가設定行爲로써反對의意思를表示혼時는其意思를從홈이可ᄒᆞ니故로當事者間에特約이有혼時는或은質權者가使用收益ᄒᆞ는權이無혼事도有홀더이오或은債務者가管理費用을負擔ᄒᆞ는事도有홀더이오或은使用收益ᄒᆞ는外에利息을請求ᄒᆞ는事도有홀더이오或은使用收益額과利息을比較計算ᄒᆞ는事도有ᄒᆞ리라要ᄒᆞ건대法律은當事者의意思表示에効力을與ᄒᆞ야制限치아니홈이로다不動産質權이目的物의使用收益ᄒᆞ는權利가包含치아니ᄒᆞ면即抵當權과其効力이一般이라但相異혼点은目的物을占有ᄒᆞ는데在ᄒᆞ

〈3〉 부동산질권자는 목적물을 타인에게 임대할 수 있다: 부동산질권자는 질권의 일반적 효력으로서 자기의 책임으로 전질할 수 있음은 물론이고, 또 그 질물을 타인에게 대여하여 차임을 받을 수 있는 것이다. 질권자에게 목적물의 사용, 수익권이 있는 이상 타인이 대신 이를 행사하게 하여도 손해가 없다. 그리고 임대는 요컨대 부동산 수익의 한 방법에 불과하다.

이상에서 설명한 바에 따르면 부동산질권은 그 본질이 사용, 수익권을 포함하고 그 결과로 목적물에 관한 통상의 비용을 부담하며 채권의 이자를 청구하지 못하는 것이 원칙이다. 그러나 당사자가 설정행위로 반대의 의사를 표시한 때에는 그 의사를 따르는 것이 마땅하다. 그러므로 당사자 간에 특약이 있는 때에는 더러는 질권자가 사용, 수익할 권리가 없을 수도 있을 것이고 더러는 채무자가 관리비용을 부담하는 일도 있을 것이다. 그리고 더러는 사용, 수익을 하는 것 외에 이자를 청구할 수도 있을 것이고 더러는 사용, 수익액과 이자를 비교하여 계산하는 일도 있을 것이다. 요컨대 법률은 당사자의 의사표시에 효력을 주고 제한하지 않는 것이다. 부동산질권이 목적물을 사용, 수익할 권리를 포함하지 않으면 곧 저당권과 그 효력이 마찬가지이다. 다만 다른 점은 목적물을 점유하는 데 있는나余ᄂᆞᆫ不動産에對ᄒᆞ야抵當權이라ᄒᆞᄂᆞᆫ物上擔保가存ᄒᆞᆫ以上은目的物의占有만包含ᄒᆞᆫ一種의不動産質을更設ᄒᆞᆷ은其實益이毫無ᄒᆞᆷ으로信ᄒᆞ노라

第三　不動産質權의存續期間은十年에過ᄒᆞᆷ을不得ᄒᆞᆷ　不動産質權은十個年以上의期間으로써設定ᄒᆞᆷ을不得ᄒᆞᄂᆞ니此ᄂᆞᆫ無他ㅣ라所有者가아닌質權者가不動産을永久히使用收益ᄒᆞ면改良에等閑ᄒᆞ고使用에過度ᄒᆞ야其生産力을減ᄒᆞ고隱疵가生ᄒᆞ야經濟上不利益ᄒᆞᆫ結果가生ᄒᆞᆷ에因ᄒᆞᆷ이라此ᄂᆞᆫ公益經濟를爲ᄒᆞ야設定ᄒᆞᆷ이니當事者가十年以上의期間으로此權利를設定ᄒᆞ야도其期間은十年으로短縮ᄒᆞᆷ이可ᄒᆞ니라然이나更新ᄒᆞᆷ은無妨ᄒᆞ니但其期間은更新ᄒᆞᆫ時부터十年을過치못ᄒᆞᆯ뿐이라更新ᄒᆞᄂᆞᆫ境遇에ᄂᆞᆫ質權은事實上永續ᄒᆞ나債務者ᄂᆞᆫ更新ᄒᆞᆯ時를當ᄒᆞ야 質權者의 使用收益方法을目睹ᄒᆞ고 利害得失을研究ᄒᆞ야 其許否를 決ᄒᆞᆯ自由가 有ᄒᆞ니其利益은 充分히保護ᄒᆞ리니라

不動産은質入ᄒᆞᆫ時브터十年間은質物의効用이有ᄒᆞ나其以後ᄂᆞᆫ一切의負擔을免ᄒᆞ고債務者ᄂᆞᆫ完全히 其支配權을回復ᄒᆞ야 質權은玆에消滅되ᄂᆞ니라

데, 나는 부동산에 대하여 저당권이라는 물적 담보가 존재하는 이상 목적물의 점유만 포함하는 일종의 부동산질권을 다시 마련하는 것이 전혀 실익이 없다고 믿는다.

III. 부동산질권의 존속기간은 10년을 넘을 수 없다

부동산질권은 10년 이상의 기간으로 설정할 수 없다. 이는 다른 것이 아니라 소유자가 아닌 질권자가 부동산을 영구적으로 사용, 수익하면 개량을 소홀히 하고 과도하게 사용하여 그 생산력을 감소시키고 숨은 하자가 발생하여 경제적으로 불이익한 결과를 낳기 때문이다. 이는 공익과 경제를 위하여 설정된 규정이다. 따라서 당사자가 10년 이상의 기간으로 부동산질권을 설정하더라도 그 기간은 10년으로 단축시키는 것이 마땅하다. 그러나 갱신하는 것은 무방한데, 다만 그 기간은 갱신한 때부터 10년을 넘지 못할 뿐이다. 갱신하는 경우에는 질권은 사실상 영구히 존속한다. 그렇지만 채무자는 갱신할 때 질권자의 사용, 수익 방법을 지켜보고 이해득실을 따져 그 허용 여부를 결정할 자유가 있으므로 채무자의 이익은 충분히 보호될 것이다.

부동산은 입질한 때부터 10년간은 질물의 효용이 있다. 그러나 그 이후에는 부담에서 벗어나고 채무자는 완전히 그 지배권을 회복하며 질권은 소멸된다.

我國典當舖規則第十四條를按ᄒᆞ건ᄃᆡ不動產契券의退典期限은三個月이라ᄒᆞ얏고第十七條에曰退典期限內에利息을淸償ᄒᆞᆫ時ᄂᆞᆫ再行展限ᄒᆞᆷ을得ᄒᆞᆯ事라ᄒᆞ얏스니日本舊民法의三個年과如ᄒᆞᆯ지라此ᄂᆞᆫ其立法趣旨가公益과債務者를爲ᄒᆞᆷ이아니오但質權者를爲ᄒᆞ야債務者로ᄒᆞ야곰速히退典ᄒᆞᆷ을催促ᄒᆞ며若退典치아니ᄒᆞ면債權者로ᄒᆞ야곰競賣에付케ᄒᆞᄂᆞᆫ權利를與ᄒᆞᆷ이라故로典當舖規則의三個月과日本舊民法의三個年은質權消滅의期間이아니니債務者가其債務를辨償치아니ᄒᆞ면不動產質權은何年ᄭᅡ지든지依然히存續ᄒᆞᄂᆞ니라

第四　不動產質權에ᄂᆞᆫ抵當權에關ᄒᆞᆫ規定을準用ᄒᆞᆷ

不動產質權은不動產上에行ᄒᆞᄂᆞᆫ物上擔保됨이抵當權과其性質이同一ᄒᆞᆷ으로써抵當權에關ᄒᆞᆫ規定을準用ᄒᆞᆷ이니라

第六節　權利質

夫質權擔保의效力은債務者가其債務를辨償치아니ᄒᆞᄂᆞᆫ境遇에其質物의價額으로其辨償을受ᄒᆞᆷ에專在ᄒᆞ니然則有體物以外의財產權이라도價格이有ᄒᆞ고

우리나라 전당포규칙 제14조에 따르면 부동산계약서의 퇴전기한은 3개월이라고 하였고, 제17조는 "퇴전기한 내에 이자를 청산한 때에는 다시 기한을 연장할 수 있음"이라고 하였는데, 이는 일본 구 민법의 3년과 같은 것이다. 이는 그 입법 취지가 공익과 채무자를 위한 것이 아니라 다만 채권자를 위한 것으로, 채무자가 신속히 퇴전하기를 촉구하고 만약 퇴전하지 않으면 채권자로 하여금 경매에 부칠 권리를 준 것이다. 그러므로 전당포규칙의 3개월과 일본 구 민법의 3년은 질권 소멸의 기간이 아니며 채무자가 그 채무를 변제하지 않으면 부동산질권은 몇 년까지라도 여전히 존속한다.

IV. 부동산질권에는 저당권에 관한 규정을 준용한다

부동산질권은 부동산 위에 행사하는 물적 담보인 점에서 저당권과 그 성질이 동일하므로 저당권에 관한 규정을 준용하는 것이다.

제6절 권리질권

일반적으로 질권의 담보적 효력은, 채무자가 그 채무를 변제하지 않는 경우에 그 질물의 가액으로 그 변제를 받는 데에만 있다. 그렇다면 유체물 이외의 재산권이라도 가격이 있고

可히讓渡ᄒᆞᆯ만ᄒᆞ야其權利로써債務를辨償ᄒᆞᆯ만ᄒᆞᆫ者이면此를債務擔保에供ᄒᆞᆷ을得ᄒᆞᆯ지라然而權利上에設定된質權은此를物權이라謂ᄒᆞᆯ가或은一種의擔保權이라謂ᄒᆞᆯ가難決ᄒᆞᆯ問題이라余의卑見으로ᄂᆞᆫ理論上權利質은一種特別의擔保權으로信ᄒᆞ노니盖一般人의게對抗ᄒᆞᆷ을得ᄒᆞᄂᆞᆫ點으로觀ᄒᆞ면物權의性質이有ᄒᆞᆷ이無違ᄒᆞ나凡法律上에所謂物은有體物卽動產不動產을云ᄒᆞᆷ이오物權은此有體物上에直接으로行ᄒᆞᄂᆞᆫ權利인ᄃᆡ特定物을要ᄒᆞᄂᆞ니此ᄂᆞᆫ特히物權이라名稱ᄒᆞ야他權利와區別ᄒᆞᆫ點으로觀察ᄒᆞ야도可히知得ᄒᆞᆯ바이라然而權利質은名稱과如히動產或不動產의有體物을直接으로目的ᄒᆞᆷ이아니오間接目的된物이라도반다시有體物에限치아니ᄒᆞ고有體物도亦반다시特定物을不要ᄒᆞᄂᆞ니故로權利質은物權이라謂키難ᄒᆞ도다某學者ᄂᆞᆫ云호ᄃᆡ盖質權은一物權으로有體物上에直接으로行ᄒᆞᆷ이原則이나質權者ᄂᆞᆫ質物所有者의處分權을行ᄒᆞ야質物의所有權을第三者의게移轉ᄒᆞ야其對價로第三者가支給ᄒᆞᆯ金錢으로써其債權의優先辨償을受ᄒᆞᆷ인즉此點으로觀察ᄒᆞ면有體物을目的ᄒᆞᆫ質權은其實物의所有權을目的ᄒᆞᄂᆞᆫ權利라謂ᄒᆞᆯ지며所有權이質物의目的되ᄂᆞᆫ以上에ᄂᆞᆫ所有權

양도할 수 있어 그 권리로 채무를 변제할 수 있다면 이를 채무의 담보로 제공할 수 있을 것이다. 그런데 권리 위에 설정된 질권을 물권이라고 말할 수 있는가, 아니면 일종의 담보권이라고 해야 하는가? 어려운 문제이다. 나의 비견(卑見)으로는 이론상 권리질권은 일종의 특별담보권으로 믿는다. 대개 일반인에게 대항할 수 있는 점에서 보면 물권의 성질이 있는 것은 틀림없다. 그러나 법률상 이른바 물건은 유체물, 곧 동산과 부동산을 말하고, 물권은 이 유체물 위에 직접 행사하는 권리로 특정한 물건을 필요로 한다. 이는 특별히 물권이라고 명칭을 달아 다른 권리와 구별한 점으로 관찰하여도 알 수 있는 것이다. 그런데 권리질권은 명칭과 같이 동산 또는 부동산이라는 유체물을 직접 목적으로 하는 것이 아니고, 간접적인 목적이 된 물건이라도 반드시 유체물에 한하지 않고 유체물 또한 반드시 특정물이 아니어도 된다. 그러므로 권리질권은 물권이라고 말하기 어렵다. 어떤 학자는 다음과 같이 말한다. 즉 대개 질권은 하나의 물권으로 유체물 위에 직접 행사하는 것이 원칙이지만 질권자는 질물 소유자의 처분권을 행사하여 질물 소유권을 제3자에게 이전함으로써 그 대가로 제3자가 지급할 금전으로 채권의 우선변제를 받는다. 이 점으로 관찰하면 유체물을 목적으로 한 질권은 그 질물의 소유권을 목적으로 한 권리라고 말할 수 있으며, 소유권이 질물의 목적이 되는 이상 소유권

以外의財産權도亦債權擔保에供ᄒᆞᆯ지니故로俱是物權이라ᄒᆞ나有體物質도亦所有權質이라ᄒᆞ면有體物質及權利質을區別ᄒᆞᄂᆞᆫ理由가何에在ᄒᆞ며質權은總히權利質已而에歸ᄒᆞ야質權全體가物權이아니라ᄒᆞᄂᆞᆫ駁論을不免ᄒᆞ리로다又權利質이物權이아니라ᄒᆞᄂᆞᆫ論者中에도地上權永小作權等不動産物權上에設定ᄒᆞᆫ質權은物權됨이無妨ᄒᆞ다云ᄒᆞᄂᆞᆫ者도有ᄒᆞ나此質權도有體物되ᄂᆞᆫ不動産其者에設定ᄒᆞᆷ이아니오其不動産上에存ᄒᆞᆫ權利上에設定ᄒᆞᆫ者이니論者의說은質物目的物의直接間接을區別치아니ᄒᆞᆫ矛盾의說이라故로余ᄂᆞᆫ權利質의目的物이物權債權됨을勿論ᄒᆞ고純全히一種擔保權이라云ᄒᆞ노라

有體物以外의財産權即地上權、永小作權、債權、版權、特許權等은總히質權의目的이되나親族의身分關係로生ᄒᆞᄂᆞᆫ權利假令親權、夫權、戶主權과如ᄒᆞᆫ者ᄂᆞᆫ財産權이아님으로써質權의目的이되지못ᄒᆞᆯ지라盖此等權利ᄂᆞᆫ其性質이權利者의게專屬ᄒᆞ야讓渡키不能ᄒᆞᆷ으로써債權擔保에不適ᄒᆞᆫ바ㅣ니라

權利質에關ᄒᆞ야其性質의許ᄒᆞᄂᆞᆫ限에ᄂᆞᆫ其目的物을隨ᄒᆞ야前三節에說明ᄒᆞᆫ法理ᄅᆞᆯ準用ᄒᆞᆯ지니假令地上權、永小作權을目的ᄒᆞᆫ質權은不動産質에關ᄒᆞᆫ規定

이외의 재산권 또한 채권의 담보로 제공될 수 있으므로 모두 물권이라는 것이다. 그러나 유체물의 질권 또한 소유권질권이라고 하면 유체물의 질권 및 권리질권을 구별하는 이유가 어디에 있으며, 질권은 모두 권리질권일 뿐이라는 것이어서 질권 전체가 물권이 아니라는 반박을 면할 수 없을 것이다. 또한 권리질권이 물권이 아니라는 논자 중에서도 지상권, 영소작권 등 부동산물권 위에 설정한 질권은 물권이라고 해도 무방하다고 말하는 사람도 있다. 그러나 이 질권도 유체물인 부동산 그 자체에 설정하는 것이 아니고 부동산 위에 있는 권리 위에 설정한 것이므로 논자의 학설은 질권의 직접 또는 간접 목적물을 구별하지 않은 모순된 학설이다. 그러므로 나는 권리질권의 목적물이 물권이고 채권이고를 막론하고 완전히 일종의 담보권이라고 말한다.

유체물 이외의 재산권, 곧 지상권, 영소작권, 채권, 저작권, 특허권 등은 모두 질권의 목적이 된다. 그러나 신분관계로 발생하는 권리, 가령 친권, 부권(夫權), 호주권(戶主權)과 같은 것은 재산권이 아니므로 질권의 목적이 되지 못할 것이다. 대개 이들 권리는 그 성질이 권리자에게 전속하여 양도할 수 없으므로 채권의 담보로 적절하지 않다.

권리질권에 관하여 그 성질이 허용하는 한, 그 목적물에 따라 앞 세 절에서 설명한 법리가 준용될 것이다. 가령 지상권, 영소작권을 목적으로 한 질권은 부동산질권에 관한 규정을準用홀者이是라然이나債權質에就ᄒᆞ야ᄂᆞᆫ特別히說明홀必要가有ᄒᆞ기以下에欵을設ᄒᆞ야第一債權質의設定과第二債權質의實行으로區別ᄒᆞ야數言코져ᄒᆞ노라

第一欵 債權質의設定

第一 債權質設定의要件

債權이質權의目的되ᄂᆞᆫ境遇에債權證書가無ᄒᆞ면質權의設定은當事者의意思表示로만其効가生ᄒᆞᄂᆞ니此境遇ᄂᆞᆫ引渡홀有形物이無홈으로써質權成立의要件되ᄂᆞᆫ目的의引渡ᄂᆞᆫ不能홀所以니라

若其債權에證書의作成이有ᄒᆞᆫ時ᄂᆞᆫ質權設定者ᄂᆞᆫ其證書를債權者의게引渡홈을要ᄒᆞ야其引渡가有ᄒᆞ기前은質權의効力이發生치아니ᄒᆞᄂᆞ니此ᄂᆞᆫ無他ㅣ라債權證書가有ᄒᆞᆫ時ᄂᆞᆫ證書의占有ᄂᆞᆫ債權의所在를認識홀標準이되고證書를占有홈은即債權其者를占有홈과相等ᄒᆞᆫ바이라故로法律은目的物引渡ᄒᆞᄂᆞᆫ代에證書의引渡로써要件을삼으니라

第二 債權質設定으로第三者의게對ᄒᆞᆫ効力

을 준용할 것이 그것이다. 그러나 채권자에 대하여는 특별히 설명할 필요가 있으므로 이하에서는 관(款)을 두어 첫째 채권질권의 설정과 둘째 채권질권의 실행으로 구별하여 몇 마디 하고자 한다.

제1관 채권질권의 설정

I. 채권질권 설정의 요건

채권이 질권의 목적인 경우에 채권증서가 없으면 질권의 설정은 당사자의 의사표시만으로 그 효력이 발생한다. 이 경우는 인도할 유형물이 없으므로 질권 성립의 요건인 목적물의 인도를 할 수 없기 때문이다.

만약 그 채권의 증서가 작성된 때에는 질권설정자는 그 증서를 채권자에게 인도하여야 하며 그 인도가 있기 전에는 질권의 효력이 발생하지 않는다. 이는 다른 것이 아니라 채권증서가 있는 때에는 증서의 점유는 채권의 소재를 인식하는 기준이 되고 증서를 점유하는 것은 곧 채권 그 자체를 점유하는 것과 같기 때문이다. 그러므로 법률은 목적물 인도 대신 증서의 인도를 요건으로 삼는다.

II. 채권질권 설정의 제3자에 대한 효력

債權을目的ᄒᆞᄂᆞᆫ質權設定으로第三者의게對ᄒᆞᆫ効力에關ᄒᆞ야左의區別이有ᄒᆞ니

(一)指名債權　指名債權은債權者를特히指定ᄒᆞᆫ債權을云홈이니元來債權者가無ᄒᆞᆫ債權이有ᄒᆞᆯ理가無ᄒᆞᆫ故로債權은皆指名債權일듯ᄒᆞ나近來에指圖債權과無記名債權이盛行홈에至ᄒᆞ야此와區別ᄒᆞ기爲ᄒᆞ야通常의債權을證書의有無를不拘ᄒᆞ고指名債權이라稱ᄒᆞᄂᆞ니假令甲이乙에게對ᄒᆞ야貸金의債權과物品代金의債權이有ᄒᆞ다假定ᄒᆞ면債權者ᄂᆞᆫ甲인디特定됨으로써此債權은卽指名債權이니라此種債權에對ᄒᆞ야質權을設定ᄒᆞ랴면債權讓渡의規定을從ᄒᆞ야質權設定者가質權設定ᄒᆞᄂᆞᆫ旨를第三債務者의게通知ᄒᆞ거나第三債務者가質權의設定을承諾지아니ᄒᆞ면此로써第三債務者其他第三者의게對抗홈을不得ᄒᆞ며且第三債務者以外의第三者의게對ᄒᆞ야ᄂᆞᆫ質權設定의通知와第三債務者의承諾은確定日을記ᄒᆞᆫ證書로써明確케홈을要ᄒᆞᄂᆞ니盖債權質의設定은權利의目的된債權을處分ᄒᆞᄂᆞᆫ權能을質權者의게授與ᄒᆞᄂᆞᆫ者인디債權讓渡와同一의効果가生ᄒᆞᄂᆞᆫ者인즉第三者의權利를保護ᄒᆞ기

채권을 목적으로 하는 질권 설정의 제3자에 대한 효력에 관하여 다음 구별이 있는데,

〈1〉 지명채권: 지명채권은 채권자를 특별히 지정한 채권을 말한다. 원래 채권자가 없는 채권이 있을 리 없으므로 채권은 모두 지명채권일 듯하다. 그러나 근래에 지시채권과 무기명채권이 성행하기에 이르러 이와 구별하기 위하여 통상의 채권을 증서 유무에 관계없이 지명채권이라고 부른다. 가령 甲이 乙에 대하여 대여금 채권과 물품대금채권이 있다고 가정하면 채권자는 甲으로 특정되었으므로 이 채권은 곧 지명채권이다. 이러한 채권에 대하여 질권을 설정하려면 채권양도의 규정에 따라 질권설정자가 질권을 설정한다는 취지를 제3채무자에게 통지하거나 제3채무자가 질권 설정을 승낙하지 않으면 이로써 제3채무자 기타 제3자에게 대항하지 못한다. 또 제3채무자 이외의 제3자에 대하여는 질권 설정의 통지와 제3채무자의 승낙은 확정일자를 적은 증서로 명확하게 하여야 한다. 대개 채권질권의 설정은 권리의 목적인 채권을 처분할 권능을 질권자에게 수여하는 것으로 채권양도와 동일한 효과가 발생하는 것이다. 따라서 제3자의 권리를 보호하기

爲ᄒᆞ야債權讓渡의境遇와同一히ᄒᆞᆯ必要가有ᄒᆞ니라
記名株式은債權이아니라ᄒᆞᄂᆞᆫ議論이有ᄒᆞ나此ᄂᆞᆫ姑舍ᄒᆞ고此에質權을設定ᄒᆞ라ᄒᆞ면債權證書即株劵만引渡ᄒᆞ야도第三者의게對抗ᄒᆞᆷ을得ᄒᆞ야無記名債權과同視ᄒᆞ며指名債權의一種되ᄂᆞᆫ記名社債에關ᄒᆞ야ᄂᆞᆫ特別節次가有ᄒᆞ니社債라ᄒᆞᄂᆞᆫ者ᄂᆞᆫ商事會社가商法의規定을從ᄒᆞ야債權을發行ᄒᆞ고負擔ᄒᆞᄂᆞᆫ債務이라此種債權으로質權을設定ᄒᆞ랴면商法에規定ᄒᆞᆫ社債讓渡의節次ᄅᆞᆯ從ᄒᆞ야會社帳簿에質權의設定을記入ᄒᆞᆷ을要ᄒᆞᄂᆞ니若此ᄅᆞᆯ不爲ᄒᆞ면會社其他第三者의게對抗ᄒᆞᆷ을不得ᄒᆞᄂᆞ니라蓋記名社債에關ᄒᆞᆫ權利의得喪은반다시會社의社債名簿에登載ᄒᆞᄂᆞᆫ者인ᄃᆡ社債名簿ᄂᆞᆫ不動産의登記簿와其効用이同ᄒᆞᆫ바ㅣ니라

(二)指圖債權　指圖債權은證書가有ᄒᆞᆫ債權인ᄃᆡ證書에指定ᄒᆞᆫ債權者나又其指圖人의게支給ᄒᆞᄂᆞᆫ債權이니手形其他背書로써讓渡ᄒᆞᆯ만ᄒᆞᆫ債權은皆指圖債權이라此種債權은流通債權이라稱ᄒᆞ야背書의形式으로移轉ᄒᆞᄂᆞᆫ者인즉質權設定에도亦其證書에背書ᄒᆞ야此ᄅᆞᆯ明確케ᄒᆞᆷ을要ᄒᆞᄂᆞ니若此ᄅᆞᆯ不爲ᄒᆞ

위하여 채권양도의 경우와 동일하게 할 필요가 있다.

기명주식은 채권이 아니라는 논의가 있다. 그러나 이는 제쳐두고 여기에 질권을 설정하려면 채권증서, 곧 주권(株券)만 인도하여도 제3자에게 대항할 수 있어 무기명채권과 동일시된다. 또 지명채권의 일종인 기명사채(記名社債)에 관하여는 특별한 절차가 있다. 사채라는 것은 상사회사가 상법 규정에 따라 채권(債權)을 발행하고 부담하는 채무이다. 이러한 채권에 질권을 설정하려면 상법에 규정된 사채양도 절차에 따라 회사장부에 질권 설정을 기입하여야 한다. 만약 이를 하지 않으면 회사 기타 제3자에게 대항하지 못한다. 대개 기명사채에 관한 권리의 취득과 상실은 반드시 회사의 사채권자명부에 등재하는 것인데, 사채권자명부는 부동산등기부와 그 효용이 동일하다.

〈2〉 지시채권: 지시채권은 증서가 있는 채권으로, 증서에 지정된 채권자나 그 지시인에게 지급하는 채권이다. 어음 기타 배서로 양도할 수 있는 채권은 모두 지시채권이다. 이들 채권은 유통채권이라고 불리며 배서의 형식으로 이전되는 것이다. 따라서 질권 설정에서도 또한 증서에 배서하여 이를 명확히 하여야 한다. 만약 이를 하지 않으

면第三者의게對抗키不得ᄒᆞᆷ이라

(三)無記名債權　無記名債權도亦證書가有ᄒᆞᆫ債權인ᄃᆡ其證書에債權者의記名이無ᄒᆞ고其證書所持人의게辨償ᄒᆞ는者이라無記名債權은法律上에動産으로看做ᄒᆞᄂᆞ니然則質權設定에關ᄒᆞ야도亦動産質의規定을適用ᄒᆞᆯ者ㅣ라ᄒᆞ노라

第二欵　債權質의實行

債權을目的ᄒᆞᆫ質權의實行은特別方法이有ᄒᆞ니質權者는質物된債權을直接으로推尋ᄒᆞᆷ을得ᄒᆞᆯ지라此는債權質의性質로生ᄒᆞ는結果인ᄃᆡ質權者가權利의目的된債權을行使ᄒᆞ야第三債務者의게直接으로債權의目的物된金錢物品을推尋ᄒᆞ야此에셔優先辨償을受ᄒᆞᆷ은債權質實行方法에最適當ᄒᆞᆯ지라然이나其債權의目的物이金錢됨과金錢以外의物件됨에因ᄒᆞ야實行方法이差異가有ᄒᆞ니即如左ᄒᆞ니라

第一　債權目的物이金錢된時

債權目的物이金錢된時는質權者는自己債權額에對當ᄒᆞᆫ部分에限ᄒᆞ야此를

면 제3자에게 대항하지 못한다.

〈3〉 무기명채권: 무기명채권 또한 증서가 있는 채권인데, 그 증서에 채권자의 기명이 없고 증서 소지인에게 변제하는 것이다. 무기명채권은 법률상 동산으로 간주되는데, 그래서 질권 설정에 관하여도 동산질권의 규정을 적용하여야 한다고 한다.

제2관 채권질권의 실행

채권을 목적으로 한 질권의 실행은 특별한 방법이 있는데, 질권자는 질물인 채권을 직접 추심할 수 있다. 이는 채권질권의 성질로 발생하는 결과로, 질권자가 권리의 목적인 채권을 행사하여 제3채무자에게 직접 채권의 목적물인 금전이나 물품을 추심하여 이로부터 우선변제를 받는 것이 채권질권 실행 방법으로 가장 적당할 것이다. 그러나 그 채권의 목적이 금전인지 금전 이외의 물건인지에 따라 실행 방법에 차이가 있는데 곧 다음과 같다.

I. 채권의 목적물이 금전인 때

채권의 목적물이 금전인 때에는 질권자는 자기 채권액에 해당한 부분에 한하여 이를

受捧ᄒᆞᆷ을得ᄒᆞ고其他部分은受捧ᄒᆞᆷ을不得ᄒᆞᄂᆞ니盖質權者가其債權의完全ᄒᆞᆫ辨償을受ᄒᆞᆷ에ᄂᆞᆫ此와相當ᄒᆞᆫ金額을受ᄒᆞᆷ에足ᄒᆞ고其外部分은受捧ᄒᆞᆯ必要가無ᄒᆞᆫ故이라且質權者ᄂᆞᆫ質權의目的된債權의辨償期가到來ᄒᆞᆷ을待ᄒᆞ야推尋ᄒᆞᆷ을要ᄒᆞᆷ은勿論이어니와自己의債權도推捧期가到來ᄒᆞ기前에ᄂᆞᆫ亦辨償을受치못ᄒᆞᆯ자라然이나此境遇에ᄂᆞᆫ質權者ᄂᆞᆫ第三債務者로ᄒᆞ야곰其辨償金額을供托케ᄒᆞᄂᆞᆫ權利가有ᄒᆞ니第三者가其金額을供托ᄒᆞᆫ時ᄂᆞᆫ質權者의權利ᄂᆞᆫ爾後로其供托金을目的ᄒᆞ야自己債權의推捧期가到來ᄒᆞᆷ을待ᄒᆞ야其金額에셔優先辨償을受ᄒᆞᆯ權利가有ᄒᆞᆫ지라然而質權者의此權利ᄂᆞᆫ特定ᄒᆞᆫ供托金額을目的ᄒᆞᆷ이아니오供托所에對ᄒᆞ야其返還을請求ᄒᆞᆯ債務者의權利上에存ᄒᆞᆷ은說明을要치아니ᄒᆞ야도明ᄒᆞᆯ지니라

第二 債權目的物이金錢以外의物件된時

債權의目的物이金錢以外의物件된時假令第三債務者가賣買、贈與、交換等을因ᄒᆞ야債務者의게對ᄒᆞ야有體物을給付ᄒᆞᆯ債務를負擔ᄒᆞᆫ境遇에ᄂᆞᆫ自已債權의推捧期가質物債權의前後됨을不問ᄒᆞ고質權者ᄂᆞᆫ其物件을受取ᄒᆞᆷ을得

변제받을 수 있고 그밖의 부분은 변제받을 수 없다. 대개 질권자가 그 채권의 완전한 변제를 받는 데에는 이와 상당한 금액을 받는 것으로 족하고 그 외의 부분은 변제받을 필요가 없기 때문이다. 또 질권자는 질권의 목적인 채권의 변제기가 도래하기를 기다려 추심하여야 함은 물론이지만 자기 채권도 변제기가 도래하기 전에는 역시 변제를 받지 못할 것이다. 그러나 이 경우에는 질권자는 제3채무자로 하여금 그 변제금액을 공탁하게 할 권리가 있다. 제3자가 그 금액을 공탁한 때에는 그 뒤로 질권자의 권리는 그 공탁금을 목적으로 하며, 자기 채권의 변제기가 도래하기를 기다려 공탁금에서 우선변제를 받을 권리가 있는 것이다. 그러나 이러한 질권자의 권리는 특정한 공탁금액을 목적으로 하는 것이 아니라 공탁소에 대하여 그 반환을 청구할 채무자의 권리 위에 존재함은 설명할 필요 없이도 명백하다.

II. 채권의 목적물이 금전 이외의 물건인 때

채권의 목적물이 금전 이외의 물건인 때, 가령 제3채무자가 매매, 증여, 교환 등으로 인하여 채무자에 대하여 유체물을 급부할 채무를 부담한 경우에는 자기 채권의 이행기가 질물 채권보다 먼저인지 나중인지를 불문하고 질권자는 그 물건을 수령할 수

ᄒᆞᄂᆞ니爾後ᄂᆞᆫ質權者ᄂᆞᆫ其有體物을占有ᄒᆞ야質物은其有體物上에存在ᄒᆞ니動産或不動産質의規定을從ᄒᆞ야權利ᄅᆞᆯ行ᄒᆞᆯ니지라

債權質實行은前記方法을從ᄒᆞᆯ지나其他實行方法은民事訴訟法執行에關ᄒᆞᆫ規定을準用ᄒᆞᆷ이無妨ᄒᆞ니假令債權推尋ᄒᆞᄂᆞᆫ代에券面額에셔債權轉付ᄅᆞᆯ求ᄒᆞᆷ을得ᄒᆞ고又債權이反對給付ᄅᆞᆯ要ᄒᆞ거나條件附어나期限不確定이어나其他理由로債權推尋이困難ᄒᆞᆫ時ᄂᆞᆫ裁判所에申請ᄒᆞ야其換價方法을定ᄒᆞᆷ을得ᄒᆞ고或有價證券이면競賣에付ᄒᆞᆷ을得ᄒᆞᆷ과如ᄒᆞ니라

第七節　質權의消滅

質權은左事由에因ᄒᆞ야消滅ᄒᆞᆷ

第一　目的物의滅失

質物이滅失ᄒᆞᆫ時ᄂᆞᆫ質物은其存立에必要ᄒᆞᆫ目的物을缺ᄒᆞᆷ에至ᄒᆞ야當然히消滅ᄒᆞᆷ에歸ᄒᆞᄂᆞᆫ지라但債務者가第三者의게對ᄒᆞ야目的物의滅失로生ᄒᆞᆫ損害賠償을請求ᄒᆞᆯ權利가有ᄒᆞᆫ時ᄂᆞᆫ質權者ᄂᆞᆫ物上代位의原則을依ᄒᆞ야其賠償金額에對ᄒᆞ야其權利ᄅᆞᆯ行ᄒᆞᆷ은得ᄒᆞᄂᆞ니라

있다. 그러면 그 뒤로는 질권자는 그 유체물을 점유하며 질물은 그 유체물 위에 존재하므로 동산 또는 부동산질권 규정에 따라 권리를 행사하여야 한다.

채권질권 실행은 앞서 적은 방법을 따라야 하지만 그밖의 실행 방법은 민사소송법의 집행에 관한 규정을 준용하여도 무방하다. 가령 채권을 추심하는 대신에 권면액에서 채권의 전부(轉付)를 청구할 수 있고, 또 채권이 반대급부를 필요로 하거나 조건부이거나 기한이 불확정적이거나 다른 이유로 채권 추심이 곤란한 때에는 재판소에 신청하여 그 환가 방법을 정할 수 있고, 또는 유가증권이면 경매에 부칠 수 있는 것과 같다.

제7절 질권의 소멸

질권은 다음 사유로 인하여 소멸한다.

I. 목적물의 멸실

질물이 멸실된 때에는 질권은 그 존립에 필요한 목적물이 결여되어 당연히 소멸하게 될 것이다. 다만 채무자가 제3자에 대하여 목적물의 멸실로 발생한 손해배상을 청구할 권리를 갖는 때에는 질권자는 물상대위의 원칙에 따라 그 배상금에 대하여 질권을 행사할 수는 있다.

第二　主되는債權이消滅ᄒᆞᆫ時

質權은從物權이라主債權의存在로써其成立의前提要件을삼는者인즉主되는債權이辨償、更改、相殺、免除、時効等에因ᄒᆞ야消滅되면質權도亦消滅에歸ᄒᆞᆷ이當然ᄒᆞ니라

質權目的物의權利消滅도亦質權消滅의結果가生ᄒᆞᄂᆞ니假令動産質에第三者가遺失物拾得、添付埋藏物의發見、及時効를因ᄒᆞ야所有權의原時取得으로舊所有者卽債務者의所有權이消滅ᄒᆞ고又不動産質에第三者가取得時効를因ᄒᆞ야所有權을取得ᄒᆞᆷ으로債務者가所有權을失ᄒᆞ며又債權其他財産權을目的ᄒᆞᆫ權利質도亦目的된財産權이絶對的으로消滅ᄒᆞ는同時에質權은當然히消滅에歸ᄒᆞᆯ지라然이나質權設定者가質權目的된權利에對ᄒᆞᆫ拋棄는此로써質權者의게對抗치못ᄒᆞᆯ지니此는權利의拋棄는他人의權利를害치아니ᄒᆞ는境遇에限ᄒᆞ야其効力이有ᄒᆞᆫ所以니라

第三　混同

質權은他物權인즉質權과所有權이同一人의게歸ᄒᆞ면質權은混同을因ᄒᆞ야

II. 주된 채권이 소멸한 때

질권은 종된 물권이어서 주된 채권의 존재를 그 성립의 전제조건으로 삼는 것이다. 따라서 주된 채권이 변제, 경개(更改), 상계, 면제, 시효 등으로 인하여 소멸되면 질권 또한 소멸되는 것이 당연하다.

질권 목적물의 권리 소멸 또한 질권 소멸의 결과를 낳는다. 가령 동산질권에서 제3자가 유실물 습득, 첨부, 매장물 발견 및 시효로 인하여 소유권의 원시취득함으로써 구 소유자, 곧 채무자의 소유권이 소멸하고, 또 부동산에 제3자가 취득시효로 인하여 소유권을 취득함으로써 채무자가 소유권을 상실하며, 그리고 채권 기타 재산권을 목적으로 한 권리질권 또한 목적이 된 재산권이 절대적으로 소멸하는 동시에, 질권은 당연히 소멸하게 될 것이다. 그러나 질권설정자가 질권의 목적인 권리에 대하여 한 포기는 질권자에게 대항하지 못할 것이다. 이는 권리의 포기는 타인의 권리를 해하지 않는 경우에 한하여 그 효력이 있기 때문이다.

III. 혼동

질권은 타물권이므로 질권과 소유권이 동일인에게 귀속되면 질권은 혼동으로 인하여

消滅홀지라然이나第三者의權利目的되는時는質權은混同을不拘호고依然存續홈을得호느니라

第四　拋棄

質權은財産權이니財産本性質에依호야此롤拋棄홈을得호고拋棄호는同時에質權은消滅에歸홈이라然이나第三者의權利는害치못호느니라

第五　質權의實行

質權者가其權利롤實行호야目的物을賣却호時는質權者는質權設定의目的을達홈인즉其權利는玆에消滅되느니라

第六　消滅時効

質權者가二十年間을其權利롤行使치아니호면其權利는時効롤因호야消滅호느니라

第七　質權消滅의請求

質權者가質物保存에對호야善良호管理者의注意롤怠慢히호거나又質物保存의必要以外에此롤使用호거나又他人의게貸與호時는質權設定者는質權

소멸할 것이다. 그러나 제3자의 권리의 목적인 때에는 질권은 혼동에도 불구하고 여전히 존속할 수 있다.

IV. 포 기

질권은 재산권이므로 재산 본래의 성질에 따라 포기할 수 있고, 포기하는 동시에 질권은 소멸하게 된다. 그러나 제3자의 권리는 해하지 못한다.

V. 질권의 실행

질권자가 그 권리를 실행하여 목적물을 매각한 때에는 질권자는 질권 설정의 목적을 달성하였으므로 그 권리는 소멸된다.

VI. 소멸시효

질권자가 20년간 그 권리를 행사하지 않으면 그 권리는 시효로 인하여 소멸한다.

VII. 질권의 소멸청구

질권자가 질물 보존에 대하여 선량한 관리자의 주의를 게을리 하거나 질물 보존에 필요한 경우 이외에 이를 사용하거나 타인에게 대여한 때에는 질권설정자는 질권

의消滅를請求홈을得ᄒᆞᄂᆞ니質權은其請求를因ᄒᆞ야消滅되ᄂᆞ니라
一言을要홀者ㅣ有ᄒᆞ니質物의占有ᄂᆞᆫ質權存續의必要條件이아님으로써質權者가質物의占有를失ᄒᆞ나此로因ᄒᆞ야質權은絶對的으로喪失ᄒᆞᄂᆞᆫ事이無ᄒᆞ고但第三者에게對ᄒᆞ야其權利를主張치못홀ᄲᅮᆫ이니라

第五章 抵當權

質權과抵當權은羅馬法以來로認定ᄒᆞᆫ바이나其發達은種種의變化를經ᄒᆞ야後世에屬ᄒᆞᆫ者인ᄃᆡ抵當權은尤極後世에屬ᄒᆞ얏고又不動產擔保中에ᄂᆞᆫ最進步된者이라羅馬人의擔保方法은最初에債務者가債權者에게對ᄒᆞ야名義上의代價로某物件을賣却ᄒᆞ기로約ᄒᆞ고其債務를辨償ᄒᆞᄂᆞᆫ時ᄂᆞᆫ買受ᄒᆞᆫ物件을返還ᄒᆞ야還退條件附賣買와恰似히ᄒᆞ더니其後에此制度가一變ᄒᆞ야擔保物을債權者의게引渡ᄒᆞ나所有權의處分은許치아니ᄒᆞ고但占有權만移轉ᄒᆞ니以上二制度ᄂᆞᆫ皆偏頗의弊가有홈으로後에裁判官中一人이一方法을按出ᄒᆞ야擔保物의所有權을移轉치아니ᄒᆞ고但債權者의게引渡ᄒᆞ며若債務者가辨償期에債務를履行치아니ᄒᆞ면債權者ᄂᆞᆫ此를賣却ᄒᆞ야其代價로써辨償에充케ᄒᆞ니是今日의質權

의 소멸을 청구할 수 있으며 질권은 그 청구에 따라 소멸된다.

한 마디 해둘 것이 있는데, 질물의 점유는 질권 존속의 필요조건이 아니므로 질권자가 질물의 점유를 잃더라도 이로 인하여 질권이 절대적으로 상실되는 일이 없고, 다만 제3자에 대하여 그 권리를 주장하지 못할 뿐이다.

제5장 저당권

제1절 저당권의 성질[1]

질권과 저당권은 로마법 이래로 인정된 것이지만 그 발달은 갖가지 변화를 거쳐 후세에 이루어졌다. 저당권은 더욱더 후세에 발달되었으며 또 부동산 담보 중에서는 가장 진보된 것이다. 로마인의 담보 방법은 맨 처음에는 채무자가 채권자에 대하여 명의상의 대가로 어떤 물건을 매각하기로 약정하고 그 채무를 변제하는 때에 채권자가 매수한 물건을 반환하여 환매조건부 매매와 유사하였다. 그런데 그 뒤에 이 제도가 매우 달라져, 담보물을 채권자에게 인도는 하지만 소유권의 처분은 허용하지 않고 다만 점유권만 이전하였다. 이상의 두 제도는 모두 편파적이라는 폐단이 있어 뒤에 재판관 중 한 사람이 하나의 방법을 생각해내었다. 담보물의 소유권을 이전하지 않고 다만 채권자에게 인도하며, 만약 채무자가 변제기에 채무를 이행하지 않으면 채권자는 이를 매각하여 그 대가를 변제에 충당하게 하는 것이다. 이것이 바로 오늘날의 질권

1 원문에는 이 목차가 빠져 있음.

인ᄃᆡ此를「히포데가」라稱ᄒᆞᆫ지라然이나「히포데가」ᄂᆞᆫ債權者ᄂᆞᆫ擔保物의占有를要ᄒᆞ더니쟈스지니안帝時代에至ᄒᆞ야物의占有를移轉치아니ᄒᆞᄂᆞᆫ「히포데가」를設ᄒᆞ얏ᄂᆞᆫᄃᆡ自此로占有을移轉ᄒᆞᄂᆞᆫ者를「피구누스」라稱ᄒᆞ고占有를移轉치아니ᄒᆞᄂᆞᆫ者를「히포데가」라稱ᄒᆞ니即今日의質權과抵當權의區別이生ᄒᆞᆫ沿革이라羅馬에도其時에登記의制度가無ᄒᆞ야「히포데가」即抵當이弊害가不無ᄒᆞ더니現今은登記의制度가發達ᄒᆞᆫ以來로抵當이長足進步에就ᄒᆞ야質權보다오히려盛行ᄒᆞᆷ에至ᄒᆞ니라

抵當이不動產質에比ᄒᆞ면優點이有ᄒᆞ니不動產上의擔保權中最進步ᄒᆞᆫ者ㅣ라謂ᄒᆞᆯ지라盖形式主義ᄂᆞᆫ法律이未發達ᄒᆞᆫ時代에行ᄒᆞᄂᆞᆫ者이라今日에至ᄒᆞ야ᄂᆞᆫ物의引渡를要ᄒᆞᄂᆞᆫ形式을可成的避ᄒᆞᆷ이可ᄒᆞ고意思表示만因ᄒᆞ야抵當을設定ᄒᆞ야도權利得喪에不完全ᄒᆞᆯ바ㅣ無ᄒᆞ며又設定이極히簡便ᄒᆞ고抵當의目的은物의代價에셔債權의辨償을受ᄒᆞᆷ에在ᄒᆞ니擔保物을引渡ᄒᆞᆯ必要가無ᄒᆞ며又債權者가此를占有ᄒᆞ면荒廢ᄒᆞᆯ危險도有ᄒᆞᆯ지라故로羅馬法以來로此制度를設定ᄒᆞᆷ인ᄃᆡ到今ᄒᆞ야ᄂᆞᆫ抵當이不動產質보다便利ᄒᆞ다ᄒᆞ야盛行ᄒᆞᄂᆞ니라然이나此

으로 이를 '히포테카'[1]라고 불렀다. 그러나 '히포테카'는 채권자의 담보물 점유를 필요로 하였는데 유스티니아누스[2] 황제 시대에 이르러 물건의 점유를 이전하지 않는 "히포테카"를 마련하였다. 이때부터 점유를 이전하는 것을 '피그누스'[3]라고 부르고 점유를 이전하지 않는 것을 '히포테카'라고 불렀는데, 곧 오늘날의 질권과 저당권의 구별이 생긴 연혁이다. 로마에서도 그때에 등기제도가 없어 "히포테카", 곧 저당이 폐해가 없지 않았는데 오늘날에는 등기제도가 발달한 이래 저당권이 장족의 발전을 하여 질권보다 오히려 성행하기에 이르렀다.

저당권이 부동산질권에 비하면 뛰어난 점이 있어 부동산상 담보권 중에 가장 진보한 것이라고 말할 수 있다. 대개 형식주의는 법률이 발달하지 않던 시대에 시행되던 것이고, 오늘날에 와서는 물건의 인도를 요하는 형식을 가급적 피하는 것이 옳고 의사표시만에 따라 저당권을 설정하여도 권리의 취득과 상실에 불완전할 것이 없으며 또 설정이 극히 간편하다. 그리고 저당권의 목적은 물건의 대가에서 채권의 변제를 받는 데 있으므로 담보물을 인도할 필요가 없으며, 또 채권자가 이를 점유하면 황폐해질 위험도 있을 것이다. 그러므로 로마법 이래로 이 제도를 마련해 규정하였는데, 이제 와서는 저당권이 부동산질권보다 편리하다고 하여 성행하는 것이다. 그러나 이

1 'hypotheca'를 말하는 것임.
2 원문은 '쟈스지니안'.
3 'pignus'를 말하는 것임.

는登記制度가完備ᄒᆞᆫ以後事에行ᄒᆞᆯ지니輾轉키易ᄒᆞᆫ動産에는意思表示로만權利를確保키難ᄒᆞ고不動産도登記制가完全치못ᄒᆞ면實物을掌中에占有치아니ᄒᆞ면亦權利를確保키難ᄒᆞ니故로各國이抵當을不動産에만限ᄒᆞᆷ과登記制가無ᄒᆞ고動産及不動産의權利移轉方法을分明히區別치아니ᄒᆞᆫ未開國에抵當制度가無ᄒᆞᆷ을觀ᄒᆞ야도抵當은登記制度가完備ᄒᆞᆫ後에可히認設ᄒᆞᆯ者라ᄒᆞᆯ지며羅馬에서도登記法이無ᄒᆞᆷ을因ᄒᆞ야抵當即「히포데가」가弊害가生ᄒᆞ고實益이少ᄒᆞᆷ으로實際에行ᄒᆞᆷ은亦稀有ᄒᆞ얏ᄂᆞ니라

我國은民法의制定이姑無ᄒᆞ니可論ᄒᆞᆯ바ㅣ無ᄒᆞ거니와不動産質은自古로行ᄒᆞ얏스나抵當은아직行치아니ᄒᆞ며且法律로特定ᄒᆞᆫ바ㅣ無ᄒᆞᆫ지라然이나二三年前以來로法令中에抵當二字의頒布를種種見ᄒᆞᆷ에至ᄒᆞ고且土地家屋證明規則이全國에實施ᄒᆞᆷ에至ᄒᆞ니該規則中에典當抵當의區別은無ᄒᆞ나抵當에도此를準用ᄒᆞ야不動産典當이漸漸純然ᄒᆞᆫ抵當으로變ᄒᆞ야進行ᄒᆞᆯ줄로信ᄒᆞ노라

此에至ᄒᆞ야抵當權의性質을論ᄒᆞ노니抵當權이란者는債務者或은第三者가占有를移치아니ᄒᆞ고債務擔保에供ᄒᆞᆫ不動産에對ᄒᆞ야他債權者에先ᄒᆞ야自己債

는 등기제도가 완비된 이후에 시행하여야 할 것이다. 전전양도되기 쉬운 동산은 의사표시만으로 권리를 확보하기 어렵고, 부동산도 등기제도가 완전하지 못하면 실물을 수중에 점유하지 않고서는 역시 권리를 확보하기 어렵다. 그러므로 각국이 저당권을 부동산으로만 한정한 것과, 등기제도가 없고 동산 및 부동산의 권리 이전 방법을 분명히 구별하지 않은 미개국에 저당제도가 없다는 점을 보더라도 저당권은 등기제도가 완비된 뒤에 인정될 만한 것이라고 할 수 있다. 로마에서도 등기법이 없어서 저당권, 즉 "히포테카"가 폐해가 발생하고 실익이 적었으므로 실제로 시행되는 경우 역시 드물었다.

우리나라는 아직 민법이 제정되지 않았으므로 논의할 만한 것이 없는데, 부동산질권은 예로부터 시행되었으나 저당권은 아직 시행되지 않았으며 또 법률로 특정된 것도 없다. 그러나 2, 3년 전 이래 법령 안에 '저당'이라는 두 글자가 공포되는 것을 이따금 보게 되고, 또 토지가옥증명규칙이 전국에 실시되기에 이르렀는데 그 규칙에는 전당(典當)이나 저당의 구별은 없으나 저당권에도 이를 준용하여 부동산전당이 점점 완연한 저당권으로 변해가리라고 믿는다.

여기에 와서 저당권의 성질을 논하면, 저당권이란 것은 채무자 또는 제3자가 점유를 이전하지 않고 채무의 담보로 제공한 부동산에 대하여 다른 채권자보다 먼저 자기 채

權의辨償을受ᄒᆞᄂᆞᆫ權利라故로此를分析說明ᄒᆞ면

第一　抵當權은他物權이오又從物權이라

抵當權이物權됨을多言을要치아니ᄒᆞᆯ바이나債權辨償의確保를目的ᄒᆞᄂᆞᆫ物權이니卽物上擔保의一種이라故로此權利ᄂᆞᆫ他人의所有物을目的ᄒᆞᄂᆞᆫ同時에其存立은附隨ᄒᆞᆫ主債權이有ᄒᆞᆷ을要ᄒᆞ야他物權되ᄂᆞᆫ同時에從物權되ᄂᆞᆫ性質이有ᄒᆞᆷ이明ᄒᆞ니라此點에關ᄒᆞ야ᄂᆞᆫ留置權、先取特權、質權과其性質이同ᄒᆞ니라

第二　抵當權은不動産上의權利라

此ᄂᆞᆫ抵當權의特質인ᄃᆡ抵當權은債權者의게物의占有를引渡치아니ᄒᆞᄂᆞᆫ擔保權이라故로반다시不動産을目的ᄒᆞᆷ을要ᄒᆞ고占有를重히ᄒᆞᄂᆞᆫ動産上에行ᄒᆞᆷ을不許ᄒᆞᄂᆞ니라

第三　抵當權은當事者의意思表示로設定ᄒᆞᄂᆞᆫ權利라

抵當權의設定에ᄂᆞᆫ債權者와目的物의所有者된債務者又ᄂᆞᆫ第三者間의意思表示를必要로ᄒᆞᄂᆞ니此意思表示가無ᄒᆞ면抵當權은發生치아니ᄒᆞᆷ이라佛國

권의 변제를 받는 권리이다. 그러므로 이를 분석하여 설명하면,

I. 저당권은 타물권이고 종된 물권이다

저당권이 물권임은 많은 설명이 필요 없으나 채권 변제의 확보를 목적으로 하는 물권으로 곧 물적 담보의 일종이다. 그러므로 이 권리는 타인의 소유물을 목적으로 하는 동시에 그 존립은 부수되는 주된 채권이 있어야 하며, 타물권인 동시에 종된 물권의 성질이 있음이 명백하다. 이 점에 관하여는 유치권, 선취특권, 질권과 그 성질이 같다.

II. 저당권은 부동산 위의 권리이다

이는 저당권의 특질로, 저당권은 채권자에게 물건의 점유를 인도하지 않는 담보권이다. 그러므로 반드시 부동산을 목적으로 하여야 하고 점유를 중요하게 여기는 동산 위에 행사하는 것은 허용되지 않는다.

III. 저당권은 당사자의 의사표시로 설정되는 권리이다

저당권의 설정에는 채권자와 목적물 소유자인 채무자 또는 제3자 간의 의사표시가 필요하다. 이 의사표시가 없으면 저당권은 발생하지 않는다. 프랑스

民法에ᄂᆞᆫ法律上의抵當과合意上의抵當과遺言上의抵當과裁判上의抵當이有ᄒᆞ니法律上의抵當은妻가夫의게對ᄒᆞᆫ債權과未成年者及禁治産者가後見人에게對ᄒᆞᆫ債權과國、府縣과如ᄒᆞᆫ公法人이會計官吏의게對ᄒᆞᆫ債權等은夫、後見人、會計官吏의不動産上에對ᄒᆞ야抵當權이依例히存立케ᄒᆞ야權力下에服從ᄒᆞᄂᆞᆫ者ᄅᆞᆯ保護ᄒᆞ고國家의公益을確實케ᄒᆞ얏스나抵當은目的物의特定됨을要ᄒᆞᄂᆞ니一般不動産의現在所有와將來取得을勿論ᄒᆞ고抵當權을設定ᄒᆞ야第三者의權利ᄅᆞᆯ危險케ᄒᆞ고登記目的에背馳케ᄒᆞᆷ은不可ᄒᆞᆫ지라妻或은被後見人을保護ᄒᆞ려면他方道ᄅᆞᆯ開ᄒᆞᆷ이足ᄒᆞ고公法人에關ᄒᆞ야ᄂᆞᆫ行政法의規定으로公吏身上保證金을提供케ᄒᆞᆷ이足ᄒᆞ며裁判上抵當도亦不必要ᄒᆞᆫ者이라此에論ᄒᆞᄂᆞᆫ바ᄂᆞᆫ所謂合意上의抵當權而已니故로抵當權이質權과其發生原因이同ᄒᆞ며留置權、先取得權과異ᄒᆞ니라

第四、抵當權은目的物의占有ᄅᆞᆯ必要로ᄒᆞ지아니ᄒᆞᄂᆞᆫ權利라

此ᄂᆞᆫ留置權과其性質이大異ᄒᆞᆫ바이라盖留置權은其權利의性質上目的物의占有ᄂᆞᆫ分離치못ᄒᆞᆯ關係가有ᄒᆞᆯᄲᅮᆫ아니라質權도亦目的物의占有ᄂᆞᆫ質權發生

민법에서는 법정저당권과 약정저당권, 유언에 따른 저당권과 재판상 저당권이 있다. 법정저당권[1]은 아내의 남편에 대한 채권과 미성년자 및 금치산자의 후견인에 대한 채권, 국가, 지방자치단체[2]와 같은 공법인의 회계공무원에 대한 채권 등은 남편, 후견인, 회계공무원의 부동산 위에 저당권이 으레 존재하게 하여 권력 아래 복종하는 자를 보호하고 국가의 공익을 확실하게 하였다. 그러나 저당권은 목적물이 특정되어야 하는데, 일반 부동산의 현재 소유와 장래 취득을 막론하고 저당권을 설정하여 제3자의 권리를 위험하게 하고 등기의 목적과 배치되게 할 수는 없는 것이다. 아내 또는 피후견인을 보호하려면 다른 방도를 찾으면 족하고 공법인에 관하여는 행정법 규정으로 공무원에게 신원보증금을 제공하게 하면 족하며, 재판상 저당권 또한 불필요한 것이다. 여기서 논하는 것은 이른바 약정저당권 뿐이다. 그러므로 저당권은 질권과 그 발생 원인이 같으며, 유치권, 선취특권과 다르다.

IV. 저당권은 목적물의 점유를 필요로 하지 않는 권리이다

이는 유치권과 그 성질이 크게 다른 것이다. 유치권은 그 권리의 성질상 목적물의 점유와 분리할 수 없는 관계가 있을 뿐 아니라, 질권 또한 목적물의 점유는 질권 발생

1 프랑스 민법 제2121조 참조.
2 府縣: 명순구, 프랑스민법전, 2004, 법문사, 813쪽에는 도·꼬뮌으로 번역.

의必要條件되는同時에動産質에關ᄒᆞ야는占有를繼續지아니ᄒᆞ면第三者의게對抗치못ᄒᆞᆷ과且目的物占有의權利는質權의內容을組成ᄒᆞᆷ이라ᄒᆞᆷ은旣히說明ᄒᆞᆫ바어니와此와反ᄒᆞ야抵當權은不動産上의權利로第三者의게對抗ᄒᆞ려면登記만ᄒᆞ야도足ᄒᆞ고其權利發生에는目的物의占有를必要치아니ᄒᆞᆯ뿐아니라其占有가權利의內容을組成ᄒᆞ는者도아니라故로抵當權이質權보다便利ᄒᆞ다云ᄒᆞᄂᆞ니何者오抵當設定者는目的物의使用收益을繼續ᄒᆞᆷ을得ᄒᆞ고抵當權者도目的物保管의煩累를免ᄒᆞᆷ을得ᄒᆞᆷ이니라

如斯히抵當權은債權者가其目的의占有를不要ᄒᆞ야發生條件이아니되는故로반다서契約으로만依ᄒᆞ야設定ᄒᆞᆯ뿐아니라遺言으로써設定ᄒᆞᆷ도得ᄒᆞ리니故로佛法에遺言上抵當의名稱이有ᄒᆞᆷ이此에因ᄒᆞᆷ이오抵當權이質權과ᄀᆞᆺ치人意로設定ᄒᆞᆷ은一般이나兩者間의差異가此에有ᄒᆞ도다

第五、抵當權은目的物로他債權者에先ᄒᆞ야辨償을受ᄒᆞ는權利라

抵當權者는債務者가其債務를辨償치아니ᄒᆞ는境遇에目的物을賣却ᄒᆞ야其代價로써優先辨償을受ᄒᆞ는權利가有ᄒᆞ니此權利는即抵當權의實質을組成

의 필요조건인 동시에 동산질권에 관하여는 점유를 계속하지 않으면 제3자에게 대항하지 못하고 또 목적물을 점유할 권리는 질권의 내용을 구성한다는 것은 이미 설명한 바이다. 그런데 이와 반대로 저당권은 부동산 위의 권리로서 제3자에게 대항하려면 등기만 하여도 족하고 그 권리 발생에는 목적물 점유를 필요로 하지 않을 뿐 아니라, 그 점유가 권리의 내용을 구성하는 것도 아니다. 그러므로 저당권이 질권보다 편리하다고 말할 수 있는데, 왜냐하면 저당권설정자는 목적물의 사용, 수익을 계속할 수 있고 저당권자도 목적물을 보관하는 번잡을 피할 수 있기 때문이다.

이렇게 저당권은 채권자가 그 목적물의 점유를 요구하지 않아 발생 조건이 아니므로 반드시 계약에 따라서만 설정할 수 있는 것이 아니라 유언으로 설정할 수도 있을 것이다. 그러므로 프랑스 법에서 유언에 따른 저당권[1]이라는 명칭이 있는 까닭이 이에 따른 것이고, 저당권이 질권과 같이 사람의 의사표시로 설정되는 것은 마찬가지이지만 양자 간의 차이가 여기에 있다.

V. 저당권은 목적물로부터 다른 채권자보다 먼저 변제를 받는 권리이다

저당권자는 채무자가 그 채무를 변제하지 않는 경우에 목적물을 매각하여 그 대가로 우선변제를 받을 권리가 있는데, 이 권리는 곧 저당권의 실질을 구성

1 프랑스 민법 제2121조, 제1017조 제2항 참조.

ᄒᆞᆫ者인ᄃᆡ先取特權과質權과其性質이同ᄒᆞ고留置權과異ᄒᆞᆫ바이라

第六、抵當權은不可分의權利라

抵當權은目的物이存ᄒᆞᆫ限에ᄂᆞᆫ其債權全部의權利ᄅᆞᆯ其目的物上에行ᄒᆞ고又債權이存ᄒᆞᆫ限에ᄂᆞᆫ目的物全部에對ᄒᆞ야其權利ᄅᆞᆯ行ᄒᆞᆷ을得ᄒᆞᄂᆞ니此點은留置權을論ᄒᆞᆯ時에說明ᄒᆞᆫ바이니라

第二節　抵當權의目的物

第一、抵當權의目的物은左의性質이具備ᄒᆞᆫ者ᄅᆞᆯ要ᄒᆞᆷ

(一)抵當權의目的物은不動産됨을要ᄒᆞᆷ　不動産을目的ᄒᆞᆷ이抵當權의特質됨은前에一言ᄒᆞᆫ바이라故로其性質로不動産된土地가抵當權의目的됨은勿論이오土地에定着ᄒᆞᆫ家屋其他建造物도亦不動産으로抵當權의目的이될지라盖建造物은土地에定着ᄒᆞ야一體ᄅᆞᆯ成ᄒᆞᆫ者이니理論上으로言ᄒᆞ면建造物은土地와分離ᄒᆞ야抵當權의目的이됨을不得ᄒᆞᄂᆞᆫ者ㅣ라論ᄒᆞᆯ지나然이나從來의慣習과各國의立法例에ᄂᆞᆫ土地와建造物은各獨立의不動産을組成ᄒᆞ야建造物로써土地의從物로看做치아니ᄒᆞᄂᆞᆫ故로建造物은土地

하는 것으로 선취특권과 질권과 그 성질이 같고 유치권과 다른 것이다.

VI. 저당권은 불가분적 권리이다

저당권은 목적물이 존재하는 동안에는 그 채권 전부의 권리를 그 목적물 위에 행사하고 또 채권이 존재하는 한 목적물 전부에 대하여 그 권리를 행사할 수 있는데, 이는 유치권을 논할 때에 설명한 바이다.

제2절 저당권의 목적물

I. 저당권의 목적물은 다음 성질이 구비되어야 한다

〈1〉 저당권의 목적물은 부동산이어야 한다: 부동산을 목적으로 하는 것이 저당권의 특질임은 앞에서 한 번 말하였다. 그러므로 그 성질상 부동산인 토지가 저당권의 목적이 됨은 물론이고 토지에 정착된 가옥 기타 건조물 또한 부동산으로 저당권의 목적이 될 것이다. 대개 건조물은 토지에 정착되어 일체를 이루는 것인데, 이론상으로 말하면 건조물은 토지와 분리하여 저당권의 목적이 될 수 없는 것이라고 논할 수 있다. 그러나 종래의 관습과 각국의 입법례에서는 토지와 건조물은 각각 독립된 부동산을 구성하여 건조물을 토지의 종물로 간주하지 않는다. 그러므로 건조물은 토지와分離ᄒᆞ야此를讓渡ᄒᆞ고或은擔保에供ᄒᆞᆷ을得ᄒᆞᆯ지라故로現行土地家屋証明規則에土地와家屋의証明節次를別로히規定ᄒᆞ니라樹木도亦土地에定着ᄒᆞ야一體를成ᄒᆞᆫ者이니土地에定着ᄒᆞᆫ間은不動産의性質이有ᄒᆞᆫ者이라然이나樹木은獨立ᄒᆞᆫ不動産으로看做치아니ᄒᆞᆷ으로樹木은土地와共히아니ᄒᆞ면此로써抵當權의目的됨을不得ᄒᆞᆯ지니라

抵當權은不動産을目的ᄒᆞ나此原則에ᄂᆞᆫ例外가有ᄒᆞ니卽如左ᄒᆞᆷ

（甲）　地上權及永小作權　抵當權은其目的物의價額으로辨償을受ᄒᆞᆷ이目的이라故로地上權과及永小作權과如ᄒᆞᆫ者도亦不動産上에權利로財産上의價格이有ᄒᆞ고又登記의方法으로第三者의게公示ᄒᆞᄂᆞᆫ權利이니此에抵當權을設定ᄒᆞ야도無妨ᄒᆞ야抵當權의規定을準用케ᄒᆞᄂᆞ니라此와反ᄒᆞ야不動産의物權된地役權은獨立ᄒᆞ야存在키不能ᄒᆞᆷ으로其要役地와分離ᄒᆞ야抵當에提供키不得ᄒᆞᆯ지며其外留置權、先取特權、質權、抵當權은特種債權을擔保ᄒᆞᆫ從物權이니主債權과分離ᄒᆞ야他債權擔保에供ᄒᆞᆷ을不得ᄒᆞᄂᆞ니라

와 분리하여 양도하거나 담보로 제공할 수 있을 것이다. 그러므로 현행 토지가옥증명규칙에서 토지와 가옥의 증명 절차를 따로 규정하였다. 수목 또한 토지에 정착되어 일체를 이룬 것으로 토지에 정착된 동안에는 부동산의 성질이 있는 것이다. 그러나 수목은 독립된 부동산으로 간주하지 않으므로 수목은 토지와 함께가 아니면 저당권의 목적이 될 수 없을 것이다.

저당권은 부동산을 목적으로 하지만 이 원칙에는 예외가 있는데, 곧 다음과 같다.

① 지상권 및 영소작권: 저당권은 그 목적물 가액으로 변제를 받는 것이 목적이다. 그러므로 지상권 및 영소작권과 같은 것 또한 부동산 위의 권리로 재산상 가격이 있고 등기의 방법으로 제3자에게 공시하는 권리여서 여기에 저당권을 설정하여도 무방하다. 따라서 저당권의 규정을 준용하게 한다. 이와 반대로 부동산물권인 지역권은 독립하여 존재할 수 없으므로 요역지와 분리하여 저당물로 제공할 수 없을 것이다. 그밖에 유치권, 선취특권, 질권, 저당권은 특정한 채권을 담보한 종된 물권이므로 주된 채권과 분리하여 다른 채권의 담보로 제공할 수 없다.

(乙) 代表物　抵當權은目的物의賣却、賃貸、滅失、毀損을因ᄒᆞ야設定者가受ᄒᆞᆯ金錢其他物에對ᄒᆞ야도此ᄅᆞᆯ行ᄒᆞᆷ을得ᄒᆞᆯ지오又設定者가目的物上에設定ᄒᆞᆫ物權의對價에도亦然ᄒᆞᆫ지라但抵當權者가此等物件金錢에對ᄒᆞ야其權利ᄅᆞᆯ行ᄒᆞ랴면其辨償或은引渡ᄒᆞ기前에押收ᄒᆞᆷ을要ᄒᆞᄂᆞ니要ᄒᆞᆫ건ᄃᆡ此ᄂᆞᆫ物上代位의原則을適用ᄒᆞᆷ이니라

(二) 抵當權의目的物은讓渡ᄒᆞᆯ만ᄒᆞᆫ者ᄅᆞᆯ要ᄒᆞᆷ　抵當權은抵當權者로ᄒᆞ야곰權利目的된不動產의所有權、地上權、永小作權을競賣ᄒᆞ야其代金으로써優先辨償을受케ᄒᆞᆷ이目的이니此等權利의讓渡가有ᄒᆞᆷ은豫想ᄒᆞᆫ바이라故로讓渡키不得ᄒᆞᆯ物은抵當權의目的이못됨이明ᄒᆞ니라

(三) 抵當權의目的物은抵當權設定者의所有됨을要ᄒᆞᆷ　何人이라도已有가아닌權利ᄅᆞᆯ他人의게讓渡치못ᄒᆞᆷ은法理上原則이라抵當權은目的된不動產權利의處分權을抵當權者의게歸屬케ᄒᆞᆷ인즉其權利ᄅᆞᆯ所有치아니ᄒᆞᆫ者ᄂᆞᆫ其上에抵當權을設定치못ᄒᆞᆯ바ㅣ니라

(四) 抵當權의目的物은特定됨을要ᄒᆞᆷ　玆에特定이라ᄒᆞᆷ은特히目的物을指

② 대용물: 저당권은 목적물의 매각, 임대, 멸실, 훼손으로 인하여 설정자가 받을 금전 기타 물건에 대하여도 행사할 수 있고, 또 설정자가 목적물 위에 설정한 물권의 대가에도 행사할 수 있는 것이다. 다만 저당권자가 이들 물건, 금전에 대하여 그 권리를 행사하려면 그 변제 또는 인도 전에 압류하여야 한다. 요컨대 이는 물상대위의 원칙을 적용하는 것이다.

〈2〉 저당권의 목적물은 양도할 수 있는 것이어야 한다: 저당권은 저당권자로 하여금 권리의 목적인 부동산의 소유권, 지상권, 영소작권을 경매하여 그 대금으로 우선변제를 받게 하는 것이 목적으로, 이들 권리의 양도가 있음은 예상되는 바이다. 그러므로 양도할 수 없는 물건은 저당권의 목적이 되지 못함이 명백하다.

〈3〉 저당권의 목적물은 저당권설정자의 소유여야 한다: 누구라도 자기가 갖지 않은 권리를 타인에게 양도하지 못함은 법리상 원칙이다. 저당권은 목적인 부동산 권리의 처분권을 저당권자에게 귀속시키는 것이므로 그 권리를 소유하지 않은 자는 그 위에 저당권을 설정하지 못할 것이다.

〈4〉 저당권의 목적물은 특정되어야 한다: 여기서 특정이란 특별히 목적물을

定ᄒᆞᆷ이니故로抵當權設定者가抵當權의目的物을一々히指定ᄒᆞ면其所有全不動産上에對ᄒᆞ야抵當權을設定ᄒᆞ야도此는無妨ᄒᆞᆷ이라然이나抵當權設定者가槪括的으로現在所有와將來取得을勿論ᄒᆞ고總不動産上에抵當權을設定ᄒᆞᆷ을所謂一般抵當인ᄃᆡ近世文明國의採用ᄒᆞ는바이아니오法律上抵當權을認ᄒᆞ는佛國等도合意上抵當權에關ᄒᆞ야는特定主義를取ᄒᆞ니라

特定主義를採用ᄒᆞᆷ은債務者를保護ᄒᆞ고一便으로第三者를保護ᄒᆞᆷ에在ᄒᆞ니若一般抵當을許ᄒᆞ면困境中에在ᄒᆞᆫ債務者는多慾ᄒᆞᆫ債權者의支配를受ᄒᆞ야少額의債務로總不動産을抵當에供ᄒᆞ야財産의處分을束縛ᄒᆞ고信用을失墜ᄒᆞ리오第三者는債務者의如何ᄒᆞᆫ不動産에抵當權을設定ᄒᆞ얏는지知키不得ᄒᆞ야錯誤의去來가有ᄒᆞ리라抵當權은登記에依ᄒᆞ야第三者의게對抗ᄒᆞᆷ을得ᄒᆞᆷ인ᄃᆡ此를登記ᄒᆞᆯ時에個々의不動産을明記치아니ᄒᆞ면登記가無ᄒᆞᆷ과同一ᄒᆞᆫ結果에畢竟歸ᄒᆞ리니라

第二、目的物에關ᄒᆞᆫ抵當權의範圍는左原則을從ᄒᆞᆷ

정하는 것이다. 그러므로 저당권설정자가 저당권의 목적물을 일일이 지정하면 그가 소유한 모든 부동산 위에 저당권을 설정하여도 무방하다. 그러나 저당권설정자가 개괄적으로 현재 소유하거나 장래 취득하거나를 막론하고 모든 부동산 위에 저당권을 설정하는 이른바 일반저당은 근세 문명국이 채용하지 않는다. 법정저당권을 인정하는 프랑스 등도 약정저당권에 관하여는 특정주의를 취한다.

특정주의를 채용하는 까닭은 채무자를 보호하고 한편으로 제3자를 보호하려는 것이다. 만약 일반저당을 허용하면 곤경에 처한 채무자는 욕심 많은 채권자의 지배를 받아 소액의 채무로도 모든 부동산을 저당물로 제공하여 재산의 처분을 구속받고 신용도 실추될 것이다. 그리고 제3자는 채무자의 어떤 부동산에 저당권을 설정하였는지 알 수 없어 착오의 거래를 할 것이다. 저당권은 등기에 의하여 제3자에게 대항할 수 있는데, 이를 등기할 때 개개의 부동산을 명기하지 않으면 마침내 등기가 없는 것과 동일한 결과가 될 것이다.

II. 목적물에 관한 저당권의 범위는 다음 원칙에 따른다

(一)目的物에關ᄒᆞᆫ抵當權의範圍ᄂᆞᆫ抵當ᄒᆞᆫ不動產所有權의範圍에從ᄒᆞᆷ 抵當權은其實이不動產所有權을目的ᄒᆞ야債務不履行ᄒᆞᄂᆞᆫ境遇에其處分權을行케ᄒᆞᆷ에不外ᄒᆞ니抵當權의目的된不動產所有權의限界ᄂᆞᆫ卽目的物에關ᄒᆞᆫ抵當權의範圍라一座의建造物은其自體에限界가有ᄒᆞ니其限界ᄂᆞᆫ所有權限界되ᄂᆞᆫ同時에此ᄅᆞᆯ目的ᄒᆞᆫ抵當權의限界오又一座의建造物을共有ᄒᆞᆫ境遇에共有者가其所有部分에對ᄒᆞ야抵當權을設定ᄒᆞᆫ時ᄂᆞᆫ抵當權은其建造物及其附屬物共有部分上에及ᄒᆞᄂᆞᆫ지라土地ᄅᆞᆯ目的ᄒᆞᄂᆞᆫ抵當權에對ᄒᆞ야도亦人爲와法令에依ᄒᆞ야定ᄒᆞᆫ土地所有權範圍ᄅᆞᆯ從ᄒᆞᆷ이可ᄒᆞ니其目的ᄒᆞᆫ土地에地役權이附隨ᄒᆞ얏스면抵當權은其地役權에도亦効力이及ᄒᆞᄂᆞ니라

(二)抵當權은設定當時에其不動產에附屬ᄒᆞᆫ物도亦包含ᄒᆞᄂᆞ니此ᄂᆞᆫ目的物의關係上으로其用方에依ᄒᆞᆫ從物은主物과其處分을共히ᄒᆞᄂᆞᆫ結果ㅣ라故로抵當權設定當時에其不動產에附加ᄒᆞ야一體ᄅᆞᆯ成ᄒᆞᆫ物은勿論이오其不動產의從으로附屬ᄒᆞᆫ物假令家屋에附屬ᄒᆞᆫ門窓、席과如ᄒᆞᆫ物도亦主된不動

〈1〉 목적물에 관한 저당권의 범위는 저당부동산의 소유권 범위에 따른다: 저당권은 그 실질이 부동산 소유권을 목적으로 하여 채무를 이행하지 않는 경우에 그 처분권을 행사하게 하는 것일 뿐이다. 따라서 저당권의 목적인 부동산 소유권의 한계는 곧 목적물에 관한 저당권의 범위이다. 건조물 한 채는 그 자체에 한계가 있으므로 그 한계는 소유권의 한계인 동시에 이를 목적으로 한 저당권의 한계이다. 또 건조물 한 채를 공유한 경우에 공유자가 그가 소유한 부분에 대하여 저당권을 설정한 때에는 저당권은 그 건조물 및 그 부속물의 공유부분 위에 미치는 것이다. 토지를 목적으로 하는 저당권에서도 역시 사람의 행위와 법령에 따라 정해진 토지소유권 범위에 따르는 것이 옳은데, 그 목적인 토지에 지역권이 부수되어 있으면 저당권은 그 지역권에도 효력이 미친다.

저당권은 설정 당시에 그 부동산에 부속된 물건 또한 포함한다. 이는 목적물의 관계에서 그 역할에 따른 종물은 주물과 처분을 함께 하는 결과이다. 그러므로 저당권 설정 당시에 그 부동산에 부합하여 일체를 이룬 물건은 물론이고 그 부동산에 딸려 부속된 물건, 가령 가옥에 부속된 문과 창문, 돗자리와 같은 물건 또한 주된 부동

產과共히抵當權의目的物이됨이라然이나此는學者間에議論이不無ᄒᆞ고日本大審院判決例에도原家屋과門窓을別物로認ᄒᆞ야抵當權의目的이되지못ᄒᆞᆫ다ᄒᆞ니라

(二)抵當權은目的된不動產에附加ᄒᆞ야一體를成ᄒᆞᆫ者에도及홈

假令抵當權이平家를目的ᄒᆞᆫ境遇에家屋의所有者가其家屋을增築ᄒᆞ야二層屋을建ᄒᆞᆫ時는抵當權者는其增築ᄒᆞᆫ二層屋에對ᄒᆞ야抵當權을行홈을得ᄒᆞ고抵當權이土地를目的ᄒᆞᆫ境遇에土地所有者가其土地에樹木을栽植ᄒᆞᆫ時는抵當權者는其樹木上에亦抵當權을行홈을得ᄒᆞ는지라然이나抵當權者가附加物上에其權利를行홈에는其附加物이不動產에定着ᄒᆞ야一體를成홈을要ᄒᆞ야不動產上에臨時로存置ᄒᆞᆫ物件이나又는不動產에附加ᄒᆞᆫ者ㅣ라도容易히取去ᄒᆞᆯ만ᄒᆞᆫ物件은抵當權의目的이아니되ᄂᆞ니假令土地上에一時据置ᄒᆞᆫ木石과家屋에定置ᄒᆞᆫ砌石과抵當權設定後에備附ᄒᆞᆫ門窓等이라然而附加物이不動產에附加ᄒᆞ야一體를成ᄒᆞᆫ與否는不動產附合의境遇와갓치分離ᄒᆞ랴면不動產과其附加物을毁損ᄒᆞᆯ結果가生ᄒᆞᆯ與否에在ᄒᆞ

산과 함께 저당권의 목적이 된다. 그러나 이는 학자 간에 논의가 없지 않고 일본 대심원 판례에서도 본래의 가옥과 문, 창문은 별개의 물건으로 인정하여 저당권의 목적이 되지 못한다고 하였다.

〈2〉 저당권은 목적인 부동산에 부합되어 일체를 이룬 것에도 미친다: 가령 저당권이 단층 가옥을 목적으로 한 경우에 가옥 소유자가 그 가옥을 증축하여 2층집을 세운 때에는 저당권자는 그 증축된 2층집에 대하여 저당권을 행사할 수 있다. 그리고 저당권이 토지를 목적으로 한 경우에 토지소유자가 그 토지에 나무를 심은 때에는 저당권자는 그 나무 위에도 저당권을 행사할 수 있는 것이다. 그러나 저당권자가 부합물 위에 저당권을 행사하려면 그 부합물이 부동산에 정착되어 일체를 이루어야 한다. 따라서 부동산 위에 임시로 존재하는 물건이나, 부동산에 부합된 것이라도 쉽게 가져갈 수 있는 물건은 저당권의 목적이 되지 못한다. 가령 토지 위에 일시적으로 놓아둔 나무나 돌과 가옥에 깔아둔 섬돌과 저당권 설정 후에 설치한 문이나 창문 등이다. 그러나 부합물이 부동산에 부합하여 일체를 이뤘는지 여부는 부동산 부합의 경우와 같이 분리하면 부동산과 그 부합물을 훼손하는 결과를 낳는지 여부에 있으

니此ᄂᆞᆫ事實問題에屬ᄒᆞ니라

右와如히抵當權은抵當不動産에附加ᄒᆞ야一體를成ᄒᆞᆫ物에도及ᄒᆞᆷ이原則이나此에例外가有ᄒᆞ니即如左ᄒᆞᆷ

(甲)土地의抵當權은其上에築造ᄒᆞᆫ建造物을包含치아니ᄒᆞᆷ 無他ㅣ라建造物은土地와分離ᄒᆞ야獨立의不動産을組成ᄒᆞ고土地의從物이아닌故이라

(乙)當事者가設定行爲로ᄡᅥ抵當權의範圍를定ᄒᆞᆫ時ᄂᆞᆫ此를從ᄒᆞᆷ 當事者의特約이有ᄒᆞᆫ時ᄂᆞᆫ不動産의抵當權은其附加物을包含케ᄒᆞᆷ必要가無ᄒᆞᆫ지라不動産의抵當權이其附加物을當然包含케ᄒᆞᆷ은當事者의意思를推則ᄒᆞᆷ이어ᄂᆞᆯ當事者가反對의意思를表示ᄒᆞ면其意思를從ᄒᆞᆷ이不可ᄒᆞᆫ바ㅣ無ᄒᆞ니라

(丙)當事者가他債權者를害ᄒᆞᆷ을知ᄒᆞ고附加ᄒᆞᆫ物件은抵當權의目的됨을不得ᄒᆞᆷ 此ᄂᆞᆫ債務者의詐害行爲의繳消ᄒᆞᆷ을請求ᄒᆞᄂᆞᆫ原則을抵當不動産에加ᄒᆞᆫ工事에適用ᄒᆞᆷ이라蓋債務者가費用을支出ᄒᆞ야抵當物에工事

므로 이는 사실문제에 속한다.

위와 같이 저당권은 저당부동산에 부합되어 일체를 이룬 물건에도 미치는 것이 원칙이지만 여기에 예외가 있는데, 곧 다음과 같다.

① 토지의 저당권은 그 위에 축조된 건조물을 포함하지 않는다: 다른 것이 아니라 건조물은 토지와 분리되어 독립한 부동산을 구성하고 토지의 종물이 아니기 때문이다.

② 당사자가 설정행위로 저당권의 범위를 정한 때에는 이를 따른다: 당사자의 특약이 있는 때에는 부동산의 저당권은 그 부합물을 포함시킬 필요가 없는 것이다. 부동산저당권이 그 부합물을 당연히 포함시킨 것은 당사자의 의사를 추측한 것인데, 당사자가 반대의 의사를 표시하면 그 의사를 따라도 안 될 바 없다.

③ 당사자가 다른 채권자를 해함을 알고 부합시킨 물건은 저당권의 목적이 될 수 없다: 이는 채무자의 사해행위(詐害行爲)에 대한 취소를 청구하는 원칙을 저당부동산에 가한 공사에 적용하는 것이다. 대개 채무자가 비용을 지출하여 저당물에 공사

로施ᄒᆞ면抵當物의價格을增加ᄒᆞ야抵當權者가利되ᄂᆞᆫ同時에他便으로總債權者의共同擔保를減ᄒᆞ야抵當權者以外의債權者를害홈이라故로法律은以上詐害行爲繳消의原則을適用ᄒᆞ야他債權者로工事를因ᄒᆞ야附加ᄒᆞᆫ物上에其權利를行케홈이니라然이나債權者가此權利를行홈에ᄂᆞᆫ(一)其工事가他債權者의게害되ᄂᆞᆫ事(二)債務者가債權者의게害됨을知ᄒᆞᆫ事(三)抵當權者도亦其當時에詐害의事實을知ᄒᆞᆫ事를要ᄒᆞᆯ지며但此債務者의行爲ᄂᆞᆫ法律行爲가아님으로其繳消를裁判所에請求ᄒᆞᆯ必要가無ᄒᆞ고前記要件이具備ᄒᆞ면抵當權者의게對ᄒᆞ야其權利를主張ᄒᆞ야附加物上에平等均一의權利를行홈을得ᄒᆞᆯ지니라

(丁)不動產의抵當權은此에셔生ᄒᆞᆫ果實을包含치아니홈　從物은主物과其運命을共히ᄒᆞᄂᆞ니理論上으로言ᄒᆞ면不動產의抵當權도其不動產에셔生ᄒᆞᆫ果實을包含ᄒᆞᆯ者이라謂ᄒᆞᆯ터이나然이나抵當權은不動產質權과異ᄒᆞ야不動產의所有者로ᄒᆞ야곰依然히其使用收益을繼續케홈이固有의本質이라若抵當權이其不動產에셔生ᄒᆞᄂᆞᆫ果實에及케ᄒᆞ면不動產所

를 시행하면 저당물의 가격이 증가되어 저당권자가 이익을 받는 동시에 다른 한편으로 모든 채권자의 공동담보가 줄어들어 저당권자 이외의 채권자를 해한다. 그러므로 법률은 이상의 사해행위 취소의 원칙을 적용하여 공사로 인하여 부합된 물건 위에 다른 채권자가 그 권리를 행사할 수 있게 하는 것이다. 그러나 채권자가 이 권리를 행사하려면 ① 그 공사가 다른 채권자에게 해가 될 것, ② 채무자가 채권자에게 해가 됨을 알았을 것, ③) 저당권자 또한 그 당시에 사해 사실을 알았을 것이 필요하다. 다만 이 채무자의 행위는 법률행위가 아니므로 그 취소를 재판소에 청구할 필요가 없고, 앞에 적은 요건이 구비되면 저당권자에 대하여 그 권리를 주장함으로써 부합물 위에 평등하고 균일한 권리를 행사할 수 있을 것이다.

④ 부동산의 저당권은 이로부터 난 과실을 포함하지 않는다: 종물은 주물과 그 운명을 같이한다. 따라서 이론상으로 말하면 부동산저당권도 그 부동산에서 난 과실을 포함할 것이라고 말할 터이다. 그러나 저당권은 부동산질권과 달리 부동산 소유자로 하여금 여전히 그 사용, 수익을 계속하게 하는 것이 고유한 본질이다. 만약 저당권이 그 부동산에서 난 과실에 미치게 하면 부동산 소

有者ᄂᆞᆫ其收益키不能ᄒᆞᆷ에至ᄒᆞ야抵當權本質에違反ᄒᆞᄂᆞᆫ結果가生ᄒᆞ리니라然而此原則에도又例外가有ᄒᆞ니

(가)不動産을押收ᄒᆞᆫ時　抵當權實行ᄒᆞ기爲ᄒᆞ야目的된不動産을押收ᄒᆞᆫ時ᄂᆞᆫ爾後抵當權은其不動産에서生ᄒᆞᄂᆞᆫ果實上에도及ᄒᆞᆷ이라他債權者가强制執行으로其不動産을押收ᄒᆞᆫ時도亦同ᄒᆞ니盖法律은不動産所有者의使用收益을放害치아니ᄒᆞᄂᆞᆫ必要上으로其果實을抵當權目的에서除外ᄒᆞᆷ이나然이나抵當權者나又他債權者가其不動産을押收ᄒᆞ야執行에着手ᄒᆞᆫ時ᄂᆞᆫ不動産의所有者로其收益을繼續케못ᄒᆞᆯ지니何者오適法의押收ᄂᆞᆫ爾後目的物에關ᄒᆞᆫ所有者의一切權利ᄅᆞᆯ剝奪ᄒᆞᄂᆞᆫ效力이生ᄒᆞᆷ이라旣히不動産의所有者가其收益키不能ᄒᆞᆫ以上은一般原則을從ᄒᆞ야抵當權者로ᄒᆞ야곰不動産의果實에對ᄒᆞ야其權利ᄅᆞᆯ行케ᄒᆞᆷ이正當ᄒᆞ니라

(나)第三取得者가抵當權實行의通知ᄅᆞᆯ受ᄒᆞᆫ時　抵當權目的된不動産에對ᄒᆞ야所有權、地上權、永小作權을取得ᄒᆞᆫ第三者ᄂᆞᆫ抵當權으로擔

유자는 수익을 할 수 없게 되어 저당권의 본질에 반하는 결과를 낳을 것이다. 그러나 이 원칙에도 예외가 있는데,

Ⓐ 부동산을 압류한 때: 저당권을 실행하기 위하여 목적인 부동산을 압류한 때에는 그 뒤로 저당권은 그 부동산에서 난 과실 위에도 미친다. 다른 채권자가 강제집행으로 그 부동산을 압류한 때에도 또한 같다. 대개 법률은 부동산 소유자의 사용, 수익을 방해하지 않으려는 필요에 따라 그 과실을 저당권 목적에서 제외한다. 그러나 저당권자나 다른 채권자가 그 부동산을 압류하여 집행에 착수한 때에는 부동산 소유자가 그 수익을 계속하게 할 수 없을 것이다. 왜냐하면 적법한 압류는 그 뒤로 목적물에 관한 소유자의 권리 일체를 박탈하는 효력이 발생한다. 따라서 이미 부동산 소유자가 그 수익을 할 수 없는 이상 일반원칙에 따라 저당권자로 하여금 부동산의 과실에 대하여 그 권리를 행사하게 하는 것이 정당하다.

Ⓑ 제3취득자가 저당권 실행의 통지를 받은 때: 저당권의 목적인 부동산에 대하여 소유권, 지상권, 영소작권을 취득한 제3자는 저당권으로 담

保된債權을辨償ᄒᆞ고其抵當權을消滅케홈을得ᄒᆞᄂᆞ니所謂抵當權의滌除가即是라玆에抵當權者ᄂᆞᆫ抵當權實行을第三取得者의게豫爲通知ᄒᆞ야滌除權을行홈을得케홈을要ᄒᆞᄂᆞ니第三取得者ᄂᆞᆫ其權利의本質을從ᄒᆞ야不動産의使用收益權이有ᄒᆞ나前記의通知가有ᄒᆞᆫ後ᄂᆞᆫ其權利를失홈이라盖此通知에ᄂᆞᆫ抵當權者가抵當權實行을아직着手치아니ᄒᆞ얏스나方將着手코져ᄒᆞ야第三取得者로ᄒᆞ야곰滌除權을行케ᄒᆞᆯ必要로其實行에先ᄒᆞ야特히通知ᄒᆞᄂᆞᆫ節次에不過ᄒᆞ니抵産權의實行卽押收의境遇와一般이라故로第三取得者의收益을停止케ᄒᆞ고其後果實上에抵當權을行케홈이公平ᄒᆞ니라

抵當權者가抵當權의實行을第三取得者의게通知ᄒᆞᆫ境遇에第三取得者의收益을停止케ᄒᆞ고抵當權者로ᄒᆞ야곰果實上에其權利를行케ᄒᆞᄂᆞᆫ所以ᄂᆞᆫ抵當權者가其抵當權을實行코져홈을爲홈이라然而抵當權者가其實行치아니홈을不拘ᄒᆞ고唯其實行通知의一事로써第三取得者의收益權을永久剝奪ᄒᆞ야抵當權者가無制限으로其果實에權利를

보된 채권을 변제하고 그 저당권을 소멸하게 할 수 있다. 이른바 저당권의 척제(滌除)가 바로 그것이다. 여기서 저당권자는 저당권 실행을 제3취득자에게 미리 통지하여 척제권을 행사할 수 있게 하여야 하는데, 제3취득자는 저당권의 본질에 따라 부동산의 사용, 수익권을 갖지만 앞에 적은 통지를 받은 후에는 그 권리를 잃는다. 대개 이 통지는 저당권자가 저당권 실행에 아직 착수하지 않았으나 장차 착수하고자 하여 제3취득자로 하여금 척제권을 행사할 수 있게 할 필요로 그 실행에 앞서 특별히 통지하는 절차에 불과하다. 따라서 저당권의 실행, 곧 압류의 경우와 마찬가지이다. 그러므로 제3취득자의 수익을 정지시키고 그 후 과실 위에 저당권을 행사하게 하는 것이 공평하다.

저당권자가 저당권의 실행을 제3취득자에게 통지한 경우에 제3취득자의 수익을 정지시키고 저당권자로 하여금 과실 위에 그 권리를 행사하게 하는 까닭은 저당권자가 그 저당권을 실행하고자 하기 위한 것이다. 그러나 저당권자가 저당권을 실행하지 않는데도 불구하고 오직 실행을 통지했다는 한 가지 사실만으로 제3취득자의 수익권을 영구히 박탈하여, 저당권자가 무제한적으로 그 과실에 권리를

行케ᄒᆞ면抵當權의性質과果實上權利를行케ᄒᆞᄂᆞᆫ趣旨에反戾가될故로抵當權通知後一個年內에抵當權者나他債權者가不動産을押收치아니ᄒᆞ면抵當權은其果實上에權利를行키不得케ᄒᆞᆷ이可ᄒᆞ니라

(三)抵當權의目的物이滅失或毁損된時ᄂᆞᆫ左區別을從ᄒᆞᆷ

(甲)抵當物의滅失毁損이債務者의責에歸ᄒᆞᆯ事由로生ᄒᆞᆫ時 債務者가其故意過失을因ᄒᆞ야抵當物의全部或一部를滅失毁損ᄒᆞ야權利의擔保를毁滅減少케ᄒᆞᆫ時ᄂᆞᆫ債務者ᄂᆞᆫ期限의利益을喪失ᄒᆞ야債權者ᄂᆞᆫ卽時其債務의辨償을要求ᄒᆞᆷ을得ᄒᆞᄂᆞ니本來債權者가債務의履行을後日로延期ᄒᆞ야債務者의信用을與ᄒᆞᆷ은其債務의履行을確保ᄒᆞᆯ擔保物이有ᄒᆞᆫ故이라然而債務者의所爲로擔保를毁滅減少ᄒᆞᆫ時ᄂᆞᆫ債務者의期限利益을剝奪ᄒᆞ야卽時履行케ᄒᆞᆷ이債權者의利益을保護ᄒᆞᆷ에必要ᄒᆞᆯ뿐아니라債務者의失權은自招ᄒᆞᆫ結果이니債務者도亦甘諾치아니치못ᄒᆞᆯ바ㅣ라但抵當物의滅失毁損이極히輕微ᄒᆞ야抵當權利害에影響이不及ᄒᆞ면債務者의期限利益을失케ᄒᆞ고理由가無ᄒᆞ니라此境遇에

행사할 수 있게 하면 저당권의 성질과 과실 위에 권리를 행사할 수 있게 한 취지에 위배될 것이다. 그러므로 저당권 통지 후 1년 내에 저당권자나 다른 채권자가 부동산을 압류하지 않으면 저당권은 그 과실 위에 권리를 행사할 수 없게 함이 마땅하다.

〈3〉 저당권의 목적물이 멸실 또는 훼손된 때에는 다음 구별에 따른다

① 저당물의 멸실, 훼손이 채무자의 책임 있는 사유로 발생한 때: 채무자가 그의 고의, 과실로 인하여 저당물의 전부나 일부를 멸실 또는 훼손하여 권리의 담보를 훼손, 멸실시키거나 감소시킨 때에는 채무자는 기한의 이익을 상실하여 채권자는 즉시 그 채무의 변제를 청구할 수 있다. 본래 채권자가 채무의 이행을 뒷날로 연기하여 채무자에게 신용을 주는 것은 그 채무의 이행을 확보할 담보물이 있기 때문이다. 그런데 채무자의 행위로 담보를 훼손, 멸실시키거나 감소시킨 때에는 채무자의 기한의 이익을 박탈하여 즉시 이행하게 하는 것이 채권자 이익을 보호하는 데 필요하다. 뿐만 아니라 채무자의 권리 상실은 자초한 결과이므로 채무자 또한 감수하지 않을 수 없는 것이다. 다만 저당물의 멸실, 훼손이 극히 경미하여 저당권의 이해관계에 영향을 미치지 않으면 채무자의 기한의 이익을 잃게 할 이유가 없다. 이 경우에

日本舊民法은債權者는債務者의게對ᄒᆞ야擔保의補充을請求케ᄒᆞ얏ᄉᆞ니余의意見도此方法을并行ᄒᆞᆷ이可ᄒᆞᆷ으로信ᄒᆞ노라

(乙)抵當物의滅失毁損이債務者의責에歸치아니ᄒᆞᆯ事由로生ᄒᆞᆫ時　抵當物이天災不可抗 力其他債務者 의責에歸 치아니ᄒᆞᆯ事由 로生ᄒᆞᆫ時는債務者는此에對ᄒᆞ야何等責任이無ᄒᆞ니此로因ᄒᆞ야期限의利益을失ᄒᆞᆯ바ㅣ無ᄒᆞᆫ지라然而此境遇에도期限의利益을失케ᄒᆞ는法制가有ᄒᆞ나盖抵當權者는物權者이니目的物에關ᄒᆞᆫ危險은抵當權者가自擔ᄒᆞᆯ지오又抵當의所有者는債務者됨이常例이니債務者로ᄒᆞ야곰抵當物에關ᄒᆞᆫ危險을皆負擔케ᄒᆞ면債務者는抵當物의滅失毁損을因ᄒᆞ야重大ᄒᆞᆫ損失을被ᄒᆞ고又期限의 利益을喪失ᄒᆞ면 엇지苛酷 지아니ᄒᆞ리오

(丙)抵當物의滅失毁損이抵當權者의責에歸ᄒᆞᆯ事由로生ᄒᆞᆫ時　債權者의所爲로抵當物이滅失ᄒᆞ면抵當權은玆에消滅ᄒᆞ고且債權者는損害賠償의責이有ᄒᆞ리니此境遇에債務者가受取ᄒᆞᆯ金額과其債務는相殺ᄒᆞᆷ

일본 구 민법은 채권자는 채무자에 대하여 담보의 보충을 청구하게 하였는데, 나의 의견도 이 방법을 병행하는 것이 옳다고 믿는다.

② 저당물의 멸실, 훼손이 채무자의 책임 없는 사유로 발생한 때: 저당물의 멸실 또는 훼손이 천재지변, 불가항력 기타 채무자의 책임 없는 사유로 발생한 때에는 채무자는 이에 대하여 어떠한 책임도 없다. 따라서 이로 인하여 기한의 이익을 상실하지 않는 것이다. 그런데 이 경우에도 기한의 이익을 잃게 하는 법제가 있다. 그러나 대개 저당권자는 물권자이므로 목적물에 관한 위험은 저당권자 스스로 부담하여야 할 것이다. 또 저당물의 소유자는 채무자인 것이 상례이다. 따라서 채무자로 하여금 저당물에 관한 위험을 모두 부담하게 하여, 채무자가 저당물의 멸실, 훼손으로 인하여 중대한 손실을 입고 기한의 이익도 상실한다면 어찌 가혹하지 않겠는가?

③ 저당물의 멸실, 훼손이 저당권자의 책임 있는 사유로 발생한 때: 채권자의 행위로 저당물이 멸실되면 저당권은 소멸하고 또 채권자는 손해배상의 책임을 진다. 이 경우에 채무자가 받을 금액과 그 채무는 상계할

을得ᄒᆞ리며又其抵當物이減少ᄒᆞᆫ境遇ᄂᆞᆫ如何오留置權及質權에ᄂᆞᆫ債務者가留置權質權의消滅을請求ᄒᆞᆷ을得ᄒᆞ나抵當權은此理由로抵當權의消滅을請求치못ᄒᆞᄂᆞ니然則但損害賠償을請求ᄒᆞᆯᄲᅮᆫ이오抵當權은其殘存部分에存在ᄒᆞᄂᆞ니라

(丁)抵當物의滅失毀損이第三者된抵當權設定者의責에歸ᄒᆞᆯ事由로生ᄒᆞᆫ時 此境遇ᄂᆞᆫ債務의辨償을即時請求치도못ᄒᆞᆯ지오又所有者自己의所爲인즉損害를賠償케도ᄒᆞᆯ지니然則不可抗力으로因ᄒᆞᆫ境遇와同視ᄒᆞᆷ이可ᄒᆞᆯ가是難解의問題라余의信ᄒᆞᄂᆞᆫ바ᄂᆞᆫ抵當權을侵害ᄒᆞᆫ不法行爲를理由로ᄒᆞ야損害賠償의責任을負擔케ᄒᆞᆷ을得ᄒᆞ리라ᄒᆞ노라

第三節 抵當權의效力

抵當權의效力을論ᄒᆞᆷ에當ᄒᆞ야第一債權者互相의關係第二抵當權者와第三者의關係第三抵當權設定者와債務者의關係第三抵當權의實行으로區別ᄒᆞ야說明ᄒᆞ노라

第一欵 債權者互相의關係

수 있을 것이다. 또 그 저당물이 감소된 경우에는 어떠한가? 유치권 및 질권에서는 채무자가 유치권, 질권의 소멸을 청구할 수 있지만 저당권은 이러한 이유로 저당권 소멸을 청구하지 못한다. 그렇다면 다만 손해배상을 청구할 뿐이고 저당권은 그 잔존부분에 존재한다.

④ 저당물의 멸실, 훼손이 제3자인 저당권설정자의 책임 있는 사유로 발생한 때: 이 경우는 채무의 변제를 즉시 청구하지도 못할 것이고, 또 소유자 자신의 행위이므로 손해를 배상하게 하지도 못할 것이다. 그렇다면 불가항력으로 인한 경우와 동일시하는 것이 옳은가? 이는 난해한 문제이다. 내가 믿는 바로는 저당권을 침해한 불법행위를 이유로 하여 손해배상책임을 부담하게 할 수 있으리라고 본다.

제3절 저당권의 효력

저당권의 효력을 논하면서는 첫째 채권자 상호간의 관계, 둘째 저당권자와 제3자의 관계, 셋째 저당권설정자와 채무자의 관계, 넷째 저당권의 실행으로 구별하여 설명한다.

제1관 채권자 상호간의 관계

債權者互相의關係에ᄂᆞᆫ左의原則에依ᄒᆞᆷ

第一、數個債權을擔保ᄒᆞᆫ同一不動産에對ᄒᆞ야抵當權을設定ᄒᆞᆫ時ᄂᆞᆫ其抵當權의順位ᄂᆞᆫ登記의前後ᄅᆞᆯ依ᄒᆞᆷ

物權은當事者의意思表示로만依ᄒᆞ야設定ᄒᆞᆷ이라不動産이物權關係로第三者에게對ᄒᆞ야主張ᄒᆞ랴면登記ᄅᆞᆯ要ᄒᆞᄂᆞ니抵當權者가其權利ᄅᆞᆯ登記치아니ᄒᆞᆫ間은普通債權者의게對ᄒᆞ야도其權利ᄅᆞᆯ主張치못ᄒᆞ며一旦登記ᄒᆞ면何人의게對ᄒᆞ던지完全히其權利ᄅᆞᆯ主張ᄒᆞᆷ을得ᄒᆞᆯ지라故로抵當權者互相의關係에도亦同一原則을適用ᄒᆞ야其權利의優劣은設定日時ᄂᆞᆫ不拘ᄒᆞ고登記의先後만依ᄒᆞ야定ᄒᆞᆷ이可ᄒᆞ니抵當權者ᄂᆞᆫ其互相關係가第三者地位에各立ᄒᆞᆫ바ㅣ니라假令甲이債務者로乙의게對ᄒᆞ야二千圓丙의게對ᄒᆞ야一千五百圓丁의게對ᄒᆞ야千圓의債務ᄅᆞᆯ負擔ᄒᆞ고四千圓의價格이有ᄒᆞᆫ其所有家屋을乙丙丁債權의擔保로供ᄒᆞ야乙丙丁은順次로其權利ᄅᆞᆯ登記ᄒᆞ얏다假定ᄒᆞ면第一位에登記ᄒᆞᆫ乙이其權利ᄅᆞᆯ先行ᄒᆞ고丙은其次이며丁은最後에行ᄒᆞᆯ지라故로其家屋賣價四千圓으로乙의債權額二千圓을辨償ᄒᆞ고其殘額二千圓은丙

채권자 상호간의 관계는 다음 원칙에 따른다.

I. 여러 개의 채권을 담보한 동일한 부동산에 관하여 저당권을 설정한 때에는 그 저당권의 순위는 등기의 선후에 따른다

물권은 당사자의 의사표시만에 따라 설정되므로 부동산의 물권관계를 제3자에 대하여 주장하려면 등기를 하여야 한다. 따라서 저당권자가 그 권리를 등기하지 않은 동안은 일반채권자에 대하여도 그 권리를 주장하지 못하며, 일단 등기를 하면 누구에 대하여든 완전히 그 권리를 주장할 수 있을 것이다. 그러므로 저당권자 상호간의 관계에서 또한 동일한 원칙을 적용하여, 그 권리의 우열은 설정된 일시와 관계없이 등기의 선후에 따라서만 정함이 마땅하다. 그리하여 저당권자는 그 상호관계가 각각 제3자적 지위에 서는 것이다. 가령 甲이 채무자로서 乙에 대하여 2천원, 丙에 대하여 1,500원, 丁에 대하여 1천원의 채무를 부담하고 4천원의 가격을 갖는 그 소유 가옥을 乙, 丙, 丁의 채권의 담보로 제공하고 乙, 丙, 丁이 순차로 등기하였다고 가정하자. 그러면 제1순위로 등기한 乙이 그 권리를 먼저 행사하고 丙은 그 다음, 丁은 마지막으로 행사할 것이다. 그러므로 그 가옥의 매매대금 4천원으로 乙의 채권액 2천원을 변제하고 그 잔액 2천원은 丙

債權額一千五百圓을辨償ᄒᆞ고最後에殘存ᄒᆞᆫ五百圓으로丁의債權一千圓에充當ᄒᆞᆯ지니 乙内은完全히 其債權의辨償을 受ᄒᆞ나丁은債權額千圓中에셔五百圓만受ᄒᆞ고五百圓은抵當物로써受捧치못ᄒᆞᆷ에至ᄒᆞ리니라以上과如히債權者互相間의權利優劣은登記의前後로써唯一의標準을삼는故로丁의抵當權이乙丙의抵當權보다先時設定ᄒᆞ얏슬지라도乙丙보다後에登記ᄒᆞ얏스면優先ᄒᆞ야其權利를行키不得ᄒᆞᄂᆞ니라

第二、抵當權은登記金額範圍內에셔元本、利息、違約金、抵當權實行費用、及抵當權不履行으로生ᄒᆞᆫ損害賠償을擔保ᄒᆞᆷ

抵當權으로擔保ᄒᆞᄂᆞᆫ債權의範圍ᄂᆞᆫ當事者의明示나默示의意思를依ᄒᆞ야定ᄒᆞᄂᆞᆫ者인즉當事者가此點에對ᄒᆞ야特히意思表示가有ᄒᆞ면其意思를從ᄒᆞ야其範圍를確定ᄒᆞᆯ터이나 抵當權은不動產上의 權利가됨으로 써抵當權者ᄂᆞᆫ其權利를登記치아니ᄒᆞ면第三者의게對抗치못ᄒᆞᆷ은勿論이오抵當權의登記ᄂᆞᆫ債權額을明示ᄒᆞᄂᆞ니故로 抵當權은登記ᄒᆞᆫ 債權額을限度ᄒᆞ야 其權利를行ᄒᆞᆷ에不過ᄒᆞᆫ지라此ᄂᆞᆫ登記의特定主義로生ᄒᆞᄂᆞᆫ結果이니若不然ᄒᆞ면第三

의 채권액 1,500원을 변제하고 마지막으로 나머지 500원으로 丁의 채권 1천원에 충당할 것이다. 따라서 乙, 丙은 완전히 그 채권을 변제받지만 丁은 채권액 1천원 중에서 500원만 받고 500원은 저당물로 변제받지 못하게 될 것이다. 이상과 같이 채권자 상호간 권리의 우열은 등기의 선후를 유일한 기준으로 삼는다. 그러므로, 丁의 저당권이 乙, 丙의 저당권보다 먼저 설정되었을지라도 乙, 丙보다 뒤에 등기되었다면 우선하여 그 권리를 행사할 수 없다.

II. 저당권은 등기한 금액 범위 내에서 원본, 이자, 위약금, 저당권 실행 비용 및 저당권 불이행으로 발생한 손해배상을 담보한다

저당권으로 담보되는 채권의 범위는 당사자의 명시적 또는 묵시적 의사에 따라 정하는 것이다. 따라서 당사자가 이 점에 대하여 특별한 의사표시가 있으면 그 의사에 따라 그 범위를 확정할 터이다. 그러나 저당권은 부동산 위의 권리이므로 저당권자는 그 권리를 등기하지 않으면 제3자에게 대항하지 못함은 물론이고, 저당권 등기는 채권액을 명시하므로 저당권은 등기한 채권액을 한도로 그 권리를 행사하는 데 불과한 것이다. 이는 등기의 특정주의로 발생하는 결과인데, 만약 그렇지 않다면 제3

者로ᄒᆞ야곰 不測의損害을被케ᄒᆞ야去來의 完全을害ᄒᆞᄂᆞᆫ結果가生ᄒᆞ리니라是로以ᄒᆞ야債權의目的이金錢되ᄂᆞᆫ時ᄂᆞᆫ當事者ᄂᆞᆫ其金額을登記ᄒᆞᆷ이可ᄒᆞ고債權이 一定ᄒᆞᆫ金額을目的지아니ᄒᆞᄂᆞᆫ 時ᄂᆞᆫ債權을金錢으로 其價額을槪算ᄒᆞ야登記ᄒᆞᆷ이可ᄒᆞ고金錢以外의給付ᄅᆞᆯ目的ᄒᆞᄂᆞᆫ債權은損害賠償外에ᄂᆞᆫ金錢의債權으로變ᄒᆞᄂᆞᆫ事이無ᄒᆞ니此抵當權은其債務의不履行으로生ᄒᆞᄂᆞᆫ損害賠償을擔保ᄒᆞᄂᆞᆫ者이라 故로損害槪算額을 登記ᄒᆞᆷ이可ᄒᆞ며又 債務不履行境遇에違約金은損害賠償의豫定額과違約에對ᄒᆞᆫ民事罰됨을勿論ᄒᆞ고其金額을登記ᄒᆞ면 抵當權者ᄂᆞᆫ其金額 을限度ᄒᆞ야其權利ᄅᆞᆯ行ᄒᆞᆷ을 得ᄒᆞᆯ지니라抵當權實行의費用은登記치아니ᄒᆞ야도其額이自然히 一定ᄒᆞ야第三者도其存在ᄅᆞᆯ豫期ᄒᆞᆯ者이니主債務ᄅᆞᆯ擔保ᄒᆞᆫ抵當權은其實行ᄒᆞ기爲ᄒᆞ야要ᄒᆞᄂᆞᆫ費用을擔保ᄒᆞᆫ者로推定ᄒᆞᆷ이可ᄒᆞ니라

債權이利息을生ᄒᆞᆯ時ᄂᆞᆫ抵當權은其利息에對ᄒᆞ야도行ᄒᆞᄂᆞ니利息은元本에셔生ᄒᆞ야 一體ᄅᆞᆯ成ᄒᆞᄂᆞᆫ者인즉元本을擔保ᄒᆞᆫ抵當權은一體ᄅᆞᆯ成ᄒᆞᆫ利息도擔保ᄒᆞᆫ者로看做ᄒᆞᆷ이當然ᄒᆞᆫ事理니라故로理論上으로言ᄒᆞ면抵當權者가主債

자로 하여금 불측의 손해를 입게 하여 거래의 완전성을 해하는 결과를 낳을 것이다. 이로써 채권의 목적이 금전인 때에는 당사자는 그 금액을 등기함이 옳고, 채권이 일정한 금액을 목적으로 하지 않는 때에는 채권을 금전으로 그 가액을 추산하여 등기함이 옳다. 그리고 금전 이외의 급부를 목적으로 하는 채권은 손해배상 외에는 금전채권으로 변하는 일이 없기 때문에 이 저당권은 그 채무의 불이행으로 발생하는 손해배상을 담보하는 것이다. 그러므로 손해의 추산액을 등기하는 것이 옳다. 또 채무불이행의 경우에 위약금은 손해배상의 예정액인지 위약에 대한 민사벌인지를 막론하고 그 금액을 등기하면 저당권자는 그 금액을 한도로 하여 그 권리를 행사할 수 있을 것이다. 저당권 실행 비용은 등기하지 않아도 그 액수가 자연스레 일정하게 되어 제3자도 그 존재를 예상할 수 있으므로, 주된 채무를 담보한 저당권은 그 실행을 위하여 필요한 비용을 담보한 것으로 추정함이 마땅하다.

채권이 이자를 발생시킬 때에는 저당권은 그 이자에 대하여도 행사할 수 있다. 이자는 원본에서 발생하여 일체를 이루는 것이다. 따라서 원본을 담보한 저당권은 일체를 이룬 이자도 담보한 것으로 간주하는 것이 당연한 사리이다. 그러므로 이론상으로 말하면 저당권자가 주된 채

權과共히利息을登記ᄒᆞ얏스면其債權에서生ᄒᆞᄂᆞᆫ利息에對ᄒᆞ야隨時登記치아니ᄒᆞ나債權登記의順位를從ᄒᆞ야其債權者에서利息에對ᄒᆞ야抵當權을行ᄒᆞᆷ을得ᄒᆞᆯ지니라償權者가終身年金、借賃、地貰、永小作料等時의經過를因ᄒᆞ야一定ᄒᆞᆫ期限에繼續ᄒᆞ야辨償을受ᄒᆞᄂᆞᆫ債權即所謂定期金의債權에對ᄒᆞ야抵當權을設定ᄒᆞᆫ境遇도債權者가一回登記ᄒᆞᆫ以上에ᄂᆞᆫ債權者ᄂᆞᆫ爾後繼續ᄒᆞ야受捧ᄒᆞᆯ定期金에對ᄒᆞ야其權利를行ᄒᆞᆷ을得ᄒᆞᆯ지니此抵當權은繼續ᄒᆞ야生ᄒᆞᄂᆞᆫ此等定期金의確保를目的ᄒᆞ고且登記ᄒᆞ야其權利를保存ᄒᆞᆷ이니라然이나債權者가主債權과利息을共히登記ᄒᆞ고又其他定期金에對ᄒᆞ야一回登記ᄒᆞᆫ時ᄂᆞᆫ其後에繼續ᄒᆞ야生ᄒᆞᄂᆞᆫ利息及定期金에對ᄒᆞ야無限으로其權利를行케ᄒᆞ면延滯의利息或定期金이有ᄒᆞᆷ을豫期치아니ᄒᆞᆫ他債權者ᄂᆞᆫ不測의損害를被ᄒᆞᆷ에至ᄒᆞ리니法律은以上利息及定期金이滿限ᄒᆞᆫ最後二年分에對ᄒᆞ야만抵當權을行케ᄒᆞ고其以前分은許치아니ᄒᆞ야債權者의權利를制限ᄒᆞᆷ이可ᄒᆞ니라假令甲者가光武七年一月에金千圜을乙의게貸與ᄒᆞ고利息은年二分으로每年終에報償ᄒᆞ기로定ᄒᆞ고其債務期限은光武十年十二月三十一日

권과 함께 이자를 등기하였다면 그 채권에서 발생하는 이자에 대하여 수시로 등기하지 않아도 채권 등기의 순위에 따라 그 채권자가 이자에 대하여 저당권을 행사할 수 있을 것이다. 채권자가 종신연금, 차임, 지료, 영소작료 등 시간의 경과에 따라 일정한 기간 동안 계속하여 변제를 받는 채권, 곧 이른바 정기금채권(定期金債權)에 대하여 저당권을 설정한 경우에도 채권자가 한 번 등기한 이상 채권자는 그 뒤로 계속하여 변제받을 정기금에 대하여 그 권리를 행사할 수 있을 것이다. 이 저당권은 계속하여 발생하는 이들 정기금의 확보를 목적으로 하고 또 등기함으로써 그 권리를 보존하는 것이다. 그러나 채권자가 주된 채권과 이자를 함께 등기하고 기타 정기금에 대하여 한 번 등기한 때에 그 뒤로 계속하여 발생하는 이자 및 정기금에 대하여 무한정 그 권리를 행사할 수 있게 하면, 연체된 이자 또는 정기금이 있음을 예상하지 못한 다른 채권자는 불측의 손해를 입게 될 것이다. 따라서 법률은 이상의 이자 및 정기금은 기한이 경과된 최후 2년분에 대하여만 저당권을 행사할 수 있게 하고, 그 이전의 것은 허용하지 않음으로써 채권자의 권리를 제한하는 것이 옳다. 가령 甲이라는 사람이 광무 7년(1903)년 1월에 1천원을 乙에게 대여하고 이자는 연 20%로 매년 말에 갚기로 약정하고 그 채무의 기한은 광무 10년(1906) 12월 31일로定ᄒᆞ야乙의家屋을抵當ᄒᆞ고即時에登記ᄒᆞ얏다假定ᄒᆞ면甲이光武十年十二月에至ᄒᆞ야抵當權을實行ᄒᆞᆯ時ᄂᆞᆫ元金千圓과滿期ᄒᆞᆫ最後二年分의利息即光武九年度及十年度의分四百圓合一千四百圓만家屋에對ᄒᆞ야抵當權을行ᄒᆞᆷ을得ᄒᆞ고光武七年度及八年度의利息은抵當權을行키不能ᄒᆞ니라然이나抵當權者ᄂᆞᆫ最後의二年分以外의利息及定期金에對ᄒᆞ야絕對로抵當權을失ᄒᆞᆷ이아니오다만債權登記의順位로ᄡᅥ其權利를行키不能ᄒᆞᆯᄲᅮᆫ이니故로抵當權者가二年以前의定期金에對ᄒᆞ야滿期後特別히登記ᄒᆞᆫ時ᄂᆞᆫ其登記ᄒᆞᆫ時브터抵當權을行ᄒᆞᆷ을得ᄒᆞᆯ지며又利息은本來定期로辨償ᄒᆞᄂᆞᆫ者이나利息은每年或每月幾分으로元本과同時에辨償ᄒᆞ기로特約이有ᄒᆞ야此旨를登記ᄒᆞ얏스면無制限으로抵當權을行ᄒᆞ야도無妨ᄒᆞ니라

金錢債務의不履行으로生ᄒᆞᄂᆞᆫ損害賠償即遲滯利息은約定利息이나法定利息을標準ᄒᆞ야時의經過를隨ᄒᆞ야生ᄒᆞᄂᆞᆫ者이니其實質이使用對價의利息과無異ᄒᆞ니亦此의請求도最後二年分은抵當權을行케ᄒᆞᆷ이可ᄒᆞ니라然이나此ᄂᆞᆫ利息과其他定期金과通筭ᄒᆞ야二年分을過ᄒᆞᆷ은不得ᄒᆞᆯ지니라

로 정하여 乙의 가옥에 저당권을 설정하고 즉시 등기하였다고 가정하자. 그러면 甲이 광무 10년(1906) 12월에 이르러 저당권을 실행할 때에는 원금 1천원과 기한이 경과된 최후 2년분의 이자, 곧 광무 9년(1905) 및 10년도분 400원, 합계 1,400원만 가옥에 대하여 저당권을 행할 수 있고 광무 7년(1903) 및 8년도분 이자에는 저당권을 행사할 수 없다. 그러나 저당권자는 최후 2년분 이외의 이자 및 정기금에 대하여 절대로 저당권을 잃는 것이 아니고, 다만 채권 등기의 순위로서 그 권리를 행사할 수 없을 뿐이다. 그러므로 저당권자가 2년 이전의 정기금에 대하여 기한 경과 후에 특별히 등기한 때에는 그 등기를 한 때부터 저당권을 행사할 수 있을 것이다. 또 이자는 본래 정기적으로 변제하는 것이지만, 이자는 매년 또는 매월 몇 푼으로 원본과 동시에 변제하기로 특약을 하고 그 취지를 등기하였다면 무제한적으로 저당권을 행사하여도 무방하다.

금전채무의 불이행으로 발생하는 손해배상, 곧 지연이자는 약정이자나 법정이자를 기준으로 하여 시간의 경과에 따라 발생하는 것이어서 그 실질이 사용대가의 이자와 다르지 않다. 따라서 이 청구 또한 최후 2년분에는 저당권을 행사할 수 있게 함이 마땅하다. 그러나 이것은 이자와 기타 정기금과 통산하여 2년분을 넘지 못할 것이다.

第三、抵當權者는他債權者를爲ᄒᆞ야抵當權을處分ᄒᆞᆷ을得ᄒᆞᆷ

余는以下에抵當權의處分과抵當權處分에第三者의게對ᄒᆞᆫ効力으로區別ᄒᆞ야說明코져ᄒᆞ노라

(一)抵當權의處分　抵當權者는其抵當權에對ᄒᆞ야左의處分行爲를ᄒᆞᆷ을得ᄒᆞᆷ

(甲)抵當權者는其抵當權을他債權의擔保로ᄒᆞᆷ을得ᄒᆞᆷ　此는質權에關ᄒᆞᆫ轉質의境遇와同一ᄒᆞᆫ지라假令甲이乙의게對ᄒᆞ야金千圓의債權이有ᄒᆞ야其債權의擔保로乙의家屋에對ᄒᆞ야抵當權를設定ᄒᆞ얏는듸甲이又丙의게對ᄒᆞ야千五百圓의債務를負擔ᄒᆞ얏다假定ᄒᆞ면甲은丙의債權千五百圓의擔保로其抵當權을供ᄒᆞᆷ을得ᄒᆞᆯ지니故로丙은自己債權의辨償을受ᄒᆞ기爲ᄒᆞ야該家屋에對ᄒᆞ야抵當權을行ᄒᆞᆷ을得ᄒᆞᆯ지니라然이나其債權全額千五百圓에對ᄒᆞ야抵當權을行ᄒᆞᆷ은不得ᄒᆞᆯ지오惟甲이有ᄒᆞᆫ權利範圍以內에서其家屋을賣却ᄒᆞ야千圓의辨償을受ᄒᆞᆷ에止ᄒᆞ나니何者오甲은已有보다大ᄒᆞᆫ權利를丙의게讓渡ᄒᆞᆷ을不得ᄒᆞ는所以라要ᄒᆞ건듸丙

III. 저당권자는 다른 채권자를 위하여 저당권을 처분할 수 있다

나는 이하에서 저당권의 처분과 저당권 처분의 제3자에 대한 효력으로 구별하여 설명하고자 한다.

〈1〉 저당권의 처분: 저당권자는 그 저당권에 대하여 아래의 처분행위를 할 수 있다.

① 저당권자는 그 저당권을 다른 채권자의 담보로 할 수 있다: 이는 질권에 관한 전질의 경우와 동일한 것이다. 가령 甲이 乙에 대하여 1천원의 채권이 있어 그 채권의 담보로 乙의 가옥에 대하여 저당권을 설정하였는데, 甲이 다시 丙에 대하여 1,500원의 채무를 부담하였다고 가정하자. 그러면 甲은 丙의 채권 1,500원의 담보로 그 저당권을 제공할 수 있을 것이다. 그러므로 丙은 자기 채권의 변제를 받기 위하여 그 가옥에 대하여 저당권을 행사할 수 있을 것이다. 그러나 그 채권 전액 1,500원에 대하여 저당권을 행사할 수는 없고, 오직 甲이 가진 권리 범위 내에서 그 가옥을 매각하여 1천원의 변제를 받는 데 그친다. 왜냐하면 甲은 자기가 가진 것보다 큰 권리를 丙에게 양도할 수 없기 때문이다. 요컨대 丙

의權利는甲의權利와同一ᄒᆞᆫ內容同一ᄒᆞᆫ態樣을有ᄒᆞᆯ뿐이니此와異ᄒᆞᆫ內容이나或은重ᄒᆞᆫ態樣을有ᄒᆞᆷ을不得ᄒᆞ나니라

右와如히債權과抵當權을分離ᄒᆞ야其抵當權을他債權의擔保로供ᄒᆞᆷ은抵當權의從된性質에反ᄒᆞᆫ듯ᄒᆞ나抑抵當權은債權을擔保ᄒᆞ기로써目的ᄒᆞᆷ이니其實質을變更치아니ᄒᆞ야抵當權設定者의게不利ᄒᆞᆫ結果가生치아니ᄒᆞ는限에는此를行ᄒᆞ야其債權者의何人됨과其擔保된債權의何者됨을問ᄒᆞᆯ必要가無ᄒᆞᆫ지라故로實際上의便宜를取ᄒᆞ야轉質의境遇와ᄀᆞᆺ치抵當權者로ᄒᆞ야곰其抵當權을自己가負擔ᄒᆞᆫ債務의擔保로供ᄒᆞᆷ을得케ᄒᆞ나니라

抵當權者가其抵當權을自己債務의擔保로供ᄒᆞ는境遇에其擔保性質게關ᄒᆞ야는轉質의境遇와如히學者間에議論이有ᄒᆞ니或者는此를抵當權上에抵當權을設定ᄒᆞᆷ이라ᄒᆞ고或은抵當權의停止條件附讓渡라ᄒᆞ고或은抵當權者가自己債權者로ᄒᆞ야곰自己를代位ᄒᆞ야抵當權을行케ᄒᆞ는權利關係라ᄒᆞ야種々의說이有ᄒᆞ나日本民法第三百七十五條의解釋으

의 권리는 甲의 권리와 동일한 내용과 동일한 형태를 가질 뿐으로, 이와 다른 내용이나 무거운 형태를 가질 수는 없다.

위와 같이 채권과 저당권을 분리하여 그 저당권을 다른 채권의 담보로 제공하는 것은 저당권의 종된 성질에 반하는 듯하다. 그렇지만 저당권은 채권을 담보할 것을 목적으로 한다. 따라서 그 실질을 변경시키지 않고 저당권 설정자에게 불리한 결과를 낳지 않는 한 이를 할 수 있게 하며, 그 채권자가 누구인지와 담보된 채권이 무엇인지를 물을 필요가 없는 것이다. 그러므로 실제의 편의를 취하여 전질의 경우와 같이 저당권자로 하여금 그 저당권을 자기가 부담한 채무의 담보로 제공할 수 있게 한다.

저당권자가 그 저당권을 자기 채무의 담보로 제공하는 경우에 그 담보의 성질에 관하여는 전질의 경우와 같이 학자 간에 논의가 있다. 혹자는 이를 저당권 위에 저당권을 설정하는 것이라고 하고, 더러는 저당권의 정지조건부 양도라고 하고 더러는 저당권자가 자기의 채권자로 하여금 자기를 대위하여 저당권을 행사하게 하는 권리관계로 하여 갖가지 학설이 있다. 그러나 일본 민법 제375조의 해석으로言ᄒᆞ면同條에其抵當權으로써他債權의擔保로ᄒᆞᆫ다ᄒᆞ얏스니此擔保의目的은抵當權이오抵當不動産其者이아님이明ᄒᆞ도다然而物或은權利를債權의擔保로供ᄒᆞ야債權者로ᄒᆞ야곰其物或權利에對ᄒᆞ야優先辨償을受케 ᄒᆞᆷ을得ᄒᆞᆯ지니 抵當權을擔保로供ᄒᆞᄂᆞᆫ方法은其上에質權이나或은抵當權을設定ᄒᆞᆯ뿐이라然則抵當權의擔保ᄂᆞᆫ即權利抵當이나然이나抵當權의目的物은不動産、地上權、永小作權三者에限定ᄒᆞ얏스니抵當權을目的ᄒᆞᄂᆞᆫ抵當權은日本民法上에成立키不得ᄒᆞᆯ者이라質權은財産權을目的ᄒᆞ고財産權의種類ᄂᆞᆫ限定치아니ᄒᆞ야財産權되ᄂᆞᆫ抵當權도亦質權의目的됨이無妨ᄒᆞ니故로抵當權을目的ᄒᆞᄂᆞᆫ日本民法第三百七十五條의擔保ᄂᆞᆫ一種의權利質로解釋ᄒᆞᆷ이正當ᄒᆞ도다

(乙)抵當權者ᄂᆞᆫ同一債務者에對ᄒᆞᆫ債權者의利益을爲ᄒᆞ야其抵當權을讓渡ᄒᆞᆷ을得ᄒᆞᆷ 抵當權者ᄂᆞᆫ其債權과抵當權을分離ᄒᆞ야同一債務者의게對ᄒᆞᆫ他債權者의利益을爲ᄒᆞ야其抵當權만讓渡ᄒᆞᆷ을得ᄒᆞᄂᆞ니假令甲이乙의게對ᄒᆞ야金千圓債權이有ᄒᆞᆫᄃᆡ乙의家屋에對ᄒᆞ야抵當權을設定ᄒᆞ

로 말하면 그 저당권을 다른 채권의 담보로 한다고 하였는데, 이 담보의 목적을 저당권이고 저당부동산 그 자체가 아님이 명백하다. 그러나 물건 또는 권리를 채권의 담보로 제공하여 채권자로 하여금 그 물건 또는 권리에 대하여 우선변제를 받게 할 수 있을 것인데, 저당권을 담보로 제공하는 방법은 그 위에 질권이나 저당권을 설정하는 것뿐이다. 그렇다면 저당권의 담보는 곧 권리저당이다. 그러나 저당권의 목적물은 부동산, 지상권, 영소작권 세 가지로 한정되어 있기 때문에 저당권을 목적으로 하는 저당권은 일본 민법상 성립할 수 없을 것이다. 질권은 재산권을 목적으로 하고 재산권의 종류는 한정되지 않아 재산권인 저당권 또한 질권의 목적이 되어도 무방하다. 그러므로 저당권을 목적으로 하는 일본 민법 제375조의 담보는 일종의 권리질권으로 해석하는 것이 정당하다.

② 저당권자는 동일한 채무자에 대한 채권자의 이익을 위하여 그 저당권을 양도할 수 있다: 저당권자는 그 채권과 저당권을 분리하여, 동일한 채무자에 대한 다른 채권자의 이익을 위하여 그 저당권만 양도할 수 있다. 가령 甲이 乙에 대하여 1천원의 채권이 있어 乙의 가옥에 대하여 저당권을 설정하

고丙도亦無擔保로金千圓을乙의게貸與ᄒᆞ얏다假定ᄒᆞ면甲은其抵當權을丙의게讓渡ᄒᆞᆷ을得ᄒᆯ지니即抵當權者되얏든甲은抵當權의讓渡ᄅᆞᆯ因ᄒᆞ야無擔保의普通債權者가되고普通債權者되얏든丙은甲의地位ᄅᆞᆯ繼承ᄒᆞ야抵當權者가되야自己의千圓債權으로乙의家屋上에抵當權을行ᄒᆞᆷ을得ᄒᆯ지니라然이나丙은甲의抵當權을繼承ᄒᆞᆫ者이니甲보다大ᄒᆞᆫ權利ᄅᆞᆯ有키不能ᄒᆞᆷ은勿論이라丙의抵當權은甲의抵當權과其範圍가同ᄒᆞ야同一條件及態樣에서服從ᄒᆯ지라故로抵當權設定者ᄂᆞᆫ抵當權의讓渡ᄅᆞᆯ因ᄒᆞ야利害가無ᄒᆞ니抵當物의負擔은一般으로變更ᄒᆞᄂᆞᆫ바ㅣ無ᄒᆞ니라

右와如히抵當權을讓渡ᄒᆞᆫ甲은其權利ᄅᆞᆯ全失ᄒᆞ야普通債權者가되고普通債權者되엿던丙은甲의地位ᄅᆞᆯ繼承ᄒᆞᆷ으로써丙은他債權者의게對ᄒᆞ야도甲의權利ᄅᆞᆯ主張ᄒᆞᆷ을得ᄒᆯ지라假令前例에抵當權者ᄂᆞᆫ甲一人뿐아니라丁도亦其債權額千五百圓에對ᄒᆞ야家屋上에抵當權이有ᄒᆞᆫᄃᆡ甲은第一順位者오丁은第二順位者라假定ᄒᆞ고且家屋의價ᄂᆞᆫ二千圓이라ᄒᆞ

고 丙은 무담보로 1천원을 乙에게 대여하였다고 가정하자. 그러면 甲은 그 저당권을 丙에게 양도할 수 있을 것이다. 이때 저당권자였던 甲은 저당권의 양도로 인하여 무담보의 일반채권자가 되고, 일반채권자였던 丙은 甲의 지위를 승계하여 저당권자가 됨으로써 자기의 1천원짜리 채권으로 乙의 가옥 위에 저당권을 행사할 수 있을 것이다. 그러나 丙은 甲의 저당권을 승계한 것이므로 甲보다 큰 권리를 가질 수 없음은 물론이다. 丙의 저당권은 甲의 저당권과 그 범위가 같아 동일한 조건 및 형태를 따를 것이다. 그러므로 저당권설정자는 저당권의 양도로 인하여 이익이나 손해가 없어 저당물의 부담은 일반적으로 변경되는 것이 없다.

위와 같이 저당권을 양도한 甲은 그 권리를 완전히 잃고 일반채권자가 되고, 일반채권자였던 丙은 甲의 지위를 승계하였으므로 다른 채권자에 대하여도 甲의 권리를 주장할 수 있을 것이다. 가령 앞의 예에서 저당권자가 甲 혼자만이 아니라 丁 또한 그 채권액 1,500원에 대하여 가옥 위에 저당권이 있는데 甲이 제1순위자이고 丁은 제2순위자라고 가정하고, 또 가옥의 가액은 2천원이라고 하자. 그러면抵當權讓渡以前에ᄂᆞᆫ甲이第一順位者로家屋代價二千圓中에셔其債權千圓을先受ᄒᆞ고丁은債權千五百圓에對ᄒᆞ야家屋價殘金千圓을受ᄒᆞ고其餘五百圓은受치못ᄒᆞ며普通債權者된丙은一分도受치못ᄒᆞᆯ터이나然이나抵當權의讓渡ᄅᆞᆯ因ᄒᆞ야丙은甲의地位ᄅᆞᆯ繼承ᄒᆞ야丁보다先ᄒᆞ야債權全額을受ᄒᆞ고丁은前과如히千圓을受ᄒᆞ고甲은普通債權者로도리혀一分도受치못ᄒᆞᄂᆞ니故로抵當權의讓渡ᄂᆞᆫ設定者의利益을害ᄒᆞᄂᆞᆫ事이無ᄒᆞ고 他抵當權者의 權利도何等의影響이 無ᄒᆞ니라

(丙)抵當權者ᄂᆞᆫ同一債務者의게對ᄒᆞᆫ他債權者의利益을爲ᄒᆞ야抵當權을拋棄ᄒᆞᆷ을得ᄒᆷ　抵當權者가抵當權을絕對的無條件으로拋棄ᄒᆞᆫ時ᄂᆞᆫ此拋棄ᄂᆞᆫ抵當權의根本이消滅ᄒᆞᆷ으로總債權者ᄅᆞᆯ利케ᄒᆞᆷ이나抵當權者ᄂᆞᆫ某債權者ᄅᆞᆯ特히爲ᄒᆞ야其抵當權을拋棄ᄒᆞᆷ을得ᄒᆞᄂᆞ니此境遇의抵當權拋棄ᄂᆞᆫ其債權者의게對ᄒᆞ야만効力이生ᄒᆞᄂᆞ니라假令甲丙丁이乙의게對ᄒᆞ야各千圓의債權이有ᄒᆞᆫᄃᆡ甲丁은二千五百圓의價格이

면 저당권 양도 이전에는 甲이 제1순위자로 가옥의 대가 2천원 중에서 그 채권 1천원을 먼저 받고 丁은 채권 1,500원에 대하여 가옥 대가의 잔금 1천원을 받고 나머지 500원은 받지 못하며, 일반채권자인 丙은 한 푼도 받지 못할 터이다. 그러나 저당권 양도로 인하여 丙은 甲의 지위를 승계하여 丁보다 먼저 채권 전액을 받고 丁은 전과 같이 1천원을 받고 도리어 甲이 일반채권자로서 한 푼도 받지 못한다. 그러므로 저당권의 양도는 설정자의 이익을 해하는 일이 없고 다른 저당권자의 권리에도 어떠한 영향이 없다.

③ 저당권자는 동일한 채무자에 대한 다른 채권자의 이익을 위하여 저당권을 포기할 수 있다: 저당권자가 저당권을 절대적이고 무조건적으로 포기한 때에는 이 포기는 저당권의 근본이 소멸하므로 모든 채권자를 이롭게 한다. 그러나 저당권자는 어떤 채권자를 특별히 위하여 그 저당권을 포기할 수 있는데 이 경우의 저당권 포기는 그 채권자에 대하여만 효력이 발생한다. 가령 甲, 丙, 丁이 乙에 대하여 각 1천원의 채권이 있는데 甲, 丁은 2,500원의 가격이

有ᄒᆞᆫ乙의家屋에對ᄒᆞ야各抵當權이有ᄒᆞ야甲은第一順位者오丁은第二順位者오丙은普通債權者라ᄒᆞ면第一順位의抵當權者甲은普通債權者丙을爲ᄒᆞ야其抵當權을抛棄ᄒᆞᆷ을得ᄒᆞᆯ지라然則第一順位의抵當權者甲은其抵當權을依然保有ᄒᆞ야第二順位丁의게對ᄒᆞ야ᄂᆞᆫ其權利ᄅᆞᆯ主張ᄒᆞᆷ을得ᄒᆞ나抛棄의利益을受ᄒᆞᆯ丙의게對ᄒᆞ야ᄂᆞᆫ主張치못ᄒᆞ며丙도亦丁의게對ᄒᆞᆫ關係ᄂᆞᆫ普通債權者의地位에在ᄒᆞ야丁의權利ᄅᆞᆯ尊重치아니치못ᄒᆞᆯ지나甲의게對ᄒᆞᆫ關係ᄂᆞᆫ平等均一히其權利ᄅᆞᆯ行ᄒᆞᆷ을得ᄒᆞᆯ지니라此ᄅᆞᆯ要ᄒᆞ건ᄃᆡ抵當權讓渡의境遇ᄂᆞᆫ讓渡人과讓受人은全然其地位ᄅᆞᆯ交換ᄒᆞᄂᆞᆫ者이오抛棄의境遇ᄂᆞᆫ抵當者가受取ᄒᆞᆯ分과抛棄의利益을受ᄒᆞᄂᆞᆫ普通債權者가受取ᄒᆞᆯ分을合倂ᄒᆞ야債權額에比例ᄒᆞ야此ᄅᆞᆯ兩人間에分配ᄒᆞᄂᆞ니라

(丁)抵當權者ᄂᆞᆫ同一債務者에對ᄒᆞᆫ他抵當權者ᄅᆞᆯ爲ᄒᆞ야其順位ᄅᆞᆯ讓渡ᄒᆞᆷ을得ᄒᆞᆷ　假令甲丙丁이各千圓의債權으로乙의二千五百圓의價格이有ᄒᆞᆫ家屋에對ᄒᆞ야抵當權이有ᄒᆞᆫᄃᆡ甲丙은各千圓의辨償을受ᄒᆞ고丁

있는 乙의 가옥에 대하여 각 저당권이 있어 甲이 제1순위자, 丁이 제2순위자이고 丙은 일반채권자라고 하자. 그러면 제1순위 저당권자 甲은 일반채권자 丙을 위하여 그 저당권을 포기할 수 있을 것이다. 그러면 제1순위 저당권자 甲은 그 저당권을 여전히 보유하여, 제2순위자 丁에 대하여는 그 권리를 주장할 수 있으나, 포기의 이익을 받을 丙에 대하여는 주장하지 못한다. 그리고 丙 또한 丁에 대한 관계에서는 일반채권자의 지위에 있어 丁의 권리를 존중하지 않을 수 없겠지만 甲에 대한 관계에서는 평등하고 균일하게 그 권리를 행사할 수 있을 것이다. 이를 요약하면 저당권 양도의 경우는 양도인과 양수인은 완전히 그 지위를 교환하는 것이고, 포기의 경우는 저당권자가 받을 몫과 포기의 이익을 받는 일반채권자가 받을 몫을 합하여 채권액에 비례하여 이를 두 사람 사이에서 분배한다.

④ 저당권자는 동일한 채무자에 대한 다른 저당권자를 위하여 그 순위를 양도할 수 있다: 가령 甲, 丙, 丁이 각 1천원의 채권으로 2,500원의 가격이 있는 乙의 가옥에 대하여 저당권을 가지고 있으면 甲, 丙은 각 1천원의 변제를 받고 丁

은五百圓의辨償만受홀뿐이나若甲이乙을爲ᄒᆞ야其順位를讓渡ᄒᆞ면其地位를交換ᄒᆞ야丁은全部辨償을受ᄒᆞ고甲은五百圓만受홈에止ᄒᆞᄂᆞ니要ᄒᆞ건ᄃᆡ順位의讓渡ᄂᆞᆫ當事者間에만交換의効力이生ᄒᆞ고他抵當權者의權利ᄂᆞᆫ影響이不及ᄒᆞᄂᆞ니라

(戊)抵當權者ᄂᆞᆫ同一債務者의게對ᄒᆞᆫ他抵當權者를爲ᄒᆞ야其順位를拋棄홈을得홈　假令前例에서第一位의甲이第三位의丁을爲ᄒᆞ야抵當權의順位를拋棄ᄒᆞᆫ時ᄂᆞᆫ此拋棄ᄂᆞᆫ甲丁間에만其効力이生ᄒᆞᄂᆞ니即甲은丙에先ᄒᆞ고丙은丁에先ᄒᆞ야全部辨償을受홀權利가有ᄒᆞ나甲丁關係ᄂᆞᆫ甲이順位를拋棄ᄒᆞᆫ結果로各同等의權利가有ᄒᆞ야甲이受取홀分千圓과丁이受取홀分五百圓과合ᄒᆞ야兩人間에平等으로分配ᄒᆞᄂᆞ니라故로順位의讓渡拋棄와抵當權의讓渡拋棄가同一의效果가生ᄒᆞ나抵當權의讓渡拋棄ᄂᆞᆫ抵當權者와普通債權者間에行ᄒᆞ고順位의讓渡拋棄ᄂᆞᆫ抵當權者互相間에行ᄒᆞᄂᆞᆫ差異뿐이니라

(二)抵當權의處分이第三者의게對ᄒᆞᆫ効力　此에關ᄒᆞ야其處分의利益을受

은 500원의 변제만 받을 뿐이다. 그러나 만약 甲이 丁을 위하여 그 순위를 양도하면 그 지위를 교환하여 丁은 전부 변제를 받고 甲은 500원만 받는 데 그친다. 요컨대 순위의 양도는 당사자 간에만 교환의 효력이 발생하고 다른 저당권자의 권리에는 영향을 미치지 않는다.

⑤ 저당권자는 동일한 채무자에 대한 다른 저당권자를 위하여 그 순위를 포기할 수 있다: 가령 앞의 예에서 제1순위인 甲이 제3순위인 丁을 위하여 저당권의 순위를 포기한 때에는, 이 포기는 甲과 丁 간에만 그 효력이 발생한다. 곧 甲은 丙에게 우선하고 丙은 丁에게 우선하여 전부 변제를 받을 권리가 있다. 그러나 甲과 丁의 관계에서는 甲이 순위를 포기한 결과 각각 동등한 권리가 있으므로 甲이 받을 몫 1천원과 丁이 받을 몫 500원을 합하여 두 사람 사이에서 평등하게 분배한다. 그러므로 순위의 양도, 포기와 저당권의 양도, 포기가 동일한 효과가 발생한다. 그러나 저당권의 양도, 포기는 저당권자와 일반채권자 간에 이루어지고 순위의 양도, 포기는 저당권자 상호 간에 이루어지는 차이가 있을 뿐이다.

〈2〉 저당권 처분의 제3자에 대한 효력: 이에 관하여 그 처분의 이익을 받

홀者와債務者、保証人、抵當權設定者及其承繼人으로區別홈을要홈

(甲)處分의利益을受홀者　抵當權者가數人을爲ᄒ야其抵當權을處分ᄒ는時는此等者間에權利의牴觸이生홀더인ᄃᆡ抵當權의處分을當事者의意思表示로만其效力이生케ᄒ면其處分을不知ᄒ는抵當權者와去來ᄒᆫ第三者는不側의損害를被ᄒ리니此亦不動產上의權利得喪變更에關ᄒᆫ一般原則을從ᄒ야附記登記를經치아니ᄒ면此로써第三者의게對抗치못ᄒ며其處分의利益을受ᄒ는者의權利優劣도其附記登記의前後를從ᄒ야定홈이可ᄒ니라

(乙)債務者、保証人、抵當權設定者及其承繼人法律은抵當權의性質과實際上의便宜로抵當權及其順位를讓渡或拋棄홈을得케ᄒ나此로因ᄒ야債務者와抵當權設定者의負擔이加重ᄒ는事이無ᄒ니亦其保証人과承繼人의게도不利의影響이不及홀지라然이나抵當權의處分을何等의節次도不要ᄒ고但當事者의意思表示로만其効가生케ᄒ면債務者或은抵當權設定者로ᄒ야곰不側의損害가不無홀지라何故오債務

을 자와 채무자, 보증인, 저당권설정자 및 그 승계인으로 구별하여야 한다.

① 처분의 이익을 받을 자: 저당권자가 수인(數人)을 위하여 그 저당권을 처분하는 때에는 이들 사람 사이에서 권리의 저촉이 발생할 것이다. 그런데 저당권의 처분을 당사자의 의사표시만으로 그 효력이 발생하게 하면, 그 처분을 알지 못하는 저당권자와 거래한 제3자는 불측의 손해를 입을 것이다. 따라서 이 또한 부동산에 대한 권리의 득실변경에 관한 일반원칙에 따라 부기등기를 마치지 않으면 제3자에게 대항하지 못하며, 그 처분의 이익을 받는 자의 권리의 우열도 그 부기등기의 선후에 따라 정하는 것이 마땅하다.

② 채무자, 보증인, 저당권설정자 및 그 승계인: 법률은 저당권의 성질과 실제의 편의로 저당권 및 그 순위를 양도 또는 포기할 수 있게 한다. 그러나 이로 인하여 채무자와 저당권설정자의 부담이 가중되는 일이 없으므로 그 보증인과 승계인에게도 또한 불리한 영향이 미치지 않을 것이다. 그러나 저당권의 처분을 어떠한 절차도 요구하지 않고 다만 당사자의 의사표시만으로 효력이 발생하게 하면, 채무자 또는 저당권설정자로 하여금 불측의 손해가 없지 않을 것이다. 왜냐하면 채무

者或은抵當權設定者가抵當權의處分을不知ᄒᆞ고善意로辨償其他抵當權을消滅ᄒᆞᄂᆞᆫ行爲를爲ᄒᆞ얏ᄂᆞᆫᄃᆡ其行爲ᄂᆞᆫ抵當權者가抵當權을旣爲處分ᄒᆞᆷ을因ᄒᆞ야抵當權消滅의効果가不生ᄒᆞ고豫期에反ᄒᆞᄂᆞᆫ効果가生ᄒᆞ야抵當權은依然存在ᄒᆞ리라其保證人과承繼人의게對ᄒᆞᆫ關係도亦然ᄒᆞ리니故로此等人의게對ᄒᆞᆫ關係에도意思表示로만抵當權處分의効가不生케ᄒᆞ고其處分을主債務者의게通知가有ᄒᆞᆫ時와債務者의承諾을ᄒᆞᆫ得時에其處分을主張ᄒᆞᆷ을得ᄒᆞᄂᆞ니主債務者의게만通知ᄒᆞ고其承諾을要ᄒᆞᆷ은抵當權設定者保證人等이辨償其他行爲를行ᄒᆞ랴면主債務者의게債務의存在와抵當權의狀態를爲先質問ᄒᆞᆷ이普通의順序라故로主債務者의게만通知ᄒᆞ고其承諾을得ᄒᆞ면一般關係人에게通知ᄒᆞ고承諾을得ᄒᆞᆷ과一體니라

以上說明ᄒᆞᆫ바抵當權의處分을第三者의게對抗ᄒᆞᄂᆞᆫ條件에關ᄒᆞ야其處分의利益을受ᄒᆞᄂᆞᆫ者와債務者、保證人、抵當權設定者로區別ᄒᆞ야前者에ᄂᆞᆫ登記로써其標準을ᄒᆞ고後者에ᄂᆞᆫ債務者의게對ᄒᆞᆫ通知又其承諾으로써

자 또는 저당권설정자가 저당권의 처분을 알지 못하고 선의로 변제 기타 저당권을 소멸시키는 행위를 하였다면, 그 행위는 저당권자가 저당권을 이미 처분함으로 인하여 저당권 소멸의 효과를 발생시키지 않고 예상과 어긋난 결과를 낳아 저당권은 여전히 존재할 것이다. 그리고 채무자의 보증인과 승계인에 대한 관계에서도 그러할 것이다. 그러므로 이들 사람에 대한 관계에서도 의사표시만으로는 저당권 처분의 효력이 발생하지 않게 하고 그 처분을 주채무자에게 통지한 때와 채무자의 승낙을 얻은 때에 그 처분을 주장할 수 있게 한다. 주채무자에게만 통지하고 그의 승낙을 요구하는 까닭은, 저당권설정자, 보증인 등이 변제 기타 행위를 하려면 주채무자에게 채무의 존재와 저당권의 상태를 먼저 질문하는 것이 보통의 순서이다. 그러므로 주채무자에게만 통지하고 그의 승낙을 얻으면 모든 관계인에게 통지하고 승낙을 얻은 것과 마찬가지이다.

이상에서 설명한 저당권의 처분을 제3자에 대항하는 조건에 관하여 그 처분의 이익을 받는 자와 채무자, 보증인, 저당권설정자로 구별하여, 전자에서는 등기를 그 기준으로 하고 후자에서는 채무자에 대한 통지 또는 그의 승낙을

其標準을ᄒᆞᆫ지라盖抵當權은不動産上의權利이니此를目的ᄒᆞ야去來ᄒᆞᄂᆞᆫ第三者卽處分의利益을受ᄒᆞᆯ者ᄂᆞᆫ登記簿를確信ᄒᆞ고從事ᄒᆞᆷ이相當ᄒᆞᆷ으로不動産權利의得喪變更에關ᄒᆞᆫ原則을從케ᄒᆞᆷ이可ᄒᆞ고此와反ᄒᆞ야債務者、保証人、抵當權設定者ᄂᆞᆫ自身이나抵當物로써債務辨償의責任이有ᄒᆞ니抵當權을目的ᄒᆞ야去來ᄒᆞᄂᆞᆫ者이아니라故로此等者의게ᄂᆞᆫ登記의公示方法을取ᄒᆞᆯ必要가無ᄒᆞᆯ뿐더러此等者로觀察ᄒᆞ면抵當權의處分은辨償을提供ᄒᆞᆯ權利者를變更ᄒᆞ야債權의讓渡와同一의効果가生ᄒᆞᄂᆞ니故로此에對ᄒᆞᆫ其處分對抗條件도亦債權讓渡의境遇와同一ᄒᆞᆫ標準을由케ᄒᆞᆷ이니라

第二欵　抵當權者와第三者의關係

不動産物權의變更得喪은登記를經치아니ᄒᆞ면第三者의게對抗치못ᄒᆞᆷ과數個物權이設定된境遇에互相間權利의優劣은登記의前後를依ᄒᆞ야定ᄒᆞᆷ은旣爲說明ᄒᆞᆫ바이니抵當權과抵當權을目的ᄒᆞᆫ不動産上에存立ᄒᆞᆫ他物權의關係에도亦同一의法則을適用ᄒᆞᆯ지라故로適法으로登記ᄒᆞᆫ抵當權은其後에至ᄒᆞ야抵當物

기준으로 하였다. 대개 저당권은 부동산 위의 권리여서 이를 목적으로 하여 거래하는 제3자, 곧 처분의 이익을 받을 자는 등기부를 확신하고 이에 따르는 것이 타당하므로 부동산 권리의 득실변경에 관한 원칙에 따르게 함이 마땅하다. 이와 반대로 채무자, 보증인, 저당권설정자는 자신이, 또는 저당물로 채무를 변제할 책임이 있고 저당권을 목적으로 하여 거래하는 것이 아니다. 그러므로 이들 사람에게는 등기의 공시방법을 취할 필요가 없을뿐더러 이들 사람으로부터 관찰하면 저당권의 처분은 변제를 제공받을 권리자를 변경시켜 채권의 양도와 동일한 효과가 발생한다. 그러므로 이에 대한 처분의 대항조건 또한 채권양도의 경우와 동일한 기준을 거치게 하는 것이다.

제2관 저당권자와 제3자의 관계

부동산 물권의 변경과 득실은 등기를 거치지 않으면 제3자에게 대항하지 못하고, 물권이 설정된 경우에 상호간 권리의 우열은 등기의 선후에 따라 정한다는 것은 이미 설명한 바이다. 따라서 저당권과 저당권을 목적으로 한 부동산 위에 존재하는 다른 물권과의 관계에도 또한 동일한 법칙이 적용될 것이다. 그러므로 적법하게 등기한 저당권은 그 뒤에 저당물

上에所有權、地上權、永小作權、不動產質權을取得ᄒᆞᆫ第三者의게對ᄒᆞ야此를主張ᄒᆞᆷ으로此等物權은旣히抵當權의實行을因ᄒᆞ야當然히消滅에歸ᄒᆞ고抵當權의目的된不動產의競落人은完全ᄒᆞᆫ所有權을取得ᄒᆞᆯ지며此와反ᄒᆞ야抵當權登記前에登記ᄒᆞᆫ地上權、永小作權、質權은抵當權에對ᄒᆞ야優先의効力이有ᄒᆞ니此는抵當權의實行을不拘ᄒᆞ고依然存續ᄒᆞ야其不動產競落人은此等物權을負擔ᄒᆞᆫ所有權을取ᄒᆞᆷ에不過ᄒᆞᆫ지라又不動產의賃貸借는其性質이純然ᄒᆞᆫ債權關係이나若登記ᄒᆞ면爾後其不動產에對ᄒᆞ야物權을取得ᄒᆞᆫ者의게도其効力이生ᄒᆞᄂᆞ니故로不動產賃貸借權도亦不動產上權利得喪變更의原則을從ᄒᆞ야登記의前後로써其優劣을定ᄒᆞᆷ이可ᄒᆞ니라余는以下抵當權者와第三者의關係를論ᄒᆞᆷ에當ᄒᆞ야抵當權者와第三取得者의關係又賃借人의關係로區別ᄒᆞ야說明코저ᄒᆞ노라

第一項　抵當權者와第三取得者의關係

抵當權을適法으로登記ᄒᆞᆫ後에該抵當物上에所有權、地上權、永小作權을取得ᄒᆞᆫ第三者는抵當權의實行을因ᄒᆞ야其權利를喪失ᄒᆞᆷ은以上說明에依ᄒᆞ야明ᄒᆞᆫ

위에 소유권, 지상권, 영소작권, 부동산질권을 취득한 제3자에 대하여 이를 주장하면 이들 물권은 이윽고 저당권의 실행으로 인하여 당연히 소멸하게 되고, 저당권의 목적인 부동산의 경매절차 매수인은 완전한 소유권을 취득할 것이다. 이와 반대로 저당권 등기 전에 등기된 지상권, 영소작권, 질권은 저당권에 대하여 우선적 효력이 있으므로 저당권 실행에도 불구하고 여전히 존속하여, 그 부동산의 경매절차 매수인은 이들 물권을 부담한 소유권을 취득할 뿐인 것이다. 또 부동산 임대차는 그 성질이 순수한 채권관계이지만 만약 등기하면 그 뒤로는 그 부동산에 대하여 물권을 취득한 자에게도 효력이 발생하므로, 부동산 임차권 또한 부동산 위 권리의 득실변경의 원칙에 따라 등기의 선후로 그 우열을 정하는 것이 마땅하다. 나는 이하에서 저당권자와 제3자의 관계를 논하면서 저당권자와 제3취득자의 관계, 그리고 임차인의 관계로 구별하여 설명하고자 한다.

제1항 저당권자와 제3취득자의 관계

저당권을 적법하게 등기한 후에 그 저당물에 소유권, 지상권, 영소작권을 취득한 제3자는 저당권 실행으로 인하여 그 권리를 상실한다는 것은 이상의 설명에 따라 명백지라此境遇에第三者가自己利益을爲ᄒᆞ야抵當權을消滅케ᄒᆞ야前記의危險을豫防ᄒᆞ고其權利를保存ᄒᆞᆷ을得케ᄒᆞᄂᆞᆫ方法이二가有ᄒᆞ니辨償及滌除가卽是라以下에此二個의方法에對ᄒᆞ야說明ᄒᆞ노라

第一　辨償

抵當權設定者가抵當物을賣却ᄒᆞ거나或은抵當物上에物權을設定ᄒᆞᆫ時ᄂᆞᆫ抵當權者ᄂᆞᆫ物上代位의特質을從ᄒᆞ야其選擇權으로抵當權을實行ᄒᆞ야競賣ᄒᆞᆫ目的物의代價로優先辨償을受ᄒᆞ거나或은抵當物의賣却代金或은物權의對價를第三債務者의게셔直接推尋ᄒᆞ야其債權優先辨償에供ᄒᆞᆷ을得ᄒᆞᄂᆞᆫ지라故로抵當權者가抵當權實行方法을依치아니ᄒᆞ고新所有者又ᄂᆞᆫ物權取得者의게對ᄒᆞ야抵當物의賣却代金又ᄂᆞᆫ物權의對價를請求ᄒᆞ야其辨償을受ᄒᆞᆫ時ᄂᆞᆫ抵當權은玆에消滅ᄒᆞᄂᆞ니라何故오抵當物의賣却代金又ᄂᆞᆫ物權의對價ᄂᆞᆫ抵當物又ᄂᆞᆫ物權의價格을代表ᄒᆞᄂᆞᆫ者인ᄃᆡ抵當權者가抵當權實行의方法을依치아니ᄒᆞᆷ은抵當權實行의權利를抛棄ᄒᆞ고其代金又ᄂᆞᆫ對價의辨償을受ᄒᆞ야第三者를爲ᄒᆞ야抵當權을消滅케ᄒᆞᄂᆞᆫ意思가有ᄒᆞᆷ으로推測ᄒᆞᆷ을得ᄒᆞᆯᄲᅮᆫ더러此境遇에抵當權者가

하다. 이 경우에 제3자가 자기의 이익을 위하여 저당권을 소멸시켜 앞에 적은 위험을 예방하고 그 권리를 보존할 수 있게 하는 방법이 두 가지 있는데, 변제 및 척제가 바로 그것이다. 이하에서 이 두 가지 방법에 대하여 설명한다.

I. 변 제

저당권설정자가 저당물을 매각하거나 저당물 위에 물권을 설정한 때에는, 저당권자는 물상대위의 특질에 따라 그의 선택으로 저당권을 실행하여 경매한 목적물 대가로 우선변제를 받거나, 저당물의 매각대금 또는 물권의 대가를 제3채무자에게서 직접 추심하여 그 채권을 우선변제 받게 할 수 있다. 그러므로 저당권자가 저당권 실행 방법에 따르지 않고 새로운 소유자 또는 물권 취득자에 대하여 저당물의 매각대금 또는 물권의 대가를 청구하여 그 변제를 받은 때에는 저당권은 소멸한다. 왜냐하면 저당물의 매각대금 또는 물권의 대가는 저당물 또는 물권의 가격을 대용하는 것인데 저당권자가 저당권 실행 방법에 따르지 않는다는 것은 저당권 실행의 권리를 포기하고 그 대금 또는 대가의 변제를 받아 제3자를 위하여 저당권을 소멸시킬 의사가 있는 것으로 추측할 수 있다. 뿐만 아니라 이 경우에 저당권자가

其抵當權을又實行케ᄒᆞ면二重으로其權利를行ᄒᆞᄂᆞᆫ不公平ᄒᆞᆫ結果를生케ᄒᆞᆷ이니라然이나第三者의辨償이抵當權消滅의効果가生ᄒᆞ랴면左三條의要件을具ᄒᆞᆯ지니라

(一) 抵當權消滅의利益을受ᄒᆞᄂᆞᆫ者ᄂᆞᆫ所有權又ᄂᆞᆫ地上權을買收ᄒᆞᆫ第三者가됨을要ᄒᆞᆷ

抵當物의所有權을買收ᄒᆞᆫ者ᄂᆞᆫ其相當ᄒᆞᆫ代價를支撥ᄒᆞᆷ이오地上權을買收ᄒᆞᆫ者도亦其地上權의對價로相當ᄒᆞᆫ代金을支給ᄒᆞᆷ이常例라地上權은强大ᄒᆞᆫ物權인ᄃᆡ此權利의設定에因ᄒᆞ야土地의實益은地上權者의게歸ᄒᆞᆷ으로써其買收代價가設令所有權에代價에ᄂᆞᆫ不及ᄒᆞ나多額됨은無疑ᄒᆞᆫ지라然則抵當權者의直接受捧이不尠ᄒᆞᆷ으로써抵當權者가所有者地上權者의게셔其代價를受取ᄒᆞᆫ以上은此等人의利益으로抵當權을消滅케ᄒᆞᆷ을要ᄒᆞᆯ지니라此와反ᄒᆞ야定期로地代를出ᄒᆞᄂᆞᆫ地上權者永小作人은地代及小作料를支撥ᄒᆞᆯ義務를負擔ᄒᆞ나一時에多額의代金을支撥ᄒᆞᆷ이아닌즉其支撥ᄒᆞᄂᆞᆫ地代小作科ᄂᆞᆫ其權利의價格을代表ᄒᆞᆯ者이아니라故로其辨償은抵當權을消滅케ᄒᆞᆯ價値가不

그 저당권도 실행할 수 있게 하면 이중으로 그 권리를 행사하는 불공평한 결과를 낳게 한다. 그러나 제3자의 변제가 저당권 소멸의 효과를 낳으려면 다음 세 가지 조건을 갖춰야 한다.

〈1〉 저당권 소멸의 이익을 받는 자는 소유자 또는 지상권을 매수한 제3자가 되어야 한다: 저당물의 소유권을 매수한 자는 상당한 대가를 지급할 것이고, 지상권을 매수한 자 또한 그 지상권 대가로 상당한 대금을 지급하는 것이 상례이다. 지상권은 강력한 물권으로, 이 권리 설정으로 인하여 토지의 실익은 지상권자에게 돌아가므로 그 매수 대가가 설령 소유권 대가에는 미치지 못하더라도 다액이 되는 데는 의문이 없다. 그렇다면 저당권자가 직접 변제받는 경우가 드물지 않을 것이므로 저당권자가 소유자나 지상권자에게서 그 대가를 수령한 이상 이들의 이익으로 저당권을 소멸하게 하여야 할 것이다. 이와 반대로 정기적으로 지료를 내는 지상권자, 영소작인은 지료 및 소작료를 지급할 의무를 부담하지만 일시에 다액의 대금을 지급하지는 않는다. 따라서 지급되는 지료, 소작료는 그 권리의 가격을 대용하는 것이 아니다. 그러므로 그 변제는 저당권을 소멸하게 할 가치가 부

足홈이明ᄒᆞ며又地役權은其効力이薄弱ᄒᆞ니地役權者를爲ᄒᆞ야特히抵當權을消滅케홀必要가無ᄒᆞ니라故로權利의對價를支撥ᄒᆞ고抵當權의實行을因ᄒᆞ야權利의消滅을免홀權利가有ᄒᆞᆫ者ᄂᆞᆫ所有權又ᄂᆞᆫ地上權을買受ᄒᆞᆫ者에만限ᄒᆞ고其他物權者ᄂᆞᆫ此恩典을受키不得ᄒᆞ니라

抵當不動産의買受人이抵當權者의請求에應ᄒᆞ야其代金을辨償ᄒᆞᆫ時ᄂᆞᆫ抵當權은絶對的消滅됨은論을不俟홀지나地上權者가其權利의代金을辨償ᄒᆞᆫ境遇ᄂᆞᆫ如斯ᄒᆞᆫ絶對的効果가不生ᄒᆞ고但地上權者로ᄒᆞ야곰抵當權의實行을因ᄒᆞ야權利의消滅을免홈을得케홈에不過ᄒᆞᆫ지라故로抵當權者가其抵當權을實行ᄒᆞ야抵當物을競賣에附홈은無妨ᄒᆞ니即此境遇ᄂᆞᆫ其不動産은地上權을負擔ᄒᆞᆫ者로此를競賣에附홈을要ᄒᆞ고地上權은抵當權의實行을不拘ᄒᆞ고存續ᄒᆞᄂᆞ니抵當權은唯地上權者에對ᄒᆞᆫ關係에만消滅될분이니라

(二) 抵當權者가辨償을請求ᄒᆞᆫ事

第三取得者가其權利의對價를辨償ᄒᆞ고抵當權을免脫케ᄒᆞᄂᆞᆫ所以ᄂᆞᆫ無他라抵當權者ᄂᆞᆫ抵當權實行의代로其對價의辨償을受ᄒᆞ고抵當權實行의權利를

족함이 명백하다. 또 지역권은 그 효력이 취약하므로 지역권자를 위하여 특별히 저당권을 소멸시킬 필요가 없다. 그러므로 권리의 대가를 지급하고 저당권의 실행으로 인한 권리 소멸을 면할 권리가 있는 것은 소유권 또는 지상권을 매수한 자로만 한정되고, 다른 물권자는 이 특전을 받을 수 없다.

저당부동산의 매수인이 저당권자의 청구에 따라 그 대금을 변제한 때에는 저당권이 절대적으로 소멸함은 더 논할 필요도 없다. 그러나 지상권자가 그 권리의 대금을 지급한 경우에는 이러한 절대적 효과가 발생하지 않고, 다만 지상권자로 하여금 저당권의 실행으로 인한 권리 소멸을 면할 수 있게 하는 데 불과하다. 그러므로 저당권자가 그 저당권을 실행하여 저당물을 경매에 부치는 것은 무방하다. 곧 이 경우에는 그 부동산은 지상권을 부담한 상태로 경매에 부쳐야 하고 지상권은 저당권 실행에도 불구하고 존속하는데, 저당권은 오직 지상권자에 대한 관계에서만 소멸될 뿐이다.

〈2〉 저당권자가 변제를 청구하였을 것: 제3취득자가 그 권리의 대가를 변제하고 저당권의 부담에서 벗어날 수 있게 하는 까닭은 다른 것이 아니다. 저당권자는 저당권 실행 대신 그 대가의 변제를 받고 저당권을 실행할 권리를

抛棄ᄒᆞᄂᆞᆫ意思로推測ᄒᆞᆷ이라然而第三取得者가抵當權者의請求를不待ᄒᆞ고債務의辨償을自請ᄒᆞᆫ時ᄂᆞᆫ抵當權者의게此意思가有ᄒᆞ다推測키難ᄒᆞ도다本來第三者ᄂᆞᆫ債務者를代ᄒᆞ야辨償ᄒᆞᆷ을得ᄒᆞᄂᆞᆫ故로此境遇ᄂᆞᆫ抵當權者가第三取得者의게셔單代位辨償을受ᄒᆞᆫ者로認ᄒᆞᆯᄲᅮᆫ이니라

(三) 第三者가代價를完濟ᄒᆞᆫ事

第三者가抵當權을免脫ᄒᆞ랴면其權利對價의全部를辨償ᄒᆞᆷ을要ᄒᆞ고一部의辨償은此効果가不生ᄒᆞᆯ지니라但一部辨償境遇에ᄂᆞᆫ抵當權으로擔保된債權額을減少케ᄒᆞᄂᆞᆫ効力이生ᄒᆞᆷ으로抵當權者ᄂᆞᆫ但其殘額에만對ᄒᆞ야抵當權을實行ᄒᆞᆷ에限ᄒᆞᆯᄲᅮᆫ이니라

第二 滌除

滌除ᄂᆞᆫ第三取得者가抵當權者의게提供ᄒᆞ야其承諾을得ᄒᆞᆫ金額을支給ᄒᆞ거나又此를供托ᄒᆞ고抵當權을消滅케ᄒᆞᄂᆞᆫ者를云ᄒᆞᆷ이라抑抵當權者가抵當物에關ᄒᆞ야利害를感ᄒᆞᆷ은其價格에在ᄒᆞ니抵當權者가抵當物의相當代價를領収ᄒᆞ야其債權辨償에充ᄒᆞ기得ᄒᆞ기에ᄂᆞᆫ抵當權을實行ᄒᆞ야競賣에强付ᄒᆞᆯ必要가無ᄒᆞ

포기하려는 의사로 추측하는 것이다. 그런데 제3취득자가 저당권자의 청구를 기다리지 않고 채무의 변제를 자청한 때에는 저당권자에게 이 의사가 있다고 추측하기 어렵다. 본래 제3자는 채무자를 갈음하여 변제할 수 있으므로 이 경우에는 저당권자가 제3취득자에게서 다만 대위변제를 받은 것으로 인정될 뿐이다.

〈3〉 제3자가 대가를 전부 변제하였을 것: 제3자가 저당권의 부담에서 벗어나려면 그 권리 대가의 전부를 변제하여야 하고, 일부의 변제에는 이 효과가 발생하지 않는다. 다만 일부변제의 경우에는 저당권으로 담보된 채권액을 감소시키는 효력이 발생한다. 따라서 저당권자는 다만 그 잔액에 대하여만 저당권을 실행하는 데 그칠 뿐이다.

II. 척 제

척제는 제3취득자가 저당권자에게 제공하여 그 승낙을 얻은 금액을 지급하거나 이를 공탁하고 저당권을 소멸시키는 것을 말한다. 저당권자가 저당물에 관하여 이해관계를 느끼는 까닭은 그 가격에 있다. 따라서 저당권자가 저당물에 상응하는 대가를 수령하여 그 채권 변제에 충당할 수 있다면 저당권을 실행하여 억지로 경매에 부칠 필요가 없다.

며又他方으로 抵當物에關ᄒᆞ야 所有權其他重要ᄒᆞᆫ權利를 取得ᄒᆞᆫ者ᄂᆞᆫ 擔保된抵當權을消滅케ᄒᆞ고取得ᄒᆞᆫ權利를保存ᄒᆞ기에緊切ᄒᆞᆫ利害가感ᄒᆞᆯ것은說明을不要ᄒᆞᆯ바ㅣ라故로第三取得者의게抵當權者의承諾ᄒᆞᆫ金額을辨償ᄒᆞ고抵當權을滌除ᄒᆞᄂᆞᆫ權을許ᄒᆞᆫ바ㅣ니此方法이第三取得者를爲ᄒᆞ야有益ᄒᆞᆯᄲᅮᆫ아니라抵當權者도 正當히領收ᄒᆞᆯ 金額의辨償을受ᄒᆞᄂᆞᆫ 者인즉亦利益을害ᄒᆞᆷ이無ᄒᆞ니라

第三取得者ᄂᆞᆫ抵當權者의게債務를辨償ᄒᆞ고抵當權의實行을免ᄒᆞ거나又買收代價를辨償ᄒᆞ고自己의게對ᄒᆞᆫ抵當權을消滅케ᄒᆞᆷ을得ᄒᆞ나前者ᄂᆞᆫ代位辨償에不過ᄒᆞ니債權의全部를辨償치아니치못ᄒᆞᆯ지며後者ᄂᆞᆫ抵當權者의請求가有ᄒᆞᆷ을要ᄒᆞ고又抵當權의實行을全然消滅케ᄒᆞᆯ効力이無ᄒᆞ야地上權者ᄂᆞᆫ或該抵當物의他人所有에移轉ᄒᆞᆷ을不肯ᄒᆞᄂᆞᆫ境遇도有ᄒᆞ리니故로一便으로抵當權者의게物上代位의請求權을與ᄒᆞ고一便으로第三取得者의게滌除權을許ᄒᆞᆷ인ᄃᆡ此制度ᄂᆞᆫ羅馬法에存在ᄒᆞᆫ者이아니오佛國法의發明ᄒᆞᆫ바로諸外國法律도滌除에關ᄒᆞᆫ規定은大槪佛法을模倣ᄒᆞ니라

그리고 다른 한편으로 저당물에 관하여 소유권 기타 중요한 권리를 취득한 자는 담보된 저당권을 소멸시키고 취득한 권리를 보존할 긴절한 이해관계를 느낄 수 있음은 설명할 필요가 없다. 그러므로 제3취득자에게 저당권자가 승낙한 금액을 변제하고 저당권을 척제할 권리를 허용한 것이다. 이 방법이 제3취득자를 위하여 유익할 뿐 아니라, 저당권자도 정당하게 수령할 금액을 변제받는 것이므로 또한 이익을 해할 것이 없다.

제3취득자는 저당권자에게 채무를 변제하고 저당권 실행을 면하거나 매수한 대가를 변제하고 자기에 대한 저당권을 소멸시킬 수 있다. 그러나 전자는 대위변제에 불과하여 채권 전부를 변제하지 않을 수 없을 것이며, 후자는 저당권자의 청구가 있어야 하고 저당권 실행을 완전히 소멸시키는 효력이 없어 지상권자는 더러 그 저당물이 타인 소유로 이전되는 것을 받아들이지 않는 경우도 있을 것이다. 그러므로 한편으로는 저당권자에게 물상대위의 청구권을 주고 한편으로는 제3취득자에게 척제권을 허용한 것으로, 이 제도는 로마법에 존재하던 것이 아니라 프랑스 법에서 발명된 것으로 여러 외국 법률에서도 척제에 관한 규정은 대개 프랑스법[1]을 모방한 것이다.

1 프랑스 민법 제2181조 이하 참조.

以下滌除를論홈에當ᄒᆞ야滌除홈을得홀人、滌除의期間、滌除의節次及增價競賣로區別ᄒᆞ야說明코저ᄒᆞ노라

(一)滌除홈을得홀人　抵當權을滌除홈을得홀者는抵當權設定後에抵當不動產에對ᄒᆞ야所有權、地上權、永小作權을取得ᄒᆞᆫ第三者ㅣ라蓋此等權은不動產上의最强大ᄒᆞᆫ權利인ᄃᆡ抵當權實行의結果로其權利를失ᄒᆞ면大損害를被홀더이오權利의目的物이抵當權을負擔ᄒᆞ야地位不確定에在ᄒᆞ면利用改良에도亦不便ᄒᆞ야公益ᄭᆞ지害가되리니故로此等第三取得者의게滌除權을行케홈이必要ᄒᆞ나留置權者占有權者는抵當權有無에利害關係가無ᄒᆞ고地役權賃借權도亦地上權永小作權과如히重要ᄒᆞᆫ者이아니라써抵當權의實行을因ᄒᆞ야重大의損害가生홀慮가少ᄒᆞ니故로此等權利者의게는滌除權을行케홀必要가無ᄒᆞ니라

右와如히第三取得者는滌除權을行홈을得ᄒᆞ나此原則에例外가有ᄒᆞ니抵當權設定者는自身이債務辨償의責任이無ᄒᆞ나其辨償前에其免脫을請求키不得홀ᄲᅮᆫ더러所謂第三取得者가아니며主債務者、保証人及其承繼人은此權

이하에서 척제를 논하면서는 척제할 수 있는 사람, 척제의 기간, 척제의 절차 및 증가경매(增價競賣)로 구별하여 설명하고자 한다.

〈1〉 척제할 수 있는 사람: 저당권을 척제할 수 있는 자는 저당권 설정 후에 저당부동산에 대하여 소유권, 지상권, 영소작권을 취득한 제3자이다. 대개 이들 권리는 부동산 위에 행사하는 가장 강력한 권리인데, 저당권 실행의 결과로 그 권리를 잃으면 큰 손해를 입을 것이다. 그리고 권리의 목적물이 저당권을 부담하여 지위가 불확정적이면 이용과 개량 또한 불편하여 공익에까지 해가 될 것이다. 그러므로 이들 제3취득자에게 척제권을 행사하게 할 필요가 있다. 그러나 유치권자, 점유권자는 저당권 유무에 이해관계가 없고 지역권, 임차권 또한 지상권, 영소작권과 같이 중요한 것이 아니다. 따라서 저당권 실행으로 인하여 중대한 손해가 발생할 우려가 적으므로 이들 권리자에게는 척제권을 행사하게 할 필요가 없다.

위와 같이 제3취득자는 척제권을 행사할 수 있으나, 이 원칙에 예외가 있다. 저당권설정자는 자신이 채무를 변제할 책임이 없으나 그 변제 전에 부담을 면할 것을 청구할 수 없을뿐더러 이른바 제3취득자가 아니다. 또 주채무자, 보증인 및 그 승계인은 이 권

利를行키不得ᄒᆞᆯ지라盖此等人은債務辨償의責任이有ᄒᆞᆫ者인ᄃᆡ抵當權은其債務의擔保로設定ᄒᆞᆫ者인즉其債務가存在ᄒᆞᆫ限에는擔保된抵當權도仍置ᄒᆞᆯ義務가有ᄒᆞ니라

所有權地上權又는永小作權의取得이停止條件에繫ᄒᆞᆫ境遇에는第三者는其條件成就를因ᄒᆞ야權利를取得ᄒᆞᆯ터이오條件成否의未定間은其權利가未發生ᄒᆞᆷ으로써滌除權을行키不得ᄒᆞ며此와反ᄒᆞ야解除條件에繫ᄒᆞᆫ時는第三者의權利가旣히發生ᄒᆞ야但條件이成就ᄒᆞ면其權利를失ᄒᆞᆷ에不過ᄒᆞ니故로條件成否의未定間이라도滌除權을完全히行ᄒᆞᆷ을得ᄒᆞᆯ지니라

(二)滌除의期間

抵當權者는其抵當權을實行ᄒᆞᆷ에當ᄒᆞ야其旨를第三取得者의게先通ᄒᆞᆷ을要ᄒᆞᄂᆞ니若抵當權者가先通치아니ᄒᆞ고抵當權實行에直着手케ᄒᆞ면第三取得者는不知間에其權利를失ᄒᆞᆯ故로抵當權者의게其實行을通知ᄒᆞ는義務를負擔ᄒᆞᆫ바인ᄃᆡ第三取得者는抵當權의通知를因ᄒᆞ야其權利消滅에歸着ᄒᆞᆫ競賣節次가開始ᄒᆞᆷ을豫知ᄒᆞᆷ으로滌除權을行使ᄒᆞ야此를豫防ᄒᆞᆷ을得ᄒᆞ리니라

리를 행사할 수 없을 것이다. 대개 이들 사람은 채무를 변제할 책임이 있는 자인데, 저당권은 그 채무의 담보로 설정된 것이므로 그 채무가 존재하는 한 담보된 저당권도 여전히 남겨둘 의무가 있다.

소유권, 지상권 또는 영소작권의 취득이 정지조건에 매인 경우에는 제3자는 그 조건 성취로 인하여 권리를 취득할 것이고, 조건 성취 여부가 정해지지 않은 동안에는 그 권리가 발생하지 않았으므로 척제권을 행사할 수 없다. 이와 반대로 해제조건에 매인 때에는 제3자의 권리가 이미 발생하였고 다만 조건이 성취되면 그 권리를 잃는 데 불과하다. 따라서 조건 성취 여부가 정해지지 않은 동안이라도 척제권을 완전히 행사할 수 있을 것이다.

〈2〉 척제의 기간: 저당권자는 그 저당권을 실행할 때 그 취지를 제3취득자에게 먼저 통지하여야 한다. 만약 저당권자가 먼저 통지하지 않고 저당권 실행에 곧바로 착수할 수 있게 하면 제3취득자는 모르는 사이에 그 권리를 잃을 것이므로 저당권자에게 그 실행을 통지할 의무를 부담시킨 것이다. 그리하여 제3취득자는 저당자의 통지에 따라 그 권리가 소멸하게 될 경매절차가 개시됨을 미리 알게 되어, 척제권을 행사함으로써 이를 예방할 수 있을 것이다.

第三者ᄂᆞᆫ抵當權을速히滌除ᄒᆞ야其他位ᄅᆞᆯ安固케ᄒᆞᆯ지니何時던지滌除權을行ᄒᆞᆷ이可ᄒᆞᆯ지나抵當權者의抵當權實行通知ᄅᆞᆯ受ᄒᆞᆫ時ᄂᆞᆫ其通知ᄅᆞᆯ受ᄒᆞᆷ으로븟터一個月內에 滌除節次에 着手ᄒᆞᆷ을要ᄒᆞᆯ지니 此期間이經過ᄒᆞ면滌除權을行ᄒᆞᆷ을不得ᄒᆞᄂᆞ니라此ᄂᆞᆫ無他ㅣ라通知ᄅᆞᆯ受ᄒᆞᆫ第三取得者가際限업시此權利ᄅᆞᆯ行케ᄒᆞ면抵當權者ᄂᆞᆫ往往히 其抵當權을 實行키不得ᄒᆞᆯ에 至ᄒᆞ리니라

抵當權者가第三取得者의게對ᄒᆞ야抵當權實行의通知ᄅᆞᆯ發ᄒᆞᆫ後에其他第三者가抵當物上에更히權利ᄅᆞᆯ取得ᄒᆞᄂᆞᆫ事이有ᄒᆞ니此境遇에抵當權者가又通知ᄅᆞᆯ發ᄒᆞ야一個月期間內에滌除權을行케ᄒᆞ면抵當權의實行은無際限으로延期되야抵當權者ᄂᆞᆫ其權利ᄅᆞᆯ行키不得ᄒᆞᄂᆞᆫ不公平ᄒᆞᆫ結果가生ᄒᆞ리니法律은抵當權者의利益을保護ᄒᆞ기爲ᄒᆞ야後取得者ᄂᆞᆫ前取得者가滌除ᄒᆞᆯ만ᄒᆞᆫ期間內에滌除權을行케ᄒᆞ고抵當權者ᄂᆞᆫ後取得者의게對ᄒᆞ야ᄂᆞᆫ更히通知ᄒᆞᆯ必要가無케ᄒᆞᆷ이可ᄒᆞ니라

(三)滌除의節次

제3자는 저당권을 신속히 척제하여 그 지위를 안정시킬 것이므로 언제든지 척제권을 행사하게 함이 옳을 것이다. 그러나 저당권자의 저당권 실행 통지를 받은 때에는 그 통지를 받은 때부터 1개월 내에 척제절차에 착수하여야 하며, 이 기간이 경과하면 척제권을 행사할 수 없다. 이는 다른 것이 아니라 통지를 받은 제3취득자가 제한 없이 이 권리를 행사할 수 있게 하면 저당권자는 왕왕 그 저당권을 실행하지 못하게 될 것이다.

저당권자가 제3취득자에 대하여 저당권 실행의 통지를 발송한 후에 기타 제3자가 저당물 위에 다시 권리를 취득할 수도 있다. 이 경우에 저당권자가 다시 통지를 발송하여 1개월의 기간 내에 척제권을 행사하게 하면 저당권 실행은 무제한으로 연기되어 저당권자는 그 권리를 행사하지 못하는 불공평한 결과를 낳을 것이다. 법률은 저당권자의 이익을 보호하기 위하여 뒤의 취득자는 앞의 취득자가 척제할 수 있는 기간 내에 척제권을 행사하게 하고, 저당권자는 뒤의 취득자에 대하여는 다시 통지할 필요가 없게 함이 마땅하다.

〈3〉 척제의 절차:

(一)第三取得者가抵當權을滌除코자ᄒᆞᄂᆞᆫ時ᄂᆞᆫ登記ᄒᆞᆫ各債權者의게左의書面을送達ᄒᆞᆷ을要ᄒᆞᆷ

(甲)權利取得에關ᄒᆞᆫ要領을記載ᄒᆞᆫ書面　此書面은左의事項을記載ᄒᆞᆷ을要ᄒᆞᆷ

(가)權利取得의原因　假令賣買、讓與、交換其他原因을因ᄒᆞ야抵當物上에所有權、地上權又ᄂᆞᆫ永小作權을取得ᄒᆞᆫ事實原因인ᄃᆡ第三取得者의權利가適法의原因으로基ᄒᆞᆷ을認識ᄒᆞᆷ에必要ᄒᆞᄂᆞ니라

(나)權利取得의年月日　當事者의能力과法律行爲의能力을審査ᄒᆞᆷ에必要ᄒᆞᄂᆞ니라

(다)讓渡人又ᄂᆞᆫ取得者의氏名住所　權利의設定移轉의當事者가何人됨을知ᄒᆞ기必要ᄒᆞᄂᆞ니라

(라)抵當不動產의性質及所在　目的物表示에關ᄒᆞᆫ記載인ᄃᆡ田畓宅地山林과如ᄒᆞᆫ地目과住宅倉庫瓦蓋草蓋平家二層과如ᄒᆞᆫ建造物의種類와幷土地家屋의所在가何郡何里何統戶됨을知ᄒᆞᆷ에必要ᄒᆞᄂᆞ니라

제3취득자가 저당권을 척제하고자 하는 때에는 등기한 각 채권자에게 다음 서면을 송달하여야 한다.

① 권리 취득에 관한 요령을 기재한 서면: 이 서면에는 다음 사항을 기재하여야 한다.

Ⓐ 권리 취득의 원인: 가령 매매, 양도, 교환 기타 원인으로 인하여 저당물 위에 소유권, 지상권 또는 영소작권을 취득한 사실의 원인으로, 제3취득자의 권리가 적법한 원인에 기한 것임을 인식하는 데 필요하다.

Ⓑ 권리 취득의 연월일: 당사자의 능력과 법률행위의 능력을 심사하는 데 필요하다.

Ⓒ 양도인 또는 취득자의 성명과 주소: 권리 설정이나 이전의 당사자가 누구인지 아는 데 필요하다.

Ⓓ 저당부동산의 성질 및 소재: 목적물 표시에 관한 기재로, 논, 밭, 택지, 산림과 같은 지목과 주택, 창고, 기와지붕, 초가지붕, 단층, 2층과 같은 건조물의 종류와 함께 토지, 가옥의 소재가 어느 군 어느 리 어느 통호(統戶)인지를 아는 데 필요하다.

(마)代價及其他取得者의負擔 代價ᄂᆞᆫ抵當不動産의買收代金이오其他負擔은地代나作料又ᄂᆞᆫ擔當혼債務等이니第三取得者의義務를明白키홈에必要ᄒᆞ니라

(乙)登記簿의謄本 抵當不動産의登記簿謄本은各債權者가抵當不動産에關혼權利狀態의互相關係를知ᄒᆞ기必要혼者인ᄃᆡ旣히消滅된權利에關혼登記ᄂᆞᆫ當事者利害에影響이無ᄒᆞ니此謄本은送付홀必要가無ᄒᆞ니라

(丙)債權者의게對ᄒᆞᄂᆞᆫ意思表示를揭혼書面 此書面에ᄂᆞᆫ債權者가書面을受혼一個月內에增價競賣를請求치아니ᄒᆞ면第三取得者ᄂᆞᆫ不動産의代價或은指定혼金額을債權의順位를從ᄒᆞ야辨價或供托홀旨를記載홈을要ᄒᆞᄂᆞ니此ㅣ卽滌除陳述書ㅣ니라

滌除코자ᄒᆞᄂᆞᆫ第三取得者ᄂᆞᆫ此書面으로ᄡᅥ抵當權을消滅홀만혼金額을債權者의게提供ᄒᆞ고其承諾을求ᄒᆞᄂᆞᆫᄃᆡ抵當不動産의買收代金이其眞正혼價額의代表가되ᄂᆞᆫ時ᄂᆞᆫ第三取得者ᄂᆞᆫ此를債權者의게提供ᄒᆞ고其代金이不動産價額에比ᄒᆞ야不足이有혼時나又第三取得者가受贈者、受遺者、地

Ⓔ 대가 및 기타 취득자의 부담: 대가는 저당부동산의 매수대금이고 기타 부담은 지료나 소작료 또는 부담한 채무 등으로, 제3취득자의 의무를 명백히 하는 데 필요하다.

② 등기부의 등본: 저당부동산의 등기부등본은 각 채권자가 저당부동산에 관한 권리 상태의 상호관계를 아는 데 필요한 것으로, 이미 소멸된 권리에 관한 등기는 당사자의 이해관계에 영향이 없으므로 이 등본은 송부할 필요가 없다.

③ 채권자에 대한 의사표시를 적은 서면: 이 서면에는 채권자가 서면을 받은 후 1개월 내에 증가경매를 청구하지 않으면 제3취득자는 부동산 대가 또는 지정된 금액을 채권의 순위에 따라 변제 또는 공탁한다는 취지를 기재하여야 한다. 이것이 바로 척제진술서(滌除陳述書)이다.

척제하고자 하는 제3취득자는 이 서면으로써 저당권을 소멸시킬 수 있는 금액을 채권자에게 제공하고 그 승낙을 구하는데, 저당부동산의 매수대금이 그 진정한 가액을 대용할 수 있는 때에는 제3취득자는 이를 채권자에게 제공한다. 그리고 그 대금이 부동산 가액보다 부족한 때나 제3취득자가 수증자, 수유자(受遺者), 지

上權者、永小作權者로代金支給의義務를負擔치아니ᄒᆞᆫ時ᄂᆞᆫ別로히其不動産의價額을指定ᄒᆞ야債權者의게提供ᄒᆞᆷ이可ᄒᆞ니其金額이少ᄒᆞ면債權者가此를承諾지아니ᄒᆞᆯ더인故로其提供金額은不動産價額을正當히代表됨을要ᄒᆞᆯ지니라然而第三取得者ᄂᆞᆫ右金額을提供ᄒᆞᄂᆞᆫ同時에債權者의게對ᄒᆞ야該金額에不服이有ᄒᆞ면制規의節次를從ᄒᆞ야增價競賣를請求ᄒᆞᆷ이可ᄒᆞ고若此節次가無ᄒᆞ면其金額에異議가無ᄒᆞᆷ으로看做ᄒᆞ야辨償又ᄂᆞᆫ供托ᄒᆞᆯ旨의意思를表示ᄒᆞᄂᆞ니라

前記三種의書面은抵當不動産에對ᄒᆞ야登記ᄒᆞᆫ各債權者의게送達ᄒᆞᆷ을要ᄒᆞᄂᆞᆫ故로債權者中或者의게對ᄒᆞ야遺脫ᄒᆞᆫ時ᄂᆞᆫ其債權者가抵當物上에有ᄒᆞᆫ權利ᄂᆞᆫ他債權者의게對ᄒᆞᆫ送達을因ᄒᆞ야影響을受ᄒᆞᆯ바ㅣ無ᄒᆞ니라

(四)增價競賣　債權者가法定期間內에書面의送達을受ᄒᆞᆫ時ᄂᆞᆫ第三取得者의提供을承諾ᄒᆞ거나拒絶ᄒᆞ거나此二者에擇ᄒᆞᆷ을要ᄒᆞᄂᆞ니第三取得者의提供을不當ᄒᆞᆷ으로認ᄒᆞ야此를拒絶ᄒᆞ랴면增價競賣의請求를要ᄒᆞ고其他方法으로拒絶를表示ᄒᆞᆷ은不得ᄒᆞᄂᆞ니라然而債權者가此權利를行ᄒᆞᆷ에ᄂᆞᆫ左의條件

상권자, 영소작권자로 대금 지급의 의무를 부담하지 않은 때에는 따로 그 부동산 가액을 지정하여 채권자에게 제공함이 마땅하다. 그런데 그 금액이 적으면 채권자가 이를 승낙하지 않을 것이므로 그 제공 금액은 부동산 가액을 정당하게 대용할 수 있어야 한다. 그러나 제3취득자는 위 금액을 제공하는 동시에 채권자에 대하여 그 금액에 불복이 있으면 규칙에서 정한 절차에 따라 증가경매를 청구하는 것이 마땅하고, 만약 이 절차가 없으면 그 금액에 이의가 없는 것으로 간주하여 변제 또는 공탁할 취지의 의사를 표시한다.

앞에서 적은 세 가지 서면은 저당부동산에 대하여 등기한 각 채권자에게 송달하여야 하므로, 채권자 중 누군가가 누락된 때에는 그 채권자가 저당물 위에 가진 권리는 다른 채권자에 대한 송달로 인하여 영향을 받지 않는다.

〈4〉 증가경매: 채권자가 법정기간 내에 서면을 송달받은 때에는 제3취득자의 금액 제공을 승낙하거나 거절하거나, 두 가지에서 선택하여야 한다. 제3취득자가 제공한 것이 부당하다고 인정하여 거절하려면 증가경매를 청구하여야 하고 다른 방법으로 거절을 표시할 수는 없다. 그러나 채권자가 이 권리를 행사하려면 다음 조건

을具備ᄒᆞᆷ을要ᄒᆞᄂᆞ니라

(甲)債權者ᄂᆞᆫ第三取得者의書面을受ᄒᆞᆫ後一個月內에第三取得者의게對ᄒᆞ야增價競賣ᄅᆞᆯ請求ᄒᆞᆷ을要ᄒᆞᆷ 債權者가第三取得者의請求ᄅᆞᆯ拒絶ᄒᆞᆷ에ᄂᆞᆫ面送達을受ᄒᆞᆫ時브터一個月內에增價競賣ᄅᆞᆯ請求ᄒᆞᆷ을要ᄒᆞ야此期間을徒過ᄒᆞ면第三取得者가提供ᄒᆞᆫ金額의當否ᄅᆞᆯ論爭ᄒᆞᄂᆞᆫ權利ᄅᆞᆯ喪失ᄒᆞᄂᆞ니此期間을一個月로制限ᄒᆞᆷ은諾否ᄅᆞᆯ決定ᄒᆞ기充分ᄒᆞᆯ뿐아니라當事者의權利關係ᄅᆞᆯ不確定ᄒᆞᆫ地位에久置ᄒᆞ면公私益에不利ᄒᆞᆷ을因ᄒᆞᆷ이니라日本競賣法第四十條의規定을依ᄒᆞ면債權者ᄂᆞᆫ增價競賣ᄅᆞᆯ請求ᄒᆞᆫ三日內에抵當不動産所在地區裁判所에競賣ᄅᆞᆯ申請ᄒᆞᆷ을要케ᄒᆞ얏스니此節次ᄅᆞᆯ等閑이ᄒᆞ면亦其請求ᄂᆞᆫ効가無ᄒᆞ니라

(乙)債權者ᄂᆞᆫ增價競賣ᄅᆞᆯ請求ᄒᆞᄂᆞᆫ同時에若第三取得者의提供ᄒᆞᆫ金額보다十分之一以上의高價로抵當不動産을賣却키不能ᄒᆞᆫ時ᄂᆞᆫ十分之一의增價로써自己가其不動産을買受ᄒᆞᆯ旨의意思ᄅᆞᆯ表示ᄒᆞᆷ을要ᄒᆞᆷ 債權者가增價競賣ᄅᆞᆯ濫請ᄒᆞ야無益節次의弊ᄅᆞᆯ豫防ᄒᆞᆷ이니債權者ᄂᆞᆫ第三取得者의提供

을 구비하여야 한다.

① 채권자는 제3취득자의 서면을 받은 후 1개월 내에 제3취득자에 대하여 증가경매를 청구하여야 한다: 채권자가 제3취득자의 청구를 거절하려면 서면을 송달받은 때부터 1개월 내에 증가경매를 청구하여야 한다. 이 기간을 도과하면 제3취득자가 제공한 금액이 타당한지를 다툴 권리를 잃는다. 이 기간을 1개월로 제한한 것은 승낙 여부를 결정하는 데 충분할 뿐 아니라 당사자의 권리관계를 불확정적인 지위에 오래 놓아두면 공익과 사익에 불리하기 때문이다. 일본 경매법 제40조에 따르면 채권자는 증가경매를 청구하고 3일 내에 저당부동산 소재지구의 재판소에 경매를 신청하여야 한다고 하였는데, 이 절차를 소홀히 하면 그 청구 또한 효력이 없다.

② 채권자는 증가경매를 청구하는 동시에 만약 제3취득자가 제공한 금액보다 10분의 1 이상의 고가로 저당부동산을 매각할 수 없는 때에는 10분의 1이 증가된 금액으로 자기가 그 부동산을 매수하는 취지의 의사를 표시하여야 한다: 채권자가 증가경매 청구를 남발하여 무익한 절차의 폐해를 예방하려는 것으로, 채권자가 제3취득자가 제공

金額과不動産實價의差異가顯著ᄒᆞᆫ境遇에만請求케ᄒᆞᆷ이오增價競賣ᄒᆞᆫ結果가提供金額보다十分之一以上의高價로賣却키不能ᄒᆞᆫ時ᄂᆞᆫ其結果ᄂᆞᆫ債權者가負擔ᄒᆞᆷ이可ᄒᆞᆫ지라故로買受의義務ᄅᆞᆯ負케ᄒᆞ고其旨ᄅᆞᆯ第三取得者의게通知케ᄒᆞᆷ이니라

(丙)債權者ᄂᆞᆫ代價及費用에對ᄒᆞ야擔保ᄅᆞᆯ供ᄒᆞᆷ을要ᄒᆞᆷ　增價競賣의請求ᄅᆞᆯ因ᄒᆞ야債權者ᄂᆞᆫ提供金額보다十分之一의高價로買受ᄒᆞᄂᆞᆫ義務ᄅᆞᆯ負ᄒᆞ나單純히此義務만負케ᄒᆞ면無責任ᄒᆞᆫ增價競賣의請求ᄅᆞᆯ豫防키不能ᄒᆞᆫ지라債權者가其義務ᄅᆞᆯ履行치아니ᄒᆞ거나或은履行키不能ᄒᆞᆫ事이往往有之ᄒᆞᆫ故로債權者의게其義務에屬ᄒᆞᆫ不動産의代價及競賣에要ᄒᆞᄂᆞᆫ費用의辨償을確保ᄒᆞᆯ만ᄒᆞᆫ相當의擔保ᄅᆞᆯ供케ᄒᆞᄂᆞᆫ義務ᄅᆞᆯ負케ᄒᆞᆷ이니라

債權者의增價競賣請求ᄂᆞᆫ前記三個條件을具備ᄒᆞᆷ을要ᄒᆞᄂᆞ니此條件中一이라도欠缺ᄒᆞᆫ時ᄂᆞᆫ其請求ᄂᆞᆫ無効이라又債權者ᄂᆞᆫ同一期間內에債務者及抵當不動産讓渡人의게對ᄒᆞ야增價競賣ᄅᆞᆯ請求ᄒᆞᆫ旨ᄅᆞᆯ通知ᄒᆞᄂᆞᆫ義務가有ᄒᆞᆫ지라然이나此ᄂᆞᆫ增加競賣請求의必要條件이아니라故로此通知의遺脫은無効ᄅᆞᆯ

한 금액과 부동산 가액의 차이가 현저한 경우에만 경매를 청구할 수 있게 한 것이다. 그리고 증가경매를 한 결과 제공된 금액보다 10분의 1 이상의 고가로 매각할 수 없는 때에는 그 결과는 채권자가 부담하는 것이 마땅하다. 그러므로 매수할 의무를 지우고 그 취지를 제3취득자에게 통지하게 하는 것이다.

③ 채권자는 대가 및 비용에 대하여 담보를 제공하여야 한다: 증가경매의 청구에 따라 채권자는 제공된 금액보다 10분의 1 높은 가액으로 매수할 의무를 진다. 그러나 단순히 이러한 의무만 부담하게 하면 무책임한 증가경매 청구를 예방할 수 없어, 채권자가 그 의무를 이행하지 않거나 이행할 수 없는 경우가 왕왕 있을 것이다. 그러므로 채권자에게 그의 의무에 속하는 부동산의 대가와 함께 경매에 필요한 비용의 변제를 확보할 만한 상당한 담보를 제공하게 할 의무를 지우는 것이다.

채권자의 증가경매 청구는 앞에 적은 세 가지 조건을 구비하여야 하며, 이 조건 중 하나라도 결여된 때에는 그 청구가 무효이다. 또 채권자는 동일한 기간 내에 채무자 및 저당부동산의 양도인에 대하여 증가경매를 청구하였다는 취지를 통지할 의무가 있는 것이다. 그러나 이는 증가경매 청구의 필요조건이 아니다. 그러므로 이 통지의 누락은 무효를

惹起치아니ᄒᆞ며但債務者又ᄂᆞᆫ讓渡人의게對ᄒᆞ야通知치아니ᄒᆞᆫ事로因ᄒᆞᆫ損害ᄅᆞᆯ賠償ᄒᆞᆯᄲᅮᆫ이라所謂讓渡人中에ᄂᆞᆫ抵當權設定者로始ᄒᆞ야第三取得者以前의總讓渡人을包含ᄒᆞᆷ이니此等讓渡人及債務者ᄂᆞᆫ皆不動產으로擔保된債務ᄅᆞᆯ辨償ᄒᆞ거나他方法으로抵當權을消滅케ᄒᆞ야第三取得者로ᄒᆞ야곰其權利ᄅᆞᆯ保存케ᄒᆞᆯ義務가有ᄒᆞ니第三取得者가增價競賣의結果로其權利ᄅᆞᆯ失ᄒᆞ면此에對ᄒᆞ야損害賠償의責任이有ᄒᆞᆫ지라故로增價競賣ᄅᆞᆯ未然에豫防ᄒᆞ고又其節次에參與ᄒᆞᆯ必要가有ᄒᆞ니라

債權者ᄂᆞᆫ其一已의意思로ᄡᅥ增價競賣ᄅᆞᆯ請求ᄒᆞᆷ을得ᄒᆞ나繳消ᄂᆞᆫ登記ᄒᆞᆫ他債權者의承諾을經ᄒᆞᆷ을要ᄒᆞ고獨斷으로繳消치못ᄒᆞᆯ지라此等債權者ᄂᆞᆫ不動產을高價로賣却ᄒᆞ면利益이有ᄒᆞᆫ디增價競賣의繳消가利害關係가有ᄒᆞᆯᄲᅮᆫ아니라此等債權者ᄂᆞᆫ皆增價競賣請求의權利가有ᄒᆞ니初者에請求ᄒᆞᆯ意思가有ᄒᆞᆫ者ㅣ라도他債權者가旣히請求ᄒᆞᆷ을因ᄒᆞ야重複請求치아니ᄒᆞ얏다가增價競賣請求의繳消ᄅᆞᆯ因ᄒᆞ야其權利ᄅᆞᆯ行키不能ᄒᆞᆷ에至ᄒᆞ야豫期치못ᄒᆞᆫ損害가生ᄒᆞᆷ도有ᄒᆞ리니라

불러오지 않으며, 다만 채무자 또는 양도인에 대하여 통지하지 않음으로 인한 손해를 배상할 뿐이다. 이른바 양도인 안에는 저당권설정자를 비롯하여 제3취득자 이전의 모든 양도인이 포함된다. 이들 양도인 및 채무자는 모두 부동산으로 담보된 채무를 변제하거나 다른 방법으로 저당권을 소멸시켜 제3취득자로 하여금 그 권리를 보존하게 할 의무가 있다. 따라서 제3취득자가 증가경매의 결과로 그 권리를 잃으면 이에 대하여 손해배상의 책임이 있는 것이다. 그러므로 증가경매를 미연에 방지하고 그 절차에 참여할 필요가 있다.

채권자는 자기만의 의사로 증가경매를 청구할 수 있으나 취소는 등기한 채권자의 승낙을 거쳐야 하고 단독으로 취소하지 못한다. 이들 채권자는 부동산을 고가로 매각하면 이익이 있으므로 증가경매 취소에 이해관계가 있다. 뿐만 아니라 이들 채권자는 모두 증가경매를 청구할 권리가 있는데, 처음에 청구할 의사가 있던 자라도 다른 채권자가 이미 청구함에 따라 중복하여 청구하지 않았다가 증가경매청구의 취소로 인하여 그 권리를 행사할 수 없게 되면 예상하지 못한 손해가 발생할 수도 있을 것이다.

增價競賣의請求가要件을欠ᄒᆞ야其効가不生ᄒᆞ거나總債權者의承諾으로繳消가되면增價競賣의請求가初無홈과如ᄒᆞ야第三取得者의提供ᄒᆞᆫ金額은玆에確定ᄒᆞ고又競賣ᄒᆞᆫ結果로相當ᄒᆞᆫ競落人이有ᄒᆞᆫ時ᄂᆞᆫ抵當不動產은共有에歸ᄒᆞ야第三取得者의權利ᄂᆞᆫ消滅되며此와反ᄒᆞ야相當ᄒᆞᆫ競落人이無ᄒᆞᆫ時ᄂᆞᆫ增價競賣를請求ᄒᆞᆫ債權者가競落人이되야其代金과費用을支給ᄒᆞᆯ義務를負擔ᄒᆞᄂᆞ니라

第二項　抵當權者와賃貸人의關係

賃借權은一債權으로第三者의게對抗키不得홈이原則이나登記ᄒᆞᆫ後ᄂᆞᆫ物權과同等의効力이生ᄒᆞᄂᆞᆫ바이라故로抵當權登記前에登記ᄒᆞᆫ賃借權은抵當物의競賣를不拘ᄒᆞ고依然存立홈을得ᄒᆞ며抵當權登記後에登記ᄒᆞᆫ賃借權은抵當權에優先홈을不得ᄒᆞ야競賣ᄒᆞᆫ結果로競落人은不動產의完全ᄒᆞᆫ所有權을取得ᄒᆞ고同時에賃借權은當然히消滅에歸ᄒᆞᆯ지라然이나賃借權은不動產利用의一方法으로不動產所有者ᄂᆞᆫ其不動產을他人의게貸與ᄒᆞ고借賃을受홈을有益ᄒᆞ게여기ᄂᆞᆫ境遇가往々히有ᄒᆞᆯ뿐아니라其期限이短ᄒᆞ고且借賃이相當ᄒᆞ면不動產價

증가경매 청구가 요건을 결여하여 효력이 발생하지 않거나 모든 채권자의 승낙으로 취소가 되면 증가경매 청구가 처음부터 없었던 것과 같아진다. 따라서 제3취득자가 제공한 금액은 확정된다. 또 경매를 한 결과 상당한 매수인이 있는 때에는 저당부동산은 그의 소유가 되어 제3취득자의 권리는 소멸되며, 이와 반대로 상당한 매수인이 없는 때에는 증가경매를 청구한 채권자가 경매절차의 매수인이 되어 그 대금과 비용을 지급할 의무를 부담한다.

제2항 저당권자와 임차인의 관계

임차권은 하나의 채권으로 제3자에게 대항할 수 없는 것이 원칙이나, 등기한 후에는 물권과 동등한 효력이 발생하는 것이다. 그러므로 저당권 등기 전에 등기된 임차권은 저당물의 경매에도 불구하고 여전히 존재할 수 있으며, 저당권 등기 후에 등기된 임차권은 저당권에 우선할 수 없어 경매된 결과 매수인은 부동산의 완전한 소유권을 취득하고 동시에 임차권은 당연히 소멸하게 될 것이다. 그러나 임차권은 부동산 이용의 한 방법으로 부동산 소유자는 그 부동산을 타인에게 대여하고 차임을 받는 것을 유익하게 여기는 경우가 왕왕 있을 뿐 아니라, 그 기간이 짧고 차임이 적정하면 부동산 가

額에도減少되는事이無ᄒᆞ니此를不動産의負擔으로競賣後에存續케ᄒᆞ야도抵當權者의利益을害ᄒᆞ는事이無ᄒᆞᆯ지라故로登記ᄒᆞᆫ賃借權者도左의條件이具備ᄒᆞ면抵當權者의게對抗ᄒᆞᆷ을得ᄒᆞᄂᆞ니라

第一 其賃借權은短期間됨을要ᄒᆞᆷ

卽樹木栽植又는伐採를目的ᄒᆞ는山林의賃借權은十年其他土地의賃借權은五年建造物은三年과如ᄒᆞᆷ이니短期賃貸借는土地建造物을利用ᄒᆞ는方法으로處分의權限能力이無ᄒᆞᆫ者ㅣ라도此는足히貸與ᄒᆞᆷ을得ᄒᆞ는者이라然則不動産所有者의權利를制限ᄒᆞᆯ만ᄒᆞᆫ重大ᄒᆞᆫ負擔으로看做키難ᄒᆞᆫ바이라此와反ᄒᆞ야長期間의賃貸借는不動産의重大ᄒᆞᆫ負擔이니處分의能力權限이有ᄒᆞᆫ者ㅣ아니면此를承諾키不得ᄒᆞᆯ지며且地上權永小作權의設定과無異ᄒᆞ야抵當權者의게不利됨이明ᄒᆞᆫ지라故로此種賃貸借는抵當權者의게對抗키不得ᄒᆞ야競賣를因ᄒᆞ야當然히消滅에歸ᄒᆞᄂᆞ니라

第二 其賃貸借는抵當權者의게損害가不及ᄒᆞᆷ을要ᄒᆞᆷ

抵當權者의게對抗ᄒᆞᆯ만ᄒᆞᆫ賃貸借는不動産價格을減少치아니ᄒᆞᆯ性質됨을要

액도 감소시킬 일이 없다. 따라서 이를 부동산의 부담으로 경매 후에 존속시켜도 저당권의 이익을 해하는 일이 없을 것이다. 그러므로 등기된 임차권자도 다음 조건이 구비되면 저당권자에게 대항할 수 있다.

I. 그 임차권은 단기간이어야 한다

곧 수목의 식재나 벌채를 목적으로 하는 산림의 임차권은 10년, 기타 토지의 임차권은 5년, 건조물은 3년과 같은 것이다. 단기임대차는 토지나 건조물을 이용하는 방법으로 처분의 권한이나 능력이 없는 자라도 충분히 대여할 수 있는 것이다. 그래서 부동산 소유자의 권리를 제한할 만한 중대한 부담으로 간주하기 어렵다. 이와 반대로 장기간의 임대차는 부동산에 대한 중대한 부담이므로 처분의 능력이나 권한이 있는 자가 아니면 승낙할 수 없을 것이다. 또 지상권, 영소작권의 설정과 다르지 않아 저당권자에게 불리함이 명백하다. 그러므로 이러한 임대차는 저당권자에게 대항할 수 없어 경매로 인하여 당연히 소멸하게 된다.

II. 그 임대차는 저당권자에게 손해가 미치지 않아야 한다

저당권자에게 대항할 수 있는 임대차는 부동산의 가격을 감소시키지 않을 성질이어야

ᄒᆞᆷ이라賃貸借가不動產의價格을減少케ᄒᆞᄂᆞᆫ境遇에도依然存立케ᄒᆞ면抵當權의權利를侵害ᄒᆞᆷ이니假令借賃이極히低廉ᄒᆞ야不動產使用의對價를正當히代表치못ᄒᆞᄂᆞᆫ境遇라然이나此等境遇에ᄂᆞᆫ抵當權者ᄂᆞᆫ直接으로賃貸借의無効를主張치못ᄒᆞ고其賃貸借의解除를裁判所에請求ᄒᆞᆷ을要ᄒᆞᄂᆞ니裁判所에서其賃貸借가抵當權者의게不利ᄒᆞᆷ으로認ᄒᆞ야其解除를命ᄒᆞᆫ時ᄂᆞᆫ其貸借ᄂᆞᆫ玆에消滅되ᄂᆞ니라

第三款　抵當權의實行

債務者가其債務를辨償치아니ᄒᆞᄂᆞᆫ時卽債務者가債務辨償에對ᄒᆞ야遲滯가有ᄒᆞᆫ時ᄂᆞᆫ抵當權者ᄂᆞᆫ權利의目的된不動產을賣却ᄒᆞ야其代金으로써債務辨償에充ᄒᆞᆯ權利가有ᄒᆞᆫ지라抵當權者ᄂᆞᆫ競賣法又ᄂᆞᆫ民事訴訟法에定ᄒᆞᆫ節次를從ᄒᆞ야抵當不動產의競賣를請求ᄒᆞᆷ을要ᄒᆞ나余ᄂᆞᆫ以下에抵當不動產競賣에關ᄒᆞᆫ特別ᄒᆞᆫ法則을說明ᄒᆞ노라

第一　競賣의時期

抵當不動產에對ᄒᆞ야所有權地上權永小作權을取得ᄒᆞᆫ者가有ᄒᆞᆫ時ᄂᆞᆫ抵當權

한다. 임대차가 부동산의 가격을 감소시키는 경우에도 여전히 존재하도록 하면 저당권자의 권리가 침해된다. 가령 차임이 극히 저렴하여 부동산 사용의 대가를 정당하게 나타내지 못하는 경우이다. 그러나 이들 경우에는 저당권자는 직접 임대차의 무효를 주장하지 못하고 그 임대차의 해지를 재판소에 청구하여야 하는데, 재판소에서 그 임대차가 저당권자에게 불리하다고 인정하여 해지를 명한 때에는 그 임대차가 소멸된다.

제3관 저당권의 실행

채무자가 그 채무를 변제하지 않는 때, 곧 채무자가 채무 변제에 대하여 지체를 한 때에는 저당권자는 권리의 목적인 부동산을 매각하여 그 대금으로 채무 변제에 충당할 권리가 있다. 저당권자는 경매법 또는 민사소송법에 정한 절차에 따라 저당부동산의 경매를 청구하여야 하는데, 나는 이하에서 저당부동산 경매에 관한 특별한 법칙을 설명한다.

I. 경매의 시기

저당부동산에 대하여 소유권, 지상권, 영소작권을 취득한 자가 있는 때에는 저당권

者ᄂᆞᆫ其實行에當ᄒᆞ야第三取得者의게其旨를先通홈을要ᄒᆞᄂᆞ니此境遇에第三取得者가單純히債務를辨償ᄒᆞ거나又ᄂᆞᆫ抵當權者의請求를因ᄒᆞ야其權利의對價를辨償ᄒᆞ거나又ᄂᆞᆫ通知後一個月內에滌除ᄒᆞᆫ時ᄂᆞᆫ抵當權은消滅에歸홈은前에說明ᄒᆞᆫ바이라故로抵當權者ᄂᆞᆫ抵當權實行의通知後一個月內ᄂᆞᆫ其權利實行에着手키不得ᄒᆞ고第三取得者가此期限을徒過ᄒᆞ야辨償又ᄂᆞᆫ滌除치아니ᄒᆞᄂᆞᆫ境遇에其權利를實行ᄒᆞ야抵當不動産의競賣를始請ᄒᆞᄂᆞ니라

第二 競賣의目的物

抵當權의目的物이土地建遺物를包含ᄒᆞᆫ時ᄂᆞᆫ抵當權者ᄂᆞᆫ其土地建造物을競賣에付ᄒᆞᄂᆞᆫ權利가有ᄒᆞ야競賣ᄒᆞᆫ結果競落人이其土地建造物의所有權을并取得홈이明ᄒᆞ나土地와建遺物은別個獨立의不動産으로各々抵當權의目的物됨을得ᄒᆞᄂᆞ니抵當權者ᄂᆞᆫ土地만競賣에付ᄒᆞᄂᆞᆫ境遇도有ᄒᆞ고或建造物만競賣에付ᄒᆞᄂᆞᆫ境遇도有홈으로競賣ᄒᆞᆫ結果土地의所有權을取得ᄒᆞᆫ者與其土地上에存ᄒᆞᆫ建遺物所有者의關係와又建遺物의所有權을取得ᄒᆞᆫ者與其建遺物

자는 저당권을 실행할 때 제3취득자에게 그 취지를 먼저 통지하여야 한다. 이 경우에 제3취득자가 단순히 채무를 변제하거나 저당권자의 청구에 따라 그 권리의 대가를 변제하거나 통지 후 1개월 내에 척제한 때에는 저당권이 소멸하게 됨은 앞에서 설명한 바이다. 그러므로 저당권자는 저당권 실행의 통지 후 1개월 내에는 그 권리 실행에 착수할 수 없고, 제3취득자가 이 기간을 도과하여 변제 또는 척제하지 않는 경우에 비로소 그 권리를 실행하여 저당부동산의 경매를 청구할 수 있다.

II. 경매의 목적물

저당권의 목적물이 토지와 건조물을 포함한 때에는 저당권자는 그 토지와 건조물을 경매에 부칠 권리가 있다. 그리하여 경매의 결과 매수인이 그 토지와 건조물의 소유권을 함께 취득하는 것이 명백하다. 그러나 토지와 건조물은 별개의 독립한 부동산으로 각각 저당권의 목적이 될 수 있으므로, 저당권자는 토지만 경매에 부치는 경우도 있고 건조물만 경매에 부치는 경우도 있다. 그리하여 경매의 결과 토지의 소유권을 취득한 자와 그 토지 위에 있는 건조물 소유자의 관계, 또는 건조물 소유권을 취득한 자와 그 건조물

이存훈土地所有者의關係를定홀必要가生ᄒᆞᄂᆞᆫ지라因ᄒᆞ야余ᄂᆞᆫ此点에對ᄒᆞ야各境遇를區別ᄒᆞ야說明ᄒᆞ노라

(一)抵當權이土地를目的ᄒᆞ고其上에建造物이無훈境遇　此境遇에ᄂᆞᆫ競落人은其土地所有權을完全取得ᄒᆞ야困難훈關係가不生ᄒᆞᄂᆞ니라

(二)抵當權이土地를目的ᄒᆞ얏ᄂᆞᆫᄃᆡ其上에存훈建造物이他人에게屬훈境遇　此境遇에ᄂᆞᆫ競賣훈結果競落人은土地所有者가되야抵當權設定者의地位를繼承홈인즉建造物所有者와抵當權設定者間에關係ᄂᆞᆫ建造物所有者와競落人間에亦存續홀지라故로建造物의所有者가地上權者又ᄂᆞᆫ賃借人으로其權利를登記훈時ᄂᆞᆫ競落人은其權利를尊重히홈이可ᄒᆞ고此와反ᄒᆞ야建造物所有者가土地를使用홀權限이無ᄒᆞ거나又ᄂᆞᆫ地上權者賃借人이라도其權利를登記치아니ᄒᆞ고又其權利가終了된時ᄂᆞᆫ競落人이建造物所有者에게對ᄒᆞ야其收去를請求홈을得ᄒᆞᄂᆞ니라

(三)抵當權이建造物을目的ᄒᆞ얏ᄂᆞᆫᄃᆡ其建造物의存훈土地가他人所有에屬훈境遇　抵當不動產이建造物인ᄃᆡ他人所有地에建設ᄒᆞ야或은其土地上

이 있는 토지소유자의 관계를 정할 필요가 생기는 것이다. 따라서 나는 이 점에 대하여 각 경우를 구별하여 설명한다.

〈1〉 저당권이 토지를 목적으로 하고 그 위에 건조물이 없는 경우: 이 경우에는 경매절차의 매수인은 그 토지의 소유권을 완전히 취득하여 곤란한 관계가 발생하지 않는다.

〈2〉 저당권이 토지를 목적으로 하였는데 그 위에 있는 건조물이 타인에게 속한 경우: 이 경우에는 경매의 결과 매수인은 토지소유자가 되어 저당권설정자의 지위를 승계한다. 따라서 건조물 소유자와 저당권설정자 간의 관계가 건조물 소유자와 매수인 간에도 존속할 것이다. 그러므로 건조물의 소유자가 지상권자 또는 임차인으로서 그 권리를 등기한 때에는 경매절차의 매수인은 그 권리를 존중함이 마땅하다. 이와 반대로 건조물 소유자가 토지를 사용할 권한이 없거나 지상권자, 임차인이라도 그 권리를 등기하지 않았거나 그 권리가 종료된 때에는 경매절차의 매수인이 건조물 소유자에 대하여 그 철거를 청구할 수 있다.

〈3〉 저당권이 건조물을 목적으로 하였는데 그 건조물이 있는 토지가 타인 소유인 경우: 저당부동산이 건조물인데 타인 소유 토지에 건설하여 더러는 그 토지 위에地上權이有ᄒᆞᆫ事도有ᄒᆞ고或은賃借權이有ᄒᆞᆫ事도有ᄒᆞ고或은何等의權利가初無ᄒᆞᆫ事도有ᄒᆞ고或은競賣當時에其權利가消滅ᄒᆞᆫ事도有ᄒᆞᆯ지라盖土地와建造物의所有者가相異ᄒᆞᆫ境遇에建造物만抵當에供ᄒᆞᆫ時ᄂᆞᆫ其建造物의競落人은建造物所有者의權利ᄅᆞᆯ承繼ᄒᆞᆷ에不外ᄒᆞ니建造物所有者에게無ᄒᆞ얏든土地에使用權을取得지못ᄒᆞᆷ이明ᄒᆞ니라故로建造物所有者된抵當權設定者가地上權又ᄂᆞᆫ賃借權이曾有ᄒᆞ얏스나其權利가消滅에歸ᄒᆞᆫ時ᄂᆞᆫ競落人도亦其土地上에建造物을所有ᄒᆞᆯ權利가無ᄒᆞᆷ으로土地所有者의請求ᄅᆞᆯ從ᄒᆞ야此ᄅᆞᆯ收去ᄒᆞᆯ義務가有ᄒᆞᆯ지니라若抵當權設定者가其土地上에地上權이有ᄒᆞᆷ을因ᄒᆞ야建造物을所有ᄒᆞᆫ時ᄂᆞᆫ競落人으로建造物과其地上權을并取得케ᄒᆞᆷ이穩當ᄒᆞ니地上權이不伴ᄒᆞᆫ建造物은不動産되ᄂᆞᆫ實狀이無ᄒᆞᆫ즉建造物의所有者가其建造物에對ᄒᆞ야抵當權을旣設ᄒᆞᆫ以上에ᄂᆞᆫ競賣ᄒᆞᄂᆞᆫ境遇에建造物의所有權과其建造物을所有ᄒᆞᄂᆞᆫ바地上權도并移轉케ᄒᆞᄂᆞᆫ意思로推測ᄒᆞᆷ이事理에當然ᄒᆞ고抵當權을設定ᄒᆞᄂᆞᆫ目的을達ᄒᆞᆯ지라然이나抵當權設定者가賃借權으로他人所有地上에建造物을所有

에 지상권이 있는 일도 있고 더러는 임차권이 있는 일도 있으며, 더러는 처음부터 아무 권리도 없는 일도 있고 더러는 경매 당시에 그 권리가 소멸하는 일도 있을 것이다. 대개 토지와 건조물의 소유자가 다른 경우에 건조물만 저당물로 제공한 때에는 그 건조물의 경매절차 매수인은 건조물 소유자의 권리를 승계할 뿐이다. 따라서 건조물 소유자에게 없었던 토지사용권을 취득하지 못함이 명백하다. 그러므로 건조물 소유자인 저당권설정자에게 일찍이 지상권 또는 임차권이 있었으나 그 권리가 소멸된 때에는 경매절차의 매수인 또한 그 토지 위에 건조물을 소유할 권리가 없다. 따라서 토지소유자의 청구에 따라 이를 철거할 의무가 있을 것이다. 만약 저당권설정자가 그 토지 위에 지상권을 가짐에 따라 건조물을 소유한 때에는 경매절차 매수인이 건조물과 그 지상권을 함께 취득하게 함이 타당하다. 지상권이 따르지 않는 건조물은 부동산의 실질이 없으므로, 건조물 소유자가 그 건조물에 대하여 저당권을 이미 설정한 이상 경매를 하는 경우 건조물 소유권과 그 건조물을 소유하기 위한 지상권도 함께 이전시키려는 의사로 추측하는 것이 사리에 당연하고 저당권을 설정하는 목적을 이룰 수 있을 것이기 때문이다. 그러나 저당권설정자가 임차권으로 타인 소유 토지 위에 건조물을 소유

ᄒᆞᆫ境遇에ᄂᆞᆫ競落人은建造物의所有權을取得ᄒᆞᆷ에止ᄒᆞ고抵當權設定者에有ᄒᆞᆫ賃借權을承繼치아니ᄒᆞᆷ이라何者오地上權은權利者에게專屬지아니ᄒᆞ니建造物所有者에有ᄒᆞᆫ地上權은建造物所有權과共히競落人에게移轉케ᄒᆞ야도無妨ᄒᆞ나賃借權의讓渡ᄂᆞᆫ賃貸人의承諾을要ᄒᆞ야賃借人이隨意치못ᄒᆞᄂᆞ니因ᄒᆞ야建造物所有者에게有ᄒᆞᆫ賃借權은當然히競落人에게移轉됨으로解釋ᄒᆞᆷ을不得ᄒᆞᆯ所以라故로此境遇에抵當權은不動產된建造物을目的ᄒᆞᆷ이아니오單其材料를目的ᄒᆞᆫ者ㅣ라謂ᄒᆞ리니라

(四)土地와其上에存ᄒᆞᆫ建造物이同一所有者에게屬ᄒᆞ얏스나其土地或은建造物만抵當權의目的된境遇　此境遇에抵當權者가其權利의目的된土地或建造物을競賣에付ᄒᆞᄂᆞᆫ權이有ᄒᆞᆷ은勿論이나競賣ᄒᆞᆫ結果建造物과其土地에所有者가各異ᄒᆞᆷ에至ᄒᆞ야建造物의所有者ᄂᆞᆫ他人所有地內에建造物을所有ᄒᆞᆷ에止ᄒᆞ리니若此境遇에建造物에所有者가土地所有者의請求를因ᄒᆞ야其建造物을撤去치아니치못ᄒᆞ게되면建造物所有者의利益을害ᄒᆞᆷ은勿論이오經濟上에도不利ᄒᆞᆫ結果가生ᄒᆞᆯ뿐더러土地의所有者가其所有

한 경우에는 경매절차 매수인은 건조물의 소유권을 취득하는 데 그치고 저당권설정자가 갖는 임차권을 승계하지 않는다. 왜냐하면 지상권은 권리자에게 전속되지 않으므로 건조물 소유자가 갖는 지상권은 건조물 소유권과 함께 경매절차 매수인에게 이전시켜도 무방하다. 그러나 임차권의 양도는 임대인의 승낙이 필요하여 임차인이 마음대로 하지 못한다. 따라서 건조물 소유자가 갖는 임차권은 당연히 매수인에게 이전된다고 해석할 수 없기 때문이다. 그러므로 이 경우에 저당권은 부동산인 건조물을 목적으로 하는 것이 아니고 다만 그 재료를 목적으로 한 것이라고 말하게 될 것이다.

〈4〉 토지와 그 위에 있는 건조물이 동일한 소유자에게 속하였으나 그 토지 또는 건조물만 저당권의 목적이 된 경우: 이 경우에 저당권자가 그 권리의 목적인 토지 또는 건조물을 경매에 부칠 권리가 있음은 물론이다. 그러나 경매의 결과 건조물과 그 토지의 소유자가 각각 달라져 건조물의 소유자는 타인 소유 토지 내에 건조물을 소유하는 데 그칠 것이다. 만약 이 경우에 건조물 소유자가 토지소유자의 청구에 따라 그 건조물을 철거하지 않을 수 없게 되면 건조물 소유자의 이익을 해하는 것은 물론이고 경제적으로도 불리한 결과를 낳을 것이다. 뿐만 아니라 토지소유자가 그가 소유

建造物를抵當에供ᄒᆞᆷ은後日競賣ᄒᆞᄂᆞᆫ境遇에至ᄒᆞ야其建造物를爲ᄒᆞ야地上權를設定ᄒᆞ야競落人으로ᄒᆞ야곰其所有地內에셔此를所有케ᄒᆞᄂᆞᆫ意思가有ᄒᆞᆷ으로推測ᄒᆞᆷ을得ᄒᆞᆯ지오又土地所有者가建造物이現有ᄒᆞᆫ土地를抵當에供ᄒᆞᆫ時ᄂᆞᆫ競賣ᄒᆞᄂᆞᆫ境遇에自己를爲ᄒᆞ야地上權를留保ᄒᆞ야其土地에셔建造物을所有ᄒᆞᆯ意思가有ᄒᆞᆷ으로推測ᄒᆞᆷ을得ᄒᆞᆯ지니故로抵當權設定者ᄂᆞᆫ競賣ᄒᆞᄂᆞᆫ境遇에地上權를設定ᄒᆞᄂᆞᆫ者로看做ᄒᆞᆷ이可ᄒᆞᆫ디然이나建造物所有者가無償으로他人의土地를使用케ᄒᆞᆷ은條理에反ᄒᆞᆷ이니土地使用의對價로相當ᄒᆞᆫ地代를支給ᄒᆞᆷ을要ᄒᆞᆯ지라然而其地代額과範圍에對ᄒᆞ야當事者間에協意가不調ᄒᆞ면裁判所에請求ᄒᆞ야定ᄒᆞ고存續期間은設定行爲로定치아니ᄒᆞᆫ境遇에關ᄒᆞᆫ法定期間을適用ᄒᆞᆯ지니라

（五）土地와建造物이同一人에게屬ᄒᆞ야兩者가皆抵當權의目的된境遇　此境遇에抵當權者ᄂᆞᆫ土地와建造物를競賣에並付ᄒᆞᆷ을得ᄒᆞ고競落人은兩者의所有權를並取得ᄒᆞᆷ으로써何等困難ᄒᆞᆫ問題가不生ᄒᆞ나然이나抵當權者가土地와建造物을分離ᄒᆞ야競賣에付ᄒᆞᆷ은無妨ᄒᆞ니然則土地와建造物은

한 건조물을 저당물로 제공한 까닭은, 뒷날 경매되는 경우에 그 건조물을 위하여 지상권을 설정함으로써 경매절차 매수인으로 하여금 그 소유 토지 내에서 이를 소유하게 할 의사가 있다고 추측할 수 있을 것이다. 또 토지소유자가 건조물이 현존한 토지를 저당물로 제공한 때에는, 경매되는 경우 자기를 위하여 지상권을 유보함으로써 그 토지에서 건조물을 소유할 의사가 있다고 추측할 수 있을 것이다. 그러므로 저당권설정자는 경매를 하는 경우에 지상권을 설정한 것으로 간주하는 것이 마땅하다. 그러나 건조물 소유자가 무상으로 타인의 토지를 사용하게 하는 것은 조리에 어긋난다. 따라서 토지 사용의 대가로 상당한 지료를 지급하여야 할 것이다. 그러나 그 지료의 금액과 범위에 대하여 당사자 간에 협의가 이루어지지 않으면 재판소에 청구하여 정하고, 존속기간은 설정행위로 정하지 않은 경우에 관한 법정기간을 적용하여야 한다.

〈5〉 토지와 건조물일 동일인에게 속하여 양자가 모두 저당권의 목적이 된 경우: 이 경우에 저당권자는 토지와 건조물을 함께 경매에 부칠 수 있고 매수인이 양자의 소유권을 함께 취득하면 아무런 곤란한 문제도 발생하지 않는다. 그러나 저당권자가 토지와 건조물을 분리하여 경매에 부치는 것은 무방한데, 그렇다면 토지와 건조물은

別個人의所有에歸홈으로써其互相權利의關係를定홀必要가生홀지라余는此境遇에도亦當事者間에反對意思表示가無ᄒᆞᆫ限에는上項의境遇와如히其建造物ᄅᆞᆯ所有홈에必要ᄒᆞᆫ地上權은取得ᄒᆞ는者로解釋홈이相當홈으로信ᄒᆞ노라

(六)抵當權이土地ᄅᆞᆯ目的ᄒᆞ얏는ᄃᆡ抵當權設定者가抵當權設定後에其土地에建造物ᄅᆞᆯ築造홀境遇 此境遇에는抵當權者는土地와建造物을並ᄒᆞ야競賣에付홈을得ᄒᆞᄂᆞ니土地와建造物을分離ᄒᆞ야其權利에目的된土地만賣却ᄒᆞ면所有者가各異홀터인ᄃᆡ 前數項에境遇와如히 建造物ᄅᆞᆯ爲ᄒᆞ야地上權을設定케ᄒᆞ면抵當權者의權利ᄅᆞᆯ害홈으로써其建造物은收去치아니홈에至ᄒᆞ야經濟上不利에結果가生홀뿐더러抵當權者가目的된土地만競賣에付홈을要케ᄒᆞ면其亦其土地上에建造物이有홈을因ᄒᆞ야抵當權者에게不利ᄒᆞᆫ結果가生홀慮가不無ᄒᆞᆫ지라故로抵當權者로ᄒᆞ야곰土地와共히其建造物ᄅᆞᆯ競賣에付홈을得케홈인ᄃᆡ然이나此는抵當權者의權利오義務는아닌즉 抵當權者가 自己利害ᄅᆞᆯ 觀ᄒᆞ야土地만 競賣홈도無妨ᄒᆞ고

다른 사람의 소유가 되므로 서로의 권리관계를 정할 필요가 생긴다. 나는 이 경우에도 또한 당사자 간에 반대의 의사표시가 없는 한 앞 항의 경우와 같이 그 건조물을 소유하는 데 필요한 지상권은 취득하는 것으로 해석하는 것이 타당하다고 믿는다.

〈6〉 저당권이 토지를 목적으로 하였는데 저당권설정자가 저당권 설정 후에 그 토지에 건조물을 축조한 경우: 이 경우에는 저당권자는 토지와 건조물을 아울러 경매에 부칠 수 있다. 토지와 건조물을 분리하여 저당권의 목적인 토지만 매각하면 소유자가 각기 달라질 것이다. 그런데 앞의 여러 항에서와 같이 건조물을 위하여 지상권을 설정하도록 하면, 저당권자의 권리를 해함으로써 그 건조물이 철거되지 않게 되므로 경제적으로 불리한 결과를 낳을 것이다. 뿐만 아니라 저당권자가 목적이 된 토지만 경매에 부치도록 하면 그 또한 토지 위에 건조물이 있음에 따라 저당권자에게 불리한 결과를 낳을 우려가 없지 않다. 그러므로 저당권자로 하여금 토지와 함께 그 건조물을 경매에 부칠 수 있게 하는 것이다. 그러나 이는 저당권자의 권리이고 의무는 아니므로 저당권자가 자기의 이해관계를 보고 토지만 경매하는 것도 무방하다.

又抵當權者가土地와建造物을並히賣却ᄒᆞᆫ要求라도抵當權은本來土地만目的ᄒᆞᆫ者인즉抵當權者는土地代價에만對ᄒᆞ야優先權ᄅᆞᆯ行ᄒᆞᆷ을得ᄒᆞ고建造物代價에는此權利ᄅᆞᆯ行ᄒᆞᆷ을不得ᄒᆞᆯ지라故로競賣代金中에셔土地의代金과建造物의代金을嚴密히區別ᄒᆞᆷ이可ᄒᆞ니라

第三競賣와第三取得者의關係

(一)第三取得者는競賣人됨을得ᄒᆞᆷ　第三取得者中抵當不動産의所有權을讓受ᄒᆞᆫ者는競落을因ᄒᆞ야自已의所有物을買受ᄒᆞ는奇觀이有ᄒᆞ나然이나競賣ᄒᆞᆫ結果에第三取得者의權利는消滅되야何等의權利가無ᄒᆞᆫ者가되니純然ᄒᆞᆫ第三者로競賣에干與ᄒᆞ야競賣人됨을得ᄒᆞᆯ지며地上權永小作權을取得ᄒᆞᆫ者는競賣人이못될事由가無ᄒᆞ고且此等第三者는皆其權利ᄅᆞᆯ保存ᄒᆞ기緊切ᄒᆞᆫ者인ᄃᆡ此等者가競賣人됨이債權者利益에毫害도無ᄒᆞᆫ지라故로何點으로觀ᄒᆞ던지第三取得者로ᄒᆞ야곰其競賣에競賣人되게ᄒᆞᆷ이可ᄒᆞ니라

(二)第三取得者가抵當不動産에對ᄒᆞ야必要費又는有益費ᄅᆞᆯ出ᄒᆞᆫ時는其代

또 저당권자가 토지와 건조물을 함께 매각한 경우라도 저당권은 본래 토지만 목적으로 한 것이다. 따라서 저당권자는 토지의 대가에 대하여만 우선권을 행사할 수 있고 건조물의 대가에는 이 권리를 행사할 수 없을 것이다. 그러므로 경매대금 중에서 토지의 대금과 건조물의 대금을 엄밀히 구별하는 것이 마땅하다.

III. 경매와 제3취득자의 관계

〈1〉 제3취득자는 경매인(競買人)이 될 수 있다: 제3취득자 중 저당부동산의 소유권을 양수한 자는 경매로 인하여 자기의 소유물을 매수하는 기이한 광경이 벌어진다. 그러나 경매의 결과 제3취득자의 권리는 소멸되어 어떠한 권리도 없는 자가 되므로, 완전한 제3자로서 경매에 참여하여 경매인이 될 수 있을 것이다. 또 이들 제3자는 모두 그 권리를 보존할 긴절한 필요가 있는 자이며, 이들이 경매인이 되어도 채권자의 이익에 털끝만큼의 손해도 없는 것이다. 그러므로 어느 점으로 보든지 제3취득자가 그 경매에서 경매인이 될 수 있게 함이 마땅하다.

〈2〉 제3취득자가 저당부동산에 대하여 필요비 또는 유익비를 지출한 때에는 그 대

價中으로優先辦償을受홈을得홈　此는抵當不動產에對ᄒᆞ야必要費又는有益費를支出ᄒᆞᆫ第三取得者의게不當利得의原則을適用홈이라第三取得者가競賣의結果로其權利를喪失홈에至ᄒᆞ야는抵當不動產에關ᄒᆞ야支出ᄒᆞᆫ必要費의全部와有益費或此로因ᄒᆞᆫ不動產增加額의償還을不動產所有者의게請求홈이正當ᄒᆞᆯ뿐아니라其費用은不動產其者에對ᄒᆞ야支出ᄒᆞᆫ者인즉債權者가不動產을保存ᄒᆞ거나又工事를加ᄒᆞᆫ境遇와如히第三取得者로ᄒᆞ야곰不動產의賣却代金으로優先辦償을受케홈이公平ᄒᆞᆯ지라若不然이면抵當權者는第三取得者를害ᄒᆞ고不當히利得ᄒᆞ는結果가生ᄒᆞ리니라然이나其償還方法에對ᄒᆞ야는占有者가占有物을返還ᄒᆞ는境遇에費用償還을請求홈과同ᄒᆞ고前에도論ᄒᆞᆫ바이有ᄒᆞ기玆에再設치아니ᄒᆞ노라

第四競賣代金의配當

債權者一人이同一債權으로數個不動產上에抵當權을有ᄒᆞᆫ境遇와債權者數名이有ᄒᆞᆫᄃᆡ各債權者가各不動產上에抵當權을有ᄒᆞᆫ境遇와各債權者가各債

가에서 우선변제를 받을 수 있다: 이는 저당부동산에 대하여 필요비 또는 유익비를 지출한 제3취득자에게 부당이득의 원칙을 적용하는 것이다. 제3취득자가 경매의 결과 그 권리를 잃게 되면, 저당부동산에 관하여 지출한 필요비 전부와 유익비 또는 이로 인한 부동산 가치 증가액의 상환을 부동산 소유자에게 청구할 수 있게 함이 정당하다. 뿐만 아니라 그 비용은 부동산 그 자체에 대하여 지출한 것이므로 채권자가 부동산을 보존하거나 공사를 한 경우와 같이 제3취득자로 하여금 부동산의 매각대금으로 우선변제를 받게 함에 공평할 것이다. 만약 그렇지 않다면 저당권자는 제3취득자를 해하고 부당이득을 하는 결과를 낳을 것이다. 그러나 그 상환 방법에 대하여는 점유자가 점유물을 반환하는 경우의 비용상환청구와 같고 앞서도 논한 바 있으므로 여기서 다시 설명하지 않는다.

IV. 경매대금의 배당

채권자 1인이 동일한 채권으로 여러 부동산에 저당권을 가진 경우와 채권자가 여러 명 있는데 각 채권자가 각 부동산 위에 저당권을 가진 경우, 각 채권자가 각

權으로數個不動産上에抵當權을有ᄒᆞᆫ境遇及數名債權者가同一不動産上에各抵當權을有ᄒᆞᆫ境遇에ᄂᆞᆫ抵當不動産의代金配當에關ᄒᆞ야何等의問題가無ᄒᆞᆯ지라第一及第二의境遇에ᄂᆞᆫ債權者가抵當權目的된不動産을隨意競賣ᄒᆞ야其代金으로辨償에供ᄒᆞᆷ을得ᄒᆞᆯ터이오第三及第四의境遇에ᄂᆞᆫ債權者ᄂᆞᆫ賣却代金으로順位를從ᄒᆞ야分配ᄒᆞᆷ을得ᄒᆞ리니此로因ᄒᆞ야抵當權者間에配當에關ᄒᆞᆫ利害問題가不生ᄒᆞ리니라然이나此와反ᄒᆞ야抵當權者數名이有ᄒᆞᆫᄃᆡ其中何者가同一債權에對ᄒᆞ야數個不動産上에抵當權을有ᄒᆞᆫ時ᄂᆞᆫ競賣代金配當의方法如何ᄂᆞᆫ抵當權者間에利害의影響이及ᄒᆞᄂᆞᆫ故로左의方法에依ᄒᆞᄂᆞ니라

(一)債權者가同一債權의擔保로數個不動産上에抵當權을有ᄒᆞᆫ境遇에同時에其代價를配當ᄒᆞᄂᆞᆫ時ᄂᆞᆫ其各不動産의價額에準ᄒᆞ야其債權의負擔을分ᄒᆞᆷ　假令甲은一萬圜의債權이有ᄒᆞᆫ抵當權者인ᄃᆡ子丑寅되ᄂᆞᆫ三個土地上에抵當權이有ᄒᆞ야子土地ᄂᆞᆫ六千圜丑土地ᄂᆞᆫ四千圜寅土地ᄂᆞᆫ一萬圜의價額이有ᄒᆞᆫ者로假定ᄒᆞ고右三個土地를同時에賣却ᄒᆞ야其代金으로配當

채권으로 여러 부동산 위에 저당권을 가진 경우 및 여러 명의 채권자가 동일한 부동산 위에 각 저당권을 가진 경우에는 저당부동산의 대금 배당에 관하여 어떠한 문제가 없을 것이다. 첫째와 둘째 경우에는 채권자가 저당권의 목적인 부동산을 뜻대로 경매하여 그 대금으로 변제를 받을 수 있을 터이고, 셋째와 넷째 경우에는 채권자는 매각대금을 순위에 따라 분배할 수 있을 것이어서 이로 인하여 저당권자 간에 배당에 관한 이해관계 문제가 발생하지 않을 것이다. 그러나 이와 반대로 채권자가 여러 명 있는데 그 중 누군가가 동일한 채권에 대하여 여러 개의 부동산 위에 저당권을 가진 때에는 경매대금 배당 방법이 어떠한지가 저당권자 간 이해관계에 영향을 미치므로 아래의 방법에 따른다.

〈1〉 채권자가 동일한 채권의 담보로 여러 부동산 위에 저당권을 가진 경우에 동시에 그 대가를 배당하는 때에는 각 부동산의 가액에 따라 그 채권의 부담액을 나눈다: 가령 甲은 1만원의 채권을 가진 저당권자로 子, 丑, 寅 세 토지 위에 저당권이 있는데, 子 토지는 6천원, 丑 토지는 4천원, 寅 토지는 1만원의 가액이 있는 것으로 가정하자. 그리고 위 세 토지를 동시에 매각하여 그 대금을 배당

ᄒᆞᄂᆞᆫ時ᄂᆞᆫ債權額 一萬圜은土地價額에比例ᄒᆞ야子의代金中으로三千圜丑의代金中으로二千圜寅의代金中으로五千圜合計萬圜을受取ᄒᆞ야此로서其債權辨償에充ᄒᆞᄂᆞ니라

此方法은如何ᄒᆞᆫ理由ᄅᆞᆯ基ᄒᆞᆷ인가盖抵當權은不可分의權利이니子丑寅의土地ᄂᆞᆫ各債權額 一萬圜의全部ᄅᆞᆯ擔保ᄒᆞᆷ으로써甲은其所欲을從ᄒᆞ야寅의土地로全部의辨償을受ᄒᆞ거나子丑의土地ᄅᆞᆯ次第賣却ᄒᆞ거나此ᄂᆞᆫ其隨意니라然이나 右三個土地에 對ᄒᆞ야甲보다 劣等의順位抵當權者가 有ᄒᆞᆫ時ᄂᆞᆫ其抵當權者ᄂᆞᆫ此ᄅᆞᆯ因ᄒᆞ야 其利益에大害되ᄂᆞᆫ結果가生ᄒᆞ리라假令甲外에乙은五千圜의債權으로寅土地上抵當權이有ᄒᆞ고丙은三千圜의債權으로子土地上에抵當權이有ᄒᆞᆫᄃᆡ甲은第一順位오乙丙은各第二順位에居ᄒᆞ얏다假定ᄒᆞ고此境遇에 甲이寅土地에 對ᄒᆞ야 其權利ᄅᆞᆯ先行ᄒᆞ면乙은一金도得키不能ᄒᆞ고丙은全部ᄅᆞᆯ受ᄒᆞᆷ을得ᄒᆞ며甲이子土地에對ᄒᆞ야其權利ᄅᆞᆯ先行ᄒᆞ면丙은配當을受ᄒᆞᆷ을不得ᄒᆞ고乙은全部ᄅᆞᆯ受ᄒᆞ야甲의抵當權行使方法의 如何ᄅᆞᆯ因ᄒᆞ야 某抵當權者ᄂᆞᆫ 損害ᄅᆞᆯ受ᄒᆞ고 他抵當權者ᄂᆞᆫ利益

하는 때에는 채권 1만원은 토지 가액에 비례하여 子 토지 대금에서 3천원, 丑 토지 대금에서 2천원, 寅 토지 대금에서 5천원, 합계 1만원을 받음으로써 그 채권 변제에 충당한다.

이 방법은 어떠한 이유에 기초하는가? 대개 저당권은 불가분적 권리로서 子, 丑, 寅 토지는 각 채권액 1만원 전부를 담보한다. 따라서 甲이 그 의사에 따라 寅 토지에서 전부를 변제받거나 子, 丑 토지를 순서대로 매각하거나, 이는 그의 마음이다. 그러나 위 세 토지에 대하여 甲보다 후순위저당권자가 있는 때에는 그 저당권자는 이로 인하여 그 이익에 큰 손해를 입는 결과를 낳을 것이다. 가령 甲 이외에 乙은 5천원의 채권으로 寅 토지 위에 저당권이 있고 丙은 3천원의 채권으로 子 토지 위에 저당권이 있는데 甲은 제1순위이고 乙, 丙은 각 제2순위에 있다고 가정하자. 이 경우에 甲이 寅 토지에 대하여 그 권리를 먼저 행사하면 乙은 한 푼도 얻을 수 없고 丙은 전부를 받을 수 있다. 그리고 甲이 子 토지에 대하여 그 권리를 먼저 행사하면 丙은 배당을 받을 수 없고 乙은 전부를 받는다. 그리하여 甲의 저당권 행사 방법 여하에 따라 어떤 저당권자는 손해를 받고 다른 저당권자는 이익을得ᄒᆞᄂᆞᆫ不公平ᄒᆞᆷ을不免ᄒᆞᆯ지라然而此境遇에甲이各不動産價格에準ᄒᆞ야配當을受ᄒᆞᄂᆞᆫ時ᄂᆞᆫ 乙丙은各其債權의辨償을受ᄒᆞᆷ을得ᄒᆞᆯᄲᅮᆫ아니라甲의利益도害ᄒᆞᆷ이無ᄒᆞ야 一時에全部辨償을受ᄒᆞᆷ을得ᄒᆞ리니甲이全部辨償을受ᄒᆞᄂᆞᆫ以上에ᄂᆞᆫ抵當土地에對ᄒᆞ야各別히 其權利ᄅᆞᆯ行ᄒᆞᆷ과價格比例에應ᄒᆞ야 總土地上에 其權利ᄅᆞᆯ行ᄒᆞᆷ이 毫도其利害에影響이不及ᄒᆞᄂᆞ니라

(二)一不動産의代價로만配當ᄒᆞᆯ時ᄂᆞᆫ抵當權者ᄂᆞᆫ其代價에對ᄒᆞ야債權의全部辨償을受ᄒᆞᆷ을得ᄒᆞᆷ 同一債權으로數個의抵當物이有ᄒᆞᆫ境遇에抵當權者의利益을害치아니ᄒᆞ고他抵當權者ᄅᆞᆯ保護ᄒᆞ기爲ᄒᆞ야抵當物의負擔을分ᄒᆞᆷ은前述ᄒᆞᆷ과如ᄒᆞ나若負擔의分割이抵當權者의게不利ᄒᆞᆫ結果가生ᄒᆞᄂᆞᆫ時ᄂᆞᆫ此方法에依케ᄒᆞᆷ이不可ᄒᆞᆯ지라抵當物의競賣가時ᄅᆞᆯ異ᄒᆞ야同時에其代價의配當을不能ᄒᆞᄂᆞᆫ時ᄂᆞᆫ抵當物負擔을分割ᄒᆞᄂᆞᆫ結果로抵當權者ᄂᆞᆫ卽時에債權全額의辨償을受키不能ᄒᆞᆯᄲᅮᆫ아니라後에至ᄒᆞ야殘存ᄒᆞᆫ抵當物이滅失毁損ᄒᆞ거나或其價額이減ᄒᆞ야完全ᄒᆞᆫ辨償을受키不能ᄒᆞᆷ에至ᄒᆞᄂᆞᆫ

을 받아 불공평해질 수밖에 없다. 그러나 이 경우에 甲이 각 부동산 가격에 따라 배당을 받는 때에는 乙, 丙은 각 그들 채권의 변제를 받을 수 있을 뿐 아니라 甲의 이익도 해하지 않아 일시에 전부 변제를 받을 수 있을 것이다. 따라서 甲이 전부 변제를 받는 이상 저당토지에 대하여 따로 그 권리를 행사하는 것과 가격에 비례하여 모든 토지 위에 그 권리를 행사하는 것이 털끝만큼도 이해관계에 영향을 미치지 않는다.

〈2〉 하나의 부동산의 대가로만 배당할 때에는 저당권자는 그 대가에 대하여 채권 전부를 변제받을 수 있다: 동일한 채권으로 여러 개의 저당물을 가진 경우에 저당권자의 이익을 해하지 않고 다른 저당권자를 보호하기 위하여 저당물의 부담액을 나누는 것은 전술한 것과 같다. 그러나 만약 부담액의 분할이 저당권자에게 불리한 결과를 낳는 때에는 이 방법에 따르게 하는 것이 옳지 않을 것이다. 저당물의 경매가 때를 달리하여 동시에 그 대가를 배당할 수 없는 때에는, 저당물의 부담액을 분할한 결과 저당권자는 즉시 채권 전액을 변제받을 수 없을 뿐 아니라 뒤에 이르러 잔존한 저당물이 멸실, 훼손되거나 그 가액이 감소하여 완전한 변제를 받을 수 없게 될

危險이有ᄒᆞ리니故로負擔의分割을不許ᄒᆞ고抵當權者로ᄒᆞ야곰債權全部에對ᄒᆞ야其權利ᄅᆞᆯ行케ᄒᆷ이니라

(三)抵當權者一人이數個抵當物中의一某物로其債權全部의辨償을受ᄒᆞᆫ時ᄂᆞᆫ次位의抵當權者ᄂᆞᆫ其抵當權者가負擔의分割을因ᄒᆞ야他不動産에對ᄒᆞ야辨償을受ᄒᆞᆯ만ᄒᆞᆫ金額에滿ᄒᆞ기ᄭᅡ지代位ᄒᆞ야抵當權을行ᄒᆷ을得ᄒᆷ　此ᄂᆞᆫ間接으로負擔을分割ᄒᆞ야抵當權者互相間에均衡을維持케ᄒᆷ이라卽同一債權에對ᄒᆞ야數個抵當物을有ᄒᆞᆫ債權者가抵當物中某物에對ᄒᆞ야其利ᄅᆞᆯ實行ᄒᆞᄂᆞᆫ時ᄂᆞᆫ次位의抵當權者ᄂᆞᆫ一金도得키不能ᄒᆞ고他抵當物에對ᄒᆞᆫ次位抵當權者ᄂᆞᆫ前位抵當權者의債權이消滅됨을因ᄒᆞ야其抵當物賣却代金에對ᄒᆞ야優先辨償을受ᄒᆷ을得ᄒᆷ으로時ᄅᆞᆯ異ᄒᆞ야抵當物을賣却ᄒᆞᄂᆞᆫ時ᄂᆞᆫ其抵當物賣却의先後遲速이抵當權者互相利害에大影響이及ᄒᆞᄂᆞᆫ故로第一順位의抵當權者가其權利目的된數個抵當物中의某物에對ᄒᆞ야債權의辨償을受ᄒᆞᄂᆞᆫ境遇ᄂᆞᆫ他抵當物上에存ᄒᆞᆫ其抵當權이負擔의分割을因ᄒᆞ야其抵當物의負擔ᄒᆞᆯ債權額限度에셔尙存續ᄒᆞᆫ者로看做ᄒᆞ야權利ᄅᆞᆯ失ᄒᆞᆯ

위험이 있을 것이다. 그러므로 부담액의 분할을 허용하지 않고 저당권자로 하여금 채권 전부에 대하여 그 권리를 행사하게 한다.

〈3〉 저당권자 1인이 여러 개의 저당물 중 어느 하나로 그 채권 전부를 변제받은 때에는 차순위저당권자(次順位抵當權者)는 그 저당권자가 부담액 분할로 인하여 다른 부동산에 대하여 변제받을 수 있는 금액에 이르기까지 대위하여 저당권을 행사할 수 있다: 이는 간접적으로 부담액을 분할하여 저당권자 상호간에 균형을 유지하려는 것이다. 즉 동일한 채권에 대하여 여러 저당물을 갖는 채권자가 저당물 중 어떤 물건에 대하여 그 권리를 실행하는 때에는 차순위저당권자는 한 푼도 받을 수 없고 다른 저당물에 대한 차순위저당권자는 선순위저당권자의 채권이 소멸됨에 따라 그 저당물 매각대금에 대하여 우선변제를 받을 수 있다. 따라서 때를 달리하여 저당물을 매각하는 때에는 그 저당물 매각의 선후관계가 저당권자 상호간 이해관계에 큰 영향을 미친다. 그러므로 제1순위 저당권자가 그 권리의 목적인 여러 저당물 중 어떤 물건에 대하여 채권의 변제를 받는 경우에는 다른 저당물 위에 있는 그의 저당권이 부담액 분할로 인하여 그 저당물이 부담할 채권액의 한도에서 여전히 존속하는 것으로 간주한다. 그리하여 권리를 잃을

次位抵當權者로ᄒᆞ야곰第一順位抵當權者를代位ᄒᆞ야其抵當權을行케ᄒᆞᄂᆞ니此方法을依ᄒᆞ면其抵當權者ᄂᆞᆫ全部를受ᄒᆞ고他抵當權者ᄂᆞᆫ一金도不得ᄒᆞᄂᆞᆫ不公平ᄒᆞᆫ結果를豫防ᄒᆞ야各自應分의配當을得ᄒᆞ고次位抵當權者互相間에ᄂᆞᆫ第一順位抵當權者의債權額을抵當物價額에準ᄒᆞ야各債權者의게分配ᄒᆞᆷ과同一ᄒᆞᆫ結果에歸着ᄒᆞᄂᆞ니라即前例에子丑寅土地ᄂᆞᆫ各甲의債權額一萬圓을負擔ᄒᆞ고其分擔額은子가三千圓丑이二千圓寅이五千圓인ᄃᆡ甲이寅의代價一萬圓으로其債權의辨償을先受ᄒᆞᄂᆞᆫ時ᄂᆞᆫ次位의 債權者乙은甲을代位ᄒᆞ야 子土地에서 三千圓丑土地에서二千圓을受取ᄒᆞᆷ을得ᄒᆞ고又甲이子土地를先賣ᄒᆞ야六千圓을受ᄒᆞᄂᆞᆫ時ᄂᆞᆫ甲은其債權全額을未受ᄒᆞᆷ으로他土地에對ᄒᆞ야抵當權을行ᄒᆞᆯ必要가有ᄒᆞ니次位債權者의丙은代位ᄒᆞᆯ權利가未確定ᄒᆞ고甲이又丑土地를賣却ᄒᆞ야 四千圓을受取ᄒᆞᆫ 時에丙은其時에甲을代位ᄒᆞ야五千圓의限度로寅土地에代ᄒᆞ야抵當權을行ᄒᆞᆷ을得ᄒᆞ고又甲이丑土地를賣却지아니ᄒᆞ고寅土地를賣却ᄒᆞ야債權殘額四千圓을受取ᄒᆞᆫ時ᄂᆞᆫ丙은寅土地의負

차순위저당권자로 하여금 제1순위 저당권자를 대위하여 그 저당권을 행사하게 한다. 이 방법에 따르면 그 저당권자는 전부를 받고 다른 저당권자는 한 푼도 얻지 못하는 불공평한 결과를 예방함으로써 각자가 몫에 맞는 배당을 얻고, 차순위저당권자 상호간에는 제1순위 저당권자의 채권액을 저당물 가액에 따라 각 채권자에게 분배하는 것과 동일한 결과가 되는 것이다. 즉 앞의 예에서 子, 丑, 寅 토지는 각 甲의 채권액 1만원을 부담하고 그 분담액은 子 토지가 3천원, 丑 토지가 2천원, 寅 토지가 5천원인데 甲이 寅 토지의 대가 1만원으로 그 채권 변제를 먼저 받은 때에는, 다음 순위 채권자 乙은 甲을 대위하여 子 토지에서 3천원, 丑 토지에서 2천원을 받을 수 있다. 또 甲이 子 토지를 먼저 매각하여 6천원을 받는 때에는 甲은 그 채권 전액을 받지 못하였으므로 다른 토지에 대하여 저당권을 실행할 필요가 있는데 다음 순위 채권자 丙은 대위할 권리가 확정되지 않았다. 여기서 甲이 다시 丑 토지를 매각하여 4천원을 받은 때에는 丙은 甲을 대위하여 5천원의 한도로 寅 토지에 대하여 저당권을 행사할 수 있다. 또 甲이 丑 토지를 매각하지 않고 寅 토지를 매각하여 채권 잔액 4천원을 받은 때에는 丙은 寅 토지가 부

擔ᄒᆞᆫ五千圓에셔甲이受取ᄒᆞᆫ四千圓을除ᄒᆞᆫ殘額一千圓에만對ᄒᆞ야甲을代位ᄒᆞ야抵當權을行ᄒᆞ고乙은殘餘의代金五千圓을受取ᄒᆞ며丙은又丑土地에對ᄒᆞ야其分擔額二千圓을受取ᄒᆞᆷ을得ᄒᆞᆯ지니라

抵當權者一人이一不動產에對ᄒᆞ야全部辨償을受ᄒᆞᆫ境遇에次位의抵當權者數名이有ᄒᆞᆫ時ᄂᆞᆫ各抵當權者ᄂᆞᆫ其順位ᄅᆞᆯ從ᄒᆞ야代位權을行ᄒᆞᆯ지라假令甲이一萬圓의債權으로各一萬圓의價額이有ᄒᆞᆫ子丑土地에對ᄒᆞ야抵當權이有ᄒᆞ면其土地의分擔額은各五千圓이라然而子土地에對ᄒᆞ야乙丙의抵當權者가有ᄒᆞᆫᄃᆡ乙은三千圓丙은四千圓의債權이오乙은第二位丙은第三位되ᄂᆞᆫ境遇에甲이子土地ᄅᆞᆯ賣却ᄒᆞ야全部辨償을受ᄒᆞᆫ時ᄂᆞᆫ乙丙은各其順位ᄅᆞᆯ從ᄒᆞ야分擔額五千圓을限度ᄒᆞ야甲을代位ᄒᆞ야丑土地上에셔乙은債權全部三千圓을受ᄒᆞ고丙은殘金二千圓을受ᄒᆞᆷ을得ᄒᆞ며殘餘五千圓은又丑不動產에對ᄒᆞᆫ次位抵當權者가分配ᄒᆞᆯ지니라

次位抵當權者가代位權利ᄅᆞᆯ主張ᄒᆞᆷ에ᄂᆞᆫ登의節次ᄅᆞᆯ不要ᄒᆞᄂᆞ니何者오代位抵當權者ᄂᆞᆫ第一順位의抵當權者가辨償을受ᄒᆞᆫ當然ᄒᆞᆫ效果로此ᄅᆞᆯ

담한 5천원에서 甲이 받은 4천원을 뺀 잔액 1천원에 대하여만 甲을 대위하여 저당권을 행사하고, 乙은 나머지 대금 5천원을 받으며 丙은 다시 丑 토지에 대하여 그 분담액 2천원을 받을 수 있을 것이다.

저당권자 1인이 하나의 부동산에 대하여 전부를 변제받은 경우에 차순위저당권자가 여러 명 있는 때에는 각 저당권자는 그 순위에 따라 대위권을 행사하여야 한다. 가령 甲이 1만원의 채권으로 각 1만원의 가액을 갖는 子, 丑 토지에 대하여 저당권을 가진다면 그 토지의 분담액은 각 5천원이다. 그런데 子 토지에 대하여 저당권자 乙, 丙이 있는데 乙의 채권액은 3천원, 丙은 4천원이고 乙은 제2순위, 丙은 제3순위인 경우에 甲이 子 토지를 매각하여 전부를 변제받았다고 하자. 이때에는 乙, 丙은 각 그 순위에 따라 분담액 5천원을 한도로 하여 甲을 대위한다. 따라서 丑 토지에서 乙은 채권 전액인 3천원을 받고 丙은 잔액 2천원을 받을 수 있으며 나머지 5천원은 다시 丑 부동산에 대한 차순위저당권자에게 분배될 것이다.

차순위저당권자가 대위권을 주장하는 데에는 등기절차가 필요하지 않다. 왜냐하면 대위저당권자는 제1순위 저당권자가 변제를 받은 당연한 효과로 이를

代位ᄒᆞ야其權利ᄅᆞᆯ行ᄒᆞᆷ에不過ᄒᆞᆷ이니此ᄅᆞᆯ登記치아니ᄒᆞ야도此ᄅᆞᆯ因ᄒᆞ야債務者及其他債權者의게不測의損害가無ᄒᆞᆫ所以니라然이나若登記ᄒᆞ면利益이有ᄒᆞ니卽代位登記ᄂᆞᆫ左二個境遇에有益ᄒᆞ니라

(甲)第三取得者가抵當不動産을滌除코자ᄒᆞᄂᆞᆫ時ᄂᆞᆫ登記ᄒᆞᆫ總債權者의게對ᄒᆞ야金額을提供ᄒᆞᆷ은前에說明ᄒᆞᆫ바이라然而代位抵當權者가其代位ᄅᆞᆯ登記치아니ᄒᆞᆫ時ᄂᆞᆫ第三取得者ᄂᆞᆫ代位者의게對ᄒᆞ야ᄂᆞᆫ金額을提供치아니ᄒᆞ리니故로代位者ᄂᆞᆫ增價競賣ᄅᆞᆯ請求키不得ᄒᆞᆯ지라此ᄂᆞᆫ代位者의不利이나然이나若其代位ᄅᆞᆯ登記ᄒᆞ면第三取得者ᄂᆞᆫ金額을提供치아니치못ᄒᆞᆯ지니增價競賣ᄅᆞᆯ請求ᄒᆞᆯ必要가有ᄒᆞᆫ境遇에其節次ᄅᆞᆯ行ᄒᆞᆷ을得ᄒᆞᆯ지니라

(乙)代位者ᄂᆞᆫ抵當權目的된不動産代價ᄅᆞᆯ配當ᄒᆞᆷ에當ᄒᆞ야加入ᄒᆞ기爲ᄒᆞ야其代位ᄅᆞᆯ登記ᄒᆞᆯ必要가有ᄒᆞᆫ지라何者오代位者가登記치아니ᄒᆞᆫ時ᄂᆞᆫ登記ᄒᆞᆫ債權者間만其代價ᄅᆞᆯ分配ᄒᆞ고代位者ᄂᆞᆫ其配當에加入키不能ᄒᆞᆯ慮가有ᄒᆞᆫ所以니라

대위하여 그 권리를 행사하는 데 불과하다. 따라서 이를 등기하지 않아도 이로 인하여 채무자 및 기타 채권자에게 불측의 손해가 없기 때문이다. 그러나 만약 등기를 하면 이익이 있는데, 곧 대위등기는 다음 두 가지 경우에 실익이 있다.

① 제3취득자가 저당부동산을 척제하려는 때에는 등기한 모든 채권자에 대하여 금액을 제공하여야 함은 앞에서 설명한 바이다. 그러나 대위저당권자가 그 대위를 등기하지 않은 때에는 제3취득자는 대위자에 대하여는 금액을 제공하지 않을 것이므로 대위자는 증가경매를 청구하지 못할 것이다. 따라서 이는 대위자에게 불이익이 된다. 그러나 만약 그 대위를 등기하면 제3취득자는 금액을 제공하지 않을 수 없으므로 증가경매를 청구할 필요가 있는 경우에 그 절차를 이행할 수 있을 것이다.

② 대위자는 저당권의 목적인 부동산의 대가를 배당할 때 참가하기 위하여 그 대위를 등기할 필요가 있는 것이다. 왜냐하면 대위자가 등기를 하지 않은 때에는 등기한 채권자 간에만 그 대가를 분배하고 대위자는 그 배당에 참가하지 못할 우려가 있기 때문이다.

(四)抵當權者는抵當不動產代價로써辨償을受치못ᄒᆞᆫ部分에만對ᄒᆞ야他財產으로써辨償을受ᄒᆞᆷ을得ᄒᆞᆷ　抵當權者는債權者의資格으로特別擔保以外의債務者財產에對ᄒᆞ야其權利를行ᄒᆞ야普通債權者와共히其配當ᄒᆞᆷ을得ᄒᆞᆯ지나然이나抵當權者는其債權辨償을確保ᄒᆞᆯ만ᄒᆞᆫ特定不動產을供케ᄒᆞ야其不動產으로辨償을受ᄒᆞᆷ을豫期ᄒᆞ얏고債務者의他財產은其計筭外에置ᄒᆞ얏던者인즉抵當不動產에對ᄒᆞ야其債權의辨償을先受ᄒᆞᆷ이普通의順序ㅣ뿐더러抵當權者가抵當物을度外에置ᄒᆞ고他財產으로辨償을受케ᄒᆞ면普通債權者는不利의結果가生ᄒᆞᆯ지라假令甲이四千圓의債權을三千圓價格되는土地上에抵當權을設定ᄒᆞᆫ境遇에乙은普通債權者로二千圓債權이有ᄒᆞ고且債務者는抵當土地外에一千二百圓의價格이有ᄒᆞᆫ他財產이有ᄒᆞ다假定ᄒᆞ고甲이抵當物에對ᄒᆞ야其權利를先行ᄒᆞ면甲은賣却代金三千圓을受取ᄒᆞ고其殘額一千圓은乙과共히他財產一千二百圓에對ᄒᆞ야辨償을受ᄒᆞᆯ지니即其財產은一과二의比例로甲·乙間에分配ᄒᆞ야甲은四百圓乙은八百圓을受取ᄒᆞᆯ터이나甲이抵當物을置之ᄒᆞ고他財產에對ᄒᆞ야其權

〈4〉 저당권자는 저당부동산의 대가로 변제를 받지 못한 부분에 대하여만 다른 재산으로 변제받을 수 있다: 저당권자는 채권자의 자격으로 특별담보 이외의 채무자 재산에 대하여 그 권리를 행사하여 일반채권자와 함께 그 배당을 받을 수 있을 것이다. 그러나 저당권자는 그 채권 변제를 확보할 만한 특정한 부동산을 제공하게 함으로써 그 부동산으로 변제를 받을 것을 예상하였고 채무자의 다른 재산은 그 계산 밖에 두었던 것이다. 따라서 저당부동산에 대하여 그 채권의 변제를 먼저 받는 것이 보통의 순서이다. 뿐만 아니라 저당권자가 저당물을 도외시하고 다른 재산으로 변제를 받게 하면 일반채권자에게 불리한 결과를 낳을 것이다. 가령 甲이 4천원의 채권을 3천원의 가격을 갖는 토지 위에 저당권을 설정한 경우에, 乙이 일반채권자로서 2천원의 채권이 있고 또 채무자는 저당토지 외에 1,200원의 가격이 있는 다른 재산이 있다고 가정하자. 이때 甲이 저당물에 대하여 그 권리를 먼저 행사하면 甲은 매각대금 3천원을 받고 그 잔액 1천원은 乙과 함께 다른 재산 1,200원에 대하여 변제를 받을 것이다. 곧 그 재산은 1:2의 비율로 甲과 乙 간에 분배되어, 甲은 400원, 乙은 800원을 받을 것이다. 그러나 甲이 저당물을 놔두고 다른 재산에 대하여 그 권

利를先行ᄒᆞ면其財産을二와一의比例로甲乙間에分配ᄒᆞ야甲은八百圓乙은四百圓을受取홈에不過야乙은不利의結果를被홈이明瞭ᄒᆞᆫ지라故로法律은抵當權者가抵當物을供케ᄒᆞᆫ趣旨와抵當權者及普通債權者互相間의利害를參酌ᄒᆞ야抵當物의代價로辨償을先受ᄒᆞ고尙不足ᄒᆞᆫ境遇에限ᄒᆞ야普通債權者와共히抵當物以外財産에對ᄒᆞ야辨償을受케ᄒᆞ니라

前記의原則은抵當物의代價와他財産의代價를同時에分配ᄒᆞᄂᆞᆫ境遇라然이나抵當物에先ᄒᆞ야他財産을賣却ᄒᆞ야其代價를配當ᄒᆞᄂᆞᆫ境遇에ᄂᆞᆫ亦抵當權者의게不利의結果가生ᄒᆞᆯ지라何者오抵當物이後에至ᄒᆞ야滅失毁損ᄒᆞ거나又ᄂᆞᆫ其價格이減少ᄒᆞᄂᆞᆫ事도有ᄒᆞ니抵當權者ᄂᆞᆫ後에幾何의金額을領收ᄒᆞᆯᄂᆞᆫ지不明ᄒᆞᆫ바이라故로此境遇에ᄂᆞᆫ抵當權者ᄂᆞᆫ一般原則을從ᄒᆞ야其債權全額에對ᄒᆞ야普通債權者와共히配當에加入ᄒᆞ야其債權額에相當ᄒᆞᆫ配當을受홈을得ᄒᆞᆯ지니라然이나抵當權者가後에至ᄒᆞ야抵當物을賣却ᄒᆞ야其代金을受取ᄒᆞᆯ時에當然히受取ᄒᆞᆯ部分보다多取ᄒᆞᆯ結果가或生ᄒᆞᆯ故로此結果를豫防ᄒᆞ기爲ᄒᆞ야普通債權者로ᄒᆞ야곰抵當權者의게配當ᄒᆞᆯ金

리를 먼저 행사하면 그 재산이 2:1의 비율로 甲과 乙 간에 분배됨으로써, 甲은 800원, 乙은 400원을 받는 데 불과하여 乙은 불리한 결과를 당함이 분명하다. 그러므로 법률은 저당권자가 저당물을 제공하게 한 취지와 저당권자 및 일반채권자 상호간의 이해관계를 참작하여 저당물의 대가로 변제를 먼저 받고 여전히 부족한 경우에 한하여 일반채권자와 함께 저당물 이외의 재산에 대하여 변제를 받게 한다.

앞에 적은 원칙은 저당물의 대가와 다른 재산의 대가를 동시에 분배하는 경우이다. 그러나 저당물보다 먼저 다른 재산을 매각하여 그 대가를 배당하는 경우에는 또한 저당권자에게 불리한 결과가 발생할 것이다. 왜냐하면 저당물이 뒤에 이르러 멸실, 훼손되거나 그 가격이 감소되는 일도 있을 수 있어 저당권자가 뒤에 얼마의 금액을 수령할 수 있을는지 분명하지 않은 것이다. 그러므로 이 경우에는 저당권자는 일반원칙에 따라 그 채권 전액에 대하여 일반채권자와 함께 배당에 참가하여 그 채권액에 상응한 배당을 받을 수 있을 것이다. 그러나 저당권자가 뒤에 이르러 저당물을 매각하여 그 대금을 받을 때에 당연히 받을 부분보다 많이 받는 결과가 발생할 수도 있다. 그러므로 이 결과를 예방하기 위하여 일반채권자로 하여금 저당권자에게 배당할 금

額의供託을請求ᄒᆞᆷ을得케ᄒᆞᆷ이可ᄒᆞ니此ᄂᆞᆫ抵當不動產의賣却을待ᄒᆞ야互相所得에歸ᄒᆞᆯ金額을計筭ᄒᆞᆷ을爲ᄒᆞᆷ이니라

第四欵　競賣와抵當權設定者와關係

他人債權을擔保ᄒᆞ기爲ᄒᆞ야抵當權을設定ᄒᆞᆫ者가競賣의結果로所有權을失ᄒᆞᆫ時ᄂᆞᆫ債務者에게對ᄒᆞ야求償權이有ᄒᆞ고債務者를代ᄒᆞ야辨償ᄒᆞᆫ境遇도亦同ᄒᆞ니라

第四節　抵當權의消滅

抵當權은左의事由를因ᄒᆞ야消滅ᄒᆞᆷ이라

第一　主債務의消滅

抵當權은從物權으로主債務가有ᄒᆞᆷ을前提要件을作ᄒᆞᄂᆞᆫ故로主債務가消滅ᄒᆞ면其消滅原因은何如ᄒᆞ던지抵當權도亦消滅되ᄂᆞ니라但債務更改에ᄂᆞᆫ當事者ᄂᆞᆫ舊債權의擔保를新債權에移케ᄒᆞᆷ을得ᄒᆞᆷ인즉此境遇에ᄂᆞᆫ抵當權이반다시消滅ᄒᆞᄂᆞᆫ結果가不生ᄒᆞᄂᆞ니라

第二　抵當不動產의滅失

액의 공탁을 청구할 수 있게 함이 마땅하다. 이는 저당부동산의 매각을 기다려 상호간에 얻게 될 금액을 계산하기 위한 것이다.

제4관 경매와 저당권설정자의 관계

타인의 채권을 담보하기 위하여 저당권을 설정한 자가 경매의 결과 소유권을 잃은 때에는 채무자에 대하여 구상권을 갖고 채무자를 갈음하여 변제한 경우도 또한 같다.

제4절 저당권의 소멸

저당권은 다음 사유로 인하여 소멸한다.

I. 주채무의 소멸

저당권은 종된 물권으로 주채무가 있음을 전제로 삼으므로, 주채무가 소멸하면 그 소멸원인이 어떻든 저당권 또한 소멸된다. 다만 채무의 경개에서는 당사자가 구 채권의 담보를 신 채권으로 옮길 수 있으므로 이 경우에는 저당권이 반드시 소멸하는 결과가 발생하지 않는다.

II. 저당부동산의 멸실

抵當不動產이全部滅失ᄒᆞᆫ時ᄂᆞᆫ抵當權은目的物이無ᄒᆞᆷ에至ᄒᆞ야消滅에歸ᄒᆞᆷ은勿論이오一部滅失된境遇ᄂᆞᆫ抵當權은不可分的으로其殘部上에存ᄒᆞ고抵當不動產이全部滅失ᄒᆞᆫ境遇라도債務者가第三者에게對ᄒᆞ야損害賠償을請求ᄒᆞᆯ權利가有ᄒᆞᆫ時ᄂᆞᆫ抵當權은依然히債務者가第三者에게서受取ᄒᆞᆯ金錢을目的ᄒᆞᄂᆞ니라

抵當權의目的된權利가消滅ᄒᆞᄂᆞᆫ時ᄂᆞᆫ抵當權도亦消滅ᄒᆞᄂᆞᆫ故로第三者가抵當不動產을占有ᄒᆞ야時效에依ᄒᆞ야所有權을取得ᄒᆞ고抵當權設定者ᄂᆞᆫ其所有權을失ᄒᆞ면其不動產을目的ᄒᆞᆫ抵當權도亦消滅되ᄂᆞ니라然이나抵當權設定者ᄂᆞᆫ其一已의意思로써抵當權者의權利를害키不能ᄒᆞᆷ으로抵當權設定者의權利拋棄ᄂᆞᆫ抵當權者에게對ᄒᆞ야其効가不生ᄒᆞᄂᆞ니又地上權永小作權을抵當ᄒᆞᆫ者가其權利ᄅᆞᆯ拋棄ᄒᆞ야도此로써抵當權者에게對抗치못ᄒᆞᄂᆞᆫ故로抵當權者ᄂᆞᆫ設定者의權利拋棄ᄅᆞᆯ不拘ᄒᆞ고拋棄ᄒᆞᆫ權利上에抵當權을行ᄒᆞᆷ을得ᄒᆞᄂᆞ니라

第三　滌除

저당부동산이 전부 멸실한 때에는 저당권은 목적물이 없어져 소멸하게 됨은 물론이고, 일부 멸실된 경우에는 저당권은 불가분적으로 그 잔존 부분 위에 존재한다. 그리고 저당부동산이 전부 멸실한 경우라도 채무자가 제3자에 대하여 손해배상을 청구할 권리가 있는 때에는 저당권은 여전히 채무자가 제3자에게서 받을 금전을 목적으로 한다.

저당권의 목적인 권리가 소멸한 때에는 저당권 또한 소멸하므로, 제3자가 저당부동산을 점유하여 시효에 의하여 소유권을 취득하고 저당권설정자가 그 소유권을 잃으면, 그 부동산을 목적으로 한 저당권 또한 소멸된다. 그러나 저당권설정자는 자기만의 의사로 저당권자의 권리를 해할 수 없으므로 저당권설정자의 권리 포기는 저당권자에 대하여 효력이 발생하지 않는다. 또 지상권, 영소작권을 저당물로 한 자가 그 권리를 포기하여도 이로써 저당권자에게 대항하지 못하므로, 저당권자는 설정자의 권리 포기에도 불구하고 포기한 권리 위에 저당권을 행사할 수 있다.

III. 척 제

第三取得者가抵當權者에게提供ᄒᆞ야其承諾을得ᄒᆞᆫ金額을支給或供託ᄒᆞᆫ時ᄂᆞᆫ抵當權은同時에消滅됨은旣히說明ᄒᆞᆫ바ㅣ니라

第四　第三取得者의辨償

抵當物上에所有權又ᄂᆞᆫ地上權을取得ᄒᆞᆫ第三者가抵當權者의請求에應ᄒᆞ야其權利의對價ᄅᆞᆯ支給ᄒᆞᆫ時ᄂᆞᆫ抵當權은其取得者ᄅᆞᆯ爲ᄒᆞ야消滅됨은亦旣히說明ᄒᆞᆫ바ㅣ니라

第五　競賣

抵當物이競賣된時ᄂᆞᆫ抵當權者ᄂᆞᆫ其權利의目的을達ᄒᆞᆷ으로其權利ᄂᆞᆫ消滅ᄒᆞ나니競落人이 競落許可의 決定을依ᄒᆞ야 所有權을取得ᄒᆞᄂᆞᆫ 時期에在ᄒᆞ니라

第六　抵當不動産의公用徵收

抵當權目的된不動産이土地收用法規定에依ᄒᆞ야徵收되ᄂᆞᆫ時ᄂᆞᆫ抵當權은玆에消滅되ᄂᆞᆫ지라然而其收用으로生ᄒᆞᆫ損害補償金에對ᄒᆞ야優先權을行ᄒᆞᆷ은勿論이니라

제3취득자가 저당권자에게 제공하여 그 승낙을 얻은 금액을 지급 또는 공탁한 때에는 저당권은 동시에 소멸된다는 것은 이미 설명한 바이다.

IV. 제3취득자의 변제

저당물 위에 소유권 또는 지상권을 취득한 제3자가 저당권자의 청구에 따라 그 권리의 대가를 지급한 때에는 저당권은 그 취득자를 위하여 소멸된다는 것 또한 이미 설명한 바이다.

V. 경 매

저당물이 경매된 때에는 저당권자는 그 권리의 목적을 달성하였으므로 그 권리는 소멸한다. 그 소멸시기는 경매절차의 매수인이 매각허가결정에 따라 소유권을 취득하는 때이다.

VI. 저당부동산의 공용징수

저당권의 목적인 부동산이 토지수용법 규정에 따라 징수되는 때에는 저당권은 소멸된다. 그러나 그 수용으로 발생한 손해의 보상금에 대하여 우선권을 행사함은 물론이다.

第七 混同

抵當不動產의所有權地上權永小作權과此를目的ᄒᆞᆫ抵當權이同一人에게歸ᄒᆞᄂᆞᆫ時ᄂᆞᆫ抵當權은混同을因ᄒᆞ야消滅되나니라

第八 抛棄

抵當權은一財產權이니抵當權者ᄂᆞᆫ此를任意로抛棄ᄒᆞᆷ을得ᄒᆞᆯ故로抵當權者가絕對無條件으로其權利를抛棄ᄒᆞᄂᆞᆫ時ᄂᆞᆫ抵當權은全然消滅에歸ᄒᆞ나니라

第九 消滅時效

抵當權은一財產權인ᄃᆡ抵當權者가其權利를行使치아니ᄒᆞ면時效에因ᄒᆞ야消滅되나니라然이나抵當權은從物權으로主債權에附隨ᄒᆞᆫ者이니主債權이存在ᄒᆞᆫ限에ᄂᆞᆫ抵當權도亦存立케ᄒᆞᆷ이至當ᄒᆞ도다是以로主債權이時效에依ᄒᆞ야先消滅ᄒᆞ면抵當權도當然히消滅될지오此와反ᄒᆞ야抵當權이消滅時效의要件을先具ᄒᆞ나主債權이消滅時效에罹치아니ᄒᆞᆫ間은抵當權은從物權으로依然存立케ᄒᆞᆷ이可ᄒᆞ니라

物權法二部 終

VII. 혼 동

저당부동산의 소유권, 지상권, 영소작권과 이를 목적으로 한 저당권이 동일인에게 귀속된 때에는 저당권은 혼동으로 인하여 소멸된다.

VIII. 포 기

저당권은 하나의 재산권이어서 저당권자는 임의로 포기할 수 있으므로, 저당권자가 절대적, 무조건적으로 그 권리를 포기하는 때에는 저당권은 완전히 소멸하게 된다.

IX. 소멸시효

저당권은 하나의 재산권으로, 저당권자가 그 권리를 행사하지 않으면 시효로 인하여 소멸된다. 그러나 저당권은 종된 물권으로 주된 채권에 부수된 것이다. 따라서 주된 채권이 존재하는 한 저당권 또한 존속하게 하는 것이 지극히 마땅하다. 그리하여 주된 채권이 시효에 의하여 먼저 소멸하면 저당권도 당연히 소멸될 것이고, 이와 반대로 저당권이 소멸시효의 요건을 먼저 갖추었어도 주된 채권이 소멸시효에 걸리지 않은 동안에는 저당권은 종된 물권으로 여전히 존속시키는 것이 마땅하다.

물권법 제2부 (끝)

물권법 제2부

초판 발행 1쇄 2021년 2월 26일

강술 박만서
옮긴이 명순구
www.kupress.com
kupress@korea.ac.kr
(02841) 서울특별시 성북구 안암로 145
Tel 02-3290-4230, 4232
Fax 02-923-6311
찍은곳 네오프린텍(주)

ISBN 979-11-91161-06-9 93360

값 30,000원
※ 잘못 만들어진 책은 바꿔드립니다.